国家文化产业资金支持媒体融合重大项目
高等职业教育教学改革特色教材·经济贸易类

BAOJIAN YU
BAOGUAN
SHIWU

报检与报关实务

■ 刘笑诵 郭世静 主 编

东北财经大学出版社
Dongbei University of Finance & Economics Press
大连

图书在版编目（CIP）数据

报检与报关实务 / 刘笑诵，郭世静主编．—大连：东北财经大学出版社，2022.6
（高等职业教育教学改革特色教材·经济贸易类）
ISBN 978-7-5654-4513-2

Ⅰ．报…　Ⅱ．①刘… ②郭…　Ⅲ．①进出口贸易-海关手续-中国-高等职业教育-教材 ②国境检疫-中国-高等职业教育-教材　Ⅳ．①F752.5 ②R185.3

中国版本图书馆CIP数据核字（2022）第068054号

东北财经大学出版社出版
（大连市黑石礁尖山街217号　邮政编码　116025）
网　　址：http：//www.dufep.cn
读者信箱：dufep@dufe.edu.cn
大连日升彩色印刷有限公司印刷　东北财经大学出版社发行

幅面尺寸：185mm×260mm　字数：436千字　印张：19.75
2022年6月第1版　2022年6月第1次印刷

责任编辑：张晓鹏　石建华　责任校对：包利华
封面设计：原　皓　版式设计：钟福建

定价：45.00元

教学支持　售后服务　联系电话：（0411）84710309

如有印装质量问题，请联系营销部：（0411）84710711

富媒体智能型教材出版说明

“财经高等职业教育富媒体智能型教材开发系统工程”入选国家新闻出版广电总局新闻出版改革发展项目库，并获得文化产业专项资金支持，是“国家文化产业资金支持媒体融合重大项目”。项目以“融通”“融合”“共建”“共享”为特色，是东北财经大学出版社积极落实国家推动传统媒体与新媒体融合发展的重要举措之一。

“财济书院”智能教学互动平台是该工程项目建设成果之一。该平台通过系统、合理的架构设计，将教学资源与教学应用集成于一体，具有教学内容多元呈现、课堂教学实时交互、测试考评个性设置、用户学情高效分析等核心功能，是高校开展信息化教学的有力支撑和应用保障。

富媒体智能型教材是该工程项目建设成果之二。该类教材是我社供给侧结构性改革探索性策划的创新型产品，是一种新形态立体化教材。富媒体智能型教材秉持严谨的教学设计思想和先进的教材设计理念，为财经职业教育教与学、课程与教材的融通奠定了基础，较好地避免了传统教学模式和单一纸质教材容易出现的“两张皮”现象，有助于教学质量的提高和教学效果的提升。

从教材资源的呈现形式来说，富媒体智能型教材实现了传统纸质教材与数字技术的融合，通过二维码建立链接，将VR、微课、视频、动画、音频、图文和试题库等富媒体资源丰富地呈现给用户；从教材内容的选取整合来说，其实现了职业教育与产业发展的融合，不仅注重专业教学内容与职业能力培养的有效对接，而且很好地解决了部分专业课程学与训、训与评的难题；从教材的教学使用过程来说，其实现了线下自主与线上互动的融合，学生可以在有网络支持的任何地方自主完成预习、巩固、复习等，教师可以在教学中灵活使用随堂点名、作业布置及批改、自测及组卷考试、成绩统计分析等平台辅助教学工具。

富媒体智能型教材设计新颖，一书一码，使用便捷。使用富媒体智能型教材的师生首先下载“财济书院”App或者进入“财济书院”（www.idufep.com）平台完成注册，然后登录“财济书院”，输入教材封四学习卡中的激活码，建立或找到班级和课程对应教材，就可以开启个性化教与学之旅。

“重塑教学空间，回归教学本源！”“财济书院”平台不仅仅是出版社提供教学资源和服务的平台，更是出版社为作者和广大院校创设的一个教学空间，作者和院校师生既是这个空间的使用者和消费者，也是这个空间的创造者和建设者，在这里，出版社、作者、院校共建资源，共享回报，共创未来。

最后，感谢各位作者为支持项目建设所付出的辛劳和智慧，也欢迎广大院校在教学中积极使用富媒体智能型教材和“财济书院”平台，东北财经大学出版社愿意也必将陪伴广大职业教育工作者走向更加光明而美好的职教发展新阶段。

东北财经大学出版社

前言

“报检与报关实务”是报关与国际货运专业、关务与外贸服务专业、国际经济与贸易专业及其他经济贸易类专业的一门专业或专业基础课程，也是外经贸从业人员进修、提高所必修的课程。

本书编者拥有多年从事报检与报关业务培训与教学的经验。本书能充分体现“关检合并”的理念，将报检与报关内容进行有机融合。本书内容能尽量做到理论联系实际，比较注重内容本身的可操作性，如“进出口货物报关单填制”部分，本书呈现的内容完全来自“中国国际贸易单一窗口”，可以说是“中国国际贸易单一窗口”使用手册的简化。本书在内容的编排上尽量做到“通俗化”、“表格化”和“程序化”，既方便读者理解、自学与记忆，又能对读者的学习和实践起到事半功倍的作用。为方便读者进一步学习相关知识，在写作过程中，我们尽量标明了知识点出处。此外，为了方便读者掌握相关内容，我们植入了微课、视频元素，以二维码的形式呈现相关内容，并提供电子课件及教学大纲等，读者可以登录东北财经大学出版社“财济书院”(www.idufep.com)获取。

本书既是报关与国际货运专业、国际经济与贸易专业、国际贸易实务专业及其他经济贸易类专业有关课程的首选教材，也是从事报检与报关业务人员的必备参考用书。

本书在编写过程中始终贯彻“立德树人”的教育理念，充分融入“制度自信”“法治意识”“爱岗敬业”“诚实守信”“工匠精神”等思政元素，做到课程思政和专业知识相互融通。

本书由江苏食品药品职业技术学院刘笑诵、郭世静老师担任主编，江苏食品药品职业技术学院徐波、杨路老师担任副主编。具体编写分工如下：郭世静编写第一章，徐波、杨路编写第二章，刘笑诵编写第三至五章，全书最后由刘笑诵总纂定稿。

本书是各位编者集体智慧的结晶。尽管我们在编写过程中已经付出了很大的努力，但由于水平有限、时间仓促，书中难免有不足之处，恳请各位读者谅解，并希望能将您的宝贵意见和建议及时反馈给我们，以便再版时修正。

编　者

2022年2月

目 录

第一章

海关管理与对外贸易管制

知识目标

（1）了解海关管理；

（2）掌握对外贸易管制的基本制度和主要措施；

（3）掌握出入境检验检疫监管制度和主要措施。

能力目标

（1）能够掌握进出口许可证管理过程中的有关报关规范；

（2）能够掌握进出境检验检疫监管中的注册登记或备案管理等工作要求。

思政目标

将“法治意识”作为本章课程学习的思政教育主题，通过教学组织、课堂互动、思政专栏和拓展阅读等环节或栏目的学思践悟，帮助学生树立遵纪守法、服从管理的意识，理解习近平总书记提出的国内国际双循环的新发展格局的意义，认识到对外贸易管制的目的是让国际贸易更加有秩序，海关管理措施是保护国内市场的重要途径，培养学生作为一名中国人的自豪感。

第一节　海关管理

一、我国海关的性质与任务

（一）海关的性质

（1）海关是国家行政机关。我国的国家机关包括立法机关、司法机关和行政机关。国务院是我国最高行政机关，海关总署是国务院直属机构。

（2）海关是国家进出境监督管理机关。海关监督管理的对象是所有进出关境的运输工具、货物、物品。

（3）海关的监督管理是国家行政执法活动。海关通过法律赋予的权力，对特定范围内的社会经济活动进行监督管理，并对违法行为依法实施行政处罚，以保证这些社会经济活动按国家的法律规范进行。

（二）海关的任务

微课1-1

海关的任务

海关有四项基本任务，即监管、征税、缉私和统计，其中“监管”是基础。

（1）监管。海关监管是海关依法对进出境运输工具、货物、物品的进出境活动实施的一种行政管理。它不是海关监督管理的简称，海关监督管理是海关全部行政执法活动的统称。

（2）征税。征收的税费种类包括关税和进口环节海关代征税。目前，海关代征的进口环节税包括增值税、消费税和船舶吨税（严格来说，船舶吨税并不属于税，而是一种因使用助航设施需缴纳的使用费）。

（3）缉私。

第一，对“走私”的认定。走私，是指进出境活动的当事人或相关人违反《中华人民共和国海关法》（以下简称《海关法》）及有关法律、行政法规，逃避海关监管，偷逃应纳税款，逃避国家有关进出境的禁止性或限制性管理，非法运输、携带、邮寄国家禁止、限制进出境或依法应缴纳税款的货物、物品进出境，或未经海关许可并且未缴应纳税款、交验有关许可证件，擅自将保税货物、特定减免税货物以及其他海关监管货物、物品、进境的境外运输工具在境内销售的行为。

第二，我国的缉私体制。《海关法》规定，我国实行联合缉私、统一处理、综合治理的缉私体制。海关负责组织、协调、管理查纠走私工作。由此可见，海关是打击走私的主管机关，查纠走私是海关的一项重要任务。为此，国家在海关总署设立了专司打击走私犯罪的海关缉私警察队伍，负责对走私犯罪案件的侦查、拘留、执行逮捕和预审工作。

除了海关以外，公安、税务、烟草专卖等部门也有查缉走私的权力。但这些部门查获的走私案件，必须按法律规定统一处理。统一处理，是指应当给予行政处罚的，移送海关依法处理；涉嫌犯罪的，应当移送海关侦查走私犯罪公安机构或地方公安机关，依据案件管辖分工和法定程序办理。

思政专栏1-1　　强化守法意识　用法治打造良好营商环境

阅读资料1-1

强化守法意识
用法治打造良好营商环境

“携带违禁物品进出境是违法的”“不能让有害生物进来”。在第17个“8·8”海关法治宣传日到来前夕，来自北京、四川、内蒙古及广东等17个省、自治区和直辖市的共65名优秀中学生代表走进广州天河铁路客运口岸，开展以“尊法学法守法用法，优化口岸营商环境”为主题的法治宣传日活动，体验海关工作，通过了解海关在口岸检疫查验、防控疫情疫病、查缉违禁物品、打击走私犯罪、维护国门安全等方面的工作，进一步树立遵纪守法意识。法治意识不只体现在思想观念上，更应体现在实际行动中。

（4）统计。对外贸易统计是国民经济统计的重要组成部分，包括对外货物贸易统计和对外服务贸易统计。海关统计工作的内容主要是收集、整理和分析海关统计资料。

二、海关的权力

海关权力是国家为了保证海关履行职责，通过《海关法》和其他法律、行政法规赋予海关对进出境运输工具、货物、物品的监督管理权。《海关法》是保证海关依法行使职权、严格履行职责、管理海关事务的基本法律规范。

（一）海关权力的特点

（1）特定性。它是指海关依法具有行使进出境监督管理职权的资格。《海关法》明确了海关管理进出境活动的主体资格。其特定性表现在：①海关具有进出境的监督管理权，其他任何机关、社会团体、个人都不具备；②海关以自己的名义行使权力，在法律范围内依据自己的判断作出决定，发布命令，独立地组织和实施行政行为；③海关能够独立参加行政复议和行政诉讼活动，独立承担因实施权力而产生的法律责任。

（2）复合性。它是指海关依据法律授权行使行政权力的同时，还可以依据法律授权行使一定的立法权和司法权。当前，行政、司法和立法的互相融合在海关工作领域显得尤为突出。随着世界经济一体化的不断深入，海关权力的复合性不仅是必要的，而且将迅速发展，以促进海关行政效率的提高，维护国际经济贸易秩序。

（3）强制性。海关管理的相对人对海关依法所实施的管理活动有服从、接受和协助的义务。如果相对人不服从海关的监督管理或妨碍海关行使职权，海关可以运用其权力强制相对人执行和服从自己的行政决定，以保障行政行为的有效实施。相对人如果拒不履行海关的行政命令或行政处理，海关可以依法强制其履行或者依法申请人民法院强制执行。即使相对人认为海关的具体行政行为侵犯了其合法权益，也只能通过行政复议、行政诉讼等行政救济程序解决，但在相应机关作出裁决前，海关行使职权行为推定为合法，相对人必须履行义务，服从海关的行政决定。

（4）自由裁量性。它是指海关在法律允许的范围内自行判断和选择自己认为正确的行为，从而更加准确地贯彻法律意图和体现公正。自由裁量性需要海关执法人员在法律许可的幅度范围内具体灵活地掌握、运用和处理。

（5）广泛性。海关在口岸代表国家对进出境的货物、物品和运输工具及其相关事务实施监督管理。其管理的内容涉及政治、经济、文化、社会等诸多方面。海关不仅要面对中国公民，也要面对外国公民或无国籍人；既要面对自然人，也要面对机关、团体、企事业单位等法人，其职能具有广泛性。

（二）海关权力的内容

（1）行政许可权。它是指海关依法对公民、法人或其他组织的申请，经审查准予其从事与海关进出境监管相关的特定活动的权力，如暂时进出口货物的核准、出口监管仓库的设立审批等。

（2）税费征收权。它包括对进出境货物、物品和运输工具的价格审定、化验鉴定、补征和追征税费、减税或免税等权力。

（3）进出境监管权。

第一，检查权。检查权的行使，有时要受到海关监管区域的限制，具体情况见表1–1。

表1–1　检查权的行使

检查对象	区域	检查权的行使
进出境运输工具	“两区”内	可直接检查，即不受海关监管区域的限制
	“两区”外	
有走私嫌疑的运输工具；有藏匿走私货物、物品嫌疑的场所	“两区”内	可直接检查
	“两区”外	需经“直属海关关长或其授权的隶属海关关长批准”（以下简称“关长批准”）方可检查
		不能检查公民住处
走私嫌疑人的身体	“两区”内	可直接检查；需经关长批准
	“两区”外	不能行使

“两区”：海关监管区和海关附近沿海沿边规定地区

第二，查阅、复制权。海关有权查阅进出境人员的证件，查阅、复制有关合同、发票、账册、单据等资料。

第三，查问权。海关有权对违法嫌疑人进行查问，调查其违法行为。

第四，查验权。海关有权查验进出境货物、物品。必要时，可以径行提取货样。

第五，查询权。海关在调查走私案件时，经关长批准，可以查询涉嫌当事人的存款、汇款。

第六，稽查权。海关在法律规定的年限内，对企业进出口活动及与进出口货物有关的账务、记账凭证、单证资料等有权进行稽查。

（4）行政强制权。海关行政强制包括海关行政强制措施和海关行政强制执行。

海关行政强制措施是海关在行政管理过程中，为制止违法行为、防止证据损毁、避免危害发生、控制危险扩大等，依法对公民的人身自由实施暂时性限制，或对公民、法人或其他组织的财物实施暂时性控制的行为。其具体包括：

第一，限制公民人身自由：①在“两区”内，对走私犯罪嫌疑人，经关长批准，可以扣留，但扣留时间不得超过24小时，在特殊情况下可延长至48小时。②个人违抗海关监管逃逸的，海关可以连续追至“两区”外，将其带回。③受海关处罚的当事人或法定代表人、主要负责人在出境前未缴清罚款、违法所得和依法追缴的货物、物品、走私运输工具的等值价款，又未提供等值担保的，海关可以通知出境管理机关阻止其出境。

第二，扣留财物：①对违法的进出境运输工具、货物、物品以及相关的合同、发票等，可以扣留；②在“两区”内，对有走私嫌疑的运输工具、货物、物品，经关长批准，可以扣留；③在“两区”外，对有证据证明有走私嫌疑的运输工具、货物、物品，可以扣留；④有违法嫌疑的运输工具、货物、物品无法或不便扣留，当事人或运输工具负责人未提供等值担保的，海关可以扣留其等值的其他财产；⑤海关不能以暂停支付方式实施税收保全措施时，可以扣留其价值相当于应纳税款的货物或其他财产；⑥纳税义务人、担保人自规定的纳税期限届满之日起超过3个月未缴纳税款的，经关长批准，海关可以扣留其价值相当于应纳税款的货物或其他财产；⑦对涉嫌侵犯知识产权的货物，海关可以依申请扣留。

扣留权的行使，也会受到海关监管区域的限制，见表1–2。

表1–2　扣留权的行使

扣留对象	区域	扣留权的行使
违法的进出境运输工具、货物、物品以及相关的合同、发票等	“两区”内	可直接扣留
	“两区”外	
有走私嫌疑的进出境运输工具、货物、物品	“两区”内	经关长批准可以扣留
	“两区”外	经关长批准，且对其中有证据证明有走私嫌疑的，才可以扣留

第三，冻结存款、汇款。纳税义务人在规定的纳税期限内有明显的转移、藏匿其应税货物以及其他财产迹象，不能提供纳税担保的，经关长批准，海关可以通知纳税义务人开户银行或其他金融机构暂停支付纳税义务人相当于应纳税款的存款。

第四，封存货物或账簿、单证。

a. 海关进行稽查时，发现被稽查人的进出口货物有违法嫌疑的，经关长批准，可以封存有关进出口货物。

b. 海关进行稽查时，发现被稽查人有可能篡改、转移、隐匿、毁弃账簿和单证等资料的，经关长批准，在不妨碍被稽查人正常的生产经营活动的前提下，可以暂时封存其账簿、单证等有关资料。

第五，其他强制措施。进出境运输工具违抗海关监管逃逸的，海关可以连续追至“两区”外，将其带回。

海关行政强制执行是指在有关当事人不依法履行义务的前提下，为实现海关的有效行政管理，依法强制当事人履行法定义务的行为。其具体包括：

第一，加收滞纳金。

a. 纳税义务人逾期缴纳税款的。

b. 因纳税义务人违反规定造成少征或漏征税款的，海关可以追征并加收滞纳金。

第二，加收滞报金。

a. 进口货物收货人超过规定期限向海关申报产生滞报的，由海关依法征收滞报金。

b. 进口货物收货人向海关传送报关单电子数据申报的，如未按期递交纸质报关单及随附单证，海关予以撤销报关单电子数据处理。进口货物收货人重新向海关申报，产生滞报的，由海关依法征收滞报金。

c. 滞报金应当由进口货物收货人于当次申报时缴清。进口货物收货人要求在缴清滞报金前先放行货物的，海关可以在其提供与应缴滞报金等额的保证金后放行。

第三，扣缴税款。纳税义务人、担保人自规定的纳税期限届满之日起超过3个月未缴纳税款的，经关长批准，海关可以书面通知金融机构从其存款中扣缴税款。

第四，抵缴、变价抵缴。

a. 当事人逾期不履行海关处罚决定又不申请复议或提起诉讼的，海关可以其保证金抵缴罚款，或将其被扣留的货物、物品、运输工具依法变价抵缴罚款。

b. 海关以扣留方式实施税收保全措施，纳税义务人在规定期限内未缴纳税款的，经关长批准，依法变卖所扣留货物或其他财产，以变卖所得抵缴税款。

c. 进出口货物的纳税收货人自运输工具申报进境之日起3个月未向海关申报的，其进口货物由海关提取依法变卖处理。

d. 确属误卸或溢卸的进境货物，原运输工具负责人或货物的收发货人逾期未办理退运或进口手续的，由海关提取依法变卖处理。

（5）行政处罚权。海关有权对尚未构成走私罪的违法当事人处以行政处罚，包括：①对走私货物、物品及违法所得处以没收；②对有走私行为和违反海关监管规定行为的当事人处以罚款；③对有违法情事的报关企业处以暂停或取消报关资格的处罚等。

（6）走私犯罪侦查权。海关走私犯罪侦查权的具体内容见表1-3。

表1-3　海关走私犯罪侦查权的具体内容

名称	内容
侦查权	海关缉私部门有权侦查有走私犯罪嫌疑的人员、货物、物品和行为，包括扣留有关货物、物品、运输工具及人员。侦查这类案件，一是根据举报或其他有关线索直接开展侦查；二是接受有关执法单位移送的案件，继续侦查，以初步认定案件的性质和有关证据
拘留权	对有走私犯罪嫌疑的人员予以拘留，进行审查
执行逮捕权	对经确认有重大走私犯罪嫌疑的当事人执行逮捕，以进一步审查其行为
预审权	对走私犯罪嫌疑人进行初步审讯，确定有关犯罪事实与证据，为移送检察机关提起诉讼做准备

（7）佩带和使用武器权。海关为履行职责，可以佩带武器；海关工作人员在履行职责时可以使用武器。

至此，我们发现，有不少海关权力都需经关长批准方可行使，见表1-4。

表1-4　　**经海关关长批准方可行使的海关权力**

海关权力		适用对象	备注
检查权		有走私嫌疑的运输工具	“两区”外需要，“两区”内不需要
		有藏匿走私货物、物品嫌疑的场所	
		走私嫌疑人的身体	应当在“两区”内进行，并需经关长批准
查询权		查询涉嫌当事人的存款、汇款	不受海关监管区域的限制
行政强制权	限制公民人身自由	走私犯罪嫌疑人	“两区”内
	扣留财物	有走私嫌疑的进出境运输工具、货物、物品	
		纳税义务人、担保人自规定的纳税期限届满之日起超过3个月未缴纳税款的，经批准，可以扣留其价值相当于应纳税款的货物或其他财产	
	冻结存款、汇款	纳税义务人在规定的纳税期限内有明显的转移、藏匿其应税货物以及其他财产迹象，不能提供纳税担保的，经批准，可以通知纳税义务人开户银行或其他金融机构暂停支付纳税义务人相当于应纳税款的存款	
	封存货物或账簿、单证	海关进行稽查时，发现被稽查人的进出口货物有违法嫌疑的，经批准，可以封存有关进出口货物	
		海关进行稽查时，发现被稽查人有可能篡改、转移、隐匿、毁弃账簿和单证等资料的，经批准，在不妨碍被稽查人正常的生产经营活动的前提下，可以暂时封存其账簿、单证等有关资料	
	扣缴税款	纳税义务人、担保人自规定的纳税期限届满之日起超过3个月未缴纳税款的，经批准，可以书面通知其开户银行或其他金融机构从其暂停支付的存款中扣缴税款	
	抵缴、变价抵缴	海关以扣留方式实施税收保全措施，纳税义务人在规定期限内未缴纳税款的，经批准，依法变卖所扣留货物或其他财产，以变卖所得抵缴税款	

（8）连续追缉权。进出境运输工具或个人违抗海关监管逃逸的，海关可以连续追至“两区”以外，将其带回处理。

（9）其他权力。除上述海关权力外，海关还有行政裁定、行政复议、行政命令、行政奖励、对知识产权实施边境海关保护等权力。

（三）海关权力行使的原则

（1）合法性原则。它是指海关权力的存在、行使都必须于法有据，符合法律规定。也就是说，法律、法规规定为海关行使的职权，海关及其工作人员才能行使。法律、法规对海关权力规定到什么范围和幅度，海关及其工作人员就只能在法定范围和幅度内去行使。

（2）合理性原则。它是指海关在执法时必须公平、正当、合理地行使权力。这是对合法性原则不可或缺的补充。因国家管理的需要，海关在管理活动中拥有相应的自由裁量权。但为了防止自由裁量权的滥用，目前我国对海关实行执法监督，即依法对海关及其工作人员的执法活动进行监察、检查、督促等，以确保海关权力在法定范围内行使。

（3）程序法定原则。它是指对海关的职权及海关调查相对人的违法行为、处理相对人的程序等，法律、法规都作了明确规定；法律、法规没有明确赋予的职权，海关不得行使；即使是法律、法规授予的职权，也必须在法定的授权范围内，依照法定的条件和程序行使。

（4）独立行使原则。它是指海关可以自己的名义行使权力，在法律、法规规定的范围内依照自己的判断和意志作出决定，独立采取行政行为，独立承担因实施权力而产生的法律责任。海关实行的是集中统一管理的垂直领导体制，地方海关只对海关总署负责。各地方、各部门应当支持海关依法行使职权，不得非法干预海关的执法活动。

三、海关的领导体制与组织机构

（一）海关的领导体制

海关实行集中统一的垂直领导体制。《海关法》规定，“国务院设立海关总署，统一管理全国海关”，“海关依法独立行使职权，向海关总署负责”。这明确了海关总署作为国务院直属部门的地位，将海关集中统一的垂直领导体制以法律的形式予以确立。

《海关法》规定，“国家在对外开放的口岸和海关监管业务集中的地点设立海关。海关的隶属关系，不受行政区划的限制”。这是以法律形式明确的海关设关原则。

对外开放的口岸，是指由国务院批准，允许运输工具及所载人员、货物、物品直接出入国（关）境的港口、机场、车站及边境通道。在对外开放的口岸必须设置海关。

微课 1-2

海关的组织机构

“海关监管业务集中的地点”是指虽非国务院批准对外开放的口岸，但是海关某类或某几类监管（如转关运输监管、保税加工监管等）业务比较集中的地方。

（二）海关的组织机构

海关的组织机构分为海关总署、直属海关和隶属海关三级。隶属海关由直属海关领导，向直属海关负责；直属海关由海关总署领导，向海关总署负责。

知识链接 1-1　　海关缉私警察机构

由海关总署、公安部联合组建缉私局，设在海关总署。缉私局实行海关总署和公安部双重领导、以海关领导为主的体制。海关总署缉私局下辖广东分署缉私局、各直属海关缉私局，直属海关缉私局下辖隶属海关缉私分局。

第二节　对外贸易管制

一、对外贸易管制概述

（一）对外贸易管制的含义及其形式

对外贸易管制，是一国政府为了宏观经济利益、国内外政策需要以及履行所缔结或加入国际条约的义务，对本国的对外贸易活动实施有效管理而实行的各种贸易政策、制度或措施的总称。对外贸易管制形式通常有三种分类方法，见表1-5。

表1-5　　对外贸易管制的形式

按管理目的分	进口贸易管制
	出口贸易管制
按管制手段分	关税措施
	非关税措施
按管制对象分	货物进出口贸易管制
	技术进出口贸易管制
	国际服务贸易管制

（二）对外贸易管制的基本框架和法律体系

1.基本框架

我国的对外贸易管制是一种综合管理制度，包括管制制度及其主要措施两个方面。其中，进出口许可制度用得最广，见表1-6。

表1-6　　对外贸易管制的基本框架

贸易管制制度	对外贸易经营资格管理制度
	进出口许可管理制度
	出入境检验检疫制度
	货物贸易外汇管理制度
	贸易救济制度
	关税制度等
主要管理措施	进出口许可证管理
	进口关税配额管理
	两用物项和技术进出口许可证管理
	自动进口许可证管理
	野生动植物种进出口管理
	进出口药品管理
	出入境检验检疫监管等

2.法律体系

为保障贸易管制各项制度的实施，我国已基本建立并逐步健全了以《中华人民共和国对外贸易法》（以下简称《对外贸易法》）为核心的对外贸易管制的法律体系。对外贸易管制的法律体系包括各类法律、行政法规、部门规章和国际条约、协定。

二、对外贸易管制的基本制度

我国对外贸易管制制度主要由海关制度、关税制度、对外贸易经营资格管理制度、进出口许可管理制度、出入境检验检疫制度、外汇管理制度及对外贸易救济措施等构成。

（一）对外贸易经营资格管理制度

1.对外贸易经营者管理

对外贸易经营者，是指依法办理工商登记或其他执业手续，依照《对外贸易法》和其他有关法律、行政法规、部门规章的规定从事对外贸易经营活动的法人、其他组织或个人。

目前，我国对对外贸易经营者的管理实行备案登记制。《对外贸易经营者备案登记办法》规定，从事货物进出口或者技术进出口的对外贸易经营者，应当向中华人民共和国商务部（以下简称商务部）或其委托的机构办理备案登记；但是，法律、行政法规和商务部规定不需要备案登记的除外。对外贸易经营者未按规定办理备案登记的，海关不予办理进出口的报关验放手续。

2.国营贸易管理

我国对部分进出口商品实施国营贸易管理。国营贸易管理，是指关系国计民生的重要进出口商品的进出口业务只能由经授权的企业经营（国家允许部分国营贸易管理货物的进出口业务由非授权企业经营的除外）。目前，我国实行国营贸易管理的商品主要包括：玉米、大米、煤炭、原油、成品油、棉花、锑及锑制品、钨及钨制品、白银等。

（二）货物、技术进出口许可管理制度

进出口许可是一种行政管理制度，属于非关税措施，运用最为广泛。货物、技术进出口许可管理制度是我国进出口许可管理制度的主体。

1.管理范围

（1）禁止进出口的货物和技术。

（2）限制进出口的货物和技术。

（3）自由进出口的技术以及自由进出口中部分实行自动许可管理的货物。

2.禁止进出口管理

（1）禁止进口管理。我国明令禁止进口的货物包括以下三类：

①列入《禁止进口货物目录》和《禁止进口固体废物目录》的商品。目前，我国公布的《禁止进口货物目录》见表1-7。

表 1-7 禁止进口货物目录

批次	颁布目的	适用范围
《禁止进口货物目录》（第一批）	为了保护自然生态环境和生态资源，从国情出发，履行我国所缔结或参加的与保护世界自然生态环境相关的一系列国际条约和协定	破坏臭氧层物质的四氯化碳；属世界濒危物种管理范畴的犀牛角、麝香和虎骨等
《禁止进口货物目录》（第二批）	为了生产安全、人身安全和环境保护	旧机电产品类
《禁止进口固体废物目录》（原第三~五批禁止进口目录合并修订而成）	防止环境污染	固体废物类
《禁止进口货物目录》（第六批）	为了保护人的健康，维护环境安全，淘汰落后产品，履行国际条约、协定	长纤维青石棉、二噁英等
《禁止进口货物目录》（第七批）	为了履行《关于持久性有机污染物的斯德哥尔摩公约》《关于汞的水俣公约》	氯丹、滴滴涕、林丹、含汞燃料电池等

②国家有关法律、法规明令禁止进口的商品。

A. 来自动植物疫情流行的国家和地区的有关动植物及其产品和其他检疫物。

B. 动植物病源（包括菌种、毒种等）及其他有害生物、动物尸体、土壤。

C. 带有违反“一个中国”原则内容的货物及其包装。

D. 以氯氟烃物质为制冷剂、发泡剂的家用电器产品和以氯氟烃物质为制冷工质的家用电器用压缩机。

E. 莱克多巴胺和盐酸莱克多巴胺。

③其他各种原因停止进口的商品。

A. 以CFC-12（二氟二氯甲烷）为制冷工质的汽车及以CFC-12为制冷工质的汽车空调压缩机（含汽车空调器）。

B. 旧服装。

C. Ⅷ因子制剂等血液制品。

D. 氯酸钾、硝酸铵。

E. 100瓦及以上普通照明白炽灯。

（2）禁止出口管理。我国明令禁止出口的货物包括以下两类：

①列入《禁止出口货物目录》的商品。目前，我国公布的《禁止出口货物目录》见表1-8。

②国家有关法律、法规明令禁止出口的商品。

A. 未定名的或新发现并有重要价值的野生植物。

B. 原料血浆。

C. 商业性出口的野生红豆杉及其部分产品。

表1-8　　禁止出口货物目录

批次	颁布目的	适用范围
第一批	为了保护自然生态环境和生态资源，从国情出发，履行我国所缔结或参加的与保护世界自然生态环境相关的一系列国际条约和协定	破坏臭氧层物质的四氯化碳；属世界濒危物种管理范畴的犀牛角、麝香和虎骨；有防风固沙作用的发菜和麻黄草等
第二批	为了保护匮乏的森林资源，防止乱砍滥伐而发布	木炭
第三批	为了保护人的健康，维护环境安全，淘汰落后产品，履行国际条约、协定	长纤维青石棉、二噁英等
第四批	天然砂	硅砂、石英砂等（对港澳台出口天然砂实行出口许可证管理）
第五批	森林凋落物（无论是否经化学处理过）以及泥炭（草炭）	包括腐叶、腐根、树皮、树叶、树根等森林凋落物等
第六批	为了履行《关于持久性有机污染物的斯德哥尔摩公约》《关于汞的水俣公约》	氯丹、滴滴涕、林丹和含汞燃料电池等

D. 劳改产品。

E. 以氯氟烃物质为制冷剂、发泡剂的家用电器产品和以氯氟烃物质为制冷工质的家用电器用压缩机。

F. 莱克多巴胺和盐酸莱克多巴胺等。

3. 限制进出口管理

（1）限制进口管理。国家实行限制进口管理的货物、技术，必须经国务院商务主管部门或经国务院商务主管部门会同国务院有关部门许可，方可进口。

①限制进口货物管理。我国限制进口货物管理按其管理方式分为许可证件管理、其他许可证件管理、关税配额管理和配额许可证管理，见表1-9。

②限制进口技术管理。限制进口技术实行目录管理。属于目录范围内的限制进口的技术，实行许可证管理，未经国家许可，不得进口。

（2）限制出口管理。国家实行限制出口管理的货物、技术，必须经国务院商务主管部门或经国务院商务主管部门会同国务院有关部门许可，方可出口。

①限制出口货物管理。目前，我国限制出口货物管理按限制方式分为出口配额管理、出口许可证件管理两种。

出口配额管理是指国家通过行政管理手段对一些重要商品以规定绝对数量的方式来实现限制出口的目的。它分出口配额许可证管理和出口配额招标管理两种形式。

出口许可证件管理分为两类：一类是一般的出口货物，通过签发出口许可证进行管理；另一类是特殊的出口货物（如野生动植物种、两用物项和技术等），通过签发特殊的许可证件（如“允许进出口证明书”和“物种证明”等）进行管理。

出口配额管理、出口许可证件管理的方式和范围见表1-10。

表1-9　　　　　　　　　　限制进口货物管理方式

<table>
<tr><th>限制方式</th><th>管理范围</th><th>管理方式</th></tr>
<tr><td rowspan="3">许可证件管理</td><td>1.部分进口货物、技术</td><td rowspan="3">1.主管部门制定并调整进口许可证管理目录；
2.以签发进口许可证电子证书的方式对目录内商品实施限制进口管理</td></tr>
<tr><td>2.重点旧机电产品</td></tr>
<tr><td>3.两用物项和技术进口</td></tr>
<tr><td rowspan="10">其他许可证件管理</td><td>濒危野生动植物种进口</td><td rowspan="10">1.主管部门制定并调整管理目录；
2.以签发进口许可证电子证书的方式对目录内商品实施限制进口管理</td></tr>
<tr><td>密码产品和含有密码技术的设备进口</td></tr>
<tr><td>药品进口</td></tr>
<tr><td>艺术品进口</td></tr>
<tr><td>民用爆炸物品进口</td></tr>
<tr><td>音像制品进口</td></tr>
<tr><td>黄金及其制品进口</td></tr>
<tr><td>农药进口</td></tr>
<tr><td>兽药进口</td></tr>
<tr><td>有毒化学品进口等</td></tr>
<tr><td rowspan="2">关税配额管理
（相对数量限制）</td><td>1.部分进口农产品</td><td rowspan="2">1.主管部门制定并调整实施关税配额管理的商品范围；
2.以发放关税配额证的方式对范围内商品实施限制进口管理；
3.在关税配额限额内，按“关税配额税率”征税进口，超出限额可以进口，但按“配额外税率”（如最惠国税率）征税进口。一般情况下，“关税配额税率”优惠幅度很大，如小麦关税配额税率与最惠国税率相差达65倍</td></tr>
<tr><td>2.部分进口化肥</td></tr>
<tr><td>配额许可证管理</td><td>《中国进出口受控消耗臭氧层物质名录》内的消耗臭氧层物质</td><td>1.主管部门制定并调整实施配额许可证管理的名录范围；
2.主管部门公布年度进出口额度；
3.主管部门对获准进口单位签发进口审批单；
4.进出口单位持审批单向主管部门申领进出口许可证</td></tr>
</table>

表1-10　出口配额管理、出口许可证件管理的方式和范围

限制方式	管理方式	管理范围
出口配额管理 （绝对数量限制）	1.出口配额许可证管理 （1）主管部门分配配额，对获得配额者发放配额证明； （2）获得配额者凭证明到主管部门申领出口许可证（其中，消耗臭氧层物质的出口配额管理同其进口管理方法）	1.部分农产品出口
		2.部分活禽、畜出口
		3.部分资源性产品、贵金属出口
		4.消耗臭氧层物质出口
	2.出口配额招标管理 （1）主管部门采用招标分配原则分配配额，对中标者发放配额招标中标文件； （2）中标者凭中标文件到主管部门申领出口许可证	部分市场需求量较大的农副产品及资源性产品出口
出口许可证件管理	主管部门直接以签发出口许可证件的方式实现限制出口	部分出口商品（一般商品）
		濒危物种出口
		两用物项和技术出口
		黄金及其制品出口等

②限制出口技术管理。限制出口技术实行目录管理。属于目录范围内的限制出口的技术，实行许可证管理，未经国家许可，不得出口。

4.自由进出口管理

除国家禁止、限制进出口货物、技术外的其他货物、技术，均属于自由进出口范围。自由进出口货物、技术的进出口不受限制，但国家对部分属于自由进口的货物实行自动进口许可管理，对自由进出口的技术实行技术进出口合同登记管理。

（1）货物自动进口许可管理。目前，我国自动进口许可管理包括以下两大类：

① 自动进口许可证管理。进口属于自动进口许可管理的货物，进口经营者应当在办理海关报关手续前，向商务部或者其委托的机构申领《中华人民共和国自动进口许可证》（以下简称自动进口许可证）电子证书，并以通关作业无纸化方式向海关办理报关验放手续。因管理需要或者其他情形需验核自动进口许可证纸质证书的，进口经营者应当补充提交纸质证书，或者以有纸作业方式向海关办理报关验放手续。

② 自动许可类可利用固体废物管理。

（2）技术进出口合同登记管理。

① 申请人向国务院商务主管部门办理合同备案登记。

② 国务院商务主管部门应当自收到规定文件之日起3个工作日内，对技术进出口合同进行登记，颁发技术进出口合同登记证。

③ 申请人凭合同登记证，办理外汇、银行、税务、海关等相关手续。

（三）出入境检验检疫制度

1.国家主管部门

出入境检验检疫的主管部门是海关总署。

2.出入境检验检疫职责范围

（1）我国出入境检验检疫制度实行目录管理，即海关总署根据保护人类健康和安全、保护动物或者植物的生命和健康、保护环境、防止欺诈行为、维护国家安全的原则和对外贸易需要，公布并调整《必须实施检验的进出口商品目录》（又称《法检目录》）。《法检目录》内的商品是实施强制性检验的进出境商品。

（2）对于法定检验以外的进出境商品是否需要检验，由对外贸易当事人决定。海关可以抽查的方式予以监督管理。

（3）对外贸易合同约定或商品的收发货人申请检验检疫时，海关可以接受委托，实施检验检疫并制发证书。

3.出入境检验检疫制度的组成

我国出入境检验检疫制度主要包括以下三个方面：

（1）进出口商品检验制度。该制度是对进出口商品进行品质、质量检验和监督管理的制度。商品检验业务分为法定检验、合同检验、公证鉴定和委托检验四种。

（2）进出境动植物检疫制度。该制度是对进出境动植物，动植物产品的生产、加工、存放过程实行检疫的进出境监督管理制度。

（3）国境卫生监督制度。该制度是对出入境的交通工具、货物、运输容器以及口岸辖区的公共场所、环境、生活设施、生产设备所进行的卫生检查、鉴定和评价等的制度。

（四）货物贸易外汇管理制度

对外贸易经营者在对外贸易经营活动中，应当依照国家有关规定结汇、用汇。国家外汇管理局依据有关规定，对经常项目外汇业务、资本项目外汇业务、金融机构外汇业务、人民币汇率的生成机制和外汇市场等实施监督管理。

1.货物贸易外汇收支监管措施

国家外汇管理局对企业的贸易外汇实行非现场总量核查，即通过外汇监测系统，对企业进出口货物流与收付汇资金流的总体匹配情况进行评估。其一方面便利合规企业贸易外汇收支，另一方面对存在异常的企业进行重点监测，必要时实施现场核查。

国家对贸易项下的国际支付不予限制，出口收入可按规定调回境内或存放在境外。为了对我国货物贸易外汇收支进行有效监管，目前，主要采取的措施有以下三种：

（1）企业自律。企业应当根据真实贸易方式、结算方式和资金来源或流向，凭相关单证在金融机构办理贸易外汇收支，并按规定如实申报贸易外汇收支信息。

（2）金融机构专业审查。金融机构应当对企业提交的交易单证的真实性及其与贸易外汇收支的一致性在专业层面上进行合理审查，并负责向国家外汇管理局报送相关贸易外汇收支信息。

（3）国家外汇管理局监管。国家外汇管理局依法对企业贸易外汇收支进行非现场总量核查和监测。在此基础上，对存在异常或可疑情况的企业进行现场核查；对金融机构办理贸易外汇收支业务的合规性与报送相关信息的及时性、完整性、准确性实施非现场和现场核查，并通过核查结果实施差别化管理。

2.对货物贸易外汇的主要监管方式

（1）企业名录登记管理。企业依法取得对外贸易经营权后，应持有关材料到国家外汇管理局办理名录登记手续，而后才能在金融机构办理贸易外汇收支业务。金融机构不得为不在名录内的企业办理贸易外汇收支业务。

（2）非现场核查。国家外汇管理局对企业在一定期限内的进出口数据和贸易外汇收支数据进行总量比对，核查企业贸易外汇收支的真实性及其与进出口的一致性。非现场核查是国家外汇管理局常规监管方式。

（3）现场核查。国家外汇管理局可对非现场核查中发现的异常或可疑的贸易外汇收支业务实施现场核查，也可对金融机构办理贸易外汇收支业务的合规性与报送信息的及时性、完整性和准确性实施现场核查。

（4）分类管理。国家外汇管理局根据企业贸易外汇收支的合规性及其与货物进出口的一致性，将企业分为A、B、C三类。A类企业进口付汇单证简化，对B、C类企业在贸易外汇收支单证审核、业务类型、结算方式等方面实施严格监管，具体见表1-11。国家外汇管理局根据企业在分类监管期内的具体情况，对企业类别进行动态调整。

表1-11　　企业贸易外汇收支的分类管理

企业类别	差别管理措施
A类	进口时，可凭进口报关单、合同或发票等任何一种能够证明交易真实性的单证在银行直接办理付汇
	出口收汇无须联网核查，银行办理收付汇审核手续相应简化
B类	由银行实施电子数据核查
C类	需经国家外汇管理局逐笔登记后办理

（五）对外贸易救济措施

世界贸易组织允许成员方在进口产品倾销、补贴和过激增长等给其国内产业造成损害的情况下，使用反倾销、反补贴和保障措施等贸易救济措施来保护国内产业不受损害。

1.救济措施的决定与公告

征收反倾销税（包括临时反倾销税）、采取临时反补贴措施、征收反补贴税，由商务部提出建议，国务院关税税则委员会作出决定，商务部予以公告。海关自公告规定实施之日起执行。

要求提供保证金、保函或其他形式担保的临时反倾销措施，由商务部作出决定并予以公告。海关自公告规定实施之日起执行。

2.救济措施的种类与使用

反倾销、反补贴和保障措施等贸易救济措施的种类与使用情况见表1-12。

表1-12　救济措施的种类与使用

<table>
<tr><th></th><th>种类</th><th>可以采取的形式</th><th colspan="2">实施期限</th><th>适用对象</th></tr>
<tr><td rowspan="3">反倾销措施</td><td rowspan="2">临时措施</td><td>征收临时反倾销税</td><td colspan="2" rowspan="2">自公告规定实施之日起，不超过4个月；特殊情形下，可以延长至9个月</td><td rowspan="5">价格歧视（不公平贸易）</td></tr>
<tr><td>要求提供保证金、保函或其他形式的担保</td></tr>
<tr><td>最终措施</td><td colspan="2">征收反倾销税（最终裁决倾销成立并对国内产业造成损害的情形）</td><td>不超过5年（特殊情况下，可以适当延长）</td></tr>
<tr><td rowspan="2">反补贴措施</td><td>临时措施</td><td>采取以保证金或保函作为担保的征收临时反补贴税的形式</td><td colspan="2">自公告规定实施之日起，不超过4个月</td></tr>
<tr><td>最终措施</td><td colspan="2">征收反补贴税（最终裁决补贴成立并对国内产业造成损害的情形）</td><td>不超过5年（特殊情况下，可以适当延长）</td></tr>
<tr><td rowspan="3">保障措施</td><td>临时措施</td><td>提高关税（事后调查不成立的，则要退还已征收的临时关税）</td><td colspan="2">自公告规定实施之日起，不超过200天</td><td rowspan="3">进口产品激增</td></tr>
<tr><td rowspan="2">最终措施</td><td>提高关税</td><td colspan="2" rowspan="2">实施期限一般不超过4年。保障措施全部实施期限（包括临时保障措施期限）最多不得超过10年</td></tr>
<tr><td>数量限制等</td></tr>
</table>

保障措施的实施期限一般不超过4年，如需延长此期限，必须同时满足以下几个条件：①对于防止或补救严重损害仍有必要；②有证据表明相关国内产业正在进行调整；③已经履行有关对外通知、磋商的义务；④延长后的措施不严于延长前的措施。

知识链接1-2　　出口商核准制度

《中华人民共和国海关经核准出口商管理办法》（海关总署令第254号公布）规定，只有经海关依法认定成为经核准出口商，才可以对其出口或者生产的、具备相关优惠贸易协定（《中华人民共和国政府和冰岛政府自由贸易协定》《中华人民共和国和瑞士联邦自由贸易协定》《中华人民共和国政府和毛里求斯共和国政府自由贸易协定》《区域全面经济伙伴关系协定》（RCEP）等）项下原产资格的货物开具原产地声明。

阅读资料1-2

海关总署令第254号

经核准出口商应当符合以下条件：①海关高级认证企业；②掌握相关优惠贸易协定项下的原产地规则；③建立了完备的原产资格文件管理制度。

阅读资料1-3

海关总署公告2021年第105号

企业申请成为经核准出口商的，应当向其住所地直属海关（以下统称主管海关）提交书面申请。主管海关应当自收到申请材料之日起30日内进行审核并作出决定。

经审核，符合经核准出口商条件的，主管海关应当制发经核准出口商认定书，并给予经核准出口商编号；不符合经核准出口商条件的，主管海关应当制发不予认定经核准出口商决定书。

经核准出口商认定书、不予认定经核准出口商决定书应当送达申请人，并且自送达之日起生效。

经核准出口商认定的有效期为3年。经核准出口商可以在有效期届满前3个月内，向主管海关书面申请续展。每次续展的有效期为3年。

关于实施《中华人民共和国海关经核准出口商管理办法》相关事项的公告，参见海关总署公告2021年第88号。

三、对外贸易管制的主要措施

（一）进出口许可证管理

进出口许可证管理属于国家限制进出口管理范畴，分为进口许可证管理和出口许可证管理。

1.主管部门、发证机构

（1）主管部门。商务部是全国进出口许可证的归口管理部门。商务部会同海关总署制定、调整和发布年度《进口许可证管理货物目录》及《出口许可证管理货物目录》。

（2）根据《进出口商品许可证发证机构管理办法》的规定，进出口许可证的发证机构包括以下三个层次：①商务部配额许可证事务局（以下简称“许可证局”）；②商务部驻有关地方特派员办事处（以下简称“特办”）；③商务部授权的地方主管部门发证机构（以下简称“地方发证机构”），包括各省、自治区、直辖市、计划单列市，以及商务部授权的其他省会城市商务厅（局）、外经贸委（厅、局）。

2.管理范围

（1）实施进口许可证管理的货物。其分别实行进口许可证管理和进口配额许可证管理。实施进口许可证管理的货物的管理方式及发证机构见表1-13。

表1-13 实施进口许可证管理的货物的管理方式及发证机构

货物	管理方式	发证机构
重点旧机电产品	许可证管理	许可证局
消耗臭氧层物质	配额许可证管理	地方发证机构

注：（1）在京的属于国务院国资委管理的对外贸易经营者申领的进口许可证，由许可证局负责签发；（2）这里的“重点旧机电产品”与前面禁止进口的“旧机电产品”在范围（以每年实际公布为准）上是有差别的

（2）实施出口许可证管理的货物。实施出口许可证管理的货物，分别实行出口配额招标、出口配额许可证和出口许可证管理三种管理方式。具体适用范围见表1-14。

表 1-14　　实施出口许可证管理的货物的管理方式及适用范围

管理方式	适用范围
出口配额招标	出口甘草及甘草制品、蔺草及蔺草制品等货物
	凭配额招标中标文件申领出口许可证
出口配额许可证	出口活牛（对港澳）、活猪（对港澳）、活鸡（对香港）、小麦、玉米、大米、小麦粉、玉米粉、大米粉、药料用人工种植麻黄草、煤炭、原油、成品油（不含润滑油、润滑脂、润滑油基础油）、锯材、棉花
	凭配额文件申领出口许可证
出口许可证管理	出口活牛（对港澳以外市场）、活猪（对港澳以外市场）、活鸡（对香港以外市场）、牛肉、猪肉、鸡肉、天然砂（含标准砂）、矾土、磷矿石、镁砂、滑石块（粉）、萤石（氟石）、稀土、锡及锡制品、钨及钨制品、钼及钼制品、锑及锑制品、焦炭、成品油（润滑油、润滑脂、润滑油基础油）、石蜡、部分金属及制品、硫酸二钠、碳化硅、消耗臭氧层物质、柠檬酸、白银、铂金（以加工贸易方式出口）、铟及铟制品、摩托车（含全地形车）及其发动机和车架、汽车（包括成套散件）及其底盘的，需按规定申领出口许可证（消耗臭氧层物质货样广告品需凭出口许可证出口；以一般贸易、加工贸易、边境贸易和捐赠贸易方式出口汽车、摩托车产品的，需按规定的条件申领出口许可证；以工程承包方式出口汽车、摩托车产品的，凭对外承包工程项目备案回执或特定项目立项函、中标文件等材料申领出口许可证；以上述贸易方式出口非原产于中国的汽车、摩托车产品的，凭进口海关单据和货物出口合同申领出口许可证）

资料来源　商务部、海关总署公告2021年第50号（关于公布《出口许可证管理货物目录（2022年）》的公告）.

出口许可证实行分级发证，分级情况见表 1-15。

表 1-15　　出口许可证发证机构

商品	发证机构
小麦、玉米、煤炭、原油、成品油（不含一般贸易方式出口的润滑油、润滑脂及润滑油基础油）、棉花	许可证局
小麦粉、玉米粉、大米、大米粉、活牛、活猪、活鸡、甘草及甘草制品、蔺草及蔺草制品、天然砂等	特办
牛肉、猪肉、鸡肉、消耗臭氧层物质、石蜡、部分金属及制品、汽车（包括成套散件）及其底盘、摩托车（含全地形车）等	地方发证机构

注：（1）在京的属于国务院国资委管理的对外贸易经营者申领的出口许可证，由许可证局负责签发；（2）为维护正常的经营秩序，对部分出口货物实行指定机构发证

特别提醒 1-1

（1）原油、成品油的进口实行自动进口许可证管理，而出口实行的是出口许可证管理。

（2）根据《消耗臭氧层物质进出口管理办法》的规定，消耗臭氧层物质进出口许可证管理的程序为：

①主管部门确定国家消耗臭氧层物质年度进出口配额总量，并于每年12月20日前公布下一年度进出口配额总量。

②从事消耗臭氧层物质的进出口单位应当在每年10月31日前，向主管部门申请下一年度进出口配额。

③在年度进出口配额指标内，进出口单位向主管部门申领进出口受控消耗臭氧层物质审批单。审批单实行一单一批制，有效期为90天，不得超期或跨年度使用。

④进出口单位凭审批单向发证机构申领消耗臭氧层物质进出口许可证。

⑤海关特殊监管区域、保税监管场所与境外之间进出消耗臭氧层物质的，进出口单位应当申领审批单和进出口许可证；海关特殊监管区域、保税监管场所与境内其他区域之间进出，或者特殊监管区域、保税监管场所之间进出的，不需要申领审批单和进出口许可证。

知识链接 1-3　海关特殊监管区域、保税监管场所

《中华人民共和国海关监管区管理暂行办法》（以下简称《海关监管区管理暂行办法》）规定，海关监管区包括海关特殊监管区域、保税监管场所、海关监管作业场所、免税商店以及其他有海关监管业务的场所和地点。

《海关监管区管理暂行办法》中的“海关特殊监管区域”主要包括保税区、出口加工区、跨境工业区和综合保税区等；“保税监管场所”主要包括保税仓库、出口监管仓库、保税物流中心等。

3.报关规范

根据《货物进口许可证管理办法》及《货物出口许可证管理办法》的规定，在进出口许可证管理过程中所涉及的报关规范见表1-16。

表1-16　进出口许可证管理过程中涉及的报关规范

进口许可证	出口许可证
（1）有效期为1年； （2）特殊情况需要跨年度使用时，有效期不得超过次年3月31日	（1）有效期不得超过6个月； （2）有效期截止时间不得超过当年12月31日

续表

<table>
<tr><th>进口许可证</th><th>出口许可证</th></tr>
<tr><td colspan="2">（1）“一证一关”（一个许可证只能在一个海关报关）；
（2）对消耗臭氧层物质、汽车（旧）出口实行“一批一证”制管理，出口许可证在有效期内一次报关使用；
（3）对下列货物实行“非一批一证”制管理：小麦、玉米、大米、小麦粉、玉米粉、大米粉、活牛、活猪、活鸡、牛肉、猪肉、鸡肉、原油、成品油、煤炭、摩托车（含全地形车）及其发动机和车架、汽车（包括成套散件）及其底盘（限新车）、加工贸易项下出口货物、补偿贸易项下出口货物等。出口上述货物的，可在出口许可证有效期内多次通关使用出口许可证，但通关使用次数不得超过12次</td></tr>
<tr><td colspan="2">（1）对于实行“一批一证”制的“大宗、散装货物”，出口溢装数量在货物总量5%以内（原油、成品油在3%以内）的免证；
（2）对于实行“非一批一证”制的“大宗、散装货物”，在每批货物出口时，按其实际出口数量进行许可证证面数量核扣，在最后一批货物出口时，应当在该许可证实际剩余数量的5%（原油、成品油为3%）以内计算其溢装数量（免证数量）</td></tr>
<tr><td colspan="2">以边境小额贸易方式出口货物的报关规范：
（1）属于出口配额管理（非招标方式分配）的货物，由省级地方商务主管部门根据商务部下达的边境小额贸易配额和要求签发出口许可证；
（2）属于出口配额管理（招标方式分配）的货物和属于出口许可证管理的消耗臭氧层物质、摩托车（含全地形车）及其发动机和车架、汽车（包括成套散件）及其底盘等的货物，需按规定申领出口许可证；
（3）属于上述情形以外的货物的，免于申领出口许可证</td></tr>
<tr><td colspan="2">加工贸易项下出口目录内的货物，按以下规定执行：
（1）属于配额管理的货物，凭配额文件、货物出口合同申领出口许可证。其中，出口甘草及甘草制品、蔺草及蔺草制品的，凭配额招标中标证明文件、海关加工贸易进口报关单申领出口许可证。
（2）属于出口许可证管理的货物，除另有规定以外，凭有关批准文件、海关加工贸易进口报关单和货物出口合同申领出口许可证。出口润滑油、润滑脂、润滑油基础油以外的成品油的，免于申领出口许可证</td></tr>
<tr><td colspan="2">出口铈及铈合金（颗粒＜500微米）、钨及钨合金（颗粒＜500微米）、锆、铍的，可免于申领出口许可证，但需按规定申领两用物项和技术出口许可证</td></tr>
<tr><td colspan="2">我国政府对外援助项下提供的货物免于申领出口许可证</td></tr>
</table>

【例1-1】某企业持一份证面数量为200公吨的成品油出口许可证（非一批一证），以海运散装形式分两批出口成品油200公吨，在第一批实际出口数量100公吨的情况下，该企业可凭该份出口许可证最多出口（　　）公吨成品油。

例 1-1

解析

A.210　　B.205

C.203　　D.206

此外，国家对部分出口货物实行指定口岸报关出口管理，见表1-17。

表1-17　　指定口岸报关的出口货物

出口商品	报关口岸
甘草	天津海关、上海海关、大连海关
甘草制品	天津海关、上海海关
天然砂 （对台港澳地区）	企业所在省（自治区、直辖市）的海关

（二）进口关税配额管理

关税配额管理属限制进口，实行关税配额证管理。在限额内，按关税配额税率征税进口；超出限额，则按配额外税率征税进口。

实施进口关税配额管理的主要是粮食、棉花、食糖、羊毛及毛条等农产品和工业品中的化肥。农产品、工业品（化肥）进口关税配额管理的有关规定见表1-18。

表1-18　　农产品、工业品（化肥）进口关税配额管理的有关规定

	农产品进口关税配额	工业品（化肥）进口关税配额
管理部门	商务部、国家发展和改革委员会	商务部
发证机构	商务部、国家发展和改革委员会的各自授权机构	商务部有关机构
报关规范	1.为全球配额	1.为全球配额
	2.海关凭“农产品进口关税配额证”办理验放手续。对是否需提交关税配额证，其具体要求如下： （1）加工贸易方式进口：需提交。 （2）由境外进入保税仓库、保税区、出口加工区的上述农产品：无须提交。 （3）从保税仓库、保税区、出口加工区出库或出区进口，办理手续时：需提交	2.海关凭“化肥进口关税配额证明”验放货物
	3.实行“一证多批”制	3.商务部负责化肥进口关税配额的发证、统计、咨询等工作

（三）两用物项和技术进出口许可证管理

为了维护国家安全和社会公共利益，履行我国在缔结或参加的国际条约、协定中所承担的义务，国家限制两用物项和技术进出口。

1.主管部门、发证机构

（1）主管部门。商务部是全国两用物项和技术进出口许可证的归口管理部门。

商务部和海关总署依法联合发布《两用物项和技术进出口许可证管理目录》，对该目录中物项及技术的进出口统一实行进出口许可证管理。

（2）发证机构。其包括许可证局和受商务部委托的省级商务主管部门。

除在京的中央企业和监控化学品的经营者应当向许可证局申领进出口许可证外，其他经营者到所在地发证机构申领进出口许可证。

2.管理范围

实施两用物项和技术进口许可证管理的商品包括《监控化学品管理条例》监控名录所列物项、易制毒化学品、放射性同位素三类；实施两用物项和技术出口许可证管理的商品包括核出口管制清单所列物项和技术、核两用品及相关技术出口管制清单所列物项和技术、生物两用品及相关设备及技术出口管制清单所列物项和技术等共九大类。

3.办理程序

两用物项和技术进出口许可证申领的基本程序如下：

（1）经营者应当首先获得行政主管部门的批准文件。有关的批准文件包括：

第一，核、核两用品、生物两用品、有关化学品、导弹相关物项、易制毒化学品和计算机进出口的批准文件为商务主管部门签发的两用物项和技术进口或出口批复单。其中：①核材料出口：凭国防科工局（原国防科工委）的批准文件办理相关手续。②外商投资企业进出口易制毒化学品：凭“商务部外商投资企业易制毒化学品进口或出口批复单”申领进出口许可证。

第二，监控化学品进出口的批准文件为国家履行《禁止化学武器公约》工作领导小组办公室签发的监控化学品进口或出口核准单。

第三，进口放射性同位素按有关规定报生态环境部审批。

（2）经营者凭主管部门批准文件等材料申领两用物项和技术进出口许可证（实行网上申领）。

4.报关规范

两用物项和技术进出口许可证管理过程中所涉及的报关规范见表1-19。

（四）自动进口许可证管理

1.主管部门、发证机构

商务部根据监测货物进口情况的需要，对部分自由进口货物实行自动许可管理。

许可证局，特办和各省、自治区、直辖市、计划单列市、新疆生产建设兵团商务主管部门以及地方、部门机电产品进出口办公室或者法律、行政法规规定的机构（以下简称发证机构）负责货物自动进口许可管理和自动进口许可证的签发工作。

2.管理范围

（1）自动进口许可证管理的商品范围。自动进口许可管理货物目录由商务部会同海关总署等有关部门制定、调整和公布。实施自动进口许可证管理的商品根据签发部门的不同分为两大类：

第一，商务部签发自动进口许可证的货物，包括牛肉、猪肉、羊肉、鲜奶、奶粉、原油、成品油（部分）、化肥（部分）、烟草、大豆、移动通信产品、汽车产品（部分）、飞机（部分）、船舶（部分）等。

表 1-19　　两用物项和技术进出口许可证管理过程中所涉及的报关规范

进口许可证	出口许可证
实行“非一批一证”制和“一证一关”制	实行“一批一证”制和“一证一关”制
对于实行“非一批一证”制的“大宗、散装”两用物项，在每批进口时，按其实际进口数量进行许可证证面数量核扣；在最后一批进口报关时，应当在该许可证实际剩余数量的5%以内计算其溢装数量（免证数量）	对于实行“一批一证”制的“大宗、散装”两用物项，在出口时，溢装数量（免证数量）不得超过许可证所列出口数量的5%
证面进口商、收货人应当分别与进口报关单的经营单位、收货单位相一致	证面出口商、发货人应当分别与出口报关单的经营单位、发货单位相一致
进出口时，经营者应当主动向海关提交两用物项和技术进出口许可证。海关特殊监管区域、保税监管场所与境内其他区域之间进出的，或者特殊监管区域、保税监管场所之间进出的，不需要申领审批单和进出口许可证	
海关有权对进出口货物是否属于两用物项和技术提出质疑。经营者未能出具进出口许可证或商务部相关证明的，海关不予办理有关手续	
目录列名的物项和技术，不论是否在管理目录中列明海关商品编号，均应依法办理两用物项和技术进出口许可证	
许可证有效期一般不超过1年。跨年度使用时，在有效期内只能使用到次年3月31日，逾期使用的需换发许可证	
许可证仅限于申领人本人使用，不得买卖、转让、涂改、伪造和变造	
许可证一经签发，任何单位和个人不得更改证面内容	

第二，受商务部委托的省级地方商务主管部门或地方、部门机电办签发自动进口许可证的货物，包括肉鸡、植物油、煤、铁矿石、成品油（部分）、化肥（部分）、钢材、工程机械、印刷机械、纺织机械、电气设备、汽车产品（部分）、飞机（部分）、船舶（部分）、医疗设备等。

特别提醒 1-2

（2）免交自动进口许可证的情况。《货物自动进口许可管理办法》规定，以下列方式进口自动许可货物的，可以免领自动进口许可证：①加工贸易项下进口并复出口的（原油、成品油除外）；②外商投资企业作为投资进口或者投资额内生产自用的；③货样广告品、实验品进口，每批次价值不超过5 000元人民币的；④暂时进口的海关监管货物；⑤国家法律、法规规定其他免领自动进口许可证的。

3.办理程序

自动进口许可证申领的基本程序如下：

（1）收货人在办理海关报关手续前，应当向所在地或相应的发证机构提交自动进口许可证申请。

（2）发证机构自收到申请后，在不超过10个工作日内签发自动进口许可证电子证书。

4.报关规范

（1）自动进口许可证有效期为6个月，但仅限公历年度内有效。

（2）原则上为“一批一证”。特殊情况下可实行“非一批一证”，但累计使用不得超过6次。

（3）同一进口合同项下，收货人可以申请并领取多份自动进口许可证。

（4）对“大宗、散装货物”溢短装数量在货物总量±5%（原油、成品油、化肥、钢材4种大宗、散装货物为3%）以内的，予以免证验放。

（5）对于“非一批一证”进口的“大宗、散装货物”，每批进口时，按其实际进口数量核扣自动进口许可证额度数量；最后一批货物进口时，应当在该许可证实际剩余数量的5%（原油、成品油、化肥、钢材为3%）以内计算其溢装数量（免证数量）。

（五）野生动植物种进出口管理

我国是《濒危野生动植物种国际贸易公约》（以下简称《公约》）的成员国。因此，我国进出口管理的濒危物种包括《公约》成员国（地区）应履行保护义务的物种和为保护我国珍稀物种而自主保护的物种。

思政专栏1-2　保护野生动植物 维护全球生命共同体

据海关总署报道，2019年1月至2021年9月，中国海关共侦办濒危野生动植物及其制品走私犯罪案件923起，查获各类濒危野生动植物及其制品1 552.7吨。

中国海关认真履行《生物多样性公约》《濒危野生动植物种国际贸易公约》等国际环境公约，积极开展打击濒危野生动植物及其制品走私国际合作，强化与濒危野生动植物及其制品走私来源地、中转地和目的地海关、警方、环保等执法部门的政策沟通、情报交流、趋势研究、联合调查、能力建设等合作，不断完善打击濒危野生动植物及其制品走私的长效合作机制。但是，濒危野生动植物及其制品走私犯罪还是屡禁不止。这就要求我们必须人人尽一份责、出一份力，维护全球生命共同体。

保护珍贵濒危野生动植物就是保护生态环境，就是保护我们自己。

1.主管部门、发证机构

（1）主管部门。《野生动植物进出口证书管理办法》规定，依法进出口野生动植物及其产品的，实行野生动植物进出口证书管理。野生动植物进出口证书包括“允许进出口证明书”和“物种证明”。

进出口列入《进出口野生动植物种商品目录》（以下简称《目录》）中、《公约》限制进出口的濒危野生动植物及其产品，出口列入《目录》中国家重点保护的野生动植物及其产品的，实行允许进出口证明书管理；进出口列入《目录》中的其他野生动植物及其产品的，实行物种证明管理。

国家濒危物种进出口管理办公室是野生动植物种进出口管理的主管部门。国家濒危物种进出口管理办公室和海关总署依法共同制定或调整《目录》，并以签发野生动植物进出口证书的方式对濒危野生动植物及其产品实施进出口限制管理。

凡进出口列入《目录》中的野生动植物或其产品，必须在进出口报关前取得“允许进出口证明书”或“物种证明”后向海关办理进出口手续。

（2）发证机构为国家濒危物种进出口管理办公室或其授权的办事处。

2.管理范围

“允许进出口证明书”和“物种证明”的管理范围见表1-20。

表1-20 **野生动植物种进出口管理范围**

允许进出口证明书	物种证明
用于列入《目录》中《公约》限制进出口的濒危野生动植物及其产品的进出口通关、列入《目录》中国家重点保护的野生动植物及其产品的出口通关	用于列入《目录》中的其他野生动植物及其产品的进出口通关。含野生动植物成分的纺织品也适用物种证明管理

3.报关规范

野生动植物种进出口管理过程中所涉及的报关规范见表1-21。

表1-21 **野生动植物种进出口管理过程中所涉及的报关规范**

<table>
<tr><th>允许进出口证明书</th><th>物种证明</th></tr>
<tr><td colspan="2">应当主动提交有效的允许进出口证明书、物种证明及有关单据办理报关手续，并按照规定的种类、数量、口岸、期限完成进出口活动。在海关特殊监管区域、保税监管场所与境内其他区域之间进出的，或者在特殊监管区域、保税监管场所之间进出的，无须办理允许进出口证明书或物种证明；在海关特殊监管区域、保税监管场所与境外之间进出的，应当办理允许进出口证明书或物种证明</td></tr>
<tr><td>实行“一批一证”制度，有效期不得超过180天</td><td>按时效分为一次使用和多次使用</td></tr>
<tr><td>进口后再出口的，应当提交经海关签注的允许进出口证明书复印件和进口报关单复印件。进口野生动植物原料加工后再出口的，还应当提交相关生产加工的转换计划及说明；以加工贸易方式进口或进口后再出口的，应当提交加工贸易手册复印件或者电子化手册、电子账册相关内容（表头及相关表体部分）打印件</td><td>一次使用的物种证明有效期自签发之日起不得超过180天；多次使用的物种证明有效期不得超过360天。需要延续其有效期的，应当在其有效期届满15日前向原发证机关提出书面延期申请</td></tr>
<tr><td>进出口野生动植物及其产品的，被许可人应当自海关放行之日起30日内，将允许进出口证明书副本和进出口报关单复印件交回原发证机关。进口野生动植物及其产品的，还应当同时交回境外《公约》管理机构核发的允许出口证明材料正本。未实施进出口野生动植物及其产品的，应当在允许进出口证明书有效期届满后30日内将其退回原发证机关</td><td>多次使用的物种证明只适用于同一物种、同一货物类型、在同一报关口岸多次进出口的野生动植物</td></tr>
<tr><td colspan="2">《公约》附录所列野生动植物及其产品需要过境、转运、通运的，无须申请核发野生动植物进出口证书</td></tr>
</table>

（六）进出口药品管理

1.概述

进出口药品管理属于限制进出口管理范畴，实行分类和目录管理。从管理角度看，进出口药品可以分为进出口麻醉药品、进出口精神药品、进出口兴奋剂以及进口一般药品（一般药品出口目前暂无特殊规定）。药品必须经由国务院批准的进口口岸进口。

2.主管部门、发证机构

（1）主管部门。国家药品监督管理局是进出口药品的主管部门。国家药品监督管理局会同国务院商务主管部门针对上述药品依法制定并调整管理目录，并以签发“精神药品进出口准许证”、“麻醉药品进出口准许证”和“进口药品通关单”等许可证件的形式对目录内药品的进出口加以管制。

目前，我国公布的药品进出口管理目录有：《进口药品目录》、《生物制品目录》、《精神药品管制品种目录》、《麻醉药品管制品种目录》和《兴奋剂目录》。

（2）发证机构。“精神药品进出口准许证”和“麻醉药品进出口准许证”的发证机构为国家药品监督管理局；一般药品“进口药品通关单”的发证机构为国家药品监督管理局授权的口岸药品检验所。

3.精神药品、麻醉药品和一般药品的进出口管理

精神药品、麻醉药品和一般药品进出口管理的适用范围、所涉及的报关规范见表1-22。

表1-22　**精神药品、麻醉药品和一般药品的进出口管理**

	精神药品进出口准许证	麻醉药品进出口准许证	进口药品通关单
适用范围	列入《精神药品管制品种目录》中的药品，包含精神药品标准品及对照品，如咖啡因、去氧麻黄碱、复方甘草片等。 对于列入《精神药品管制品种目录》中的药品可能存在的盐、酯、醚，虽未列入该目录，但仍属于精神药品管制范围	列入《麻醉药品管制品种目录》中的麻醉药品，包括鸦片、可卡因、大麻、吗啡、海洛因以及合成麻醉药类和其他易成瘾癖的药品、药用原植物及其制剂。 对于列入《麻醉药品管制品种目录》中的麻醉药品可能存在的盐、酯、醚，虽未列入该目录，但仍属于麻醉药品管制范围	（1）列入《进口药品目录》中的药品； （2）列入《生物制品目录》中的药品； （3）首次在境内销售的药品
报关规范	药品监督管理部门根据规定签发相关证件，将证件电子数据传输至海关，报关企业采用无纸方式向海关申报		
	仅限在有关证（单）注明的口岸海关使用，并实行“一批一证”制度		

4.兴奋剂的进出口管理

为了保护体育运动参加者的身心健康，维护体育竞赛的公平竞争，国家体育总局会同商务部、国家卫生健康委、海关总署、国家药品监督管理局制定并颁布了《兴奋剂目录》。

（1）管理范围。列入《兴奋剂目录》中的药品。

（2）报关规范。

第一，进出口列入《兴奋剂目录》中的精神药品、麻醉药品、易制毒化学品、医疗用毒性药品，应当按现行规定办理通关验放手续。对于目录中的“其他品种”，暂不按兴奋剂实行管理。

第二，对进出口蛋白同化制剂和肽类激素实行“进/出口准许证”管理：①应当事先向国家药品监督管理局申领“进/出口准许证”；②“进口准许证”的有效期为1年；“出口准许证”的有效期不超过3个月（不得跨年度）；③“进/出口准许证”实行“一证一关”制度，证面内容不得更改。

进出口蛋白同化制剂和肽类激素时，海关的验放凭证及相关手续的办理见表1–23。

表1–23 **蛋白同化制剂和肽类激素的进出口**

进出口情况	验放凭证及相关手续的办理
个人因医疗需要携带或邮寄进出境自用合理数量范围内的	医疗机构处方
以加工贸易方式进出口的	药品进口准许证、出口准许证
境内区外与海关特殊监管区域或保税监管场所之间进出口的	
境外与海关特殊监管区域或保税监管场所之间进出口的	免予办理药品进口准许证、出口准许证，由海关实施监管
海关特殊监管区域、保税监管场所之间进出口的	

在我国的贸易管制措施中，实行“一批一证”的情形比较多，但也有不少情形下实行“非一批一证”。实行“非一批一证”的情形见表1–24。

表1–24 **实行“非一批一证”的贸易管制情形**

	贸易管制情形	备注
进出口许可证管理	“非一批一证”	一般情况下为“一批一证”；特殊情况下为“非一批一证”，累计使用不得超过12次
自动进口许可证管理	“非一批一证”	一般情况下为“一批一证”；特殊情况下为“非一批一证”，累计使用不得超过6次
两用物项和技术进口许可证管理	“非一批一证”	两用物项和技术出口许可证实行“一批一证”
农产品进口关税配额管理	“一证多批”	
物种证明	分“当年使用”和“一次性使用”两种	

（七）其他货物进出口管理

1.密码产品和含有密码技术的设备进口许可证管理

为了保护信息安全，保护公民和组织的合法权益，维护国家的安全和利益，国家对密码产品和含有密码技术的设备实行限制进口管理。

（1）主管部门、发证机构。国家密码管理局是密码产品和含有密码技术的设备进口的国家主管部门。密码管理局会同海关总署依法制定、调整并公布《密码产品和含有密码技术的设备进口管理目录》，以签发“密码产品和含有密码技术设备进口许可证”（以下简称密码进口许可证）的形式，对该类产品实施进口限制管理。

（2）管理范围。其管理列入《密码产品和含有密码技术的设备进口管理目录》（第一批）以及虽暂未列入目录但含有密码技术的进口商品。

列入管理目录中的商品包括加密传真机、加密电话机、加密路由器、非光通讯加密以太网络交换机、密码机、密码卡等。

（3）报关规范。

第一，免于提交密码进口许可证的情形：①加工贸易项下为复出口而进口的；②由海关监管暂时进口后复出口的；③从境外进入保税区、出口加工区及其他海关特殊监管区域或保税监管场所的，或在海关特殊监管区域、保税监管场所之间进出的。

第二，从海关特殊监管区域或保税监管场所进入境内区外，需交验密码进口许可证。

第三，进口单位知道或应当知道其所进口的商品含有密码技术，但暂未列入目录中的，也应当申领密码进口许可证。进口时，应当主动向海关提交密码进口许可证。

第四，在进口环节发现应提交而未提交密码进口许可证的，海关按有关规定进行处理。

2.艺术品进出口管理

为加强对艺术品进出口经营活动、商业性艺术品展览活动的管理，促进中外文化交流，丰富人民群众的文化生活，国家对艺术品进出口实施监督管理。艺术品进出口管理属于国家限制进出口范畴。

（1）管理部门。文化和旅游部是艺术品进出口经营活动的主管部门。为了适应行业发展实际，文化部（现文化和旅游部）于2016年3月修订并公布了《艺术品经营管理办法》，将原管理办法中的“美术品”改为“艺术品”。文化和旅游部负责制定艺术品经营管理政策，监督管理全国艺术品经营活动，建立艺术品市场信用监管体系。各省、自治区、直辖市人民政府文化行政部门负责艺术品进出口经营活动审批。艺术品进出口的相关程序如下：

第一，从事艺术品经营的单位在领取营业执照后，应当到其住所地县级以上人民政府文化行政部门备案。

第二，艺术品进出口单位应当在从境外进口或者向境外出口艺术品前（包括以销售、商业宣传为目的在境内公共展览场所举办的，有境外艺术品创作者或者境外艺术品参加的各类展示活动），向艺术品进出口口岸所在地省、自治区、直辖市人民政府文化行政部门提出申请，并报送规定材料；文化行政部门应当自受理之日起5日内作出决定，批准的，发给批准文件。

第三，申请单位持批准文件到海关办理相关手续。

（2）管理范围。艺术品进出口活动应当遵守国家有关法律、法规，其主要管理事项如下：

第一，纳入我国进出口管理的艺术品是指绘画作品、书法篆刻作品、雕塑雕刻作品、艺术摄影作品、装置艺术作品、工艺美术作品等及上述作品的有限复制品。艺术品不包括文物。

第二，禁止经营以下艺术品：①走私、盗窃等来源不合法的艺术品；②伪造、变造或者冒充他人名义的艺术品；③除有合法手续、准许经营的以外，法律、法规禁止交易的以动物、植物、矿物、金属、化石等为材质的艺术品。

第三，我国禁止进出境含有下列内容的艺术品：①违反宪法确定的基本原则的；②危害国家统一、主权和领土完整的；③泄露国家秘密、危害国家安全或者损害国家荣誉和利益的；④煽动民族仇恨、民族歧视，破坏民族团结，或者侵害民族风俗习惯的；⑤宣扬或者传播邪教迷信的；⑥扰乱社会秩序、破坏社会稳定的；⑦宣扬或者传播淫秽、色情、赌博、暴力、恐怖或者教唆犯罪的；⑧侮辱或者诽谤他人、侵害他人合法权益的；⑨蓄意篡改历史、严重歪曲历史的；⑩危害社会公德或者有损民族优秀文化传统的；⑪我国法律、行政法规和国家规定禁止的其他内容的。

第四，个人携带、邮寄艺术品超过海关认定的自用、合理数量，海关要求办理进出口手续的，应当按对艺术品经营单位的规定办理审批文件。

（3）报关规范。

第一，报关单位应当主动向海关提交有效的进出口批准文件及其他有关单据。

第二，批准文件不得擅自更改。如需更改，应当及时将变更事项向审批部门申报，经审批部门批准确认后方可变更。

第三，艺术品复出口或复进口的，可持原批准文件正本到海关办理相关手续，文化行政部门不再重复审批。但复出口或复进口的艺术品必须与原批准内容相符，否则，应当到文化行政部门重新办理审批手续。

3.音像制品进口管理

（1）概述。

第一，我国对音像制品进口实行许可管理制度。企业在进口前，应当先报国家广播电视总局进行内容审查，经批准取得“进口音像制品批准单”后方可进口。

第二，管理部门。

A.国家广播电视总局。其负责全国音像制品进口的监督管理工作；设立音像制品内容审查委员会，审查进口音像制品的内容。

B.县级以上地方人民政府新闻出版行政部门。其负责本行政区域内进口音像制品的监督管理工作。

C.各级海关。其在职责范围内负责音像制品进口的监督管理工作。

第三，音像制品成品进口业务由国家新闻出版广电总局指定的经营单位经营。

（2）管理范围。

第一，进口音像制品，是指从外国进口音像制品成品和进口用于出版（包括利用信息网络出版）及其他用途的音像制品。其包括录有内容的录音带、录像带、唱片、激光唱盘、激光视盘等。

第二，音像制品用于广播电视播放的，适用广播电视法律、行政法规。

第三，国家禁止进口有下列内容的音像制品：①反对宪法确定的基本原则的；②危害国家统一、主权和领土完整的；③泄露国家秘密、危害国家安全或损害国家荣誉和利益的；④煽动民族仇恨、民族歧视，破坏民族团结，或侵害民族风俗、习惯的；⑤宣扬邪教、迷信的；⑥扰乱社会秩序、破坏社会稳定的；⑦宣扬淫秽、赌博、暴力或教唆犯罪的；⑧侮辱或诽谤他人，侵害他人合法权益的；⑨危害社会公德或民族优秀文化传统的；⑩有法律、行政法规和国家规定禁止的其他内容的。

（3）报关规范。

第一，报关单位应当主动向海关提交“进口音像制品批准单”及其他有关单据。

第二，“进口音像制品批准单”实行“一批一证”制度，不得累计使用，证面内容不得更改；如需修改，应当重新办理。其中，属于音像制品成品的，批准单当年有效；属于用于出版的音像制品的，批准单有效期限为1年。

第三，在经批准进口出版的音像制品版权授权期限内，音像制品进口经营单位不得进口该音像制品成品。

第四，随机器设备同时进口以及进口后随机器设备复出口的记录操作系统、设备说明、专用软件等内容的音像制品，无须申领“进口音像制品批准单”，海关凭进口单位提供的合同、发票等有效单证验放。

4.黄金及其制品进出口管理

（1）主管部门：中国人民银行。

（2）黄金及其制品进出口管理属于我国进出口许可管理制度中限制进出口管理范畴。

（3）《黄金及黄金制品进出口管理办法》规定，中国人民银行会同海关总署制定、调整并公布《黄金及黄金制品进出口管理商品目录》。进出口列入管理目录中的货物，海关凭主管部门签发的“黄金及黄金制品进出口准许证”办理验放手续。

特别提醒1-3

（1）海关特殊监管区域或保税监管场所与境外及相互之间进出黄金及其产品，免于办理“准许证”。

（2）海关特殊监管区域或保税监管场所与境内区外之间进出黄金及其产品，应当办理“准许证”。

5.有毒化学品管理

（1）主管部门：生态环境部。

（2）海关凭生态环境部签发的“有毒化学品进出口环境管理放行通知单”办理验放手续。

6.农药进出口管理

（1）主管部门：农业农村部。

（2）进出口的农药应在我国取得农药登记，进出口农药的单位应取得相应的农药经营许可证，并对农药的质量负责；出口的农药还应取得农药生产许可证。

（3）农药进出口实行名录管理，《中华人民共和国进出口农药管理名录》由农业农村部和海关总署共同制定，并适时调整、公布。

（4）进出口农药单位应在中国国际贸易单一窗口网上办理农药进出口通知单。向中国出口农药的企业，由其在中国设立的销售机构或委托中国代理机构办理通知单。涉及多个生产地的，还应提供相应的生产场所信息。

农药生产企业自营出口的，直接在单一窗口办理；农药生产企业委托贸易企业出口的，应与贸易企业签订出口委托书；农药生产企业委托加工的，还应提供受托方的农药生产许可证和委托加工协议。仅限出口登记的农药和特殊管理的农药出口，按照相关规定执行。

农业农村部农药检定所在网上审核确认进出口单位提供的信息，符合条件的，将农药进出口通知单电子数据发送给海关。海关凭农药进出口通知单电子数据办理通关验放手续，不再收取纸质文本（因海关等有关部门审核需要等原因除外）。

特别提醒 1-4

（5）对列入《鹿特丹公约》（包括《鹿特丹公约》附件三）的农药品种和农药产品，以及我国已经禁用和严格限用的农药品种，应按照《鹿特丹公约》的要求履行相关手续。

（6）农药进出口通知单实行“一批一单”管理，即进出口一批农药，办理一份农药进出口通知单，对应一份海关进出口货物报关单。农药进出口通知单的有效期为3个月。

7.兽药进口管理

（1）主管部门：农业农村部。

（2）实行目录管理。由农业农村部会同海关总署制定、调整并公布《进口兽药管理目录》。进口列入目录内的兽药，海关凭进口口岸所在地省级人民政府兽医行政管理部门签发的“进口兽药通关单”办理通关验放手续。

（3）“进口兽药通关单”实行“一单一关”制，在30日有效期内只能一次性使用。

（4）进口暂未列入《进口兽药管理目录》中的兽药时，也应如实申报，主动向海关出具“进口兽药通关单”。

（5）进口同时列入《进口药品目录》中的兽药时，海关免于验核“进口药品通关单”。

8.民用爆炸物品进出口管理

（1）主管部门、发证机构。国家对民用爆炸物品实施进出口限制管理。工业和信息化部为进出口民用爆炸物品的国家主管部门，负责民用爆炸物品进出口的审批；公安机关负责民用爆炸物品境内运输的安全监督管理；海关负责民用爆炸物品进出口环节的监管。

在进出口民用爆炸物品前，进出口企业应当申领“民用爆炸物品进/出口审批单”，然后向收货地或出境口岸所在地县级人民政府公安机关备案，并同时向所在地省级民用爆炸物品行业主管部门备案，在依法取得公安机关核发的“民用爆炸物品运输许可证”后方可运输民用爆炸物品。

（2）管理范围。其包括用于非军事目的、列入我国“民用爆炸物品品名表”中的各类火药、炸药及其制品，雷管、导火索等点火和起爆器材。

（3）报关规范。

第一，报关单位应当主动向海关提交有效的“民用爆炸物品进/出口审批单”及其他有关单据。“民用爆炸物品进/出口审批单”实行“一批一单”和“一单一关”管理。

第二，海关无法确定进出口物品是否属于民用爆炸物品的，由进出口企业将物品样品送交具有民用爆炸物品检测资质的机构鉴定，海关依据有关鉴定结论实施进出口管理。

第三，在海关特殊监管区域或保税监管场所与境外之间进出的，也应当向海关提交“民用爆炸物品进/出口审批单”。

9.水产品捕捞进口管理

（1）管理目的：遏止非法捕鱼活动，有效养护有关渔业资源；有效履行我国政府的相关义务，树立我国负责任的渔业国家形象。

（2）主管部门：农业农村部。

（3）管理证件及适用范围：由农业农村部会同海关总署对部分水产品捕捞进口实施进口限制管理，制定、调整并公布《实施合法捕捞证明的水产品清单》。进口列入清单中的水产品（包括进境样品、暂时进口、加工贸易进口及进入海关特殊监管区域或保税监管场所等）时，海关凭农业农村部签发的“合法捕捞产品通关证明”办理通关手续。

特别提醒1-5

根据合法捕捞证明制度的规定，国际组织成员进口部分水产品时有义务验核船旗国政府主管机关签署的合法捕捞证明；没有合法捕捞证明的，不得进口。所以，申请“合法捕捞产品通关证明”时，应当提交船旗国政府主管机关签署的合法捕捞证明原件。

船舶悬挂某一国家的国旗即具有该国国籍，这个国家即该船的船旗国。船舶在公海上只遵从国际法和船旗国的法律。

（八）出入境检验检疫监管

检验检疫监管是海关对重要的进出口商品实施验证、备案（注册）登记、卫生注册登记等监督管理措施，体现国家管理职能的强制性行政管理行为。对外贸易关系人在报检活动中必须严格遵守有关制度，并按照相应的监管要求在进出口货物报检/报关之前完成监管审批申办手续，取得报检所需的证明文件。

1.出境检验检疫监管

（1）注册登记和备案管理。海关对涉及人身安全、财产安全和健康的重要出口商品（主要包括机电产品、电子产品、陶瓷、棉花、纺织品、畜产品、煤炭、玩具和运输包装等）及相关产品或其生产企业、种植/养殖场等，实行注册登记或备案管理。这些出口企业必须获得海关的注册或备案方可出口。没有获得注册或备案的，海关不受理报检。部分监管制度见表1–25。

表1–25　**出口商品、生产企业等的注册登记或备案管理**

出口商品		监管制度	制度依据
重要出口商品		商品注册登记	《进出口商品检验法实施条例》
食品		生产企业卫生注册登记	《进出口商品检验法实施条例》
		生产企业境外注册	《出口食品生产企业申请境外注册管理办法》（海关总署公告2021年第87号）
		生产企业备案	《中华人民共和国进出口食品安全管理办法》（以下简称《进出口食品安全管理办法》）（海关总署第249号令）
食品原料		原料种植场备案、原料养殖场备案	《进出口食品安全管理办法》（海关总署第249号令）等
动物及动物产品	供港澳活羊	中转场注册	《供港澳活羊检验检疫管理办法》（原质检总局令第3号）及海关总署第240号令
	供港澳活牛	育肥场、中转仓注册	《供港澳活牛检验检疫管理办法》（原质检总局令第4号）及海关总署第240号令
	供港澳活禽	饲养场注册	《供港澳活禽检验检疫管理办法》（原质检总局令第26号）及海关总署第240号令
	供港澳活猪		《供港澳活猪检验检疫管理办法》（原质检总局令第27号）及海关总署第240号令
	水生动物	养殖场、中转场注册	《出境水生动物检验检疫监督管理办法》（原质检总局令第99号）及海关总署第243号令
	肉类产品	养殖场备案	《进出口食品安全管理办法》（海关总署第249号令）
	乳品	养殖场备案	《进出口食品安全管理办法》（海关总署第249号令）
非食用动物产品		生产、加工、存放企业注册登记	《进出境非食用动物产品检验检疫监督管理办法》（原质检总局令第159号）及海关总署第240号令

阅读资料1–4

海关总署公告2021年第87号

阅读资料1–5

海关总署第249号令

续表

出口商品		监管制度	制度依据
植物及植物产品	供港澳蔬菜	种植基地、生产加工企业备案	《供港澳蔬菜检验检疫监督管理办法》（原质检总局令第120号）及海关总署第240号令
	粮食	生产、加工、存放企业注册登记	《进出境粮食检验检疫监督管理办法》（原质检总局令第177号）及海关总署第243号令
	水果	果园、包装厂注册登记	《出境水果检验检疫监督管理办法》（原质检总局令第91号）及海关总署第243号令
	种苗花卉	种植基地、加工包装厂、储存库注册登记	《关于加强进出境种苗花卉检验检疫工作的通知》（原国质检动函〔2007〕831号）
	竹木草制品	生产企业注册登记	《关于进一步加强出境竹木草制品检验检疫监管工作的通知》（原国质检动函〔2008〕69号）
饲料和饲料添加剂		生产企业注册登记	《进出口饲料和饲料添加剂检验检疫监督管理办法》（原质检总局令第118号）及海关总署第243号令、海关总署公告2020年第99号（输入国家或地区无注册登记要求的，免于向海关注册登记）
中药材		生产、加工、存放单位注册登记	《进出境中药材检疫监督管理办法》（原质检总局令第169号）及海关总署第243号令
化妆品		生产企业备案	《进出口化妆品检验检疫监督管理办法》（原质检总局令第143号）及海关总署第243号令
危险品		生产企业登记	危险品包括烟花爆竹、打火机、点火枪。具体规定见《关于修改〈出口烟花爆竹检验管理办法〉等附件的公告》（海关总署公告2018年第34号）和《关于对出口打火机、点火枪类商品实施法定检验有关问题的补充通知》（原国检检函〔2001〕213号）等
出境快件		运营人备案登记	《出入境快件检验检疫管理办法》（原质检总局令第3号）及海关总署第243号令

（2）出口商品的验证管理。验证管理，是指对国家实行许可制度和国家规定必须经过认证的进出口商品，在进出口时，海关核查其是否取得了必需的证明文件、标志等，核对证货是否相符，并对获证的进出口商品进行必要的抽查检验，以证实商品是否符合有关质量许可或者强制性认证规定的技术要求。实施验证管理的商品范围：一是国家实施许可制度的进出口商品；二是必须经过认证的进口商品。

《进出口商品检验法实施条例》规定，出入境检验检疫机构依照《中华人民共和国进出口商品检验法》（以下简称《进出口商品检验法》）的规定，对实施许可制度和国家规定必须经过认证的进出口商品实行验证管理，查验单证，核对证货是否相符。实行验证管理的进出口商品目录，由海关总署商有关部门后制定、调整并公布。

出口实行验证管理的商品，发货人应当向出入境检验检疫机构申请验证。出入境检验检疫机构按照海关总署的规定实施验证。

（3）出口企业的分类管理。例如，《出境竹木草制品检疫管理办法》规定，海关总署对出境竹木草制品及其生产加工企业实施分级分类监督管理。根据生产加工工艺及防疫处理技术指标等，竹木草制品分为低、中、高三个风险等级；通过对出境竹木草制品的企业进行评估、考核，将企业分为一类、二类、三类三个类别。不具备一类或者二类条件的企业以及未申请分类考核的企业定为三类企业。

对出境竹木草制品实施出境检疫时，海关根据企业类别和竹木草制品的风险等级确定不同的批次抽查比例，见表1-26。

表1-26　　出境竹木草制品的批次抽查比例

企业类别	低风险产品	中风险产品	高风险产品
一类企业	5%～10%	10%～30%	30%～70%
二类企业	10%～30%	30%～70%	70%～100%
三类企业	30%～70%	70%～100%	

企业本着自愿的原则，向所在地海关提出实施分类管理的书面申请，海关自接到申请资料之日起10个工作日内，完成对申请资料的初审。初审合格后，海关在10个工作日内完成对申请企业的考核。根据考核结果，由直属局确定企业类别，并及时公布。

（4）出境货物木质包装加施标识。木质包装是指用于承载、包装、铺垫、支撑、加固货物的木质材料，如木板箱、木条箱、木托盘、木框、木桶、木轴、木楔、垫木、枕木、衬木等。

根据《国际植物保护公约》（IPPC）公布的《国际贸易中木质包装材料管理准则》，货物使用的木质包装应当在出境前进行除害处理，并加施IPPC确定的专用标识。对于不符合国际标准的木质包装，进口国家或地区将在入境口岸采取除害处理、销毁、拒绝入境等措施。为使我国出境货物使用的木质包装符合进口国家或地区的检疫规定，避免经济损失，海关对出境货物使用的木质包装实施抽查检疫，不符合规定的，不准出境。

《出境货物木质包装检疫处理管理办法》规定，对木质包装实施除害处理并加施标识的企业（以下简称标识加施企业）应当建立木质包装生产防疫制度和质量控制体系。出境货物木质包装应当按照《出境货物木质包装除害处理方法》列明的检疫除害处理方法实施处理，并按照《出境货物木质包装除害处理标识要求》的要求加施专用标识。

标识加施企业应当向所在地海关提出除害处理标识加施资格申请，直属海关对标识加施企业的热处理或者熏蒸处理设施、人员及相关质量管理体系等进行考核，符合要求的，颁发除害处理标识加施资格证书，并公布标识加施企业名单，同时报海关总署备案；标识加施资格有效期为3年。未取得资格证书的，不得擅自加施除害处理标识。

出境货物木质包装专用除害处理标识如图1-1所示。

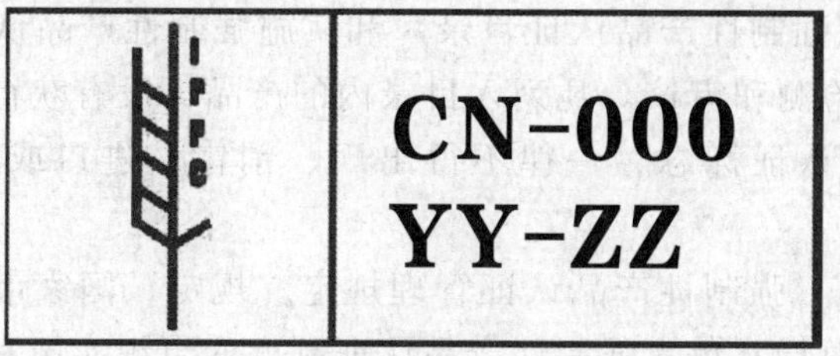

图1-1　出境货物木质包装专用除害处理标识

其中：IPPC——《国际植物保护公约》的英文缩写；CN——国际标准化组织（ISO）规定的中国国家编码；000——出境货物木质包装标识加施企业的3位数登记号，按直属局分别编号；YY——除害处理方法，MB表示溴甲烷熏蒸，HT表示热处理；ZZ——各直属局2位数代码（如江苏局为32）。

2.入境检验检疫监管

（1）进境动植物检疫审批。《进境动植物检疫审批管理办法》规定，对于《进出境动植物检疫法》及其实施条例以及国家有关规定需要审批的进境动物（含过境动物）、动植物产品和需要特许审批的禁止进境物，在对外签署合同或协议前必须经海关总署或其授权的其他审批机构检疫审批，取得检疫许可证后，方可入境。

第一，申请。申请办理检疫审批手续的单位（以下简称申请单位）应当是具有独立法人资格并直接对外签订贸易合同或者协议的单位。过境动物的申请单位可以是其代理人。

申请单位应当在签订贸易合同或者协议前向审批机构提出申请，并取得检疫许可证；过境动物在过境前，申请单位向海关总署提出申请并取得检疫许可证。

申请单位应当按规定如实填写并提交检疫许可证申请表，需要初审的，由进境口岸初审机构（直属海关）进行初审；加工、使用地不在进境口岸初审机构所辖地区内的货物，必要时还需由使用地初审机构初审。

第二，审核批准。初审合格的，由初审机构签署初审意见，并将所有材料上报海关总署审核；初审不合格的，将申请材料退回申请单位。

特别提醒 1-6

海关总署根据审核情况，自初审机构受理申请之日起20日内签发检疫许可证或者“检疫许可证申请未获批准通知单”；20日内不能做出许可决定的，经海关总署负责人批准，可以延长10日，并应当将延长期限的理由告知申请单位。

第三，许可单证的管理和使用。检疫许可证的有效期分别为3个月和一次有效。除对活动物签发的检疫许可证外，检疫许可证不得跨年度使用。有下列情况之一的，申请单位应当重新申请办理检疫许可证：①变更进境检疫物的品种或者超过许可数量5%的；②变更输出国家或者地区的；③变更进境口岸、指运地或者运输路线的。

申请单位取得许可证后，不得买卖或者转让。口岸海关在受理报检时，必须审核许可证的申请单位与检验检疫证书上的收货人、贸易合同的签约方是否一致，不一致的不得受理报检。

（2）中国强制性产品认证（China Compulsory Certification，CCC）。其简称“3C认

证”，是指通过制定《强制性产品认证目录》和实施强制性产品认证程序，对列入目录中的产品实施强制性检测和审核。凡列入目录内的产品，没有获得指定认证机构认证证书，没有按规定加施认证标志，一律不得出厂、销售、进口或者在其他经营活动中使用。

第一，主管机构。《强制性产品认证管理规定》规定，国家市场监督管理总局（以下简称国家市场监管总局）负责强制性产品认证制度的组织实施和监督管理工作。海关总署负责涉及强制性产品认证进口产品的验证工作。

国家认证认可监督管理委员会（以下简称国家认监委）指定的认证机构在指定的工作范围内按照产品认证实施规则开展认证工作，为获得认证的产品颁发“中国国家强制性产品认证证书”。

对于实施强制性产品认证的产品，国家统一产品目录，统一技术规范的强制性要求、标准和合格评定程序，统一认证标志，统一收费标准。国家市场监管总局、国家认监委会同国务院有关部门制定和调整目录；目录由国家市场监管总局、国家认监委联合发布，并会同有关方面共同实施。

第二，认证实施。

A. 认证规则。强制性产品认证基本规范由国家市场监管总局、国家认监委制定、发布，强制性产品认证规则（以下简称认证规则）由国家认监委制定、发布。

B. 申请人。《强制性产品认证目录》中产品的生产者、销售者和进口商可以作为申请人，向指定认证机构提出目录中产品的认证申请。申请人也可委托在国家认监委注册的强制性产品认证代理申请机构代为申请。

C. 认证程序。《强制性产品认证目录》中产品认证的程序包括认证申请与受理、型式试验、工厂检查和出具认证证书等环节。

第三，认证证书与标志。国家认监委统一规定强制性产品认证证书（以下简称认证证书）的格式、内容和强制性产品认证标志（以下简称认证标志）的式样、种类。

认证证书有效期为5年；有效期届满，需要延续使用的，认证委托人应当在认证证书有效期届满前90天内申请办理。

有下列情形之一的，认证机构应当注销认证证书，并对外公布：①认证证书有效期届满，认证委托人未申请延续使用的；②获证产品不再生产的；③获证产品型号已列入国家明令淘汰或者禁止生产的产品目录的；④认证委托人申请注销的。

有下列情形之一的，认证机构应当撤销认证证书，并对外公布：①获证产品存在缺陷，导致质量安全事故的；②跟踪检查中发现获证产品与认证委托人提供的样品不一致的；③认证证书暂停期间，认证委托人未采取整改措施或者整改后仍不合格的；④认证委托人以欺骗、贿赂等不正当手段获得认证证书的。

认证标志的式样由基本图案、认证种类标注组成，如图1-2所示。在认证标志基本图案的右侧标注认证种类，由代表该产品认证种类的英文单词的缩写字母组成，见表1-27。

图1-2　强制性产品认证标志

表1-27　强制性产品的认证种类

认证种类	涉及标准
S类	涉及安全类的CCC标志
EMC类	涉及电磁兼容类的CCC标志
S&E类	同时涉及安全和电磁兼容类的CCC标志
F类	涉及消防类的CCC标志
I类	涉及信息安全类的CCC标志

第四，监督管理。

A.监督检查。国家市场监管总局统一计划，国家认监委采取定期或者不定期的方式对获证产品进行监督检查。获证产品生产者、销售者、进口商和经营活动使用者不得拒绝监督检查。

国家认监委建立获证产品及其生产者公布制度，向社会公布监督检查结果。

B.责令召回。列入《强制性产品认证目录》中的产品的生产者、销售商发现其生产、销售的产品存在安全隐患，可能对人体健康和生命安全造成损害的，应当向社会公布有关信息，主动采取召回产品等救济措施，并依照有关规定向相关监督管理部门报告。生产者、销售商未履行此项义务的，国家市场监管总局应当责令生产者召回产品、销售者停止销售产品。

C.验证管理。海关应当对列入《强制性产品认证目录》中的进口产品实施入境验证管理，查验认证证书、认证标志等证明文件，核对货证是否相符；验证不合格的，依照相关法律、法规予以处理，并对其实施后续监管。

D.无须或免予办理强制性产品认证的情形。列入《强制性产品认证目录》中的进境物品符合下列情形之一的，入境时无须办理强制性产品认证：①外国驻华使馆、领事馆或者国际组织驻华机构及其外交人员的自用物品；②香港、澳门特别行政区政府驻大陆官方机构及其工作人员的自用物品；③入境人员随身从境外带入境内的自用物品；④外国政府援助、赠送的物品；⑤其他依法无须办理强制性产品认证的情形。

有下列情形之一的，列入《强制性产品认证目录》中的产品的生产者、进口商、销售商或者其代理人可以向所在地海关提出免予办理强制性产品认证申请，并根据需要进行产品检测，经批准取得《免予办理强制性产品认证证明》后，方可进口，并按照申报用途使用：①为科研、测试所需的产品；②为考核技术引进生产线所需的零部件；③直接为最终用户维修目的所需的产品；④工厂生产线/成套生产线配套所需的设备/部件（不包含办公用品）；⑤仅用于商业展示，但不销售的产品；⑥暂时进口后需退运出关的产品（含展览品）；⑦以整机全数出口为目的而用一般贸易方式进口的零部件；⑧以整机全数出口为目的而用进料或者来料加工方式进口的零部件；⑨其他因特殊用途免予办理强制性产品认证的情形。

阅读资料1-6

海关总署第248号令

（3）注册登记和备案管理。海关对部分进口商品的境外生产企业（出口商、供货商、供货企业）、国内收货人（进口商、进口企业、使用单位）或种植场等实行注册登记或备案管理。这些企业必须获得海关的注册或备案方可进口。没有获得注册或备案的，海关不予受理报检。部分监管制度见表1-28。

表1-28 境外生产企业、境内收货人等的监管制度

进口商品	监管制度	制度依据
食品	境外生产、加工、贮存企业注册	《中华人民共和国进口食品境外生产企业注册管理规定》（以下简称《进口食品境外生产企业注册管理规定》）（海关总署第248号令）
	境外出口商或者代理商/境内进口商备案	《进口食品进出口商备案管理规定》（原质检总局2012年第55号公告）及海关总署第249号令
非食用动物产品	境外生产、加工、存放企业注册登记	《进出境非食用动物产品检验检疫监督管理办法》（原质检总局令第159号）及海关总署第240号令
水生动物	境外养殖和包装企业注册登记/境内收货人备案	《进境水生动物检验检疫监督管理办法》（原质检总局令第183号）及海关总署第243号令
动物遗传物质	使用单位备案	《进境动物遗传物质检疫管理办法》（原质检总局令第47号）及海关总署第240号令
粮食	境外生产、加工、存放企业注册登记	《进出境粮食检验检疫监督管理办法》（原质检总局令第177号）及海关总署第243号令
饲料和饲料添加剂	境外生产企业注册登记/进口企业备案	《进出口饲料和饲料添加剂检验检疫监督管理办法》（原质检总局令第118号）及海关总署第243号令
中药材	境外生产、加工、存放单位注册登记	《进出境中药材检疫监督管理办法》（原质检总局令第169号）及海关总署第243号令
化妆品	收货人备案	《进出口化妆品检验检疫监督管理办法》（原质检总局令第143号）及海关总署第243号令
入境快件	运营人备案登记	《出入境快件检验检疫管理办法》（原质检总局令第3号）及海关总署第243号令

续表

进口商品	监管制度	制度依据
可用作原料的固体废物	国外供货商/国内收货人注册登记	《关于公布〈进口可用作原料的固体废物国外供货商注册登记管理实施细则〉的公告》（海关总署公告2018年第91号）；《关于公布〈进口可用作原料的固体废物国内收货人注册登记管理实施细则〉的公告》（海关总署公告2018年第57号）
棉花	境外供货企业登记	《进口棉花检验监督管理办法》（原质检总局令第151号）及海关总署第240号令
栽培介质	国外生产、加工、存放单位/使用单位注册登记	《进境栽培介质检疫管理办法》（原质检总局令第196号）及海关总署第243号令
植物繁殖材料	国外植物繁殖材料种植场（圃）检疫注册登记/引种单位或代理进口单位登记备案	《进境植物繁殖材料检疫管理办法》（原国家出入境检验检疫局令第10号）及海关总署第240号令
进口旧机电产品	收货人备案	《进口旧机电产品检验监督管理办法》（原质检总局令第171号）及海关总署第243号令

（4）进口商品的验证管理。

第一，《进出口商品检验法实施条例》规定，海关依照《进出口商品检验法》的规定，对实施许可制度和国家规定必须经过认证的进口商品实行验证管理，查验单证，核对证货是否相符。实行验证管理的进口商品目录，由海关总署商有关部门后制定、调整并公布。

第二，《强制性产品认证管理规定》规定，为保护国家安全、保护人体健康或者安全、保护动植物生命或者健康、保护环境，对列入《中华人民共和国实施强制性产品认证的产品目录》内的商品，必须经过国家认可的认证机构认证合格，取得认证机构颁发的认证证书，并加贴认证标志后，方可进口。

第三，进口实行验证管理的商品时，收货人应当向报关地的出入境检验检疫机构申请验证。出入境检验检疫机构按照海关总署的规定实施验证。法定检验的进口商品、实行验证管理的进口商品，海关按照规定办理通关手续。

（5）进境货物木质包装加施标识。《进境货物木质包装检疫监督管理办法》规定，进境货物使用木质包装的，应当在输出国家或者地区政府检疫主管部门的监督下按照《国际植物保护公约》（IPPC）的要求进行除害处理，并加施IPPC专用标识。除害处理方法和专用标识应当符合相关规定。

特别提醒1-7

木质包装是指用于承载、包装、铺垫、支撑、加固货物的木质材料，如木板箱、木条箱、木托盘、木框、木桶（盛装酒类的橡木桶除外）、木轴、木楔、垫木、枕木、衬木等。不包括经人工合成或者经加热、加压等深度加工的包装用木质材料（如胶合板、刨花板、纤维板等）以及薄板旋切芯、锯屑、木丝、刨花等以及厚度等于或者小于6mm的木质材料。

进境货物使用木质包装的，货主或其代理人应当向海关报检。海关按照以下情况处理：

第一，对已加施IPPC专用标识的木质包装，按规定抽查检疫，未发现活的有害生物的，立即放行；发现活的有害生物的，监督货主或其代理人对木质包装进行除害处理。

第二，对未加施IPPC专用标识的木质包装，在海关监督下对其进行除害处理或者销毁处理。

特别提醒1-8

第三，对报检时不能确定木质包装是否加施IPPC专用标识的，海关按规定抽查检疫。经抽查确认木质包装加施了IPPC专用标识，且未发现活的有害生物的，予以放行；经抽查发现木质包装未加施IPPC专用标识的，对木质包装进行除害处理或者销毁处理。

来自港澳地区和中国台湾地区的货物使用木质包装的，参照以上规定执行。

拓展阅读1-1 “食品安全”永远在路上

为了确保进出口食品安全，海关总署先后出台了很多“新政”（包括“政策文件”或“指导意见”等），以营造良好的进出口环境。本章“拓展阅读”内容：

阅读资料1-7

您有一份进口食品安全新规速递，请查收！

（1）《您有一份进口食品安全新规速递，请查收！》（参见“海关总署首页 > 政务公开 > 政策解读”）。

（2）【进出口食品安全】政策解读 | 海关总署公告2021年第103号（参见“海关总署首页 > 政务公开 > 政策解读”）。

（3）【进出口食品安全】《进口食品境外生产企业注册管理规定》释义解读全攻略（参见“海关总署首页 > 政务公开 > 政策解读”）。

第二章

报检报关概述

知识目标

（1）了解出入境检验检疫的概念；
（2）掌握出入境报检的基础知识；
（3）掌握出入境报检的相关要求等。

能力目标

（1）能够掌握报检企业报检业务备案的办理要领；
（2）能够掌握报关单位的注册登记、变更登记及注销登记程序。

思政目标

将“制度自信”作为本章课程学习的思政教育主题，通过教学组织、课堂互动、思政专栏和拓展阅读等环节或栏目的学思践悟，帮助学生了解我国对外贸易政策的发展历程，树立制度自信的意识，理解报检和报关制度对保护国内市场的意义，认识到报关和报检制度的规范性，“没有规矩不成方圆”，培养学生的规则意识和法治观念。

第一节　报检概述

一、出入境检验检疫概述

（一）出入境检验检疫的概念

出入境检验检疫，是海关依照法律、法规的规定，对出入境货物、交通工具、运输设备分别实施检验、检疫、鉴定、监督管理和对出入境人员实施卫生检疫及口岸卫生监督等管理工作的统称。

阅读资料2-1

出入境检验检疫的产生与发展及其作用

2018年3月13日，国务院机构改革方案正式公布，国务院组建国家市场监督管理总局（包括原国家质量监督检验检疫总局等部门的职责），将原国家质量监督检验检疫总局的出入境检验检疫管理职责和队伍划入海关总署。自同年4月20日起，出入境检验检疫系统统一以海关名义对外开展工作，至此实现“关检合并”。

（二）出入境检验检疫的范围

根据《进出口商品检验法》及其实施条例等相关规定，出入境检验检疫的范围分为以下三个层面：

1.法定检验与目录外抽查

出入境检验检疫就其业务性质来看，主要包括法定检验和目录外抽查两个方面。

（1）法定检验。它是指海关根据国家法律、法规等的规定，对某些进出口商品或有关的检验检疫事项实施强制性的检验、检疫、鉴定等，又称强制性检验。未经检验，或经检验不符合法律、法规规定要求的，不准输入输出。

法定检验的范围包括：①列入《法检目录》中的进出口商品；②依《中华人民共和国食品安全法》的规定应施检验的进出口食品；③危险货物（如危险化学品）及其包装容器和运输设备或工具；④装运易腐烂变质食品的船舱、车厢和集装箱等；⑤其他依法需经检验检疫的进出口商品和运输设备或工具等。

（2）目录外抽查。法定检验以外的检验包括抽查检验和海关接受对外贸易关系人以及国内外有关单位或者外国检验机构的委托而实施的检验、检疫及各类鉴定业务等。海关总署每年会发布公告具体明确法定检验商品以外进出口商品抽查检验的范围。

知识链接2-1　进出口商品鉴定业务

进出口商品鉴定业务原来称对外贸易公证鉴定业务。凡是检验机构根据对外贸易关系人或者国内外检验机构及其他有关单位的委托，以公正科学的态度，运用各种技术手段和工作经验，检验、鉴定各种进出口商品的品质、规格、包装、数量、重量、残损等实际情况与使用价值，以及运载工具、装运技术、装运条件等事实状态，是否符合合同标准和国际条约的规定、国际惯例的要求，作出公正的检验、鉴定结果，签发检验、鉴定证书，都属于进出口商品鉴定业务范围。

《进出口商品检验鉴定机构管理办法》规定，在我国境内从事进出口商品检验鉴定业务的检验机构，应当经海关总署和有关主管部门审核批准，获得许可，方可接受委托办理检验鉴定业务。

2.进出口商品检验、进出境动植物检疫及国境卫生检疫

出入境检验检疫就其业务内容来看，主要包括进出口商品检验、进出境动植物检疫以及国境卫生检疫三个方面。

（1）进出口商品检验。它主要包括一般进出口商品检验、进口废物原料及旧机电产品装运前检验和出口危险货物包装容器鉴定等。

第一，一般进出口商品检验。其包括：法定检验范围之内的进出口商品检验和法定检验范围之外的进出口商品检验（包括进出口商品的鉴定业务）等。

第二，进口废物原料、旧机电产品装运前检验。《进口可用作原料的固体废物检验检疫监督管理办法》规定，国家对进口可用作原料的固体废物实行装运前检验制度，进口报检时，收货人应当提供装运前检验证书。

《进口旧机电产品检验监督管理办法》规定，进口旧机电产品应当实施口岸查验、目的地检验以及监督管理。价值较高、涉及人身财产安全、健康、环境保护项目的高风险进口旧机电产品，还需实施装运前检验。

进口旧机电产品的装运前检验结果与口岸查验、目的地检验结果不一致的，以口岸查验、目的地检验结果为准。

《进口旧机电产品装运前检验监督管理实施细则》规定，需实施装运前检验的进口旧机电产品，应当申请由货物境内目的地直属海关，或者委托装运前检验机构实施装运前检验。海关不予指定进口旧机电产品装运前检验机构。进口旧机电产品收发货人或其代理人可以自行选择装运前检验机构实施装运前检验。海关可以根据需要，组织实施或者派出检验人员参加进口旧机电产品装运前检验。

进口旧机电产品的装运前检验应当于启运前，在其境外装货地或者发货地，按照我国法律、法规和技术规范的强制性要求实施。

装运前检验机构应当在完成装运前检验工作后，签发装运前检验证书，并随附装运前检验报告。进口报检时，收货人应当提供装运前检验证书。

特别提醒2-1

海关对进口可用作原料的固体废物、进口旧机电产品保留到货检验（口岸查验、目的地检验）权。到货检验的检验结果与装运前检验结果不一致的，以到货检验的结果为准。装运前检验不合格的，海关只是不受理收货人及其代理人的报检；而到货检验不合格的，则必须依《进出口商品检验法实施条例》的规定作相关处理。

第三，出口危险货物包装容器鉴定。《进出口商品检验法实施条例》规定，出口危险货物包装容器的生产企业，应当向海关申请包装容器的性能鉴定。包装容器经海关鉴定合格并取得性能鉴定证书后，方可用于包装危险货物。

出口危险货物的生产企业，应当向海关申请危险货物包装容器的使用鉴定。使用未经鉴定或者经鉴定不合格的包装容器的危险货物，不准出口。

（2）进出境动植物及动植物产品检疫。依据《进出境动植物检疫法》及其实施条例的有关规定，检验检疫部门对出入境动植物及其相关检疫物实施检疫和监管。其有关规定见表2-1。

（3）国境卫生检疫和食品卫生监督检查。依据《国境卫生检疫法》及其实施细则的有关规定，检验检疫部门实施国境卫生检疫的相关规定见表2-2。

表 2-1　动植物检疫对象及其监管措施

监管措施	检疫对象
实施动植物检疫	进境、出境、过境的动植物、动植物产品和其他检疫物
	装载动植物及其产品和其他检疫物的容器、包装物、铺垫材料
	来自动植物疫区的运输工具
	进境拆解的废旧船舶
	有关法律、行政法规、国际条约规定和贸易合同约定的货物
做退回或销毁处理	国家列明的禁止入境物
实施检验许可制度、在签订合同或协议之前办理检疫审批	进境动物、动物产品、植物种子、种苗及其他繁殖材料
口岸现场检疫、消毒处理	来自疫区的运输工具
检疫监管	出境动植物、动植物产品或其他检疫物
	过境（含转运）运输的动植物、动植物产品或其他检疫物
	进境携带、邮寄动植物及其产品和其他检疫物

表 2-2　卫生检疫对象及其监管措施

监管措施	检疫对象
实施医学检查和卫生检疫	出入境的人员、交通工具、集装箱、行李、货物、邮包等
签发出入境检疫证，允许出入境	未染有检疫传染病或者已实施卫生处理的交通工具
实施传染病监测	对入境、出境人员
实施隔离留验	患有鼠疫、霍乱、黄热病的出入境人员
阻止其入境	患有艾滋病、性病、麻风病、精神病、开放性肺结核的外国人
视情况分别采取留验、发就诊方便卡等措施	患有监测传染病的出入境人员
实施隔离、留验和就地诊验等医学措施	患有检疫传染病、监测传染病、疑似传染病的入境人员
实施消毒、除鼠、除虫等卫生处理	来自疫区、被传染病污染、发现传染病媒介的出入境交通工具、集装箱、行李、货物、邮包等物品
实施卫生监督	国境口岸和停留在国境口岸的出入境交通工具的卫生状况

依据《国境口岸食品卫生监督管理规定》，海关总署主管全国国境口岸食品卫生监督管理工作。主管海关负责本辖区国境口岸食品卫生监督管理工作。

海关对食品生产经营单位实行卫生许可管理。食品生产经营单位从事口岸食品生产经营活动前，应当向其所在地海关申请办理“中华人民共和国国境口岸卫生许可证”(以下简称卫生许可证)。卫生许可证的有效期为4年。食品生产经营单位需要延续卫生许可证有效期的，应当在卫生许可证期满前30日内向主管海关提出申请。

3.各类鉴定业务

(1) 进出口商品数量、重量检验鉴定。《进出口商品数量重量检验鉴定管理办法》规定，海关总署主管全国进出口商品数量、重量检验鉴定管理工作。主管海关负责所辖地区的进出口商品数量、重量检验鉴定及其监督管理工作。

需由海关实施数量、重量检验的进出口商品，收发货人或其代理人应当在海关规定的地点和期限内办理报检手续。

(2) 运载工具适载检验鉴定。《进出口商品检验法实施条例》规定，对于装运出口的易腐烂变质食品、冷冻品的集装箱、船舱、飞机、车辆等运载工具，承运人、装箱单位或其代理人应当在装运前向海关申请清洁、卫生、冷藏、密固等适载检验。未经检验或者经检验不合格的，不准装运。

(3) 进口商品残损检验鉴定。《进口商品残损检验鉴定管理办法》规定，海关总署主管全国进口商品残损检验鉴定工作，主管海关负责所辖地区的进口商品残损检验鉴定及其监督管理工作。

知识链接2-2

进出口商品免验

进出口商品免予检验（以下简称免验）是海关总署通过对生产企业生产质量体系的考核，对列入《法检目录》的进出口商品（部分商品除外），由申请人提出申请，经审核批准，可以免予检验的特别准许。

(1) 适用范围。《进出口商品检验法实施条例》规定，免验的进出口商品包括两类：

第一，进出境的样品、礼品、暂准进出境的物品以及其他非贸易性物品。这些物品由于不属于贸易范畴，依法免予检验，但法律、行政法规和规章另有规定的除外。

第二，符合免验条件的《法检目录》内商品。为了鼓励优质商品进出口，促进对外经济贸易的发展，对符合免验条件的商品，由申请人提出申请，经海关总署审核批准，可以免予检验。

《进出口商品免验办法》规定，下列进出口商品不予受理免验申请：①食品、动植物及其产品；②危险品及危险品包装；③品质波动大或者散装运输的商品；④需出具检验检疫证书或者依据检验检疫证书所列重量、数量、品质等计价结汇的商品。

(2) 管理机构。《进出口商品免验办法》规定，海关总署统一管理全国进出口商品免验工作，负责对申请免验生产企业的考核、审查批准和监督管理。主管海关负责所辖地区内申请免验生产企业的初审和监督管理。

(3) 申请条件。《进出口商品免验办法》规定，申请进出口商品免验应当符合以下条件：

第一，申请免验的进出口商品质量应当长期稳定，在国际市场上有良好的质量信誉，无属于生产企业责任而引起的质量异议、索赔和退货，海关检验合格率连续3年达到百分之百。

第二，申请人申请免验的商品应当有自己的品牌，在相关国家或者地区同行业中，产品档次、产品质量处于领先地位。

第三，申请免验的进出口商品，其生产企业的质量管理体系应当符合ISO 9000质量管理体系标准或者与申请免验商品特点相应的管理体系标准要求，并获得权威认证机构认证。

第四，为满足工作需要和保证产品质量，申请免验的进出口商品的生产企业应当具有一定的检测能力。

第五，申请免验的进出口商品的生产企业应当符合《进出口商品免验审查条件》的要求。

特别提醒2-2

特别提醒2-3

出入境检验检疫工作的内容还包括出入境人员的检疫、出入境人员携带物的检验检疫、出入境人员伴侣动物的检疫、出入境快件的检验检疫、出入境邮寄物品的检验检疫等。

二、出入境报检相关要求

(一) 出入境报检概述

报检，是指有关当事人根据法律、行政法规的规定或者对外贸易合同的约定，向海关申请检验、检疫、鉴定，以获准出入境或取得销售使用的合法凭证及某种公证证明所必须履行的法定程序和手续。

1.报检的种类、范围

报检包括自理报检和代理报检两种。

(1) 自理报检。它是指办理本单位检验检疫事项的行为。向海关办理本企业报检业务的进出口货物收发货人（以下简称“收发货人”）称为自理报检企业。

(2) 代理报检。它是指代理报检企业接受委托人的委托，为委托人办理报检业务的行为。接受收发货人（以下简称“委托人”）的委托，为委托人向海关办理报检业务的境内企业称为代理报检企业。

依据《出入境检验检疫报检规定》，需要报检的范围包括以下几个方面：①国家法律、法规规定需经检验检疫的；②输入国家或地区规定必须凭检验检疫证书方准入境的；③有关国际条约规定需经检验检疫的；④申请签发原产地证明书及普惠制原产地证明书的。

特别提醒2-4

2.更改、撤销、重新报检及复验

(1)更改。报检人由于某种原因需要更改报检信息或检验检疫证单的，可以向受理报检的海关申请，经审核批准后按规定进行更改。

依据《出入境检验检疫报检规定》，报检人申请更改证单时，应填写更改申请单，交附有关函电等证明单据，并交还原证单，经审核同意后方可办理更改手续。

依据《出入境检验检疫报检规定》，品名、数（重）量、检验检疫结果、包装、发货人、收货人等重要项目更改后与合同、信用证不符的，或者更改后与输出、输入国家或地区的法律、法规规定不符的，均不能更改。

(2)撤销。依据《出入境检验检疫报检规定》，报检人申请撤销报检时，应书面说明原因，经批准后方可办理撤销手续。报检后30天内未联系检验检疫事宜的，作自动撤销报检处理。

(3)重新报检。依据《出入境检验检疫报检规定》，有下列情况之一的，应重新报检：①超过检验检疫有效期限的；②变更输入国家或地区，并又有不同检验检疫要求的；③改换包装或重新拼装的；④已撤销报检的。

(4)复验。《进出口商品复验办法》规定，报检人对主管海关作出的检验结果有异议的，可以向作出检验结果的主管海关或者其上一级海关申请复验，也可以向海关总署申请复验。报检人对同一检验结果只能向同一海关申请一次复验。报检人申请复验的，应当自收到海关的检验结果之日起15日内提出。

报检人申请复验，应当保证（持）原报检商品的质量、重量、数量符合原检验时的状态，并保留其包装、封识、标志；应当按照规定如实填写复验申请表。复验申请人应当按照规定交纳复验费用。复验结论认定属原检验的海关责任的，复验费用由原海关负担。

海关自收到复验申请之日起15日内，对复验申请进行审查并作出受理、不予受理或限期补正资料等处理。

海关受理复验后，应当在5日内组成复验工作组，并将工作组名单告知申请人。复验工作组人数应当为3人或者5人。受理复验的海关应当自受理复验申请之日起60日内作出复验结论。技术复杂，不能在规定期限内作出复验结论的，经本机关负责人批准，可以适当延长，但是延长期限最多不超过30日。

3.报检企业的备案管理

报检企业的备案管理规定，参见本章第二节中的“报关单位的备案管理”部分。

特别提醒2-5

出入境报检的对象很多，主要包括一般进出口商品、进出口食品、进出境动植物、出入境快件、进出境集装箱、出入境运输工具、进出境邮寄物、特殊区域货物和出入境人员及其携带物、伴侣动物等。不同的报检对象，报检要求也不一样。

（二）一般进出口商品报检的要求

1.进口商品报检的一般要求

依据《出入境检验检疫报检规定》，入境货物应当在入境前或入境时向入境口岸、指定的或到达站的海关办理报检手续。入境货物需对外索赔出证的，应在索赔有效期前不少于20天内向到货口岸或货物到达地的海关报检。

特别提醒2-6

《进出口商品检验法实施条例》规定，法定检验的进口商品收货人应当向报关地的海关（即口岸海关）报检（称为“入境流向报检”）；通关放行后20日内，向在报检时申报的目的地海关申请检验（称为“异地施检报检”）。未经检验的，不准销售、不准使用。具体操作流程如图2-1所示。

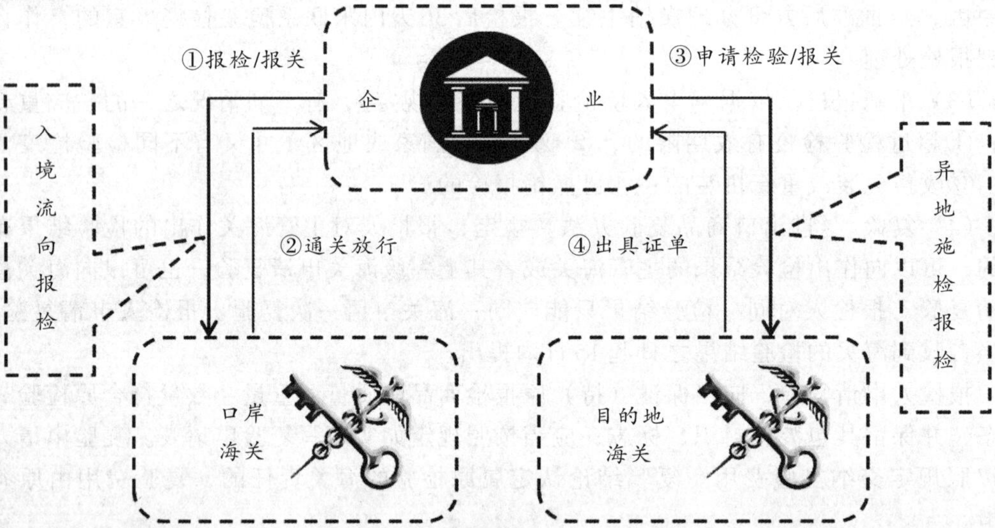

图2-1　法定检验商品的报检与检验

特别提醒2-7

这里的“报检”和“申请检验”是进口商品检验的两个环节。

入境流向报检时，口岸海关只对装运货物的运输工具和外包装等进行必要的检验检疫处理，并不对整批货物进行检验检疫；货物调往目的地后货主还要再一次向目的地海关申请检验，由目的地海关对货物实施具体的检验检疫。经目的地海关检验检疫，确认其符合有关检验检疫要求及合同的规定后，货主才能获得相应的准许入境货物销售、使用的合法凭证，完成入境货物的检验检疫工作。

根据相关规定，有些商品可能只能或必须在口岸海关实施检验检疫。

2.出口商品报检的一般要求

依据《出入境检验检疫报检规定》，出境货物最迟应当于报关或装运前7天报检；对于个别检验检疫周期较长的货物，应当留有相应的检验检疫时间。

《进出口商品检验法实施条例》规定，法定检验的出口商品原则上应当采取“产地检验”方式，即报检人应当向商品生产地海关报检，并在商品生产地接受检验。海关总署可以根据便利对外贸易和进出口商品检验工作的需要，指定在其他地点检验。

至此，我们可以对进出口商品的报检地点与检验地点进行总结，见表2-3。

表2-3 进出口商品的报检地点与检验地点

进出口商品	报检地点	检验地点	适用范围
进口商品	口岸海关	目的地	一般进口商品
		卸货口岸	大宗散装商品、易腐烂变质商品、可用作原料的固体废物以及已发生残损、短缺的商品
		指定地点	根据便利对外贸易和进出口商品检验工作的需要
出口商品	生产地		一般出口商品
	指定地点		根据便利对外贸易和进出口商品检验工作的需要

知识链接2-3 什么是“监造”和“监装”

《进出口商品检验法实施条例》规定，对于属于法定检验范围内的关系国计民生、价值较高、技术复杂以及其他重要的进口商品和大型成套设备，应当按照对外贸易合同约定监造、装运前检验或者监装。收货人保留到货后最终检验和索赔的权利。海关可以根据需要派出检验人员参加或者组织实施监造、装运前检验或者监装。

（三）进出境食品报检的要求

1.食品进口

特别提醒2-8

（1）合格评定。《进出口食品安全管理办法》规定，海关依据进出口商品检验相关法律、行政法规的规定对进口食品实施合格评定。进口食品经海关合格评定合格的，方准进口。进口食品合格评定活动包括：境外国家（地区）食品安全管理体系评估和审查、境外生产企业注册、进出口商备案和合格保证、进境动植物检疫审批、随附合格证明检查、单证审核、现场查验、监督抽检、进口和销售记录检查以及各项的组合。

海关总署对向中国境内出口食品的境外生产企业实施注册管理，并公布获得注册的进口食品境外生产企业名单。进口食品境外生产企业注册有效期为5年。

向中国境内出口食品的境外出口商或者代理商应当向海关总署备案。食品进口商应当向其住所地海关备案。备案名单均由海关总署公布。

（2）检疫审批。海关依法对需要进境动植物检疫审批的进口食品实施检疫审批管理。食品进口商应当在签订贸易合同或者协议前取得进境动植物检疫许可。

（3）记录制度。食品进口商应当建立食品进口和销售记录制度，如实记录食品名称，净含量/规格，数量，生产日期，保质期，境外出口商名称、地址及联系方式，交货日期等内容，并保存相关凭证。记录和凭证保存期限不得少于食品保质期满后6个月；没有明确保质期的，保存期限为销售后2年以上。

（4）审核制度。食品进口商应当建立境外出口商、境外生产企业审核制度，重点审核下列内容：制定和执行食品安全风险控制措施情况；保证食品符合中国法律、法规和食品安全国家标准的情况。

思政专栏2-1　　**“优化口岸营商环境”海关一直在努力**

阅读资料2-2

海关总署公告2022年第22号

为了深入落实“放管服”改革要求，进一步优化口岸营商环境、促进外贸稳增长，海关总署先后出台了很多政策。2022年3月1日，依据《中华人民共和国行政许可法》、《中华人民共和国进出境动植物检疫法》及其实施条例、《进境动植物检疫审批管理办法》等有关法律和法规的规定，海关总署发布公告——《关于授权直属海关开展进境粮食等植物产品检疫审批事宜的公告》（2022年第22号），决定将进境粮食等植物产品的检疫审批终审权限授权给具备条件和资质的直属海关，被授权的直属海关具有本关区辖区相关授权产品进境动植物检疫审批终审权限。具体要求参见海关总署公告2022年第22号。

（5）进口口岸。海关可以根据风险管理需要，对进口食品实施指定口岸进口，指定监管场地检查。指定口岸、指定监管场地名单由海关总署公布。

（6）报检单证。食品进口商应当按照规定，持下列材料向海关报检：发票、提（运）单、进口许可证件等必要的凭证；按规定要求提交的进境动植物检疫许可证、境外食品生产企业注册编号、进口商备案证明、输出国或地区出具的检疫证书和原产地证书等。报检时，应当将所进口的食品按照品名、品牌、原产国（地区）、规格、数/重量、总值、生产日期（批号）及海关总署规定的其他内容逐一申报。

（7）包装、标签与标识。进口食品的包装、标签和标识应当符合中国法律、法规和食品安全国家标准；依法应当有说明书的，还应当有中文说明书。

特别提醒2-9

对于进口鲜冻肉类产品，内外包装上应当有牢固、清晰、易辨的中英文或者中文和出口国家（地区）文字标识，标明以下内容：产地国家（地区）、品名、生产企业注册编号、生产批号；外包装上应当以中文标明规格、产地（具体到州/省/市）、目的地、生产日期、保质期限、储存温度等内容，必须标注目的地为中华人民共和国，加施出口国家（地区）官方检验检疫标识。

对于进口水产品，内外包装上应当有牢固、清晰、易辨的中英文或者中文和出口国家（地区）文字标识，标明以下内容：商品名和学名、规格、生产日期、批号、保质期限和保存条件、生产方式（海水捕捞、淡水捕捞、养殖）、生产地区（海洋捕捞海域、淡水捕捞国家或者地区、养殖产品所在国家或者地区）、涉及的所有生产加工企业（含捕捞船、加工船、运输船、独立冷库）名称、注册编号及地址（具体到州/省/市），必须标注目的地为中华人民共和国。

进口保健食品、特殊膳食用食品的中文标签必须印制在最小销售包装上，不得加贴。

（8）检验检疫放行和处理。海关依法对应当实施入境检疫的进口食品实施检疫。海关根据监督管理需要，可以对进口食品实施现场查验。大宗散装进口食品应当按照海关要求在卸货口岸进行检验。

进口食品经海关合格评定合格的，准予进口；经海关合格评定不合格的，由海关出具不合格证明；涉及安全、健康、环境保护项目不合格的，由海关责令进口商销毁或者退运；其他项目不合格的，经技术处理符合合格评定要求的，方准进口；不能在规定时间内完成技术处理或者经技术处理仍不合格的，由海关责令食品进口商销毁或者退运。

（9）召回。食品进口商发现进口食品不符合法律、行政法规和食品安全国家标准，或者有证据证明可能危害人体健康的，应当立即停止进口、销售和使用，实施召回，通知相关生产经营者和消费者，记录召回和通知情况，并将食品召回、通知和处理情况向所在地海关报告。

2.食品出口

（1）监督管理。《进出口食品安全管理办法》规定，海关依法对出口食品实施监督管理。出口食品监督管理措施包括：出口食品原料种植养殖场备案、出口食品生产企业备案、企业核查、单证审核、现场查验、监督抽检、口岸抽查、境外通报核查以及各项的组合。

出口食品原料种植、养殖场应当向所在地海关备案。海关依法采取资料审查、现场检查、企业核查等方式，对备案原料种植、养殖场进行监督。

出口食品生产企业应当向住所地海关备案。

（2）控制体系。出口食品生产企业应当建立并完善可追溯的食品安全卫生控制体系，保证控制体系有效运行，确保出口食品生产、加工、贮存过程持续符合中国相关法律、法规和出口食品生产企业安全卫生要求；进口国家（地区）相关法律法规和相关国际条约、协定有特殊要求的，还应当符合这些特殊要求。

出口食品生产企业应当建立供应商评估制度、进货查验记录制度、生产记录档案制度、出厂检验记录制度、出口食品追溯制度和不合格食品处置制度。

相关记录应当真实有效，保存期限不得少于食品保质期期满后6个月；没有明确保质期的，保存期限不得少于2年。

（3）报检单证。出口食品应当按照规定，凭提（运）单、出口许可证件、生产企业卫生注册登记号码、出口食品原料种植养殖场备案和出口食品生产企业备案证明等必要的凭证和相关批准文件向生产企业所在地海关报检。报检时，应当将所出口的食品按照品名、规格、数/重量、生产日期逐一申报。

（4）包装与运输。出口食品生产企业应当保证出口食品包装和运输方式符合食品安全要求。出口食品生产企业应当在运输包装上标注生产企业备案号、产品品名、生产批号和生产日期。

（5）检验检疫放行和处理。出口食品应当依法由产地海关实施检验检疫。海关总署根据便利对外贸易和出口食品检验检疫工作需要，可以指定其他地点实施检验检疫。出口食品经海关现场检查和监督抽检符合要求的，由海关出具证书，准予出口。出口食品经产地海关检验检疫符合出口要求的，口岸海关可以按照规定实施抽查，口岸抽查不合格的，不得出口。

出口食品经海关现场检查和监督抽检不符合要求的，由海关书面通知出口商或其代理人。相关出口食品可以进行技术处理的，经技术处理合格后方准出口；不能进行技术处理或者经技术处理仍不合格的，不准出口。

特别提醒2-10

（四）进出境动植物报检的要求

依据《进出境动植物检疫法》的规定，动物是指饲养、野生的活动物；植物是指栽培植物、野生植物及其种子、种苗及其他繁殖材料等。

1.进境动植物报检的要求

（1）报检范围。其包括入境的动植物、动植物产品和其他检疫物。

（2）进境动植物报检的一般要求。

第一，检疫审批。《进出境动植物检疫法》规定，输入动物、动物产品、植物种子、种苗及其他繁殖材料的，必须事先提出申请，办理检疫审批手续。为此，进口商应当在签订贸易合同或者协议前，向海关提出申请并取得准许入境的“中华人民共和国进境动植物检疫许可证”（以下简称“检疫许可证”）后再进口。

第二，报检时间与报检地点。《中华人民共和国进出境动植物检疫法实施条例》（以下简称《进出境动植物检疫法实施条例》）规定，输入动植物、动植物产品和其他检疫物的，应当在进境前或进境时向进境口岸海关报检。属于转关货物的，除活动物和来自动植物疫情流行国家或地区的检疫物由进境口岸实施检疫外，其他均应向进境口岸海关报检，到达指运地时，再向指运地口岸海关申报并由其实施检疫（见表2-4）。

表2-4　**进境动植物的报检地点与检疫地点**

报检地点	检疫地点	适用情形
进境口岸		非转关运输
		转关运输（检疫物为活动物或来自动植物疫情流行国家或地区）
进境口岸	指运地口岸	转关运输

输入种畜、禽及其精液、胚胎、受精卵的，应当在入境前30天报检；输入其他动物的，应当在入境前15天报检；输入植物、种子、种苗及其他繁殖材料的，应当在入境前7天报检。

第三，报检时应当提供的单证。入境动植物、动植物产品和其他检疫物报检时应当提供发票、提（运）单、进口许可证件、检疫许可证、隔离场使用证、输出国或地区出具的检疫证书和原产地证书及海关总署规定的其他进口单证向进境口岸或指运地口岸海关报检。

（3）进境动物遗传物质的报检要求。《进境动物遗传物质检疫管理办法》规定，动物遗传物质是指哺乳动物精液、胚胎和卵细胞。进境动物遗传物质的报检同样要满足“进境动植物报检的一般要求”。

第一，注册登记管理。海关总署对输出动物遗传物质的国外生产单位实行检疫注册登记。

第二，进口口岸。输入的动物遗传物质应当从检疫许可证指定的口岸进境。

第三，境外产地预检。输入动物遗传物质前，海关总署根据检疫工作的需要，可以派检疫人员赴输出国家或地区进行动物遗传物质产地预检。

第四，报检与检疫。输入动物遗传物质的货主或其代理人应当在动物遗传物质进境前，凭贸易合同或者协议、发票等有效单证向进境口岸海关报检。动物遗传物质进境时，应当向口岸海关提交输出国家或者地区官方检疫机构出具的检疫证书正本。输入的动物遗传物质运抵口岸时，检疫人员实施现场检疫。

知识链接2-4

"现场检疫"的内容

（1）查验检疫证书是否符合检疫许可证以及我国与输出国家或者地区签订的双边检疫协定的要求。

（2）核对货、证是否相符。

（3）检查货物的包装、保存状况。

经进境口岸海关现场检疫合格的，调往检疫许可证指定的地点实施检疫。动物遗传物质需调离进境口岸的，货主或其代理人应当向目的地海关申报。

目的地海关按照检疫许可证的要求实施检疫。检疫合格的动物遗传物质，由海关依法实施检疫监督管理；检疫不合格的，在海关的监督下，作退回或者销毁处理。

特别提醒2-11

《进出口食品安全管理办法》自2022年1月1日起实施。该办法实施的同时，《出口蜂蜜检验检疫管理办法》《进出口水产品检验检疫监督管理办法》《进出口肉类产品检验检疫监督管理办法》《进出口乳品检验检疫监督管理办法》四个部门规章同时退出历史舞台，标志着海关不再针对单一产品制定并施行专门的法规，所以，有关"进出境肉类产品的报检要求"和"进出境水产品的报检要求"在此不再赘述。

（4）进境水生动物的报检要求。《进境水生动物检验检疫监督管理办法》规定，水生动物是指人工养殖或者天然水域捕捞的活的鱼类、软体类、甲壳类、水母类、棘皮类、头索类、两栖类动物，包括其繁殖用的精液、受精卵。进境水生动物的报检要求同样要满足"进境动植物报检的一般要求"。

第一，检疫准入。其包括境外养殖和包装企业注册登记等。向中国输出水生动物的境外养殖和包装企业，应当符合输出国家或者地区有关的法律、法规，输出国家或者地区官方主管部门批准后向海关总署推荐。海关总署对审查合格的企业予以注册登记。注册登记有效期为3年。

第二，进口口岸。食用水生动物应当从海关总署公布的指定口岸进境。

第三，境外检验检疫。输出国家或者地区官方主管部门应当按照与海

特别提醒2-12

关总署确认的检验检疫证书格式和内容对向中国输出的水生动物出具检验检疫证书。

第四，进境检验检疫。进境水生动物应当按照相关规定办理检疫许可证。

第五，隔离检疫。进境种用、养殖和观赏水生动物应当在指定隔离场进行至少14天的隔离检疫。具体操作方法是现场查验合格后，由进境口岸海关出具“入境货物调离通知单”，运抵指定隔离场所在地后向海关申报。隔离检疫合格的，签发“入境货物检验检疫证明”，予以放行；不合格的，签发“检验检疫处理通知书”，对同一隔离设施内全部水生动物实行扑杀或者销毁处理，并对隔离场所进行消毒。

知识链接2-5　　什么是“隔离检疫”与“隔离场”

隔离检疫是严防国外动物疫病传入我国所采取的一项重要措施。在隔离检疫期，应当严格按照《进境动物隔离检疫场使用监督管理办法》实施检疫、管理。

《进境动物隔离检疫场使用监督管理办法》规定，进境种用大中动物（如猪、马、牛、羊、驴、骡等）应当在国家隔离场隔离检疫，当国家隔离场不能满足需求，需要在指定隔离场隔离检疫时，应当报经海关总署批准。进境种用大中动物之外的其他动物应当在国家隔离场或者指定隔离场隔离检疫。入境种用大中动物隔离检疫期为45天，其他动物隔离检疫期为30天。需要延长或者缩短隔离检疫期的，应当经海关总署批准。

隔离场是指专用于进境动物隔离检疫的场所。其包括两类：一是海关总署设立的动物隔离检疫场所（简称国家隔离场）；二是由各直属海关指定的动物隔离场所（简称指定隔离场）。

使用国家隔离场，应当经海关总署批准；使用指定隔离场，应当经所在地直属海关批准。海关总署、直属海关受理使用人申请后按规定进行审核。经审核合格，直属海关受理的，由直属海关签发“隔离场使用证”。海关总署受理的，由海关总署在签发的检疫许可证中列明批准内容。

隔离场使用证有效期为6个月。隔离场使用人需凭有效隔离场使用证向隔离场所在地直属海关申请办理检疫许可证。

隔离场使用证一次有效。同一隔离场再次申请使用的，应当重新办理审批手续。两次使用的间隔期间不得少于30天。

经入境口岸海关现场检验检疫合格的进境动物方可运往隔离场进行隔离检疫。

（5）进境水果的报检要求。《进境水果检验检疫监督管理办法》规定，水果是指“新鲜水果”。进境水果的报检同样要满足“进境动植物报检的一般要求”。

第一，进境存储。未完成检验检疫的进境水果，应当存放在海关指定的场所，不得擅自移动、销售、使用。《进境水果指定监管场地名单》由海关总署实施动态管理。

第二，境外产地预检。海关总署根据工作需要，并商输出国家或地区政府检验检疫机构同意，可以派海关人员到产地进行预检、监装或调查产地疫情和化学品使用情况。

第三，检疫放行和处理。海关依照相关工作程序和标准对进境水果实施现场检验检疫，按照相关工作程序和标准实施实验室检验检疫。经检验检疫合格的，签发“入境货物检验检疫证明”，准予放行；不合格的，签发“检验检疫处理通知书”，根据情况分别作除害、退运或销毁等处理。需对外索赔的，签发相关检验检疫证书。

第四，中转进口。经港澳地区中转进境的水果，应当以集装箱运输，按照原箱、原包装和原植物检疫证书（简称“三原”）进境。进境前，应当经海关总署认可的港澳地区检验机构对是否属允许进境的水果种类及“三原”进行确认。经确认合格的，港澳地区检验机构对集装箱加施封识，出具相应的确认证明文件，并及时将其传送给入境口岸海关。一批含多个集装箱的，可附一份植物检疫证书，但应当同时由海关总署认可的港澳地区检验机构进行确认。

第五，禁止进境水果的进口。因科研、赠送、展览等特殊用途需要进口国家禁止进境水果的，需事先向海关总署或其授权的海关申请办理特许检疫审批手续；进境时，应当向入境口岸海关报检，并接受检疫。

第六，展览用水果的进口。对于展览用水果，在展览期间，应当接受海关的监督管理，未经海关许可，不得擅自调离、销售、使用；展览结束后，应当在海关的监督下作退回或销毁处理。

（6）进境粮食的报检要求。《进出境粮食检验检疫监督管理办法》规定，粮食是指用于加工、非繁殖用途的禾谷类、豆类、油料类等作物的籽实以及薯类的块根或者块茎等。进境粮食的报检同样要满足“进境动植物报检的一般要求”。

第一，注册登记。海关总署对进境粮食境外生产、加工、存放企业（简称境外生产加工企业）实施注册登记制度。实施注册登记管理的境外生产加工企业，经输出国家或者地区主管部门审查合格后向海关总署推荐。海关总署对审查符合要求的企业予以注册登记。注册登记有效期为4年。

第二，检疫准入。首次从输出国家或者地区进口某种粮食，应当由输出国家或者地区官方主管机构向海关总署提出书面申请，并提供该种粮食种植及储运过程中发生有害生物的种类、为害程度及防控情况和质量安全控制体系等技术资料。特殊情况下，可以由进口企业申请并提供技术资料。

第三，进口口岸。进境粮食应当从海关总署指定的口岸入境。

第四，检疫许可。进境粮食货主应当在签订贸易合同前，按照《进境动植物检疫审批管理办法》等的规定申请办理检疫审批手续，取得检疫许可证；未取得检疫许可证的粮食，不得进境。

第五，随航熏蒸。现场查验前，进境粮食货主应当向进境口岸海关书面申报进境粮食随航熏蒸处理情况，并提前实施通风散气。未申报的，海关不实施现场查验；经现场检查，发现熏蒸剂残留物，或者熏蒸残留气体浓度超过安全限量的，暂停检验检疫及相关现场查验活动；熏蒸剂残留物经有效清除且熏蒸残留气体浓度低于安全限量后，方可恢复现场查验活动。

第六，锚地检疫。使用船舶装载进境散装粮食的，海关应当在锚地对货物表层实施检验检疫，无重大异常质量安全情况后船舶方可进港，散装粮食应当在港口继续接受检验检疫。需直接靠泊检验检疫的，应当事先征得海关的同意。

第七，检疫放行和处理。进境粮食经检验检疫后，海关签发“入境货物检验检疫证明”等相关单证；经检验检疫不合格的，海关签发“检验检疫处理通知书”、相关检验检疫证书。

第八，未列入准入名单粮食的进口。因科研、参展、样品等特殊原因而少量进境未列入海关总署准入名单内的粮食，应当按照有关规定提前申请办理进境特许检疫审批并取得检疫许可证。

2.出境动植物报检的要求

（1）报检范围。其包括出境的动植物、动植物产品和其他检疫物。

（2）出境动植物报检的一般要求。

第一，报检时间与报检地点。《进出口商品检验法》中关于出口商品报检的一般规定同样适用于出境动植物。依据《出入境检验检疫报检规定》，需隔离检疫的出境动物在出境前60天预报，隔离前7天报检。

《进出境动植物检疫法实施条例》规定，输出动物，出境前需经隔离检疫的，应当在口岸海关指定的隔离场所检疫。输出植物、动植物产品和其他检疫物的，在仓库或者货场实施检疫；根据需要，也可以在生产、加工过程中实施检疫。

第二，注册登记。对出口供港澳活禽的“饲养场”、非食用动物产品的“生产加工企业”、水果的“果园、包装厂”、种苗花卉的“种植基地、加工包装厂、储存库”、竹木草制品的“生产企业”等实施注册登记。

对输入国要求中国对向其输出的动植物、动植物产品和其他检疫物的生产、加工、存放单位注册登记的，口岸海关可以实行注册登记，并报海关总署备案。

第三，放行处理。经启运地口岸海关检疫合格的动植物、动植物产品和其他检疫物，运达出境口岸时，按照下列规定办理：①动物应当经出境口岸海关临床检疫或者复检；②植物、动植物产品和其他检疫物从启运地随原运输工具出境的，由出境口岸海关验证放行；③改换运输工具出境的，换证放行；④植物、动植物产品和其他检疫物到达出境口岸后拼装的，因变更输入国家或者地区而有不同检疫要求，或者超过规定的检疫有效期的，应当重新报检。

特别提醒2-13

输出动植物、动植物产品和其他检疫物，经启运地口岸海关检疫合格，运达出境口岸时，运输、邮电部门凭启运地口岸海关签发的检疫单证运递的，国内其他检疫机关不再检疫。

第四，报检时应当提供的单证。货主或其代理人依法办理动植物、动植物产品和其他检疫物的出境报检手续时，应当提供提（运）单、出口许可证件、生产企业注册登记证书、出境动物养殖企业注册证及海关总署规定的其他进出口单证。

（3）出境水生动物的报检要求。《出境水生动物检验检疫监督管理办法》规定，水生动物是指活的鱼类、软体类、甲壳类及其他在水中生活的无脊椎动物等，包括其繁殖用的精液、卵、受精卵。出境水生动物的报检同样要满足“出境动植物报检的一般要求”。

第一，注册登记。海关总署对出境水生动物养殖场、中转场实施注册登记制度。出境水生动物养殖场、中转场应当向所在地直属海关申请注册登记。

经直属海关评审，决定准予注册登记的，颁发“出境水生动物养殖场/中转场检验检疫注册登记证”（以下简称注册登记证），并上报海关总署。

进口国家或者地区有注册登记要求的，直属海关评审合格后，报海关总署，由海关总署统一向进口国家或者地区政府主管部门推荐并办理有关手续。进口国家或者地区政府主管部门确认后，注册登记生效。

特别提醒2-14

注册登记证自颁发之日起生效，有效期5年。经注册登记的养殖场或者中转场的注册登记编号专场专用。

第二，报检时间与报检地点。出境野生捕捞水生动物的货主或其代理人应当在水生动物出境3天前向出境口岸海关报检，并提供捕捞渔船与出口企业的供货协议（含捕捞船只负责人签字）。进口国家或者地区对捕捞海域有特定要求的，报检时应当申明捕捞海域。出境养殖水生动物的，应当在出境7天前向注册登记养殖场、中转场所在地海关报检。

第三，检验检疫。产地海关受理报检后，应当查验注册登记养殖场或者中转场出具的“出境水生动物供货证明”，根据具体情况对出境养殖水生动物进行检验检疫。经检验检疫合格的，海关对装载容器或者运输工具加施封识，并按照进口国家或者地区的要求出具动物卫生证书。

特别提醒2-15

除捕捞后直接出口的野生捕捞水生动物外，出境水生动物必须来自注册登记养殖场或者中转场。

注册登记养殖场、中转场应当保证其出境水生动物符合进口国或者地区的标准或者合同要求，并出具“出境水生动物供货证明”。中转场凭注册登记养殖场出具的“出境水生动物供货证明”接收水生动物。

第四，包装标注。出境养殖水生动物外包装或者装载容器上应当标注出口企业全称，注册登记养殖场和中转场名称，注册登记编号，出境水生动物的品名、数（重）量、规格等内容。来自不同注册登记养殖场的水生动物，应当分开包装。

第五，放行处理。经检验检疫合格的出境水生动物，不更换原包装异地出口的，经离境口岸海关现场查验，货证相符、封识完好的准予放行；需在离境口岸换水、加冰、充氧、接驳更换运输工具的，应当在离境口岸海关监督下，在海关指定的场所进行，并在加施封识后准予放行；运输途中需换水、加冰、充氧的，应当在海关指定的场所进行。

(4) 出境粮食的报检要求。出境粮食的报检同样要满足“出境动植物报检的一般要求”。

第一，注册登记。输入国家或者地区要求中国对向其输出粮食的生产、加工、存放企业（简称出境生产加工企业）注册登记的，直属海关负责组织注册登记，并向海关总署备案。

第二，检验检疫。运输工具的承运人、装箱单位或其代理人应当在装运前向海关申请清洁、卫生、密固等适载检验。未经检验检疫或者检验检疫不合格的，不得装运。

货主或其代理人应当在粮食出境前向储存或者加工企业所在地海关报检，并提供相关材料。贸易方式为凭样成交的，还应当提供成交样品。

输入国家或者地区要求出具检验检疫证书的，按相关规定出具证书。输入国家或者地区对证书形式或者内容有新要求的，经海关总署批准后，方可对证书进行变更。经检验检疫不合格的，海关签发“出境货物不合格通知单”，粮食不得出境。

第三，检疫有效期。出境粮食检验有效期最长不超过2个月；检疫有效期原则定为21天，黑龙江、吉林、辽宁、内蒙古和新疆地区冬季（11月至次年2月底）可以酌情延长至35天。超过检验检疫有效期的粮食，出境前应当重新报检。

特别提醒2-16

（五）出入境快件报检的要求

《出入境快件检验检疫管理办法》规定，出入境快件是指快件运营人在特定时间内以快速的商业运输方式承运的出入境货物和物品。

1.检验检疫范围

应当实施检验检疫的出入境快件包括：

(1) 根据《进出境动植物检疫法》及其实施条例和《国境卫生检疫法》及其实施细则，以及有关国际条约、双边协议规定应当实施动植物检疫和卫生检疫的。

(2) 列入《法检目录》内的。

(3) 属于实施进口安全质量许可制度、出口质量许可制度以及卫生注册登记制度管理的。

(4) 其他有关法律、法规规定应当实施检验检疫的。

2.报检要求

(1) 报检的时间与地点。入境快件到达海关监管区时，快件运营人应及时向所在地海关办理报检手续。出境快件在其运输工具离境4小时前，快件运营人应向离境口岸海关办理报检手续。

特别提醒2-17

《进出口商品检验法实施条例》规定，采用快件方式进出口商品的，收货人或者发货人应当委托出入境快件运营企业办理报检手续。出入境快件运营企业接受进出口商品的收货人或者发货人的委托后，应当以自己的名义办理报检手续，承担与收货人或者发货人相同的法律责任。

出入境快件运营人代理委托人办理出入境快件报检业务的，免予提交报检委托书。检验检疫部门参照代理报检企业进行管理。

委托人委托出入境快件运营企业办理报检手续的，应当向出入境快件运营企业提供所委托报检事项的真实情况；出入境快件运营企业接受委托人的委托办理报检手续的，应当在委托人授权范围内从事报检业务，对委托人所提供情况的真实性进行合理审查。

（2）报检应当提供的单证。快件运营人在申请办理出入境快件报检时，应当提供总运单、每一快件的分运单、发票等有关单证，并应当符合下列要求：①输入动物、动物产品、植物种子、种苗及其他繁殖材料的，应当取得相应的检疫审批许可证和检疫证明；②因科研等特殊需要，输入禁止进境物的，应当取得海关总署签发的特许审批证明；③属于微生物、人体组织、生物制品、血液及其制品等特殊物品的，应当取得相关审批；④属于实施进口安全质量许可制度、出口质量许可制度和卫生注册登记制度管理的，应当提供有关证明。

（3）检验检疫及处理。

第一，海关对出入境快件以现场检验检疫为主，特殊情况下可以取样进行实验室检验检疫。

第二，海关对出入境快件实行分类管理。海关把出入境快件分为四类，见表2-5。

表2-5 出入境快件的类别

类别	适用情形
A类	国家法律、法规规定应当办理检疫许可证的快件
B类	属于实施进口安全质量许可制度、出口质量许可制度以及卫生注册登记制度管理的快件
C类	样品、礼品、非销售展品和私人自用物品
D类	以上三类以外的货物和物品

对不同类别出入境快件实施不同的检验检疫管理措施，分别见表2-6、表2-7。

表2-6 入境快件检验检疫管理措施

类别	管理措施
A类	按照国家法律、法规和相关检疫要求实施检疫
B类	实施重点检验，审核进口安全质量许可证或者卫生注册证，查看有无进口安全质量许可认证标志或者卫生注册标志
C类	免予检验，应实施检疫的，按有关规定实施检疫
D类	按1%～3%的比例进行抽查检验

表 2-7 出境快件检验检疫管理措施

类别	管理措施
A类	依据输入国家或者地区和中国有关检验规定实施检疫
B类	实施重点检验，审核出口质量许可证或者卫生注册证，查看有无相关检验检疫标志、封识
C类	免予检验，物主有检疫要求的，实施检疫
D类	按1%～3%的比例进行抽查检验

第三，其他有关规定。

A.入境快件经检疫发现被检疫传染病病原体污染或者带有动植物检疫危险性病虫害以及根据法律、法规规定需作检疫处理的，海关应当按规定实施卫生、除害处理。

B.入境快件经检验不符合法律、行政法规规定的强制性标准或者其他必须执行的检验标准的，必须在海关的监督下进行技术处理。

C.入境快件经检验检疫合格的或检验检疫不合格但经实施有效检验检疫处理符合要求的，签发有关单证，予以放行。

D.入境快件有下列情形之一的，由海关作退回或者销毁处理，并出具有关证明：①未取得检疫审批并且未能按规定要求补办检疫审批手续的；②按法律、法规或者有关国际条约、双边协议的规定，需取得输出国官方出具的检疫证明文件或者有关声明，而未能取得的；③经检疫不合格又无有效方法处理的；④入境快件经检验不符合法律、行政法规规定的强制性标准或者其他必须执行的检验标准的，必须在海关的监督下进行技术处理，但是，如果不能进行技术处理或者经技术处理后，重新检验仍不合格的；⑤其他依据法律、法规的规定需作退回或者销毁处理的。

E.对应当实施检验检疫的出入境快件，未经检验检疫或者经检验检疫不合格的，不得运递。

F.海关对出入境快件需作进一步检验检疫处理的，可以予以封存，并与快件运营人办理交接手续。封存期一般不得超过45日。

（六）进出境集装箱报检的要求

《进出境集装箱检验检疫管理办法》规定，进出境集装箱是指国际标准化组织所规定的集装箱，包括出境、进境和过境的实箱及空箱。集装箱进出境前、进出境时或过境时，必须向海关报检。过境应检集装箱，由进境口岸海关实施查验，离境口岸海关不再检验检疫。

1.检验检疫范围

（1）进境集装箱检验检疫范围。其包括：①所有进境集装箱都应当实施卫生检疫；②来自动植物疫区的，装载动植物、动植物产品和其他检验检疫物的，以及箱内带有植物性包装物或铺垫材料的集装箱，应当实施动植物检疫；③法律、行政法规、国际条约规定或者贸易合同约定的其他应当实施检验检疫的集装箱，按有关规定、约定实施检验检疫。

（2）出境集装箱检验检疫范围。其包括：①所有出境集装箱都应当实施卫生检疫；②装载动植物、动植物产品和其他检验检疫物的集装箱应当实施动植物检疫；③装运出口易腐烂变质食品、冷冻品的集装箱应当实施适载检验；④输入国要求实施检验检疫的集装箱，按要求实施检验检疫；⑤法律、行政法规、国际条约规定或贸易合同约定的其他应当实施检验检疫的集装箱按有关规定、约定实施检验检疫。

2.报检要求

（1）进境集装箱报检要求。

第一，进境集装箱报检人应当向进境口岸海关报检，未经海关许可，不得提运或拆箱。

第二，进境集装箱报检时，应当提供集装箱数量、规格、号码、到达或离开口岸的时间、装箱地点和目的地、货物的种类及数量和包装材料等情况。

第三，在进境口岸结关的以及国家有关法律、法规规定必须在进境口岸查验的集装箱，在进境口岸实施检验检疫或作卫生除害处理。指运地结关的集装箱，进境口岸海关受理报检后，检查集装箱外表（必要时进行卫生除害处理），办理调离和签封手续，并通知指运地海关，到指运地进行检验检疫。

第四，装运经国家批准进口的废物原料的集装箱，应当由进境口岸海关实施检验检疫。经检验检疫符合国家环保标准的，签发检验检疫情况通知单；不符合国家环保标准的，出具检验检疫证书，并移交环保部门处理。

第五，进境集装箱及其装载的应检货物经检验检疫合格的，准予放行；经检验检疫不合格的，按有关规定处理。

（2）出境集装箱报检要求。

第一，出境集装箱应当在装货前向所在地海关报检，未经海关许可，不准装运。

第二，装载出境货物的集装箱，出境口岸海关凭启运地海关出具的检验检疫证单验证放行。法律、行政法规和规章另有规定的除外。

第三，在出境口岸装载拼装货物的集装箱，由出境口岸海关实施检验检疫。

3.卫生除害处理

进出境集装箱有下列情况之一的，应当作卫生除害处理：

（1）来自检疫传染病或监测传染病疫区的。

（2）被传染病污染或可能传播检疫传染病的。

（3）携带有与人类健康有关的病媒昆虫或啮齿动物的。

（4）检疫发现有国家公布的一、二类动物传染病，寄生虫病名录及植物危险性病、虫、杂草名录中所列病虫害，以及对农、林、牧、渔业有严重危险的其他病虫害的；发现超过规定标准的一般性病虫害的。

（5）装载废旧物品或腐败变质有碍公共卫生物品的。

（6）装载尸体、棺柩、骨灰等特殊物品的。

（7）输入国家或地区要求作卫生除害处理的。

（8）国家法律、行政法规或国际条约规定必须作卫生除害处理的。

（七）出入境运输工具报检的要求

1.出入境船舶的报检要求

《国际航行船舶出入境检验检疫管理办法》规定，国际航行船舶（以下简称船舶）是指进出中华人民共和国国境口岸的外国籍船舶和航行国际航线的中华人民共和国国籍船舶。

（1）入境检验检疫。入境的船舶必须在最先抵达口岸的指定地点接受检疫，办理入境检验检疫手续。

船方或其代理人应当在船舶预计抵达口岸24小时前（航程不足24小时的，在驶离上一口岸时）向海关申报，填报入境检疫申报书。如船舶动态或者申报内容有变化，船方或其代理人应当及时向海关更正。

受入境检疫的船舶，在航行中发现检疫传染病、疑似检疫传染病，或者有人非因意外伤害而死亡并死因不明的，船方必须立即向入境口岸海关报告；海关对申报内容进行审核，确定以下检疫方式，并及时通知船方或其代理人：锚地检疫、电讯检疫、靠泊检疫、随船检疫。

办理入境检验检疫手续时，船方或其代理人应当向海关提交“航海健康申报书”、总申报单、货物申报单、船员名单、旅客名单、船用物品申报单、压舱水报告单及载货清单，并应检验检疫人员的要求提交“除鼠/免予除鼠证书”“交通工具卫生证书”“预防接种证书”“健康证书”“航海日志”等有关资料。

特别提醒2-18

海关对经检疫判定没有染疫的入境船舶签发“船舶入境卫生检疫证”；对经检疫判定有染疫、染疫嫌疑或者来自传染病疫区应当实施卫生除害处理或者有其他限制事项的入境船舶，在实施相应的卫生除害处理或者注明应当接受的卫生除害处理事项后，签发“船舶入境检疫证”；对来自动植物疫区经检疫判定合格的船舶，应船舶负责人或其代理人要求签发“运输工具检疫证书”；对需实施卫生除害处理的，应当向船方出具“检验检疫处理通知书”，并在处理合格后，应船方要求签发“运输工具检疫处理证书”。

（2）出境检验检疫。出境船舶在离境口岸接受检验检疫，办理出境检验检疫手续。

对于出境船舶，船方或其代理人应当在船舶离境前4小时内向海关申报，办理出境检验检疫手续。已办理手续但出现人员、货物的变化或者因其他特殊情况24小时内不能离境的，需重新办理手续。

船舶在口岸停留时间不足24小时的，经海关同意，船方或其代理人在办理入境手续时，可以同时办理出境手续。

对于装运出口易腐烂变质食品、冷冻品的船舱，必须在装货前申请适载检验，取得检验证书；未经检验合格的，不准装运。

装载植物、动植物产品和其他检疫物出境的船舶，应当符合国家有关动植物防疫和检疫的规定，取得“运输工具检疫证书”。对需实施除害处理的，作除害处理并取得“运输工具检疫处理证书”后，方可装运。

办理出境检验检疫手续时，船方或其代理人应当向海关提交“航海健康申报书”、总申报单、货物申报单、船员名单、旅客名单及载货清单等有关资料（入境时已提交且无变动的可免于提供）。

经审核船方提交的出境检验检疫资料或者经登轮检验检疫，符合有关规定的，海关签发“交通工具出境卫生检疫证书”，并在船舶出境口岸手续联系单上签注。

2.出入境航空器的报检要求

（1）入境检验检疫。《中华人民共和国国境卫生检疫法实施细则》（以下简称《国境卫生检疫法实施细则》）规定，实施卫生检疫机场的航空站，应当在受入境检疫的航空器到达以前，尽早向卫生检疫机关通知下列事项：航空器的国籍、机型、号码、识别标志、预定到达时间；出发站、经停站；机组和旅客人数。

受入境检疫的航空器，如果在飞行中发现检疫传染病、疑似检疫传染病，或者有人非因意外伤害而死亡并死因不明，机长应当立即通知到达机场的航空站，向卫生检疫机关报告下列事项：航空器的国籍、机型、号码、识别标志、预定到达时间；出发站、经停站；机组和旅客人数；病名或者主要症状、患病人数、死亡人数。

受入境检疫的航空器到达机场以后，检疫医师首先登机。机长或其授权的代理人必须向卫生检疫机关提交总申报单、旅客名单、货物舱单和有效的灭蚊证书，以及其他有关检疫证件；对检疫医师提出的有关航空器上卫生状况的询问，机长或其授权的代理人应当如实回答。在检疫结束之前，除经卫生检疫机关许可外，任何人不得上下航空器，不准装卸行李、货物、邮包等物品。

对入境航空器查验完毕以后，根据查验结果，对没有染疫的航空器，检疫医师应当签发入境检疫证；如果该航空器有受卫生处理或者限制的事项，应当在入境检疫证上签注，由机长或其授权的代理人负责执行；对染疫或者有染疫嫌疑的航空器，除通知航空站外，对该航空器应当发给卫生处理通知单，在规定的卫生处理完毕以后，再发给入境检疫证。

（2）出境检验检疫。《国境卫生检疫法实施细则》规定，实施卫生检疫机场的航空站，应当在受出境检疫的航空器起飞以前，尽早向卫生检疫机关提交总申报单、货物舱单和其他有关检疫证件，并通知下列事项：航空器的国籍、机型、号码、识别标志、预定起飞时间；经停站、目的站；机组和旅客人数。

对出境航空器查验完毕以后，如果没有染疫，检疫医师应当签发出境检疫证或者在必要的卫生处理完毕以后，再发给出境检疫证；如果该航空器因卫生处理不能按原定时间起飞，应当及时通知航空站。

3.出入境陆运工具的报检要求

《国境卫生检疫法实施细则》规定，实施卫生检疫的车站，应当在受入境检疫的列车到达之前，尽早向卫生检疫机关通知下列事项：列车的车次、预定到达时间、始发站和列车编组情况。

受入境检疫的列车和其他车辆到达车站、关口后，检疫医师首先登车，列车长或者其他车辆负责人应当口头或者书面向卫生检疫机关申报该列车或者其他车辆上人员的健康情况，对检疫医师提出的有关卫生状况和人员健康的询问，应当如实回答。

受入境检疫的列车和其他车辆到达车站、关口，在实施入境检疫而取得入境检疫证以前，未经卫生检疫机关许可，任何人不准上下列车或者其他车辆，不准装卸行李、货物、邮包等物品。

实施卫生检疫的车站，应当在受出境检疫列车发车以前，尽早向卫生检疫机关通知下列事项：列车的车次、预定发车时间、终到站和列车编组情况。

应当受入境、出境检疫的列车和其他车辆，如果在行程中发现检疫传染病、疑似检疫传染病，或者有人非因意外伤害而死亡并且死因不明的，列车或者其他车辆到达车站、关口时，列车长或者其他车辆负责人应当向卫生检疫机关报告。

受入境、出境检疫的列车，在查验中发现检疫传染病或者疑似检疫传染病，或者因受卫生处理不能按原定时间发车，卫生检疫机关应当及时通知车站的站长。如果列车在原停车地点不宜实施卫生处理，站长可以选择站内其他地点实施卫生处理。在处理完毕之前，未经卫生检疫机关许可，任何人不准上下列车，不准装卸行李、货物、邮包等物品。

特别提醒2-19

为了保证入境直通列车的正常运输，卫生检疫机关可以派员随车实施检疫，列车长应当提供方便。

对列车或者其他车辆实施入境、出境检疫完毕后，检疫医师应当根据检疫结果分别签发入境、出境检疫证，或者在必要的卫生处理完毕后，再分别签发入境、出境检疫证。

受入境、出境检疫的列车以及其他车辆，载有来自疫区、有染疫或者染疫嫌疑或者夹带能传播传染病的病媒昆虫和啮齿动物的货物，应当接受卫生检查和必要的卫生处理。

（八）鉴定业务报检的要求

1.残损检验鉴定的报检要求

（1）鉴定范围。《进口商品残损检验鉴定管理办法》规定，海关根据需要对有残损的下列进口商品实施残损检验鉴定：①列入《法检目录》内的进口商品；②法定检验以外的进口商品的收货人或者其他贸易关系人发现进口商品质量不合格或者残损、短缺，申请出证的；③进口的危险品、废旧物品；④实行验证管理、配额管理并需由海关检验的进口商品；⑤涉嫌有欺诈行为的进口商品；⑥收货人或者其他贸易关系人需要海关出证索赔的进口商品；⑦双边、多边协议协定、国际条约规定，或国际组织委托、指定的进口商品；⑧相关法律、行政法规规定需经海关检验的其他进口商品。

（2）申报及鉴定要求。

第一，申报。进口商品的收货人或者其他贸易关系人可以自行向海关申请残损检验鉴定，也可以委托经海关注册登记的代理报检企业办理申请手续。

需由海关实施残损检验鉴定的进口商品，申请人应当在海关规定的地点和期限内办理残损检验申请手续。

A.进口商品的收货人或者其他贸易关系人应当向进口商品卸货口岸所在地海关申

请残损检验鉴定。

B. 进口商品在运抵进口卸货口岸前已发现残损或者其运载工具在装运期间存在、遭遇或者出现不良因素而可能使商品残损、灭失的，进口商品收货人或者其他贸易关系人应当在进口商品抵达进口卸货口岸前申请，最迟应当于船舱或者集装箱的拆封、开舱、开箱前申请。

C. 进口商品在卸货中发现或者发生残损的，应当停止卸货并立即申请。

D. 进口商品发生残损需要对外索赔出证的，进口商品的收货人或者其他贸易关系人应当在索赔有效期届满20日前申请。

第二，受理机构。法定检验进口商品发生残损需要实施残损检验鉴定的，收货人应当向主管海关申请残损检验鉴定。

法定检验以外的进口商品发生残损需要实施残损检验鉴定的，收货人或者其他贸易关系人可以向主管海关或者经海关总署许可的检验机构申请残损检验鉴定。海关对检验机构的残损检验鉴定行为进行监督管理。

第三，检验鉴定有下列情形的，应当在卸货口岸实施检验鉴定：①散装进口的商品有残损的；②商品包装或商品外表有残损的；③承载进口商品的集装箱有破损的。

特别提醒2-20

有下列情形的，应当转单至商品到达地实施检验鉴定：①国家规定必须迅速运离口岸的；②打开包装检验后难以恢复原状或难以装卸运输的；③需在安装调试或使用中确定其致损原因、损失程度、损失数量和损失价值的；④商品包装和商品外表无明显残损，需在安装调试或使用中进一步检验的。

第四，其他要求。

A. 需由海关实施残损检验鉴定的进口商品，收货人或者其他贸易关系人应当保护商品及其包装物料的残损现场现状，将残损商品合理分卸分放、收集地脚，妥善保管；对易扩大损失的残损商品或者正在发生的残损事故，应当及时采取有效施救措施，中止事故和防止残损扩大。

B. 在办理进口商品残损检验鉴定申请手续时，还应当根据实际情况并结合国际通行做法向海关申请下列检验项目：监装监卸、船舱或集装箱检验、集装箱拆箱过程检验、其他相关的检验项目。

C. 在实施残损检验鉴定过程中，收货人应当采取有效措施保证现场条件和状况符合检验技术规范、标准的要求。海关依法作出处理意见之前，任何单位和个人不得擅自处理。如果现场条件和状况不符合《进口商品残损检验鉴定管理办法》的规定或检验技术标准、规范的要求，海关可以暂停检验鉴定，责成收货人及时采取有效措施，确保检验顺利进行。

D. 涉及人身财产安全、卫生、健康、环境保护的残损的进口商品申请残损检验鉴定后，应当按海关的要求分卸分放、封存保管和妥善处置。

E. 对涉及人身财产安全、卫生、健康、环境保护等项目不合格的发生残损的进口商品，海关责令退货或者销毁的，应当按照规定向海关办理退运手续，或者实施销毁，并将处理情况报给作出决定的海关。

2.数量/重量检验鉴定的报检要求

（1）鉴定范围。《进出口商品数量重量检验鉴定管理办法》规定，海关实施数量、重量检验的范围包括：①列入《法检目录》内的进出口商品；②法律、行政法规规定必须经海关检验的其他进出口商品；③进出口危险品和废旧物品；④实行验证管理、配额管理并需由海关检验的进出口商品；⑤涉嫌有欺诈行为的进出口商品；⑥双边、多边协议协定、国际条约规定，或者国际组织委托、指定的进出口商品；⑦国际政府间协定规定或者国内外司法机构、仲裁机构和国际组织委托、指定的进出口商品。

（2）报检地点和期限。

第一，进口报检地点和期限。进口商品数量、重量检验的报检手续，应当在卸货前向报关地海关办理。

第二，出口报检地点和期限。散装出口商品数量、重量检验的报检手续，应当在规定的期限内向装货口岸海关办理；包（件）装出口商品数量、重量检验的报检手续，应当在规定的期限内向商品生产地海关办理；对于批次或者标记不清、包装不良，或者在到达出口口岸前的运输中数量、重量发生变化的商品，收发货人应当在出口口岸重新申报数量、重量检验。

（3）检验。进口商品应当在收货人报检时申报的目的地检验。大宗散装商品、易腐烂变质商品、可用作原料的固体废物以及已发生残损、短缺的进口商品，应当在卸货口岸实施数量、重量检验。

出口商品应当在商品生产地实施数量、重量检验。散装出口商品应当在装货口岸实施数量、重量检验。

至此，可以对报检地点与检验地点的规定进行总结，见表2-8。

表2-8　进出口商品数量、重量检验的报检地与检验地

进出口商品		报检地	检验地
进口商品		报关地（卸货前）	报检时申报的目的地（大宗散装商品、易腐烂变质商品、可用作原料的固体废物以及已发生残损、短缺的进口商品，应当在卸货口岸检验）
出口商品	散装出口	装货口岸	装货口岸
	包（件）装出口	商品生产地	生产地
	对于批次或者标记不清、包装不良或者在到达出口口岸前的运输中数量、重量发生变化的商品，应当在出口口岸重新申报		

特别提醒2-21

检验机构从事进出口商品数量、重量鉴定活动，应当依法经海关总署许可。未经许可的，任何机构不得在境内从事进出口商品数量、重量鉴定活动。

已经海关总署许可的境内外各类检验鉴定机构必须在许可的范围内接受对外经济贸

易关系人的委托，办理进出口商品的数量、重量鉴定，并接受海关的检查。

报检人对主管海关的数量、重量检验结果有异议的，可以在规定的期限内向作出检验结果的主管海关或者其上一级海关以至海关总署申请复验，同时应当保护现场和货物现状。受理复验的海关应当在规定的期限内作出复验结论。

当事人对海关作出的复验结论不服的，可以依法申请行政复议，也可以依法向人民法院提起诉讼。

对外经济贸易关系人对所委托的其他检验鉴定机构的数量、重量鉴定结果有异议的，可以向当地主管海关以至海关总署投诉，同时应当保护现场和货物现状。

（九）保税区货物报检的要求

为了加强和规范保税区检验检疫监督管理工作，促进国家经济贸易的快速健康发展，我国自2005年3月1日起实施《保税区检验检疫监督管理办法》（2018年第三次修正）。该办法对有关保税区货物的检验检疫及监督管理工作作了具体规定。

1.报检范围

进出保税区应当实施检验检疫监督管理的对象（以下简称“应检物”）包括：①列入《法检目录》内的进出境货物；②未列入《法检目录》但有关法律、法规明确由海关负责检验检疫的货物；③运输工具和集装箱；④应当实施检验检疫的包装物及铺垫材料等。

2.报检程序

保税区内从事进出口加工、国际贸易、国际物流以及进出口商品展示的企业办理报检手续前，应当向海关申请备案；保税区内从事加工、储存出境食品的企业还应办理出口食品生产企业卫生注册登记。

保税区内企业之间销售、转移进出口应检物，免予实施检验检疫。

应检物进出保税区时，收发货人（货主）或其代理人应当按照有关规定向主管海关办理报检手续，主管海关按照国家有关法律、法规、规章以及相关的规定实施检验检疫。

（1）输入保税区应检物的检验检疫。从境外进入保税区的应检物，属于卫生检疫范围的，由海关实施卫生检疫；应当实施卫生处理的，在海关的监督下，依法进行卫生处理；海关对从境外进入保税区的可以用作原料的固体废物、旧机电产品、成套设备实施检验和监管，对在保税区内存放的货物不实施检验；保税区内企业从境外进入保税区的仓储物流货物以及自用的办公用品、出口加工所需原材料、零部件免予实施强制性产品认证。

（2）输出保税区应检物的检验检疫。从保税区输往境外的应检物，海关依法实施检验检疫。

从保税区输往非保税区的应检物，除法律、法规另有规定外，不实施检疫。

特别提醒2-22

特别提醒2-23

（1）从保税区输往非保税区的应检物，如属于实施食品卫生监督检验和商品检验范围的，海关应当实施检验（对于集中入境分批出区的货物，可以分批报检、分批检验；

符合条件的，可以于入境时集中报检、集中检验，经检验合格的出区时分批核销）。

（2）从境外进入保税区的可以用作原料的固体废物、旧机电产品、成套设备在入境时已经实施检验，又输往非保税区的，不实施检验。

（3）从非保税区进入保税区的货物，又输往非保税区的，不实施检验。

（4）从保税区输往非保税区的应检物，列入强制性产品认证目录的，应当取得相应的认证证书，其产品上应当加贴强制性产品认证标志。海关对相应认证证书电子数据进行系统自动比对验核。

保税区内企业加工出境产品，符合有关规定的，可以向海关申请签发普惠制原产地证书或者一般原产地证书、区域性优惠原产地证书、专用原产地证书等。

（3）经保税区转口的应检物的检验检疫。经保税区转口的动植物、动植物产品和其他检疫物，入境报检时应当提供输出国家或者地区政府部门出具的官方检疫证书；转口动物的，还应当取得海关总署签发的“动物过境许可证”，并在入境报检时提供输入国家或者地区政府部门签发的允许进境的证明。

经保税区转口的应检物，在保税区短暂仓储，原包装转口出境并且包装密封状况良好，无破损、撒漏的，入境时仅实施外包装检疫，必要时进行防疫消毒处理。

经保税区转口的应检物，由于包装不良以及在保税区内经分级、挑选、刷贴标签、改换包装形式等简单加工，转口出境的，海关实施卫生检疫、动植物检疫以及食品卫生检验。

转口应检物出境时，除法律、法规另有规定和输入国家或地区政府要求入境时出具我国海关签发的检疫证书或检疫处理证书的以外，一般不再实施检疫和检疫处理。

3.报检应当提供的单据

（1）保税区货物出境时，报检人应当提供相关的报检单证。申请重量鉴定的应当提供磅码单；属商品检验和食品卫生检验范围内的应检货物，应当提供“出境货物运输包装性能检验结果单（正本）”。

（2）保税区货物入境时，报检人应当提供相关的报检单证。美国、日本、欧盟和韩国的货物入境时，报检人应提交与包装有关的证书或声明。保税区内进出境货物为旧机电产品的，应当按旧机电产品备案手续办理相关证明。

第二节 报关概述

一、报关的含义

动画视频2-1

报关

动画视频2-2

报关员

报关，是收发货人、进出境运输工具负责人、进出境物品的所有人或其代理人向海关办理货物、运输工具、物品进出境手续及相关海关事务的过程。对这一概念的理解，可以从以下两个方面进行：

（一）报关范围与报关人员

报关范围与报关人员见表2-9。其中，“三种物”必须由设立海关的地点进出境，并由“三种人”办理相关的海关手续（“三种人”办“三种物”）。

表2-9 报关范围与报关人员

报关范围（三种物）	报关人员（三种人）
货物	进出口货物的收发货人或其代理人
运输工具	进出境运输工具的负责人或其代理人
物品	进出境物品的所有人或其代理人

微课2-1

关境与国境

知识链接2-6

“关境”与“国境”

关境是适用于同一海关法或实行同一关税制度的领域。关境与国境的关系，见表2-10。

表2-10 关境与国境的关系

关系	对应情形
关境=国境	在一般情况下
关境 > 国境	对关税同盟的每个成员国来说，如欧盟
关境 < 国境	在国内设立自由港、自由贸易区等特定区域的国家（因进出这些特定区域的货物都是免税的）

关境同国境一样，包括领水、领陆和领空，是一个立体的概念。我国的关境范围是除享有单独关境地位的地区以外的全部领水、领陆和领空。

我国的单独关境有香港、澳门和台、澎、金、马单独关税区，因此，我国关境小于国境。本教材所称的“进出境”除特指外均指进出关境。

（二）报关与通关

报关是从海关管理相对人（三种人）的角度来说的，仅指向海关办理进出境手续及相关手续。

通关不仅包括海关管理相对人向海关办理有关手续，还包括海关对进出境运输工具、货物、物品依法进行监督管理，核准其进出境的管理过程。

二、报关的分类

按不同的分类标准，报关可以分成不同的类型。

（一）按是否存在委托关系划分

1.自理报关

自理报关，是指收发货人自行办理报关业务。

2.代理报关

代理报关，是报关企业受收发货人的委托代其办理报关业务的行为。它分为直接代理报关和间接代理报关。二者的含义及适用范围见表2-11。

表2-11　　代理报关的含义及适用范围

	含义	适用范围
直接代理报关	以委托人的名义办理报关业务	报关企业大都采取直接代理形式报关
	被代理人承担代理人代理行为的法律后果	
间接代理报关	报关企业受委托人的委托以其自身的名义办理报关业务	只适用于经营快件业务的国际货物运输代理企业
	报关企业承担与收发货人相同的法律责任	

通常所称的自理报关和代理报关主要是针对进出境货物的报关而言的。

（二）按报关地点的不同划分

1.口岸报关

口岸报关，是指在货物进出境地海关办理报关手续。

2.属地报关

属地报关，是指在企业注册地直属海关关区内办理报关手续。

（三）按是否逐票逐次报关划分

1.逐票报关

逐票报关，是指收发货人按照进出口货物每次进出口时的实际状态，根据规范要求，填制进出口货物报关单（以下简称“进出口报关单”），逐票逐次向海关进行申报。这是一种常规的通关方式。

2.集中报关

集中报关，是指收发货人在同一口岸多批次进出口规定范围内的货物，为了简化手续，先以集中申报清单方式向海关电子申报进出口，再以纸质报关单集中办理海关手续的通关方式。这是一种特殊的通关方式。

此外，按报关对象不同可以分为运输工具报关、货物报关和物品报关；按报关的目的不同可以分为进境报关和出境报关等。

三、报关的基本内容

报关的基本内容包括进出境运输工具、货物、物品报关三个方面。这里重点介绍“进出境物品报关”的基本内容。

（一）进出境物品报关概述

特别提醒2-24

海关监管进出境的物品包括个人携带进出境的行李物品、邮寄进出境的邮递物品和其他物品三类。三者在报关要求上有所不同。行李物品、邮递物品应当以“自用、合理数量”为限，见表2-12。超出“自用、合理数量”范围携带或邮递进出境物品的，需按“货物”办理进出境报关手续。

表 2-12 行李物品、邮递物品的报关

	“自用”的含义	“合理数量”的含义
行李物品	进出境旅客本人自用、馈赠亲友而非为出售或出租	海关根据进出境旅客旅行目的和居留时间所规定的正常数量
邮递物品	收件人（自然人）本人或者本人家庭自用、寄件人（自然人）馈赠亲友	海关对进出境邮递物品规定的征、免税限制

（二）进出境行李物品的报关

目前，大多数国家（包括我国）都规定对旅客进出境采用“红绿通道”制度。

我国海关规定，进出境旅客在向海关申报时，可以在分别以红色和绿色作为标记的两种通道中进行选择。红色和绿色通道的含义及适用范围见表 2-13。

表 2-13 红色和绿色通道的含义及适用范围

	含义	适用范围
绿色通道（无申报通道）	带有绿色标志的通道	携运物品在数量和价值上均不超过免税限额，且无国家限制或禁止进出境物品的旅客
红色通道（申报通道）	带有红色标志的通道	携带应向海关申报物品的旅客（海关免于监管的人员以及随同成人旅行的16周岁以下的旅客除外）
		应当填写“进出境旅客行李物品申报单”（以下简称“申报单”）或其他申报单证，在进出境地向海关书面申报

（三）进出境邮递物品的报关

我国是《万国邮政公约》的签约国，根据《万国邮政公约》的规定，进出境邮包必须由寄件人填写“报税单”（小包邮件填写“绿色标签”），向邮包寄达国家的海关申报。“报税单”和“绿色标签”随同物品通过邮政企业或快递公司呈递给海关。

四、报关单位

动画视频 2-3

什么是报关行

（一）报关单位的概念

报关单位，是指依法在海关备案的收发货人、报关企业。

（二）报关单位的类型

《海关法》将报关单位分为两种类型，即收发货人和报关企业（见表 2-14）。

表 2-14 报关单位的类型

种类		性质
收发货人	对外贸易经营者	有进出口经营权
		只能为本单位报关（自理报关）
	非对外贸易经营者	无进出口经营权
		如国家机关、学校、科研院所等
报关企业	国际货物运输代理公司等	兼营代理报关
	报关公司或报关行	主营代理报关

1.收发货人

收发货人，是指依法直接进口或出口货物的中国关境内的法人、其他组织或个人。

2.报关企业

报关企业，是指经海关注册登记，接受收发货人的委托，以收发货人的名义或以自己的名义，向海关办理代理报关业务，从事报关服务的境内企业法人。报关企业分兼营和专营两大类。

特别提醒2-25

根据海关总署公告〔2018〕第194号的规定，跨境电子商务零售商品进口的报关单位应该为跨境电子商务企业的境内代理人或其委托的报关企业，跨境电子商务零售商品出口的报关单位应该为跨境电子商务企业或其代理人。

特别提醒2-26

（三）报关单位的备案管理

《海关法》规定，除另有规定外，进出口货物可以由收发货人自行办理报关纳税手续，也可以委托报关企业办理报关纳税手续。但是，收发货人、报关企业办理报关手续，应当依法向海关备案。

思政专栏2-2 “新冠病毒抗原检测临时性纳入医保”的背后

2022年3月21日，国家医疗保障局发布《关于切实做好当前疫情防控医疗保障工作的通知》（医保办发〔2022〕3号，以下简称《通知》）。《通知》要求，要切实提高政治站位，把思想和行动统一到党中央决策部署上来；主动适应防控形势变化，及时调整优化疫情防控医疗保障政策措施；强化各项政策落实，全力做好新形势下常态化疫情防控医疗保障工作；持续优化经办服务，统筹做好经办窗口防护和服务工作。《通知》充分反映了我国社会主义制度的优越性。

其实，我们国家近些年各个领域（包括对外贸易领域）的制度或政策都在不断地优化或完善。在对外贸易领域，《中华人民共和国海关报关单位备案管理规定》（以下简称《报关单位备案管理规定》）自2022年1月1日起施行，《中华人民共和国海关报关单位注册登记管理规定》同时废止。这就是深入落实“放管服”改革要求、促进外贸稳增长和社会主义制度优越性的充分体现。

阅读资料2-3

关于切实做好当前疫情防控医疗保障工作的通知

1.报关单位备案管理的条件

根据《报关单位备案管理规定》，收发货人、报关企业申请备案的，应当符合下列条件：①应当取得市场主体资格；②收发货人申请备案的，还应当取得对外贸易经营者备案。

特别提醒2-27

收发货人、报关企业已办理报关单位备案的，其符合前款条件的分支机构也可以申请报关单位备案。法律、行政法规、规章另有规定的，从其规定。

2.报关单位的备案管理程序

（1）申请与受理。报关单位申请备案时，应当向海关提交“报关单位备案信息表”。

下列单位按规定需要从事非贸易性进出口活动的，应当办理临时备案：①境外企业、新闻机构、经贸机构、文化团体等依法在中国境内设立的常驻代表机构；②少量货样进出境的单位；③国家机关、学校、科研院所、红十字会、基金会等组织机构；④接受捐赠、礼品、国际援助或者对外实施捐赠、国际援助的单位；⑤其他可以从事非贸易性进出口活动的单位。

办理临时备案的，应当向所在地海关提交“报关单位备案信息表”，并随附主体资格证明材料、非贸易性进出口活动证明材料。

（2）审核与备案。经审核，备案材料齐全，符合报关单位备案要求的，海关应当在3个工作日内予以备案。报关单位要求提供纸质备案证明的，海关应当提供。

报关单位备案长期有效。临时备案有效期为1年，届满后可以重新申请备案。

3.报关单位备案的变更与注销

根据《报关单位备案管理规定》，报关单位的名称、市场主体类型、住所（主要经营场所）、法定代表人（负责人）、报关人员等“报关单位备案信息表”载明的信息发生变更的，报关单位应当自变更之日起30日内向所在地海关申请变更。

报关单位因迁址或者其他原因造成所在地海关发生变更的，应当向变更后的海关申请变更。

报关单位有下列情形之一的，应当向所在地海关办理备案注销手续：①因解散、被宣告破产或者其他法定事由终止的；②被市场监督管理部门注销或者撤销登记、吊销营业执照的；③收发货人对外贸易经营者备案失效的；④临时备案单位丧失主体资格的；⑤其他依法应当注销的情形。

报关单位已在海关办理备案注销的，其所属分支机构应当办理备案注销手续。

报关单位未按照前两款规定办理备案注销手续的，海关发现后应当依法注销。

报关单位备案注销前，应当办结海关有关手续。

报关单位在办理备案、变更和注销手续时，应当对所提交材料的真实性、有效性负责并且承担法律责任。

4.报关单位备案的监督与管理

海关可以对报关单位的备案情况进行监督和实地检查，依法查阅或者要求报关单位报送有关材料。报关单位应当配合，如实提供有关情况和材料。

根据《报关单位备案管理规定》，报关单位有下列情形之一的，海关责令其改正，拒不改正的，海关可以处其1万元以下罚款：①报关单位名称、市场主体类型、住所（主要经营场所）、法定代表人（负责人）、报关人员等发生变更，未按照规定向海关办理变更的；②向海关提交的备案信息隐瞒真实情况、弄虚作假的；③拒不配合海关监督和实地检查的。

（四）报关单位的报关行为规则

根据《报关单位备案管理规定》《中华人民共和国海关进出口货物申报管理规定》及海关总署的相关公告，报关单位的报关行为规则主要包括以下几个方面：

（1）报关单位及其分支机构可以在全国办理进出口报关业务。报关单位应当对其分支机构的行为承担法律责任。

（2）报关单位对其所属报关人员的报关行为承担相应的法律责任。

（3）收发货人应当通过本单位所属的报关人员办理报关业务，也可以委托报关企业的报关人员代为办理报关业务。

（4）报关企业接受进出口货物的收发货人委托，以自己的名义或者以委托人的名义向海关申报的，应当向海关提交由委托人签署的授权委托书，并且按照委托书的授权范围办理有关海关手续。

（5）报关单位在全国范围内均可拥有收发货人和报关企业双重身份。

（五）海关对报关单位的信用管理

1.信用管理概述

阅读资料2-4

海关注册登记和备案企业信用管理办法

为了建立海关注册登记和备案企业信用管理制度，推进社会信用体系建设，促进贸易安全与便利，海关总署于2021年9月13日发布了《中华人民共和国海关注册登记和备案企业信用管理办法》（以下简称《注册登记和备案企业信用管理办法》），自2021年11月1日起施行。

《注册登记和备案企业信用管理办法》规定，海关根据企业信用状况将企业认定为高级认证企业、失信企业和其他企业。海关按照诚信守法便利、失信违法惩戒、依法依规、公正公开原则，对上述企业分别适用相应的管理措施。

阅读资料2-5

海关总署公告2021年第88号

海关根据企业申请，按照规定的标准（参见海关总署公告2021年第88号）和程序将企业认证为高级认证企业的，对其实施便利的管理措施；海关将违法违规企业认定为失信企业的，对其实施严格的管理措施；海关对高级认证企业和失信企业之外的其他企业实施常规的管理措施。

2.企业信用状况的认定标准和程序

（1）企业有下列情形之一的，海关将其认定为失信企业：

第一，被海关侦查走私犯罪公安机构立案侦查并由司法机关依法追究刑事责任的。

第二，构成走私行为被海关行政处罚的。

第三，非报关企业1年内违反海关的监管规定被海关行政处罚的次数超过上年度报关单、进出境备案清单、进出境运输工具舱单等单证（以下简称“相关单证”）总票数千分之一且被海关行政处罚金额累计超过100万元的。

报关企业1年内违反海关的监管规定被海关行政处罚的次数超过上年度相关单证总票数万分之五且被海关行政处罚金额累计超过30万元的。

上年度相关单证票数无法计算，1年内因违反海关的监管规定被海关行政处罚，非报关企业处罚金额累计超过100万元、报关企业处罚金额累计超过30万元的。

第四，自缴纳期限届满之日起超过3个月仍未缴纳税款的。

第五，自缴纳期限届满之日起超过6个月仍未缴纳罚款、没收的违法所得和追缴的走私货物、物品等值价款，并且超过1万元的。

第六，抗拒、阻碍海关工作人员依法执行职务，被依法处罚的。

第七，向海关工作人员行贿，被处以罚款或者被依法追究刑事责任的。

第八，法律、行政法规、海关规章规定的其他情形。

（2）高级认证企业的认证标准和程序。高级认证企业的认证标准分为通用标准和单项标准。通用标准包括内部控制、财务状况、守法规范以及贸易安全等内容。单项标准是海关针对不同企业类型和经营范围制定的认证标准。高级认证企业应当同时符合通用标准和相应的单项标准。高级认证企业的认证程序主要包括以下三个环节：

第一，企业提交申请。企业申请成为高级认证企业的，应当向海关提交书面申请，并按照海关的要求提交相关资料。

第二，海关依据标准审查。海关依据高级认证企业通用标准和相应的单项标准，对企业提交的申请和有关资料进行审查，并赴企业进行实地认证。

海关应当自收到申请及相关资料之日起90日内进行认证并作出决定。特殊情形下，海关的认证时限可以延长30日。

第三，海关制发证书。经认证，符合高级认证企业标准的企业，海关制发高级认证企业证书；不符合高级认证企业标准的企业，海关制发未通过认证决定书。

3.管理措施

特别提醒2-28

（1）高级认证企业是中国海关AEO（经认证经营者），适用下列管理措施：①进出口货物平均查验率低于实施常规管理措施企业平均查验率的20%，法律、行政法规或者海关总署有特殊规定的除外；②出口货物原产地调查平均抽查比例在企业平均抽查比例的20%以下，法律、行政法规或者海关总署有特殊规定的除外；③优先办理进出口货物通关手续及相关业务手续；④优先向其他国家（地区）推荐农产品、食品等出口企业的注册；⑤可以向海关申请免除担保；⑥减少对企业稽查、核查的频次；⑦可以在出口货物运抵海关监管区之前向海关申报；⑧海关为企业设立协调员；⑨AEO互认国家或者地区海关通关便利措施；⑩国家有关部门实施的守信联合激励措施；⑪因不可抗力中断的国际贸易恢复后优先通关；⑫海关总署规定的其他管理措施。

（2）失信企业适用下列管理措施：①进出口货物查验率80%以上；②经营加工贸易业务的，全额提供担保；③提高对企业稽查、核查的频次；④海关总署规定的其他管理措施。

特别提醒2-29

（1）办理同一海关业务涉及的企业信用等级不一致，导致适用的管理措施相抵触的，海关按照较低信用等级企业适用的管理措施实施管理。

（2）高级认证企业、失信企业有分立、合并情形的，海关按照以下原则对企业信用状况进行确定并适用相应管理措施：

第一，企业发生分立，存续的企业承继原企业主要权利、义务的，存续的企业适用原企业信用状况的认证或者认定结果，其余新设的企业不适用原企业信用状况的认证或者认定结果。

第二，企业发生分立，原企业解散的，新设企业不适用原企业信用状况的认证或者认定结果。

第三，企业发生吸收合并的，存续企业适用原企业信用状况的认证或者认定结果。

第四，企业发生新设合并的，新设企业不再适用原企业信用状况的认证或者认定结果。

（六）报关单位的海关法律责任

报关单位的海关法律责任，是指报关单位违反海关法律规范所应承担的法律后果。《海关法》、《海关行政处罚实施条例》和《刑法》等法律规范对报关单位因违法行为应当承担的法律责任和如何进行追究与制裁作出了具体的规定。

根据报关单位违法行为的轻重，可以将其分成三种类型：

（1）构成犯罪的行为，要依法追究刑事责任。

（2）构成走私但尚未构成犯罪的行为，要没收走私货物、物品及违法所得，可以并处罚款；对专门或多次用于掩护走私的货物、物品，专门或多次用于走私的运输工具，海关将予以没收；对藏匿走私货物、物品的特制设备，海关将责令拆毁或没收。

（3）未构成走私但违反海关监管规定的行为。违反海关监管规定的行为及对其处罚的规定参见《海关行政处罚实施条例》第三章。

拓展阅读2-1　　国门战“疫”

为了统筹推进口岸疫情防控和促进外贸稳增长，海关总署先后出台了很多“新政”（包括“政策文件”或“指导意见”等）助力企业发展。本章“拓展阅读”内容：

阅读资料2-6

海关新政助力中欧班列企业减税降费

（1）海关新政助力中欧班列企业减税降费。

（2）海关总署公告2021年第118号（《关于新冠病毒检测试剂盒等疫情防控物资申报相关事项的公告》）。

（3）海关总署公告2021年第52号（《关于出入境特殊物品卫生检疫审批有关事宜的公告》）。

第三章

报检报关程序

知识目标

（1）了解海关监管货物的特殊申报程序；

（2）了解过境、转运、通运等其他进出境货物的报检报关程序；

（3）掌握一般进出口货物及保税货物的报检报关程序；

（4）掌握减免税货物及暂时进出境货物的报检报关程序等。

能力目标

（1）能够掌握一般进出口货物报检报关中的有关申报要求；

（2）能够掌握电子化手册管理下的保税加工货物报关程序；

（3）能够掌握出口加工区及保税区进出货物的报关程序等。

思政目标

将“爱岗敬业”作为本章课程学习的思政教育主题，通过教学组织、课堂互动、思政专栏和拓展阅读等环节或栏目的学思践悟，帮助学生树立刻苦钻研专业技能的意识，理解近年来海关推进便民化措施进行的通关一体化改革的意义，认识到报关从业人员必须技能过硬、规范操作，培养学生通过不断学习提升专业能力的职业素养。

第一节　一般进出口货物的报检报关程序

一、一般进出口货物概述

（一）一般进出口货物的含义

一般进出口货物是一般进口货物和一般出口货物的合称，是在进出口环节缴纳了应征的进出口税费并办结了所有必要的海关手续，海关放行后不再进行监管的进出口货物。

一般进出口货物并不完全等同于一般贸易货物，二者的区别见表3-1。

表3-1　一般进出口货物与一般贸易货物的区别

	分类标准	备注
一般进出口货物	海关监管制度	（1）进出口报关不需要经过前期阶段和后续阶段； （2）可以是一般贸易货物，也可以是以其他贸易方式（如补偿贸易方式）进出口的货物
一般贸易货物	贸易方式	（1）属于单边进口或单边出口； （2）可以按一般进出口监管制度（一般进出口货物）、特定减免税监管制度（特定减免税货物）或保税监管制度（保税货物）办理海关手续

（二）一般进出口货物的特征

1.进出境时缴纳进出口税费

收发货人应当在货物进出境时向海关缴纳应缴纳的税费。

2.进出口时提交相关的许可证件

在进出口时，属于许可证件管理的商品，进出口人应当提交相关的进出口许可证件。

3.进口货物海关放行、出口货物海关放行后离境即办结海关手续

对一般进口货物来说，海关放行（办结所有海关手续）就等于结关，海关不再进行监管，可以直接进入生产和流通领域；对一般出口货物来说，海关放行后离境才意味着海关手续全部办结。

（三）一般进出口货物的范围

海关监管货物分为两大类，见表3-2。

表3-2　海关监管货物的种类

海关监管货物	备注
实际进出口货物	包括一般进出口货物、特定减免税货物
	进/出境后不再复运出/进境
非实际进出口货物	进/出境后还将复运出/进境

一般进出口货物主要包括以下几种：①一般贸易进口货物；②一般贸易出口货物；③转为实际进口的保税货物、暂准进境货物或转为实际出口的暂准出境货物；④易货贸易、补偿贸易进出口货物；⑤不批准保税的寄售代销贸易货物；⑥承包工程项目实际进出口货物；⑦外国驻华商业机构进出口陈列用的样品；⑧外国旅游者小批量订货出口的商品；⑨随展览品进境的小卖品；⑩免费提供的进口货物。

免费提供的进口货物包括：①外商在经济贸易活动中赠送的进口货物；②外商在经济贸易活动中免费提供的试车材料等；③我国在境外的企业、机构向国内单位赠送的进口货物。

特别提醒 3-1

这里的"免费提供的进口货物"特指商业往来中的赠送。以下无偿捐赠的物资属于特定减免税范围（参见本书第五章第五节"进出口税收减免"），不属于一般进出口货物：①外国民间组织、企业等无偿捐赠的救灾物资；②境外自然人、法人等捐赠的扶贫慈善物资。

二、一般进出口货物的报关程序

从收发货人的角度来看，一般进出口货物的报关程序由以下四个环节构成：

（一）进出口申报

微课 3-1

一般进出口货物的报关程序

1.进出口申报概述

进出口申报，是指收发货人、受委托的报关企业依照《海关法》以及有关法律、行政法规和规章的要求，在规定的期限、地点，采用一定的形式，向海关报告实际进出口货物的情况，并且接受海关审核的行为。

进出口申报采用电子数据报关单或者纸质报关单申报形式。

（1）电子数据报关单申报形式。它是收发货人、受委托的报关企业通过计算机系统按照《中华人民共和国海关进出口货物报关单填制规范》（以下简称《海关进出口货物报关单填制规范》）的要求向海关传送报关单电子数据并且备齐随附单证的申报方式。

特别提醒 3-2

（2）纸质报关单申报形式。它是指收发货人、受委托的报关企业按照海关的规定填制纸质报关单，备齐随附单证，向海关当面递交的申报方式。

特别提醒 3-3

电子数据报关单和纸质报关单均具有法律效力。

收发货人、受委托的报关企业应当以电子数据报关单形式向海关申报，与随附单证一并递交的纸质报关单的内容应当与电子数据报关单一致；特殊情况下经海关同意，允许先采用纸质报关单形式申报，电子数据事后补报，补报的电子数据应当与纸质报关单的内容一致。

在向未使用海关信息化管理系统作业的海关申报时可以采用纸质报关单申报形式。

为收发货人、受委托的报关企业办理申报手续的人员，应当是在海关备案的报关人员。

2.进出口申报要求

收发货人、受委托的报关企业应当依法如实向海关申报，对申报内容的真实性、准确性、完整性和规范性承担相应的法律责任。

（1）申报地点。一般情况下，进口货物应当在进境地海关申报，出口货物应当在出境地海关申报。

在转关运输情况下，进口货物在指运地海关申报，出口货物在启运地海关申报。

特别提醒3-4

（2）申报期限。进口货物应当自运输工具申报进境之日起14日内向海关申报。出口货物应当在货物运抵海关监管区后、装货的24小时以前向海关申报。

（3）申报日期。不论以电子数据报关单方式申报还是以纸质报关单方式申报，海关以接受申报数据的日期为接受申报的日期。

以电子数据报关单方式申报的，申报日期为海关计算机系统接受申报数据时记录的日期；以纸质报关单方式申报的，申报日期为海关接受纸质报关单并且对其进行登记处理的日期。

电子数据报关单被退回需重新申报的，申报日期为海关接受重新申报的日期。

已接受申报的报关单电子数据，经人工审核确认需要退回修改的，应当在10日内完成修改并重新发送报关单电子数据，申报日期仍为海关接受原报关单电子数据的日期；超过10日的，原报关单无效，应当另行向海关申报，申报日期为海关再次接受申报的日期。

知识链接3-1　申报前看货取样

进口货物的收货人向海关申报前，因确定货物的品名、规格、型号、归类等原因，可以向海关提出查看货物或者提取货样的书面申请。海关审核同意的，派员到场实际监管。

查看货物或者提取货样时，海关开具取样记录和取样清单；提取货样的货物涉及动植物及其产品以及其他需依法提供检疫证明的，应当在依法取得有关批准证明后提取。提取货样后，到场监管的海关关员与进口货物的收货人在取样记录和取样清单上签字确认。

（4）修改申报内容或撤销申报。海关接受进出口货物的申报后，报关单证及其内容不得修改或者撤销；符合规定情形的，应当按照《中华人民共和国海关进出口货物报关单修改和撤销管理办法》（以下简称《海关进出口货物报关单修改和撤销管理办法》）的相关规定办理。

第一，收发货人修改或者撤销报关单。有表3-3中所列情形之一的，当事人可以向原接受申报的海关办理进出口货物报关单修改或者撤销手续（海关另有规定的除外）。符合报关单修改或者撤销规定的，当事人应当向海关提交“进出口货物报关单修改/撤销表”和相关材料。

当事人向海关提交的材料符合规定，并且齐全、有效或者未发现报关人员存在逃避海关监管行为的，海关应当及时进行修改或者撤销。

第二，海关要求对报关单进行修改或者撤销。海关发现进出口货物报关单需要修改或者撤销的，可以采取以下方式主动要求当事人进行处理：

表3-3　　收发货人修改或者撤销报关单

可修改或者撤销报关单的情形	应当向海关提交的材料
出口货物放行后，由于装运、配载等原因造成原申报货物部分或者全部退关、变更运输工具的	应当提交退关、变更运输工具证明材料
进出口货物在装载、运输、存储过程中发生溢短装，或者由于不可抗力造成灭失、短损等，导致原申报数据与实际货物不符的	应当提交相关部门出具的证明材料
由于办理退补税、海关事务担保等其他海关手续而需要修改或者撤销报关单数据的	应当提交签注海关意见的相关材料
根据贸易惯例先行采用暂时价格成交，实际结算时按商检品质认定或者国际市场实际价格付款而需要修改申报内容的	应当提交全面反映贸易实际状况的发票、合同、提单、装箱单等单证，并如实提供与货物买卖有关的支付凭证以及证明申报价格真实、准确的其他商业单证、书面资料
已申报进口货物办理直接退运手续，需要修改或者撤销原进口货物报关单的	应当提交"进口货物直接退运表"
由于计算机、网络系统等技术原因导致电子数据申报错误的	应当提交计算机、网络系统运行管理方出具的说明材料
由于报关人员操作或者书写失误造成申报内容需要修改或者撤销的	可以反映进出口货物实际情况的合同、发票、装箱单、提运单或者载货清单等相关单证；详细情况说明以及相关证明材料

A. 将电子数据报关单退回，并详细说明修改的原因和要求，当事人应当按照海关要求进行修改后重新提交，不得对报关单的其他内容进行变更。

B. 向当事人制发"进出口货物报关单修改/撤销确认书"，通知当事人要求修改或者撤销的内容；当事人应当在5日内对进出口货物报关单修改或者撤销的内容进行确认，确认后海关完成对报关单的修改或者撤销。

除不可抗力外，当事人有以下情形之一的，海关可以直接撤销相应的电子数据报关单：①海关将电子数据报关单退回修改，当事人未在规定期限内重新发送的；②海关审结电子数据报关单后，当事人未在规定期限内递交纸质报关单的；③出口货物申报后未在规定期限内运抵海关监管作业场所的；④海关总署规定的其他情形。

特别提醒3-5

（1）进出口货物报关单的修改或者撤销应当遵循"修改优先"原则；确实不能修改的，予以撤销。

（2）海关已经决定布控、查验以及涉嫌走私或者违反海关监管规定的进出口货物，在办结相关手续前不得修改或者撤销报关单及其电子数据。

（3）因修改或撤销报关单导致需要变更、补办进出口许可证件的，当事人应当取得相应的进出口许可证件。海关对相应进出口许可证件电子数据进行系统自动比对验核。

（5）现场交单或放行交单。海关审结电子数据报关单后，收发货人、受委托的报关企业应当自接到海关“现场交单”或者“放行交单”通知之日起10日内，持打印出的纸质报关单，备齐规定的随附单证并且签名盖章，到货物所在地海关递交书面单证并且办理相关海关手续。

确因节假日或者转关运输等其他特殊原因需要逾期向海关递交书面单证并且办理相关海关手续的，应当事先向海关提出书面申请，说明原因，经海关核准后在核准的期限内办理。其中，收发货人自行报关的，由收发货人在申请书上签章；委托报关企业报关的，由报关企业和收发货人双方共同在申请书上签章。

未在规定期限或者核准的期限内递交纸质报关单，海关删除电子数据报关单的，应当重新申报，由此产生的滞报金按照《中华人民共和国海关征收进口货物滞报金办法》（以下简称《海关征收进口货物滞报金办法》）的规定办理。

现场交单审核时，应当向海关递交与电子数据报关单内容一致的纸质报关单及随附单证。特殊情况下，个别内容不符，经海关审核确认无违法情形的，由当事人重新提供与报关单电子数据相符的随附单证或者提交有关说明的申请，电子数据报关单可以不予删除。其中，实际交验的进出口许可证件与申报内容不一致，经海关认定无违反国家进出口贸易管制政策和海关有关规定的，可以重新向海关提交。

（6）滞报金。超过规定时限未向海关申报的，海关按照《海关征收进口货物滞报金办法》征收滞报金。

滞报金应当由进口货物收货人于当次申报时缴清。进口货物收货人要求在缴清滞报金前先放行货物的，海关可以在其提供与应缴纳滞报金等额的保证金后放行。

滞报金的计算与征收应当注意以下几个方面的问题：

第一，滞报金应当按日计征，以自运输工具申报进境之日起第15日为起征日，以海关接受申报之日为截止日，起征日和截止日均计入滞报期间，另有规定的除外。

特别提醒3-6

第二，电子数据报关单被撤销的处理。

A. 因申报人向海关传送报关单电子数据申报后，未按照海关总署的规定递交报关单及随附单证，而被海关撤销需重新申报的，以自运输工具申报进境之日起第15日为起征日，以海关重新接受申报之日为截止日。

B. 因申报人申报后依法撤销原报关单电子数据重新申报的，以撤销原报关单之日起第15日为起征日，以海关重新接受申报之日为截止日。

第三，进口货物收货人自运输工具申报进境之日起超过3个月未向海关申报，海关将作提取变卖处理，但收货人可以申请返还余款，滞报金的征收，以自运输工具申报进境之日起第15日为起征日，以该3个月期限的最后一日为截止日。

第四，滞报金的计算公式为：进口货物完税价格×0.5‰×滞报期间（滞报天数）。

第五，滞报金以人民币“元”为计征单位，不足人民币1元的部分免征。

第六，滞报金的起征点为人民币50元。

第七，滞报金起征日如遇休息日或者法定节假日，则顺延至其后第一个工作日。

第八，因不可抗力等特殊情况产生的滞报可以向申报地海关申请减免滞报金。

特别提醒3-7

对于滞报天数，根据现行相关规定，可参照表3-4来确定。

表3-4　滞报天数的确定

申报期间（14天）		滞报金计征期间	
起始日	截止日	起征日	截止日
运输工具申报进境之日的次日	第14日	第15日	海关接受申之日
		遇休息日或者法定节假日，则顺延至其后第一个工作日。国务院临时调整休息日与工作日的，海关应当按照调整后的情况确定滞报金的起征日	

滞报金征收起征日的简单确定方法为：申报进境之日+15日。

【例3-1】运载进口货物的运输工具5月9日申报进境，收货人5月15日向海关传送报关电子数据，海关当天受理申报并发出“现场交单”通知。收货人于5月27日递交报关单及随附单证时，发现海关已于5月26日撤销电子数据报关单，遂于5月30日重新向海关申报，海关当天受理申报并发出“现场交单”通知，收货人于5月31日提交纸质单证，如以上日期均不涉及法定节假日，滞报天数应为（　　）。

例3-1

解析

A.0天　　B.6天　　C.7天　　D.8天

3.进出口特殊申报

（1）提前申报。经海关批准，收发货人、受委托的报关企业可以在取得提（运）单或者载货清单（舱单）数据后，向海关提前申报。

在进出口货物的品名、规格、数量等已确定无误的情况下，经批准的企业可以在进口货物启运后、抵港前或者出口货物运入海关监管作业场所前3日内，提前向海关办理报关手续，并且按照海关的要求交验有关随附单证、进出口货物批准文件及其他需提供的证明文件。

验核提前申报的进出口货物许可证件有效期以海关接受申报之日为准。提前申报的进出口货物税率、汇率的适用，按照《中华人民共和国进出口关税条例》（以下简称《关税条例》）的有关规定办理。

（2）集中申报。特殊情况下，经海关批准，收发货人、受委托的报关企业可以向指定海关办理集中申报手续。集中申报企业应当向海关提供有效担保，并且在每次货物进出口时，按照要求向海关报告货物的进出口日期、运输工具名称、提（运）单号、税号、品名、规格型号、价格、原产地、数量、重量、收（发）货单位等海关监管所必需的信息，海关可以准许先予查验和提取货物。

集中申报采用以电子数据报关单向海关申报的方式。集中申报的进出口货物税率、汇率的适用，按照《关税条例》的有关规定办理。

（3）定期申报。经电缆、管道、输送带或者其他特殊运输方式（输送）进出口的货物，经海关同意，可以定期向指定海关申报。

（4）补充申报。需要进行补充申报的，收发货人、受委托的报关企业应当如实填写补充申报单，并且向海关递交。

4.进出口申报单证

进出口货物的收发货人、受委托的报关企业应当取得国家实行进出口管理的许可证件，凭海关要求的有关单证办理报关纳税手续。海关对有关进出口许可证件的电子数据进行系统自动比对验核。海关与证件主管部门未实现联网核查，无法自动比对验核的，收发货人、受委托的报关企业应当持有关许可证件办理海关手续。

向海关递交纸质报关单时，可以使用事先印制的规定格式报关单或者直接在A4型空白纸张上打印。

一般情况下，报关需要随附的单证有以下8种：合同、发票、装箱清单、载货清单（舱单）、提（运）单、代理报关授权委托协议、进出口许可证件、海关总署规定的其他进出口单证。

特别提醒3-8

货物实际进出口前，海关已对该货物作出预归类决定的，进出口货物的收发货人、受委托的报关企业在货物实际进出口申报时应当向海关提交“预归类决定书”。

在报关时与商品检验相关的申报单证见表3-5。

表3-5 与商品检验相关的申报单证

报检商品		单据要求
一般单据		（1）包装性能检验结果单（针对钢桶等15类运输包装容器和预包装食品的包装）
		（2）集装箱检验检疫结果单（出口集装箱适载检验，针对特定商品但不需要实施卫生除害处理的出境集装箱）
		（3）熏蒸/消毒证书（针对特定商品且需要实施卫生除害处理的出境集装箱）等
食品	出境	（1）生产企业卫生注册登记号码
		（2）出口食品原料种植养殖场备案
		（3）出口食品生产企业备案证明等
	入境	（1）进境动植物检疫许可证（需办理检疫审批的）
		（2）食品境外生产企业注册编号
		（3）进口商备案证明
		（4）新食品原料卫生行政许可证
		（5）产品符合我国现行食品安全国家标准的证明文件
		（6）输出国或地区出具的检疫证书
		（7）原产地证书等

续表

报检商品		单据要求
动物及动物产品	出境	（1）出境动物养殖企业注册证
		（2）出境水生动物养殖场注册登记证书
		（3）动物卫生证书（启运地海关出具）等
	入境	（1）进境动植物检疫许可证（需办理检疫审批的）
		（2）隔离场使用证
		（3）进境动物遗传物质使用单位备案表
		（4）输出国或地区出具的检疫证书
		（5）原产地证书等
非食用动物产品	出境	（1）出境非食用动物产品生产、加工、存放企业检验检疫注册登记证
		（2）检验检疫证书等
	入境	（1）境外生产加工企业注册登记证明
		（2）进境货物检验检疫证明
		（3）进境动植物检疫许可证（需办理检疫审批的）等
植物及植物产品	出境	（1）果园、包装厂注册登记证书
		（2）种苗花卉生产经营企业检疫注册登记证书
		（3）生产企业注册登记证书等
	入境	（1）进境动植物检疫许可证（需办理检疫审批的）
		（2）输出国或地区出具的检疫证书
		（3）原产地证书等
危险货物	出境	（1）出境货物包装性能检验结果单
		（2）出口危险化学品生产企业符合性声明
		（3）出境危险货物运输包装使用鉴定结果单（危包证）
		（4）出口烟花爆竹生产企业声明等
	入境	（1）入境货物包装性能检验结果单
		（2）进口危险化学品企业符合性声明等
饲料和饲料添加剂	出境	出口生产企业注册登记证等
	入境	（1）进口饲料和饲料添加剂产品登记证
		（2）进境动植物检疫许可证（需办理检疫审批的）
		（3）输出国或地区出具的检疫证书
		（4）原产地证书等

续表

报检商品		单据要求
中药材	出境	（1）出境生产企业注册登记证
		（2）产品符合进境国家或者地区动植物检疫要求的书面声明等
	入境	（1）境外生产企业注册登记证明
		（2）进境动植物检疫许可证（需办理检疫审批的）
		（3）输出国或地区出具的检疫证书
		（4）原产地证书等
玩具	出境	（1）产品安全符合性声明
		（2）玩具实验室出具的检测报告（首次报检）
		（3）换证凭单（产地海关出具）等
	入境	（1）强制性产品认证证书
		（2）检验证明等
旧机电产品	入境	（1）装运前检验证书
		（2）旧机电产品进口声明等
可用作原料的固体废物	入境	（1）供货商注册登记证书
		（2）收货人注册登记证书
		（3）装运前检验证书
		（4）进口许可证明（限制类废物原料）等
特殊物品（人体组织、微生物、生物制品、血液及其制品）		入/出境特殊物品卫生检疫审批单

思政专栏3-1 践行初心使命 彰显公仆本色——海关系统“全国先进工作者”掠影

阅读资料3-1

践行初心使命彰显公仆本色

2020年11月24日，全国劳动模范和先进工作者表彰大会在北京人民大会堂举行，海关系统王蓓菁等7名同志荣获“全国先进工作者”荣誉称号。王蓓菁等7名同志的事迹，展示了海关准军事化纪律部队的过硬作风，值得大家学习！

海关总署缉私局王蓓菁——从无到有建立执法合作网络；天津海关廖芳——向科技要监管效能；呼和浩特海关杨作军——做北疆国门“最美劳动者”；沈阳海关崔宇宏——用实际行动践行初心使命；上海海关周琰——“智剑”出鞘守国门；南昌海关张彦敏——精益求精海关一线把好关；黄埔海关陈樱——业务改革与基层党建“两手抓”。

具体事迹请参见“海关总署首页 > 专题专栏 > 热点专题 > 重大事件 > 国门风采 > 国门风景线”。

知识链接3-2 出入境货物检验检疫申请

（1）出境法定检验检疫货物的检验检疫申请：从中国国际贸易单一窗口登录进入后，在左侧选项表选择“出口整合申报”，在下拉列表中点击“出境检验检疫申请”，进入出境检验检疫申报界面，此时可进行数据录入，完成后点击“申报”，如图3-1所示。

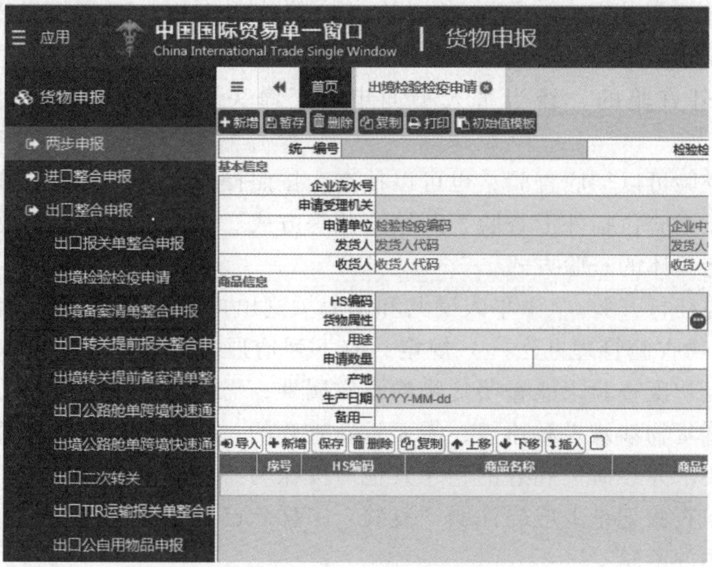

图3-1 出境检验检疫申请

（2）入境法定检验检疫货物的检验检疫申请：从中国国际贸易单一窗口登录进入后，在左侧选项表选择“进口整合申报”，在下拉列表中点击“进口报关单整合申报”，进入报关报检合一界面，此时可进行数据录入，完成后点击“申报”，如图3-2所示。

图3-2 入境检验检疫申请

（二）配合查验

1.海关查验

海关查验，是海关为确定收发货人向海关申报的内容是否与进出口货物的真实情况相符，或者为确定商品的归类、价格、原产地等，依法对进出口货物进行实际核查的执法行为。

（1）查验地点及方式。查验应当在海关监管区内实施。因货物易受温度、静电、粉尘等自然因素影响，不宜在海关监管区内实施查验，或者因其他特殊原因，需要在海关监管区外查验的，经当事人书面申请，海关可以派员到海关监管区外实施查验。

海关实施查验可以彻底查验，也可以抽查。按照操作方式，查验可分为人工查验和机检查验。人工查验包括外形查验、开箱查验等方式。海关可以根据货物情况以及实际执法需要，确定具体的查验方式。

（2）复验与径行开验。《中华人民共和国海关进出口货物查验管理办法》（以下简称《海关进出口货物查验管理办法》）规定，有下列情形之一的，海关可以对已查验货物进行复验：①经初次查验未能查明货物的真实属性，需要对已查验货物的某些性状做进一步确认的；②货物涉嫌走私违规，需要重新查验的；③收发货人对海关查验结论有异议，提出复验要求并经海关同意的；④其他海关认为必要的情形。

查验人员在查验记录上应当注明“复验”字样。已经参加过查验的查验人员不得参加对同一票货物的复验。

《海关进出口货物查验管理办法》规定，有下列情形之一的，海关可以在收发货人或者其代理人不在场的情况下，对进出口货物径行开验：①进出口货物有违法嫌疑的；②经海关通知查验，收发货人或其代理人届时未到场的。

海关径行开验时，存放货物的海关监管场所经营人、运输工具负责人应当到场协助，并在查验记录上签名确认。

2.配合查验的相关规定

《海关进出口货物查验管理办法》规定，查验货物时，收发货人或其代理人应当到场，负责按照海关的要求搬移货物，开拆和重封货物的包装，并如实回答查验人员的询问以及提供必要的资料。

特别提醒3-9

因进出口货物所具有的特殊属性，容易因开启、搬运不当等原因导致货物损毁，需要查验人员在查验过程中予以特别注意的，收发货人或其代理人应当在海关实施查验前声明。

实施查验时需要提取货样、化验，以进一步确定或者鉴别进出口货物的品名、规格等属性的，收发货人或其代理人应当到场协助海关取样。海关认为必要时，可以径行取样。

查验结束后，收发货人或其代理人应当在查验记录上签名确认。收发货人或其代理人拒不签名的，查验人员应当在查验记录中予以注明，并由货物所在监管场所的经营人签名证明。

3.货物损坏赔偿

（1）海关的赔偿范围。根据《海关法》的规定，海关在依法查验进出境货物、物品时，损坏被查验的货物、物品的，应当赔偿当事人的实际损失。但赔偿必须满足以下两个必要条件：

第一，造成的经济损失是直接经济损失。直接经济损失的金额根据被损坏货物及其部件的受损程度确定，或根据修理费确定。

第二，进出口人履行了告知义务（特别提醒3-9中提到的情形）。

（2）不属于海关赔偿范围的情形。《中华人民共和国海关行政赔偿办法》（以下简称《海关行政赔偿办法》）规定，有下列情形之一的，海关不承担赔偿责任：

第一，属于本办法第七条规定的情形的。

知识链接3-3　《海关行政赔偿办法》第七条

《海关行政赔偿办法》第七条规定，属于下列情形之一的，海关不承担行政赔偿责任：

（一）海关工作人员与行使职权无关的个人行为；

（二）因公民、法人和其他组织自己的行为致使损害发生的；

（三）因不可抗力造成损害后果的；

（四）法律规定的其他情形。

因公民、法人和其他组织的过错致使损失扩大的，对扩大部分海关不承担赔偿责任。

第二，由于当事人或其委托的人搬移、开拆、重封包装或保管不善造成的损失。

第三，易腐、易失效货物、物品在海关正常工作程序所需要时间内（含代保管期间）所发生的变质或失效，当事人事先未向海关声明或者海关已采取了适当的措施仍不能避免的。

第四，海关正常检查产生的不可避免的磨损和其他损失。

第五，在海关查验之前所发生的损坏和海关查验之后发生的损坏。

第六，海关为化验、取证等目的而提取的货样。

（三）缴纳税费

除另有规定外，海关应当在货物实际进境，并且完成海关现场接单审核工作之后及时填发税款缴款书。纳税义务人应当自海关填发税款缴款书之日起15日内向指定银行缴纳税款。

特别提醒3-10

有关进出口货物税款征收的具体内容参见本书第四章第四节“进出口税费征收”。

（四）提取或装运货物

1.海关进出境现场放行和货物结关

（1）进出境现场放行。它是指结束现场监管，允许离开监管现场。

进出境现场放行有两种形式：①由海关在进口货物提货凭证或出口货物装货凭证上加盖海关放行章。②在“无纸通关”申报方式下，海关通过计算机系统将决定放行的信息发送给收发货人和海关监管货物保管人。收发货人从计算机上自行打印放行凭证，凭以提取进口货物或将出口货物装运到运输工具上离境。

（2）货物结关。它是办结海关手续的简称，即进口货物可以提取，出口货物可以离境，海关不再监管。

（3）进出境现场放行与货物结关之间的关系。其包括：①海关进出境现场放行即等于结关（对一般进出口货物而言）。②海关进出境现场放行不等于结关。对于保税货物、特定减免税货物、暂时进出境货物等，现场放行后，海关在一定期限内还需要进行监管。

2.收发货人提取或装运货物

（1）收发货人凭加盖有海关放行章的进口提货凭证（如提货单等）提取进口货物。

（2）收发货人凭加盖有海关放行章的出口装货凭证（如装货单等）办理出口装运手续。

收发货人在办理完提取或装运货物手续后，需要办理出口货物退税证明手续或其他手续的，均可向海关申请。

知识链接3-4

关税保证保险

关税保证保险，是企业提供由保险公司出具的关税履约担保单，向海关申请办理纳税期限担保，在货物通关时，凭借一张保单即可享受“先放后税”便利，从而提升贸易便利化水平的海关税款担保措施。

知识链接3-5

两步申报

自2019年8月24日起，为贯彻落实国务院“放管服”改革要求，促进贸易便利化，海关总署开始开展进口货物“两步申报”改革试点。

简单来说，“两步申报”就是先“概要申报”再“完整申报”。企业概要申报后经海关同意即可提离货物，将审核征税等环节移至货物放行之后，实现了货物查验放行和审核征税相分离。

（1）概要申报。企业向海关申报进口货物是否属于禁限管制、是否依法需要检验或检疫（是否属《法检目录》内商品及法律、法规规定需检验或检疫的商品）、是否需要缴纳税款。

（2）完整申报。企业自运输工具申报进境之日起14日内完成完整申报，办理缴纳税款等其他通关手续。税款缴库后，企业担保额度自动恢复。如概要申报时选择不需要缴纳税款，完整申报时经确认为需要缴纳税款的，企业应当按照进出口货物报关单撤销的相关规定办理。

知识链接 3-6 **两段准入**

两段准入，是海关以进境货物准予提离口岸海关监管作业场所（场地）为界，分段实施“是否允许货物入境”和“是否允许货物进入国内市场销售或使用”两类准入监管的作业方式。其使得涉及商品检验的货物能被更快提离，提高企业通关效率，降低仓储成本。

进口货物属于下列情形之一的，凭海关通知准予提离进境地口岸海关监管区：

（1）无海关检查要求的。

（2）仅有海关口岸检查要求且已完成口岸检查的。

（3）仅有海关目的地检查要求的。

（4）既有海关口岸检查又有目的地检查要求，已完成口岸检查，或经收货人申请在进境地口岸合并实施且已完成相关检查的。

进口货物准予提离后，由企业自行运输和存放，凭海关放行通知准予销售或使用。其中，属于下列情形的，需办结海关相关手续方可放行：

（1）有海关目的地检查要求的，海关已完成检查。

（2）属于监管证件管理的，海关已核销相关监管证件。

（3）需进行合格评定的，海关已完成合格评定程序。

货物运抵目的地后，应在规定时间内向目的地海关申请办理检查手续。

第二节 保税货物的报检报关程序

一、保税加工货物的报关程序

（一）保税加工货物概述

1.含义

保税加工货物，是指经海关批准未办理纳税手续进境，在境内加工、装配后复运出境的货物。它又称为“加工贸易保税货物”。保税加工货物是保税货物的一种。

加工贸易俗称“两头在外”的贸易，是指经营企业进口全部或者部分原辅材料、零部件、元器件、包装物料，经过加工或者装配后，将制成品复出口的经营活动。加工贸易通常有两种形式：

（1）来料加工。它是指进口料件由境外企业提供，经营企业不需要付汇进口，按照境外企业的要求进行加工或装配，只收取加工费，制成品由境外企业销售的经营活动。

（2）进料加工。它是指料件由经营企业付汇进口，制成品由经营企业外销出口的经营活动。进料加工合同分“进料加工对口合同”（监管方式名称“进料对口”，代码

0615）和“进料加工非对口合同”（监管方式名称“进料非对口”，代码0715）两种。

进料加工对口合同是指买卖双方分别签订进出口对口合同，料件进口时，进口方先付料件款，加工成品出口时再向对方收取出口成品款项的交易方式（进口料件生产的成品、数量及销售流向都在进出口合同中予以确定）。其包括动用外汇的对口合同或不同客户的对口联号合同，以及对开信用证的对口合同。通常所说的进口加工合同多指进料加工对口合同。

知识链接3-7

进料非对口

进料非对口，是指经营单位对外签订进口料件合同，在向海关申请设立手册时尚未签订出口成品合同，进口料件生产的成品、数量及销售流向均未确定。

对于进料对口和来料加工，海关予以全额保税；对于进料非对口，海关则根据经营单位、进口料件性质和企业返销比例的不同，分别予以不同程度的保税。

2.特征

（1）料件进口暂缓纳税，成品出口除另有规定外也无须缴纳关税。加工贸易项下进口料件按照规定在进口时先行征收税款的，加工成品出口后，海关根据核定的实际加工复出口的数量退还已征收的税款。

（2）料件进口免于交验进口许可证件（国家另有规定的除外），成品出口时凡属许可证件管理的，必须交验出口许可证件。

（3）进出境海关办结货物现场放行手续并未结束海关监管。

3.范围

保税加工货物的范围包括：①保税进口的料件；②用进口保税料件生产的成品、半成品；③在保税加工生产过程中产生的副产品、残次品、边角料和剩余料件。

4.管理

如图3-3所示，保税加工货物的管理分海关特殊监管区域内和海关特殊监管区域外两种情形。对海关特殊监管区域外的管理，主要依靠电子化手册或电子账册；对海关特殊监管区域内的管理，主要是指对出口加工区和珠海园区的管理。

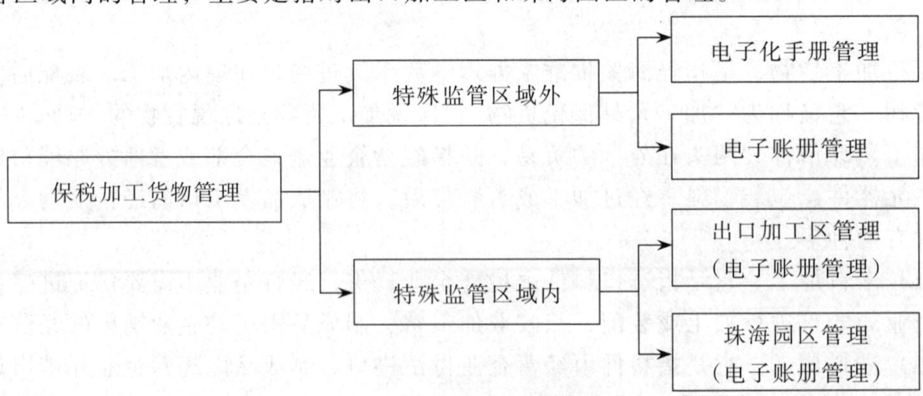

图3-3　保税加工货物的管理

海关对保税加工货物的管理，主要可以归纳为以下5点：

（1）商务审批。它是向海关申请设立手册或建立账册前的必经程序。商务审批适用的情形及审批的时间与凭证见表3-6。

表3-6　**商务审批适用的情形及审批的时间与凭证**

	审批加工贸易合同	审批经营状况和生产能力
适用情形	实行“电子化手册”管理的情形	实行“电子账册”管理的情形
审批时间	向海关申请设立电子化手册之前	向海关申请建立电子账册之前
审批凭证	主管部门审批后出具“加工贸易企业经营状况和生产能力证明”（以下简称“生产能力证明”），企业凭此及合同到海关办理手册设立等手续	主管部门审批后出具“生产能力证明”，企业凭此到海关申请建立电子账册

（2）设立保税。经营企业办理完加工贸易货物手册设立手续后，料件才能保税进口。凡是准予保税的，在料件进口时可以暂不办理纳税手续。

（3）纳税暂缓。专为加工出口产品而进口的料件，按实际加工复出口成品所耗用料件的数量准予免缴进口关税和进口环节增值税、消费税。但是，保税货物未办理纳税手续进境，属于暂时免纳税费，待货物最终流向确定后，海关再决定征税或免税。也就是说，只有最终用在出口成品上的料件才可以免税；否则，还需征税。这样就引发了两个问题：

第一，缓税利息的征收。保税加工货物经批准不复运出境（内销），在征收进口关税和进口环节代征税的同时要征收缓税利息。但是，边角料和海关特殊监管区域（如出口加工区）的保税加工货物除外。缓税利息根据填发海关税款缴款书时海关总署公布的最新缓税利息率按日征收。

应征缓税利息=应征税款×计息期限（天数）×缓税利息率÷360

第二，海关事务担保。我国自2017年8月1日起，在全国范围内全面取消加工贸易银行保证金台账制度，但是，原来实行银行保证金台账“实转”的企业从事保税加工业务，仍需进行海关事务担保。

特别提醒3-11

海关总署公告2018年第18号规定，企业办理担保业务可采用保证金、保函等形式。对同一笔业务应当采用同一种形式提供担保。

以保函形式办理担保业务时，企业应当向海关提交银行或者非银行金融机构的保函正本，海关向企业制发收据。保函的担保期限应当为手册有效期满后80天。

以保证金形式办理担保业务时，企业应当按海关开具的“海关交（付）款通知书”，以人民币缴纳保证金，将应征保证金款项交至海关指定的代保管款账户。资金到账后海关向企业开具“海关保证金专用收据”。

因手册变更导致担保金额增加或担保期限延长的，由海关依法为企业办理担保内容变更手续。

手册核销结案后，企业可向海关办理担保退还手续。担保形式为保函的，企业应当凭保函收据到海关办理保函退还手续；担保形式为保证金的，企业应当凭“海关交（付）款通知书”编号、“海关保证金专用收据”（退款联）以及加盖企业财务专用章的合法收据，到海关财务部门办理保证金退还手续。

（4）监管延伸。相对于一般进出口货物，海关对保税加工货物的监管，无论是地点，还是时间，都需要延伸。

第一，监管地点的延伸（见表3-7）。

表3-7 监管地点的延伸

	监管地点
一般进出口货物	进出境口岸的海关监管作业场所
保税加工货物	料件运离进境地口岸海关监管作业场所后，进行加工、装配的地点均是海关监管的场所

第二，监管时间的延伸（见表3-8）。

表3-8 监管时间的延伸

	监管时间
一般进出口货物	进口货物：进境时起至办结海关手续时止
	出口货物：向海关申报时起至出境时止
保税加工货物	从料件进境起，海关要一直监管到完成加工、装配后复运出境或办结正式进口手续时止。在海关规定的保税货物监管期限内，或自复运出境放行之日起3年内，或经批准转为一般贸易进口放行之日起3年内，海关有权对加工贸易企业的会计账簿、会计凭证、报关单证及其他有关资料和有关进出口货物进行稽查

这里涉及两个期限：准予保税的期限和申请核销的期限。准予保税的期限，是指海关批准保税后，在境内加工、装配、复运出境的期限，见表3-9。

表3-9 准予保税的期限

监管模式	准予保税期限
电子化手册	原则上不超过“1年+1年”；实际执行中，根据合同期限、加工期限和其他情况而定
电子账册	从企业的电子账册记录第一批料件进口之日起到该电子账册被撤销时止
海关特殊监管区域（出口加工区、珠海园区）	原则上从料件进区到成品出区办结海关手续时止

申请核销的期限是指加工贸易经营人向海关申请核销的最后日期，见表3-10。

表3-10　　申请核销的期限

监管模式	申请核销的期限
电子化手册	在手册有效期到期之日起或最后一批成品出运后30天内。经营企业对外签订的合同因故提前终止的，应当自合同终止之日起30日内向海关报核
电子账册	一般以180天为1个报核周期
	首次报核：从海关批准电子账册建立之日起算，满180天后的30天内报核
	以后报核：从上一次的报核日期起算，满180天后的30天内报核
	经主管海关批准可以延期，但延期不得超过60天

（5）核销结关。保税加工货物经过海关核销后才能结关。在保税加工货物核销时，不仅要确认进出数量是否平衡，而且要确认成品是否由进口料件生产。

（二）电子化手册管理下的保税加工货物报关程序

电子化手册管理模式的主要特征是以合同为单元进行监管（即一份加工贸易合同对应一个电子化手册）。其管理的基本程序是手册设立、进出口报关、手册核销。

1.手册设立

（1）手册设立的海关。经营企业应当向加工企业所在地主管海关办理加工贸易货物的手册设立手续。

知识链接3-8　　**什么是“经营企业”和“加工企业”**

（1）经营企业：包括负责对外签订加工贸易进出口合同的各类进出口企业和外商投资企业；经批准获得来料加工经营许可的对外加工装配服务公司。

（2）加工企业：包括受经营企业委托，负责对进口料件进行加工装配，具有法人资格的生产企业；虽不具有法人资格，但实行相对独立核算，并已经办理工商营业执照的工厂。

经营企业和加工企业有可能是同一个企业，也可能不是同一个企业。

（2）应当提交的单证。除另有规定外，经营企业办理手册设立，应当向海关如实申报贸易方式、单耗、进出口口岸，以及进口料件和出口成品的商品名称、商品编号、规格型号、价格和原产地等情况，并且提交下列单证：①经营企业自行加工的，应当提交主管部门签发的“生产能力证明”；②经营企业委托加工的，应当提交与加工企业签订的委托加工合同、主管部门签发的“生产能力证明”；③经营企业对外签订的合同。

知识链接3-9　　**加工贸易单耗的备案与申报**

单耗，是指在正常加工条件下加工单位成品所耗用的料件量，包括净耗和工艺损耗。

（1）净耗，是指加工后，料件通过物理变化或化学反应存在或转化到单位成品中的量。

（2）工艺损耗，是指料件在正常加工过程中除净耗外所必须耗用，但不能存在或转化到成品中的量，包括有形损耗和无形损耗。

工艺损耗率=工艺损耗÷单耗

单耗=净耗+工艺损耗=净耗+单耗×工艺损耗率

单耗=净耗÷（1-工艺损耗率）

加工贸易企业应当在加工贸易手册设立环节向海关进行单耗备案。

加工贸易企业应当在成品出口、深加工结转或者内销前如实向海关申报单耗。确有正当理由无法按期申报单耗的，经主管海关批准，也可以在报核前申报单耗。

（3）手册设立的办理。

第一，加工贸易手册设立的程序是：①企业申报，即企业向海关提交加工贸易手册设立的相关材料，申请设立手册。②海关审核，即经海关审核，企业提交的材料不齐、不符合法定形式，或不符合规定的，不予办理；材料齐全，且符合法定形式和相关规定的，正常受理。③签发手册，即审核通过的，直接签发手册电子数据。

经营企业按照规定提交齐全、有效的单证材料，申报设立手册的，海关应当自接受企业手册设立申报之日起5个工作日内完成设立手续。需要办理担保手续的，经营企业按照规定提供担保后，海关办理手册设立手续。

第二，有下列情形之一的，海关应当在经营企业提供相当于应缴税款金额的保证金或者保函后办理手册设立手续：①涉嫌走私，已经被海关立案侦查，案件尚未审结的；②由于管理混乱被海关要求整改，在整改期内的。

第三，有下列情形之一的，海关可以要求经营企业在办理手册设立手续时提供相当于应缴税款金额的保证金或者保函：①租赁厂房或者设备的；②首次开展加工贸易业务的；③加工贸易手册延期两次（含两次）以上的；④涉嫌违规，已经被海关立案调查，案件尚未审结的。

第四，加工贸易企业有下列情形之一的，不得办理手册设立手续：①进口料件或者出口成品属于国家禁止进出口的；②加工产品属于国家禁止在我国境内加工生产的；③进口料件不宜实行保税监管的；④经营企业或者加工企业属于国家规定不允许开展加工贸易的；⑤经营企业未在规定期限内向海关报核已到期的加工贸易手册，又重新申报设立手册的。

第五，经营企业申报的内容、提交的单证与事实不符的，海关应当按照下列规定处理：①货物尚未进口的，海关注销其手册；②货物已进口的，责令企业将货物退运出境。在第二种规定情形下，经营企业可以向海关申请提供相当于应缴税款金额的保证金或者保函，并且继续履行合同。

（4）手册的变更及分册、续册的申领。加工贸易货物手册设立内容发生变更的，经营企业应当在加工贸易手册有效期内办理变更手续。已经办理加工贸易货物手册设立手续的经营企业可以向海关领取加工贸易手册分册、续册。

2.进出口报关

（1）基本规定。经营企业进口加工贸易货物，可以从境外或者海关特殊监管区域、保税监管场所进口，也可以通过深加工结转方式转入。

经营企业出口加工贸易货物，可以向境外或者海关特殊监管区域、保税监管场所出口，也可以通过深加工结转方式转出。

经营企业以加工贸易方式进出口的货物，列入海关统计。

（2）加工贸易深加工结转。它是指加工贸易企业将用保税进口料件加工的产品转至另一加工贸易企业进一步加工后复出口的经营活动。

（3）关于外发加工备案。外发加工，是指经营企业委托承揽者对加工贸易货物进行加工（一般只是对出口产品生产环节中的个别工序进行加工），在规定期限内将加工后的产品最终复出口的行为。外发加工的成品、剩余料件以及生产过程中产生的边角料、残次品、副产品等加工贸易货物，经经营企业所在地主管海关批准，可以不运回本企业。

特别提醒3-12

特别提醒3-13

（1）企业应当在货物首次外发之日起3个工作日内向海关备案外发加工基本情况；企业应当自货物外发之日起10日内向海关申报实际收发货情况，同一手（账）册、同一承揽者的收、发货情况可合并办理。

企业外发加工备案信息发生变化的，应当向海关变更有关信息。

（2）以合同为单元管理的，首次外发是指在本手册项下对同一承揽者第一次办理外发加工业务；以企业为单元管理的，首次外发是指本核销周期内对同一承揽者第一次办理外发加工业务。

（3）对全工序外发的，企业应当在外发加工备案时缴纳相当于外发加工货物应缴税款金额的保证金或者保函。企业变更外发加工信息时，涉及企业应缴纳外发加工保证金数量增加的，企业应补缴保证金或者保函。

（4）企业未按规定向海关办理外发加工手续，或者实际外发情况与申报情况不一致的，按照《海关行政处罚实施条例》的有关规定予以处罚。

（4）关于加工贸易串料。加工贸易货物应该专料专用。

因加工出口产品急需，经海关核准，经营企业在保税料件之间、保税料件与非保税料件之间可以进行串换，但料件串换限于同一企业，并应当遵循“同品种、同规格、同数量、不牟利”的原则。具体情况是，保税料件之间以及保税料件和进口非保税料件之间的串换，必须符合同品种、同规格、同数量的条件；保税料件和国产料件（不含深加工结转料件）之间的串换必须符合同品种、同规格、同数量、关税税率为零且商品不涉及进出口许可证件管理的条件。

来料加工保税进口料件不得串换。

特别提醒3-14

（5）关于加工贸易料件退换。进口料件由于质量存在瑕疵、规格型号与合同不符等原因，需要返还原供货商进行退换，以及因加工贸易出口产品售后服务需要而出口未加工保税料件的，经营企业可以直接向口岸海关办理报关手续。

已经加工的保税进口料件不得进行退换。

（6）关于加工贸易货物抵押。经海关批准并办理有关手续，加工贸易货物可以抵押。

（7）关于进出口许可证件管理。保税加工货物进出境报关的许可证件管理见表3-11。

表3-11 进出口许可证件管理

货物	进出口许可证件管理
进口料件	一般免予交验，易制毒化学品、监控化学品、消耗臭氧层物质、原油、成品油等商品除外
	“免予交验进口许可证件”不包括涉及公共道德、公共卫生、公共安全所实施的进出口管制证件，如检验检疫证件等
出口成品	属于国家对出口有限制性规定的，经营企业应当取得出口许可证件。海关对有关出口许可证件电子数据进行系统自动比对验核

（8）关于进出口税收征管。保税加工货物进出境报关的税收征管要求见表3-12。

表3-12 进出口税收征管

货物	进出口税收征管	
进口料件	暂缓纳税	
出口成品	全部使用进口料件	不征收出口关税
	部分使用进口料件，部分使用国产料件	按海关核定的比例（国产料件占全部料件的价值比例）征收出口关税
出口特殊商品	如未锻铝	不论是否有国产料件投入，一律按一般贸易出口货物从价计征出口关税

加工贸易项下出口的应税商品，如系部分使用进口料件、部分使用国产料件加工的产（成）品，则按海关核定的比例征收出口关税。具体计算公式是：

出口关税=出口货物完税价格×出口关税税率×（出口产（成）品使用的国产料件的价值÷全部料件的价值）

（9）关于其他保税加工货物的报关。其他保税加工货物，是指履行加工贸易合同过程中产生的剩余料件、边角料、残次品、副产品（如炼焦的副产品是苯、萘等）和受灾保税货物。

其他保税加工货物必须在手册有效期内处理完毕。处理的方式有内销、结转、退运、放弃、销毁等。除销毁处理外，其他处理方式都必须填制报关单报关。

第一，内销。保税加工货物内销的，企业应当依法缴纳税款和缓税利息。剩余料件属于进口许可证件管理的，企业还应当按照规定取得有关进口许可证电子证书。同时符合下列条件的“剩余料件”内销时，免交许可证件：①内销“剩余料件”金额÷合同项下实际进口料件总额≤3%；②内销“剩余料件”总值≤1万元人民币。

关于内销征税数量的确定见表3-13。

表3-13 内销征税数量的确定

内销货物	征税数量
剩余料件、边角料	按申报数量
制成品、残次品	按单耗关系折算耗用掉的保税料件数量
副产品	按申报时实际状态的数量

关于完税价格的确定，参见本书第四章第二节“进出口货物完税价格的确定”。

关于征税税率的适用要注意以下几点：①经批准正常的内销征税，适用海关接受申报办理纳税手续之日实施的税率；②如内销商品属关税配额管理而在办理纳税手续时又没有配额证的，应当按该商品配额外适用的税率缴纳进口税；③除边角料外，均应缴纳缓税利息；④计息期限的起始日期是内销料件或制成品所对应的首批料件进口之日，计息期限的终止日期是海关填发税款缴款书之日。

特别提醒3-15

自2020年1月1日起，为了优化加工贸易货物内销征税手续，企业通过金关二期加工贸易管理系统办理加工贸易货物内销业务时，直接通过保税核注清单生成内销征税报关单，并办理内销征税手续，不再向海关申报“内销征税联系单”。

统一区外加工贸易企业集中办理内销征税手续申报时限，符合条件集中办理内销征税手续的加工贸易企业，应于每月15日前对上月内销情况进行保税核注清单及报关单的集中申报，但集中申报不得超过手（账）册有效期或核销截止日期，且不得跨年申报。

第二，结转。它是指向海关申请将剩余料件结转至另一个加工贸易合同使用。但是，申请结转的条件必须是在同一经营单位、同一加工企业、同样的进口料件和同一加工贸易方式的情况下结转。特殊情况下，经批准也可以结转到另一加工厂，但是将收取相当于拟结转料件应当缴纳税款金额的保证金或银行保函。

海关准予结转的，向企业签发结转联系单，由企业在转出手册的主管海关办理出口报关手续，在转入手册的主管海关办理进口报关手续。海关不准结转时，应当告知企业将料件退出境外、征税内销、放弃或销毁。

特别提醒3-16

加工贸易企业因合同变更、外商毁约等原因无法履行原出口合同，申请将尚未加工的剩余保税料件结转到另一个加工贸易合同项下加工复出口的，可以比照剩余料件结转的办法办理报关手续。

特别提醒3-17

经营企业应当如实申报“加工贸易剩余料件结转联系单”，凭以办理通关手续。

第三，退运。经营企业应当凭电子化手册编号及有关单证向口岸海关办理报关出口手续。

第四，放弃。其处理的程序是：①企业提交书面申请。②海关开具放弃货物交接单。③企业凭交接单将放弃货物运至指定仓库，并办理报关手续，留存单证准备报核。④主管海关凭放弃货物交接单以及其他有关单证核销企业的放弃货物。⑤有下列情形的，海关将作出不予放弃的决定，并告知企业将有关货物退运、征税内销、予以销毁或进行其他妥善处理：申请放弃的货物属于国家禁止或限制进口的；申请放弃的货物属于对环境造成污染的；法律、行政法规、规章规定不予放弃的其他情形。

特别提醒3-18

第五，销毁。其处理的程序是：企业向海关提出销毁申请；企业在海关或有关主管部门的监督下按规定销毁；收取有关部门出具的销毁证明材料，以备报核。

第六，受灾保税加工货物的报关。受灾保税加工货物，是指加工贸易企业从事加工出口业务过程中，因不可抗力或其他经海关审核认可的正当理由造成灭失、短少、损毁等导致无法复出口的保税进口料件和制成品。

A. 企业应当在灾后7日内向主管海关书面报告，并提供以下证明材料：①商务主管部门的签注意见；②有关主管部门出具的证明文件；③保险公司出具的保险赔款通知书。

B. 对因不可抗力造成的受灾保税加工货物的处理：①灭失或失去使用价值无法再利用的，经海关审定，予以免税；②虽失去原使用价值但可再利用的，应当按规定缴纳进口税和缓税利息（对应进口料件属于实行关税配额管理的，按关税配额税率计征税款）；③需销毁处理的，同其他加工贸易保税货物的销毁处理一样。

C. 对因非不可抗力造成的受灾保税加工货物的处理：①按原进口货物成交价格审定完税价格照章征税；②属于关税配额管理，但无配额证的，按配额外适用的税率计征税款。

D. 对受灾保税加工货物对应的原进口料件内销征税时许可证件的处理：①不可抗力造成的情况下，免予交验；②非不可抗力造成的情况下，应当交验。

3. 手册核销

（1）报核和核销的含义。报核，是指加工贸易经营企业在合同履行完毕或终止合同后，向加工贸易主管海关申请核销、要求结案的行为。

核销，是指加工贸易主管海关在收到经营企业上交的报核单证后，经审查、核查，予以办理解除监管手续的海关行政许可事项。

（2）报核与核销的时间。经营企业应当在规定的期限内将进口料件加工复出口，并且自加工贸易手册项下最后一批成品出口或者加工贸易手册到期之日起30日内向海关报核。

经营企业对外签订的合同提前终止的，应当自合同终止之日起30日内向海关报核。

海关应当自受理报核之日起30日内予以核销。特殊情况需要延长的，经直属海关关长或者其授权的隶属海关关长批准可以延长30日。

（3）其他有关规定。

第一，加工贸易保税进口料件或者成品内销的，海关对保税进口料件依法征收税款并且加征缓税利息，另有规定的除外。进口料件属于国家对进口有限制性规定的，经营企业还应当向海关提交进口许可证电子证书。

第二，经营企业因故将加工贸易进口料件退运出境的，海关凭有关退运单证核销。

第三，经营企业在生产过程中产生的边角料、剩余料件、残次品、副产品和受灾保税货物，按照海关对加工贸易边角料、剩余料件、残次品、副产品和受灾保税货物的管理规定办理，海关凭有关单证核销。

第四，对经核销结案的加工贸易手册，海关向经营企业签发“核销结案通知书”。

第五，经营企业已经办理担保的，海关在核销结案后按照规定解除担保。

第六，加工贸易货物的手册设立和核销单证自加工贸易手册核销结案之日起留存3年。

第七，加工贸易企业出现分立、合并、破产、解散或者其他停止正常生产经营活动情形的，应当及时向海关报告，并且办结海关手续。

第八，加工贸易货物被人民法院或者有关行政执法部门封存的，加工贸易企业应当自加工贸易货物被封存之日起5个工作日内向海关报告。

（三）出口加工区进出货物报关程序

1.概述

（1）出口加工区的含义。出口加工区，是指经国务院批准设立，由海关对保税加工进出口货物进行封闭式监管的特定区域。

（2）出口加工区的功能。出口加工区具有从事保税加工、保税物流及研发、检测、维修等业务的功能。

出口加工区内可以设置出口加工企业、仓储物流企业以及经海关核准专门从事区内货物进出的运输企业。

（3）出口加工区的管理。

动画视频3-1

出口退税

第一，出口加工区与其他地区之间设置隔离设施及闭路电视监控系统，进出区通道设立卡口。海关在区内设立机构，对进出区的货物及区内相关场所实行24小时监管。

第二，国家禁止进出口的货物不得进出加工区。因国内技术无法达到产品要求，需将禁止出口商品运至加工区内进行某项工序加工的，应当报商务主管部门批准；海关比照出料加工管理办法进行监管，运入加工区的货物，不予办理出口退税手续。

第三，区内不得经营商业零售、一般贸易、转口贸易等与加工区无关的业务，不得建立营业性的生活消费设施。

第四，除安全保卫人员和值班人员外，其他人员不得在园区居住。

第五，开展加工贸易业务适用电子账册管理。

第六，进入加工区的货物，情况不同，处理也不同，见表3-14。

表3-14　对进入出口加工区货物的处理

进入出口加工区的货物	处理
境内区外进入的货物	视同出口，办理出口报关手续
	可以办理出口退税手续（取消出口退税的基建物资除外）
境外进入加工贸易的货物	全额保税
	不实行进出口许可证件管理（国家另有规定的除外）
从境外进口自用的生产、管理所需设备、物资	免税（交通车辆和生活用品除外）

2.报关程序

出口加工区进出境和进出区货物必须通过电子账册办理报关手续，所以，企业在进出口前，应当向主管海关申请建立电子账册。

（1）与境外之间。

第一，填写“出口加工区进出境货物备案清单”向加工区海关报关。

第二，跨关区进出境的，可按转关运输中的“直转转关方式”办理转关，此时的报关纳税手续均在加工区海关办理（邮递物品、个人随身携带物品、进口车辆、出区在异地口岸“拼箱”出口货物除外）。其具体分为以下两种情形：在进境时，先在口岸海关（进境海关）办理转关手续，等货物运抵加工区后，再在加工区海关办理进境报关手续；在出境时，先在加工区海关办理出境报关手续和转关手续后，等货物运抵出境地海关后，再在出境地海关办理出境手续。

第三，同一直属海关关区内进出境的，可以采取“直通式”报关。

知识链接3-10　“直通式”报关

“直通式”报关尚未从专业的角度下严格的定义，往往用来描述一种快速、简捷的通关方式。例如，从港口卸货直接运到保税区报关这样的“港区联动”，行内人称为直通式。其实具体的做法与“直转转关方式”类似，只是手续更为简便。

（2）与境内区外其他地区之间。

第一，出区进入国内市场。对区外企业而言视同进口，按对进口货物的规定办理。

先区外企业办理进口报关手续，后区内企业办理出区报关手续。区外企业录入进口报关单，凭发票、装箱单、许可证件等单证办理报关手续；区内企业填制“出境货物备案清单”，凭发票、装箱单、电子账册编号等办理报关手续。

进出口手续都在出口加工区海关办理。区内企业加工贸易制成品、副产品、残次品、边角料、废品出区内销或作其他处理时，应当按表3-5中的相关规定处理。

表3-15 加工贸易制成品、副产品、边角料、废品和残次品内销处理

相关问题	处理方式
1.内销制成品、副产品	
进口关税和进口环节海关代征税	由区外企业缴纳；免交缓税利息
2.内销边角料、废品	
（1）属于禁止进口的固体废物出区进行利用或处置的	区内企业应当持“危险废物经营许可证”复印件及加工区管委会、环保部门的批准文件办理报关手续
（2）以处置方式销毁的	
（3）对无商业价值且不属于禁止进口的固体废物的边角料、废品，运往区外以处置之外的其他方式销毁的	应当凭加工区管委会的批件办理出区手续；海关予以免税
3.内销残次品	
进口关税和进口环节海关代征税	按成品征收关税和进口环节海关代征税； 属于《法检目录》内的，需经海关检验合格
4.许可证件管理	
（1）内销制成品、副产品、残次品	应当出具（属于许可证管理的话）
（2）内销边角料、废料	免于提交

将有关模具、半成品运往区外进行加工，需经主管海关关长批准，由区外企业向加工区主管海关缴纳与货物应征关税和进口环节增值税等值的保证金或提供银行保函后，方可办理出区手续。委托区外企业加工的期限由加工区主管海关参照合同期限核定。

区内使用的机器、设备、模具和办公用品等运往区外维修、测试或检验时，应当向主管海关提出申请，经核准、登记、查验后，方可运出。模具在运出时，应当留存模具所生产产品的样品，以备运回时进行核查。运回时，要以海关能辨认其为原物或同一规格的新零件、配件或附件为限。被更换的原零件、配件或附件应当一并运回，不得用于境内区外的加工生产和使用。应当自运出之日起2个月内运回加工区，特殊情况下，区内企业可于期限届满前7天内，向主管海关申请延期（以1次为限，延长期不得超过1个月）。

第二，国内市场进入加工区。其基本要求见表3-16。

表3-16　　国内市场进入加工区的基本要求

基本要求	备注
（1）对区外企业而言视同出口	按对出口货物的规定办理
（2）先区外企业办理出口报关手续，后区内企业办理进区报关手续	区外企业录入“出口报关单” 区内企业填制“进境货物备案清单”
（3）都在出口加工区海关办理	
（4）海关放行后，即可办理出口退税证明手续	
（5）下列货物入区，可以办理出口退税证明手续（不予退税的基建物资除外）：①供区内企业使用的国产机器、设备、原材料、零部件、元器件、包装物料、基础设施；②加工企业和行政管理部门生产、办公用房所需合理数量的基建物资等	

特别提醒3-19

出口加工区与国内市场之间的货物进出，都是先区外后区内企业办理报关手续：区外企业填制“进出口报关单”，区内企业填制“进出境货物备案清单”。

知识链接3-11

委内加工

海关总署公告2016年第68号规定，委内加工是区域内企业接受境内（区域外）企业（以下简称“区域外企业”）的委托，对区域外企业提供的入区货物进行加工，加工后的产品全部运往境内（区域外），收取加工费，并向海关缴纳税款的行为。

出口加工区、综合保税区、珠海园区等海关特殊监管区域内企业符合一定条件的都可以开展委内加工业务。

区域内企业开展委内加工业务，应当设立委内加工专用电子账册（H账册）。委内加工货物应当与其他保税货物分开管理、分别存放。

入区的委内加工用料件属于征收出口关税商品的，企业应当提供担保。

委内加工用料件入区时，区域外企业应当填报出口货物报关单，监管方式为“出料加工”（代码1427），同时区域内企业填报“进境货物备案清单”，监管方式为“料件进出区”（代码5000）。委内加工成品运回区域外时，区域外企业应当填报进口货物报关单，监管方式为“出料加工”，区域内企业应当填报“出境货物备案清单”，监管方式为“成品进出区”（代码5100）。

第三，出区深加工结转。它是指加工区内企业将本企业加工生产的产品直接或通过保税仓库转入其他加工贸易企业进一步加工后复出口的经营活动。根据转入的地区不同，分为以下两种情况：转入其他海关特殊监管区域（如其他的出口加工区、保税区等）（情况一）；转入非海关特殊监管区域（情况二）。

以上两种情形在报关上的异同见表3-17。

表3-17　　　出口加工区出区深加工结转货物报关

		情况一	情况二
共同点		转出企业向其所在地出口加工区海关备案后，方可开展货物的实际结转	
不同点	办理结转手续的海关	在各自主管海关	均在加工区主管海关
	结转报关方式	一般比照转关运输方式办理结转手续（不能比照转关运输方式办理结转手续的，在向转出地或者转入地主管海关提供担保后，可由企业自行运输）	海关按对加工贸易进口货物的有关规定办理手续（结转产品属于进口许可证件管理商品的，企业应当取得相应的有效进口许可证电子证书）

第四，机器设备出区处理。从境外进入出口加工区的特定减免税设备，使用完毕原则上应当退运出境；在监管年限内出区内销的，海关要按规定征收税款（监管年限届满的，出区时不再征收税款）；从境外进入加工区时免于提交机电产品进口许可证的，在其出区时，海关凭与其入境状态一致的机电产品进口许可证件验放；在监管年限内转让给区外进口同一货物享受减免税待遇的企业的，由区外企业按特定减免税货物的管理规定办理进口手续，监管年限连续计算（如出区转为加工贸易不作价设备的，由区外企业按加工贸易不作价设备的管理规定办理进口手续，监管年限连续计算）。

特别提醒3-20

从境内区外采购入区予以退税的机器设备出区的，在出区内销办理进口手续时，需按报验状态征税，但免交进口许可证件。

（四）珠海园区进出货物报关程序

1.概述

（1）珠海园区的含义。珠海园区是珠澳跨境工业区的组成部分。珠澳跨境工业区由珠海园区和澳门园区组成，由中国内地海关和澳门海关共同监管。

（2）珠海园区的功能。园区具备从事保税物流、保税加工和国际转口贸易的功能，可以开展以下业务：①加工制造；②检测、维修、研发；③储存进出口货物及其他未办结海关手续的货物；④国际转口贸易；⑤国际采购、分销和配送；⑥国际中转；⑦商品展示、展销；⑧经海关批准的其他加工和物流业务。

（3）珠海园区的管理。园区实行保税区政策，与其他地区间进出货物在税收方面实行出口加工区政策。

第一，禁止事项。法律、行政法规禁止进出口的货物、物品，不得进出园区；园区内不得建立商业性生活消费设施；除安全保卫人员和值班人员外，其他人员不得在园区居住。

第二，企业管理。区内企业应当具有法人资格。经主管海关核准，区外法人企业可以在区内设立分支机构。海关对区内企业实行电子账册监管制度和计算机联网管理制度。

第三，加工贸易管理。区内企业应当每年向园区主管海关办理报核手续。主管海关应当自受理报核申请之日起30天内予以核销。区内企业有关账册、原始单证应当自核销结束之日起至少保留3年。区内加工贸易货物内销不征收缓税利息。

第四，特殊情况处理。如遭遇不可抗力，监管货物被盗窃，企业分立、合并、破产，区内企业应当自情况发生之日起5个工作日内书面向海关报告。

因不可抗力因素造成货物灭失，或完全失去使用价值的，海关依法办理核销和免税手续；因不可抗力因素造成货物损坏，失去原使用价值但可再利用的，或由于非不可抗力因素造成货物损坏、灭失的，征税、核销等手续的办理见表3-18。

表3-18　**货物损坏、灭失的处理**

导致原因	处理情况	
	境外进入园区的	区外进入园区的
不可抗力因素	可以向海关办理退运手续	可向区外企业退换为与损坏货物同一品名、规格、数量、价格的货物，并同时向主管海关办理相应的退运手续
	要求运往区外的，需按出区时的实际状态办理征税等海关手续	
非不可抗力因素	应当按一般进口货物的规定，以货物入区时海关接受申报之日适用的税率、汇率，缴纳损毁、灭失货物原价值的关税、进口环节代征税	应当重新缴纳因出口而退还的国内环节有关税收，海关根据有关单证办理核销手续

2.报关程序

珠海园区进出货物的报关程序与出口加工区类似。

（1）与境外之间。其实行备案制管理，收发货人填制“进出境货物备案清单”，向园区主管海关备案申报；不实行进出口配额、许可证件管理；可以办理集中申报手续。

特别提醒3-21

对于出园区内销时申请适用协定税率或者特惠税率的进口货物（《中国-新西兰自由贸易协定》和《中国-澳大利亚自由贸易协定》项下实施特殊保障措施的农产品出区域（场所）内销申请适用协定税率的除外），在货物从境外进入园区时，其收货人或者代理人不需要填报进口报关单或者进境备案清单。

（2）与境内区外其他地区之间。

第一，出区——对区外企业视同进口。区内企业填制“出境货物备案清单”，区外收货人填制“进口报关单”。

从境外免税进入珠海园区的货物出区进入境内区外的，海关按货物进口的有关规定办理相关手续。属于进口配额、许可证件管理的，应当取得进口配额、许可证件（电子证书）。

残次品内销出区，海关按内销时的实际状态征税。属于进口配额、许可证件管理的，应当取得进口配额、许可证件（电子证书）。

边角料、废品出区，海关按出区时的实际状态征税，免领进口配额、许可证件。

原区外货物入区后又退运到区外，已经办理出口退税手续且所退税款未退还税务主管部门的，应当按进口货物办理进口手续。属于配额、许可证件管理的，应当取得进口配额、许可证件（电子证书）。

在园区内使用的机器、设备、模具和办公用品等海关监管货物，经主管海关核准、登记后，可以运往区外进行检测、维修。但是，要注意以下几点：①不得在区外用于加工生产和使用；②应当自运出之日起60日内运回园区（因特殊情况不能如期运回的，应当在期限届满前7日内，以书面形式向海关申请延期，延长期限不得超过30日）；③检测、维修完毕运回园区的应当为原物（有更换新零件、配件或者附件的，原零件、配件或者附件应当一并运回区内）；④对在区外更换的国产零件、配件或者附件，需要退税的，由企业按照出口货物的有关规定办理手续。

第二，进区——对区外企业来说，视同出口。一般贸易和加工贸易货物进区，海关按货物出口的有关规定办理手续。属于许可证件管理商品的，应当向海关出具出口许可证件。从区外进入园区供区内企业使用的国产机器、设备、原材料及基建物资等，可以办理出口退税手续（取消出口退税的基建物资除外）。从区外进入园区供区内企业和行政管理机构使用的生活消费用品、交通运输工具等，不可以办理出口退税手续。

原进口货物进区，需办理出口报关手续。已经缴纳的关税、进口环节海关代征税，不予退还。

出区外发加工时，委托区外企业加工的期限不得超过合同或者协议有效期。外发加工过程中使用了出口时应当缴纳出口关税的国内料件的，加工产品运回时，所使用的国内料件应当按规定缴纳出口关税。

进区商品展示比照海关对暂时出境货物的有关规定办理进出区手续。

出口加工区、珠海园区管理模式的共同点见表3-19。

表3-19 出口加工区、珠海园区管理模式的共同点

共同点	具体规定
禁止事项	禁止进出口的货物，不得进出区
	区内不得建立营业性或商业性生活消费设施
	除安全保卫人员和值班人员外，其他人员不得在区内居住
许可证管理	与境外进出货物不实行进出口许可证管理（国家另有规定的除外）
管理模式	适用电子账册管理
保税额度	入区的加工贸易货物全额保税
缓税利息	加工贸易货物内销免交缓税利息
深加工结转程序	相同
运往区外维修、检测的机器、设备、模具和办公用品等	不得在区外用于加工生产和使用
	应当自运出之日起60天内运回。如申请延期，应当在期满前7天内提出，且延期不得超过30天

出口加工区、珠海园区管理模式的不同点见表3-20。

表3-20 **出口加工区、珠海园区管理模式的不同点**

不同点	出口加工区	珠海园区
外发加工期限	一般为6个月	委托区外企业加工的期限不得超过合同或者协议有效期
报核与核销	每6个月一次	每年一次
功能	保税加工、保税物流	保税物流、保税加工、国际转口贸易

二、保税物流货物的报关程序

（一）保税物流货物概述

1.含义

保税物流货物，是经批准未办理纳税手续进境、在境内储存后复运出境的货物，也称保税仓储货物。已办结出口手续尚未离境、存放在海关特殊监管区域的货物，有保税物流货物性质。

2.特征

（1）进境暂缓纳税，复运出境免税。内销应该补税，不征收缓税利息。

（2）进出境免于交验进出口许可证件（国家另有规定的除外）。

（3）进境海关现场放行不是结关，进境后必须进入海关特殊监管区域或保税监管场所，运离这些区域或场所必须办理结关手续。

3.范围

（1）保税储存后转口境外的进境货物。

（2）已办结出口手续尚未离境，存放在保税监管场所或特殊监管区域的货物。

（3）保税储存的加工贸易货物。

（4）供应国际航行船舶和航空器的油料、物料和维修用零部件；供维修外国产品所进口寄售的零配件。

（5）外商进境暂存货物。

（6）进入保税监管场所或特殊监管区域保税的其他未办结海关手续的进境货物。

4.管理

保税物流货物必须存放在经法定程序审批设立的海关特殊监管区域或保税监管场所。海关对保税物流货物的监管模式分物理围网和非物理围网两大类，见表3-21。

表3-21 **海关对保税物流货物的监管模式**

监管模式	保税监管场所	特殊监管区域
非物理围网	保税仓库	
	出口监管仓库	
物理围网	保税物流中心	
		保税区
		综合保税区等

对各种形式的保税物流货物的管理，主要可以归纳为以下几点：

（1）设立审批。不同保税监管场所或特殊监管区域的审批权限是不同的，见表3-22。

表3-22 海关对保税物流货物的监管模式

种类	审批权限
保税仓库	直属海关
出口监管仓库	
保税物流中心（A型）	
保税物流中心（B型）	海关总署会同有关部门
保税区	国务院
综合保税区	

（2）准入保税。凡是准予进入保税监管场所或特殊监管区域的保税物流货物即可实现保税。

（3）纳税暂缓。保税物流货物进境进入保税监管场所或特殊监管区域时暂缓纳税，等到运离时才办理纳税手续（复运出境免税，内销则应该补税）。保税物流货物与保税加工货物内销时缓税利息的征收情况见表3-23。

表3-23 缓税利息的征收情况

保税货物	种类	缓税利息
保税物流货物	保税仓库等	不征收
保税加工货物	出口加工区	不征收
	跨境工业区	
	电子化手册管理	征收（边角料除外）
	电子账册管理	

（4）监管延伸。

第一，监管地点延伸。进境货物从进境地海关监管现场延伸到保税监管场所或特殊监管区域；已办结出口手续尚未离境的货物从出口申报地海关现场延伸到保税监管场所或特殊监管区域。

第二，监管时间延伸。监管时间，即存放保税物流货物的时间。在不同的保税物流货物监管模式下，存放保税物流货物的时间是不同的，见表3-24。

表3-24 保税物流货物监管时间

监管模式	种类	监管时间
非物理围网	保税仓库	1年+1年
	出口监管仓库	半年+半年
物理围网	保税物流中心	2年+1年
	保税区	没有限制
	综合保税区	

（5）运离结关。保税物流货物报关同保税加工货物报关一样有报核程序。但是，每一批保税物流货物运离特殊监管场所或区域时，都必须办结海关手续。以下两种情形除外（需继续监管）：外发加工和暂准运离（维修、测试、展览等）。

（二）保税仓库货物的报关程序

1.概述

（1）保税仓库的含义、种类。保税仓库，是经海关批准设立的专门存放保税货物及其他未办结海关手续货物的仓库。根据使用对象不同，它分为公用型保税仓库、自用型保税仓库。

公用型保税仓库专门向社会提供保税仓储服务；自用型保税仓库仅存储供本企业自用的保税货物。

（2）保税仓库的功能。保税仓库只是仓库，而且只能存放进境货物。经海关批准可以存入保税仓库的进境货物有下列几种：①加工贸易进口货物；②转口货物；③供应国际航行船舶和航空器的油料、物料和维修用零部件；④供维修外国产品所进口寄售的零配件；⑤外商进境暂存货物；⑥未办结海关手续的一般贸易进口货物；⑦其他未办结海关手续的进境货物。

保税仓库不得存放的货物有下列三种：①国家禁止进境货物；②未经批准的影响公共安全、公共卫生或健康、公共道德或秩序的国家限制进境货物；③其他不得存入的货物。

（3）保税仓库的设立条件。保税仓库应当设立在设有海关机构、便于海关监管的区域。

经营保税仓库的企业，应当具备下列条件：①具有企业法人资格；②具有专门存储保税货物的营业场所。

保税仓库应当具备下列条件：①符合海关对保税仓库布局的要求；②拥有符合海关监管要求的隔离设施、监管设施和办理业务必需的其他设施；③拥有符合海关监管要求的保税仓库计算机管理系统并与海关联网；④具有符合海关监管要求的保税仓库管理制度；⑤公用保税仓库面积最低为2 000平方米；⑥液体保税仓库容积最低为5 000立方米；⑦寄售维修保税仓库面积最低为2 000平方米。

企业申请设立保税仓库的，应当向仓库所在地主管海关提交相关材料。申请材料齐全有效的，主管海关予以受理。主管海关应当自受理申请之日起20个工作日内提出初审意见并将有关材料报送直属海关审批。直属海关应当自接到材料之日起20个工作日内审查完毕，对符合条件的，出具批准文件，批准文件的有效期为1年。

申请设立保税仓库的企业应当自海关出具保税仓库批准文件1年内向海关申请保税仓库验收。保税仓库验收合格后，经海关注册登记并核发“保税仓库注册登记证书”，方可开展有关业务。“保税仓库注册登记证书”的有效期为3年。

（4）保税仓库的管理。

第一，货物储存期限为“1年+1年”。特殊情况下，延期后货物存储期超过2年的，要由直属海关审批。

第二，未经批准，任何人不得将所存货物挪作他用（如出售、转让、抵押、质押、留置或进行其他处置）。

第三，除不可抗力外，货物在储存期间发生损毁或灭失的，保税仓库应当向海关缴纳损毁、灭失货物的税款，并承担相应的法律责任。

第四，不得进行实质性加工（只可进行分装、打膜、加刷运输标志、改换包装、拼装等辅助性简单作业，且需事先向主管海关书面申请）。

第五，应当于每月前5个工作日内，向海关提交月报关单及库存总额报表等单证。

2.报关程序

（1）进仓报关。

第一，报关地点及方式。经营企业应当在仓库主管海关或其批准的进境口岸海关办理报关手续。货物跨关区（即仓库主管海关与进境口岸海关不属于同一直属海关）入境的，应当在仓库主管海关办理报关手续；货物同关区（即仓库主管海关与进境口岸海关属于同一直属海关）入境的，经直属海关批准，可在进境的口岸海关办理报关手续。具体的报关要求见表3-25。

表3-25 保税仓库货物进仓报关

入境方式	报关方式
跨关区入境（在仓库主管海关报关）	按“提前报关转关”方式处理（先到仓库主管海关申报，再到口岸海关办理转关手续，货到仓库后由主管海关验放入库）
	按“直接转关”方式处理（先到口岸海关办理转关，货到仓库后向主管海关申报，验放入库）
同关区入境（在口岸海关报关）	可由经营企业直接在口岸海关办理报关手续，海关放行后，企业自行提取货物入仓

第二，许可证件管理。除易制毒化学品、监控化学品、消耗臭氧层物质外，保税仓库货物进境入仓免领进口许可证电子证书。

（2）出仓报关。其可能出现两种情况：出口报关和进口报关（见表3-26）。

表3-26 保税仓库货物出仓报关

出仓情形		报关方式
出口报关（出仓复运出境）	跨关区出境	按转关运输方式办理出仓手续（在仓库主管海关报关）
	同关区出境	经直属海关批准，可由企业自行提取货物出仓到口岸海关办理报关手续

续表

出仓情形		报关方式
进口报关（出仓转为正式进口）	出仓用于加工贸易	由加工贸易企业按保税加工货物的报关程序办理进口报关手续
	出仓作为特定减免税货物	由享受特定减免税的企业按特定减免税货物报关程序办理进口报关手续
	出仓进入国内市场（包括保修期外维修）	由保税仓库经营企业按一般进口货物的报关程序办理进口报关手续
	仓库内的寄售维修零配件申请免税出仓	由保税仓库经营企业办理进口报关手续
		必须在保修期内，但不得超过原设备进口之日起3年

第一，出口报关——出仓复运出境，根据出仓情形选择报关方式。

第二，进口报关——出仓转为正式进口。其必须经主管海关审核同意，并需要填制两张报关单，一张为出口报关单，办结出仓报关手续；一张为进口报关单，办理进口申报手续，按实际进口监管方式填制。

出仓转为正式进口的报关地点视出仓情形而定。

出库保税仓储货物批量少、批次频繁的，经海关批准可以办理集中报关手续。

（3）流转报关。

第一，保税仓库与海关特殊监管区域或保税监管场所往来流转的货物，按转关运输的有关规定办理相关手续。在同一直属关区内的，经批准，可不按转关运输方式办理。

第二，保税仓库货物转往其他保税仓库的，当事人应当在各自主管海关报关，并应当先办理进口报关，再办理出口报关。

（三）出口监管仓库货物的报关程序

1.概述

（1）出口监管仓库的含义、种类。出口监管仓库，是经海关批准设立，对已办结海关出口手续的货物进行存储、保税物流配送、提供流通性增值服务的仓库。其分出口配送型和国内结转型两种。

出口配送型仓库是存储以实际离境为目的的出口货物的仓库；国内结转型仓库是存储用于国内结转的出口货物的仓库。

（2）出口监管仓库的功能。出口监管仓库只有仓储功能，主要用于存放出口货物。

经海关批准可以存入出口监管仓库的货物有以下几种：①一般贸易出口货物；②加工贸易出口货物；③从其他海关特殊监管区域、场所转入的出口货物；④其他已办结海关出口手续的货物。

出口配送型仓库可以存放为拼装出口货物而进口的货物。

知识链接 3-12

出口监管仓库不得存放的货物

（1）国家禁止进出口货物。

（2）未经批准的国家限制进出境货物。

（3）海关规定不得存放的货物。

（3）出口监管仓库的设立。

第一，申请设立出口监管仓库的经营企业，应当具备下列条件：①具有企业法人资格；②具有进出口经营权和仓储经营权；③有专门存储货物的场所，其中出口配送型仓库的面积不得低于2 000平方米，国内结转型仓库面积不得低于1 000平方米。

第二，设立的申请和审批。出口监管仓库的设立，由出口监管仓库所在地主管海关受理，报直属海关审批。

企业申请设立出口监管仓库，应当向仓库所在地主管海关递交以下加盖企业印章的书面材料："出口监管仓库申请书"、仓库地理位置示意图及平面图。

海关按规定受理、审查设立出口监管仓库的申请。对于符合条件的，作出准予设立出口监管仓库的行政许可决定，并出具批准文件；对于不符合条件的，作出不予设立出口监管仓库的行政许可决定，并应当书面告知申请企业。

第三，验收和运营。申请设立出口监管仓库的企业应当自海关出具批准文件之日起1年内向海关申请验收出口监管仓库。

出口监管仓库验收合格后，经海关注册登记并核发"出口监管仓库注册登记证书"，方可开展有关业务。"出口监管仓库注册登记证书"的有效期为3年。

（4）出口监管仓库的管理。

第一，必须专库专用，不得转租、转借给他人经营，不得下设分库。

第二，货物的储存期限为"6个月+6个月"。延期申请应当在到期之前10日向主管海关提出。

第三，未经批准，任何人不得将所存货物挪作他用（如出售、转让、抵押等）。

第四，除不可抗力原因外，货物在储存期间发生损毁或灭失的，出口监管仓库应当向海关缴纳损毁、灭失货物的税款，并承担相应的法律责任。

第五，经海关同意，可以在出口监管仓库内开展流通性增值服务（如品质检验、分级分类、分拣分装、印刷运输标志、改换包装等）。

2.具体报关程序

（1）进仓报关。

第一，报关单证。出口货物存入仓库时，发货人应当填制"出口报关单"，提交"出口监管仓库货物入仓清单"等单证办理出口报关手续。

第二，许可证件管理、税收征管。按规定应当提交出口许可证件和缴纳出口关税的，发货人应当取得许可证件或者缴纳税款。海关对有关许可证件电子数据进行系统自动比对验核。

第三，办理出口退税证明手续。对享受入仓即退税政策的出口监管仓库，海关在货物入仓办结出口报关手续后予以办理出口退税证明手续；否则，在货物实际离境后办理。

第四，集中报关手续。对批量少、批次频繁的入仓货物，经批准，可以办理集中报关手续。

（2）出仓报关。其可能出现两种情况：出口报关和进口报关。

第一，出口报关——出仓货物出境。货物出仓出境时，仓库经营企业除按照海关规定提交有关单证外，还应当提交仓库经营企业填制的“出口监管仓库货物出仓清单”。第二，进口报关——出仓货物转进口。出口监管仓库货物转进口的，应当按进口货物的有关规定办理相关手续，见表3-26。

（3）流转报关。出口监管仓库与海关特殊监管区域、其他保税监管场所之间的货物流转应当符合海关监管要求并按照规定办理相关手续。货物流转涉及出口退税的，按照国家有关规定办理。

（4）更换报关。对已存入出口监管仓库因质量等原因要求更换的货物，经仓库所在地主管海关批准，可以更换货物。被更换货物出仓前，更换货物应当先行入仓（即“先进后出”），并应当与原货物的商品编码、品名、规格型号、数量和价值相同。

（四）保税物流中心货物的报关程序

1.概述

（1）保税物流中心的含义。保税物流中心，是经海关批准，由中国境内一家企业法人经营，多家企业进入并从事保税仓储物流业务的保税监管场所。

知识链接3-13

保税物流中心的种类

保税物流中心按照服务范围分为自用型物流中心和公用型物流中心。保税物流中心分A型和B型两种。

保税物流中心（A型），是经海关批准，由中国境内企业法人经营、专门从事保税仓储物流业务的海关监管作业场所。

保税物流中心（B型），是经海关批准，由中国境内一家企业法人经营，多家企业进入并从事保税仓储物流业务的保税监管场所。本教材主要讨论的为B型。

A型是指以一个物流公司为主，满足跨国公司集团内部物流需要而开展保税货物仓储、简单加工、配送的场所；B型是指由多家保税物流企业在空间上集中布局的公共型场所，是海关封闭的监管区域，即海关对保税物流中心B型按照出口加工区监管模式实施封闭管理，并实行24小时工作制度。

A型与B型的区别：A型由一家企业作为经营主体；B型类似于物流园区的概念，可以有n家企业入驻，同时经营。

（2）保税物流中心的功能。它是保税仓库和出口监管仓库功能的叠加。保税物流中心既可以存放进口货物，也可以存放出口货物，还可以开展多项增值服务。

下列货物，经海关批准可以存入保税物流中心：①国内出口货物；②转口货物和国际中转货物；③外商暂存货物；④加工贸易进出口货物；⑤供应国际航行船舶和航空器的物料、维修用零部件；⑥供维修外国产品所进口寄售的零配件；⑦未办结海关手续的一般贸易进口货物；⑧经海关批准的其他未办结海关手续的货物。

（3）保税物流中心的设立。经营保税物流中心的企业应当具备下列资格条件：①经市场监督管理部门注册登记，具有独立企业法人资格；②具备对中心内企业进行日常管理的能力；③具备协助海关对进出物流中心的货物和中心内企业的经营行为实施监管的能力。

保税物流中心应当具备下列条件：

第一，物流中心的仓储面积，东部地区不低于5万平方米，中西部地区、东北地区不低于2万平方米。

第二，符合海关对物流中心的监管规划建设要求。

第三，选址选在靠近海港、空港、陆路交通枢纽及内陆国际物流需求量较大，交通便利，设有海关机构且便于海关集中监管的地方。

第四，经省级人民政府确认，符合地方经济发展总体布局，满足加工贸易发展对保税物流的需求。

第五，建立符合海关监管要求的计算机管理系统，提供供海关查阅数据的终端设备，并按照海关规定的认证方式和数据标准，通过“电子口岸”平台与海关联网，以便海关在统一平台上与国税、外汇管理等部门实现数据交换及信息共享。

第六，设置符合海关监管要求的隔离设施、监管设施和办理业务必需的其他设施。

（4）保税物流中心内企业的设立。中心内企业应当具备下列条件：①具有独立法人资格或特殊情况下的中心外企业的分支机构；②建立符合海关监管要求的计算机管理系统并与海关联网；③在物流中心内有专门存储海关监管货物的场所。

特别提醒3-22

企业申请进入物流中心应当向所在地主管海关提出书面申请，并递交相关材料。主管海关受理后对符合条件的企业制发“保税物流中心（B型）注册登记证书”。

特别提醒3-23

“保税物流中心（B型）注册登记证书”的有效期为3年。保税物流中心（B型）经营企业应当在“保税物流中心（B型）注册登记证书”有效期届满30日前向所在地直属海关递交延续有效期申请。经直属海关审查合格的，由直属海关作出准予延续有效期3年的决定。

（5）保税物流中心的经营管理。

第一，物流中心不得转租、转借他人经营，不得下设分中心。

第二，中心内企业可以开展以下业务：①保税存储进出口货物及其他未办结海关手续货物；②对所存储货物开展流通性简单加工和增值服务；③全球采购和国际分拨、配送；④转口贸易和国际中转；⑤经海关批准的其他国际物流业务。

第三，中心内企业不得在物流中心内开展下列业务：①商业零售；②生产和加工制造；③维修、翻新和拆解；④存储国家禁止进出口货物，以及危害公共安全、公共卫生或者健康、公共道德或者秩序的国家限制进出口货物；⑤法律、行政法规明确规定不能享受保税政策的货物；⑥其他与物流中心无关的业务。

（6）海关对保税物流中心及中心内企业的监管。

第一，海关可以采取联网监管、视频监控、实地核查等方式对进出物流中心的货物、物品、运输工具等实施动态监管。

第二，海关对物流中心及中心内企业实施计算机联网监管。

第三，物流中心需变更名称、地址、面积及所有权等事项的，由直属海关受理并报海关总署审批。其他变更事项报直属海关备案。

第四，中心内企业需变更有关事项的，应当向主管海关备案。

第五，物流中心经营企业因故终止业务的，应向直属海关提出书面申请，经海关总署会同有关部门审批后，办理注销手续并交回“保税物流中心（B型）注册登记证书”。

第六，物流中心内货物保税存储期限为“2年+1年”。

2.具体的报关程序

（1）与境外之间。

第一，应当按照规定向海关办理相关手续。

第二，除实行出口被动配额管理和中华人民共和国参加或者缔结的国际条约及国家另有明确规定的以外，不实行进出口配额、许可证件管理。

第三，从境外进入物流中心内的货物，其关税和进口环节海关代征税按照下列规定办理：经海关批准可以存入物流中心的8种货物（如前所述）；中心内企业进口自用的办公用品、交通运输工具、生活消费用品等，以及企业在物流中心内开展综合物流服务所需的进口机器、装卸设备、管理设备等，按照进口货物的有关规定和税收政策办理相关手续。

（2）与境内之间。

第一，中心内企业根据需要经主管海关批准，可以分批进出货物，并按照海关规定办理月度集中报关，但集中报关不得跨年度办理。

第二，出中心——对中心外企业视同进口。按照货物实际贸易方式和实际状态办理进口报关手续；货物属许可证件管理商品的，企业还应当向海关出具有效的许可证件，海关对有关许可证件电子数据进行系统自动比对验核；实行集中申报的进出口货物，应当适用货物每次进出口时海关接受申报之日实施的税率、汇率。

下列货物从物流中心进入境内时依法免征关税和进口环节海关代征税：①用于在保修期限内免费维修有关外国产品并符合无代价抵偿货物有关规定的零部件；②用于国际航行船舶和航空器的物料；③国家规定免税的其他货物。

第三，进中心——对中心外企业视同出口。办理出口报关手续，享受出口退税。如需缴纳出口关税的，应当按照规定纳税；属许可证件管理的商品，还应当向海关出具有效的出口许可证件。

从境内运入物流中心的原进口货物，境内发货人应当向海关办理出口报关手续，由主管海关验放；已经缴纳的关税和进口环节海关代征税不予退还。

第四，物流中心与海关特殊监管区域、其他保税监管场所之间可以进行货物流转，并按照规定办理相关海关手续。

（3）中心内企业间的货物流转。物流中心内货物可以在中心内企业之间进行转让、转移并办理相关海关手续。未经海关批准，中心内企业不得擅自将所存货物抵押、质押、留置、移作他用或者进行其他处置。

（五）保税区进出货物的报关程序

1.概述

（1）保税区的含义。保税区，是经国务院批准在中国境内设立，由海关进行监管的特定区域。

（2）保税区的功能。保税区具有出口加工、转口贸易、商品展示、仓储运输等功能。

（3）保税区的管理。保税区实行物理围网的监管模式。保税区与非保税区之间应当设置符合海关监管要求的隔离设施。

第一，禁止事项。除安全保卫人员外，其他人员不得在保税区居住；国家禁止进出口的货物、物品，不得进出保税区。

第二，物流管理。未经海关批准，从保税区到非保税区的运输工具和人员不得运输、携带保税区内的免税货物、物品，保税货物，以及用保税料、件生产的产品。

从保税区进入非保税区的货物，按照进口货物办理相关手续；从非保税区进入保税区的货物，按照出口货物办理相关手续，但是，出口退税手续不在办理出口手续时办理，而在货物实际离境后办理。

区内的转口货物可以进行分级、挑选、印刷运输标志、改换包装等简单加工。

第三，加工贸易管理。制成品、边角余料运往境外时，免征出口关税（法律、行政法规、规章另有规定的除外）；加工贸易料件、制成品、副产品、残次品、边角料运往非保税区时，区外企业应当办理进口报关手续，并依法纳税，免交缓税利息。

2.具体的报关程序

（1）进出境报关。

第一，保税区货物进出境采用报关制和备案制相结合的运行机制，见表3-27。

表3-27 保税区货物进出境报关

具体情况		报关要求
自用货物	进口自用合理数量的机器设备、管理设备、办公用品及工作人员所需的应税物品及货样	采用报关制，填写进口报关单
非自用货物	从境外进口的货物（包括加工贸易料件、转口货物、仓储货物）和保税区运往境外的出口货物（包括加工贸易成品等）	采用备案制，填写进出境备案清单

第二，除易制毒化学品、监控化学品、消耗臭氧层物质等国家规定的特殊货物外，无须提交许可证件。

第三，从境外进入保税区的以下货物可以免税：①区内生产性基础设施建设项目所需的机器、设备和其他基建物资；②区内企业自用的生产、管理设备和自用合理数量的办公用品及所需维修零配件，生产用燃料，建设生产厂房、仓储设施所需的物资、设备（交通车辆和生活用品除外）；③行政管理机构自用合理数量的管理设备和办公用品及其所需的维修零配件。

免税进入保税区的进口货物，海关按特定减免税货物进行监管。

（2）进出区报关。保税区货物进出区报关要视进出区货物的具体情况而定，见表3-28。

表3-28 保税区货物进出区报关

具体情况	报关要求	
保税加工货物进出区	进区	(1) 对区外企业，视同出口； (2) 填写出口报关单，提供有关许可证件； (3) 不办理出口退税证明手续
	出区	(1) 对区外企业，视同进口； (2) 根据不同流向，填写不同的进口报关单
进出区外发加工	进区加工	(1) 凭合同向保税区海关备案，加工出区后核销； (2) 不填写进出口报关单，不缴纳税费
	出区加工	(1) 由区外加工企业向其所在地海关办理备案手续； (2) 加工期限为“6个月+6个月”； (3) 按保税加工货物出区进行报关
设备进出区	进出区	(1) 进出区都要向保税区海关备案； (2) 进出区不填写报关单申报，不缴纳出口税，不退税； (3) 设备系从国外进口已征进口税的，不退进口税

保税加工货物出区按不同的流向填写不同的进口报关单，见表3-29。

表3-29 保税加工货物出区的报关

出区情况	报关形式
进入国内市场	按一般进口货物报关，填写进口报关单，提供许可证件
用于加工贸易	按保税加工货物报关，提供《加工贸易手册》，填写加工贸易进口报关单
用于可以享受特定减免税企业的	按特定减免税货物报关，提供“征免税确认通知书”编号和相应的许可证件的，免缴进口税

保税加工货物出区内销征税时完税价格的确定参见本书第四章第二节“进出口货物完税价格的确定”。

三、综合保税区进出货物的报关程序

（一）综合保税区的含义

综合保税区，是经国务院批准设立在中华人民共和国关境内，实施封闭监管，以保税加工、保税物流和保税服务为基本功能并赋予配套的特定税收、监管政策的特定功能区。

综合保税区是目前优惠政策最多、功能最齐全、手续最简化、开放层次最高的特殊区域，作为我国开放型经济的重要平台，对发展对外贸易、吸引外商投资、促进产业转型升级具有重要作用。

（二）综合保税区的功能

《中华人民共和国海关综合保税区管理办法》（以下简称《综合保税区管理办法》）规定，区内企业可以依法开展以下业务：①研发、加工、制造、再制造；②检测、维修；③货物存储；④物流分拨；⑤融资租赁；⑥跨境电商；⑦商品展示；⑧国际转口贸易；⑨国际中转；⑩港口作业；⑪期货保税交割；⑫国家规定可以在区内开展的其他业务。

阅读资料3-2

《综合保税区管理办法》

（三）综合保税区的管理

综合保税区实行封闭式管理，除安全保卫人员外，区内不得居住人员。

海关对区内企业实行计算机联网管理，以提升综合保税区信息化、智能化管理水平。

1.货物管理

（1）综合保税区内的货物可以自由流转。区内企业转让、转移货物的，双方企业应当及时向海关报送转让、转移货物的品名、数量、金额等电子数据信息。

（2）区内企业可以开展委托加工业务。区内企业可以利用监管期限内的免税设备接受区外企业的委托开展加工业务；应当设立专用的委托加工电子账册；需使用保税料件的，应当向海关报备。

（3）自用机器、设备及其零部件、模具或者办公用品可以运往区外进行检测、维修。检测、维修期间不得在区外用于加工生产和使用，并且应当自运出之日起60日内运回综合保税区。因故不能如期运回的，区内企业应当在期限届满前7日内书面向海关申请延期，延长期限不得超过30日。

更换零配件的，原零配件应当一并运回综合保税区；确需在区外处置的，海关应当按照原零配件的实际状态征税；在区外更换的国产零配件，需要退税的，企业应当按照有关规定办理手续。

（4）关于外发加工。区内企业按照海关规定将模具、原材料、半成品等运往区外进行外发加工的，外发加工期限不得超过合同有效期，加工完毕的货物应当按期运回综合保税区。

外发加工产生的边角料、残次品、副产品不运回综合保税区的，海关应当按照货物实际状态征税；残次品、副产品属于关税配额、许可证件管理的，区内企业或者区外收发货人应当取得关税配额、许可证件。

（5）因不可抗力造成区内货物损毁、灭失的，区内企业应当及时报告海关。经海关核实后，区内企业可以按照下列规定办理：

第一，货物灭失，或者虽未灭失但完全失去使用价值的，办理核销和免税手续。

第二，境外进入综合保税区或者区外进入综合保税区且已办理出口退税手续的货物损毁，失去部分使用价值的，办理出区内销或者退运手续。

第三，区外进入综合保税区且未办理出口退税手续的货物损毁，失去部分使用价值，需要向出口企业进行退换的，办理退运手续。

（6）因保管不善等非不可抗力因素造成区内货物损毁、灭失的，区内企业应当及时向海关报告并说明情况。经海关核实后，区内企业可以按照下列规定办理：

第一，境外进入综合保税区的货物，按照一般贸易进口货物的规定办理相关手续，并按照海关审定的货物损毁或灭失前的完税价格，以货物损毁或灭失之日适用的税率、汇率缴纳关税、进口环节税。

第二，区外进入综合保税区的货物，重新缴纳因出口而退还的国内环节有关税收，已缴纳出口关税的，不予退还。

思政专栏3-2　情系海关 丹心如磐——中国海关红色档案故事

1955年10月21日，内蒙古二连浩特火车站迎来一位特殊的客人，一位名叫孙世谦的东北汉子。作为全国海关的骨干，26岁的他奉命来此筹建二连浩特海关。从下火车的那一刻起，他便下定决心，要扎根二连浩特干一番事业。时光如梭，如今60多年过去了，虽然他已离世，但在这个当初还没有一个行政建制、城区只有一座小火车站和几十间小房子的小城市，他和关员们创造了一个又一个传奇。

阅读资料3-3

情系海关 丹心如磐——中国海关红色档案故事

有关孙世谦“爱岗敬业”的传奇故事参见“海关总署首页>专题专栏>热点专题>重大事件>国门风采>海关史话”。

（7）申请放弃。申请放弃的货物，经海关及有关主管部门核准后，由海关依法提取变卖，变卖收入按照国家有关规定处理，但法律、法规规定不得放弃的除外。

（8）除法律、法规另有规定外，区内货物不设存储期限。

2.企业管理

（1）区内企业及其分支机构应当取得市场主体资格，并依法向海关办理注册或者备案手续。区内从事食品生产的企业应当依法取得国内生产许可。

（2）区内企业应当依照法律、法规的规定规范财务管理，并按照海关规定设立海关电子账册，电子账册的备案、变更、核销应当按照海关的相关规定执行。

（3）海关对区内企业实行稽查、核查制度。

（4）区内企业开展涉及海关事务担保业务的，按照海关事务担保的相关规定执行。

（四）进出区货物的具体报关程序

1.与境外之间

（1）基本要求。

第一，除法律、法规另有规定外，国家禁止进口、出口的货物、物品不得在综合保税区与境外之间进出。

第二，不实行关税配额、许可证件管理，但法律、法规、我国缔结或者参加的国际条约、协定另有规定的除外。

第三，收发货人或其代理人应当如实向海关申报，按照海关的规定填写进出境货物备案清单并办理相关手续。

（2）关于检疫。

第一，境外入区的货物及其外包装、集装箱，应当由海关依法在进境口岸实施检疫。如存在口岸条件限制等原因，海关可以在区内符合条件的场所（场地）实施检疫。

第二，运往境外的货物及其外包装、集装箱，应当由海关依法实施检疫。

第三，进出区的交通运输工具，由海关按照有关规定实施检疫。

（3）关于税收。

第一，境外进入综合保税区的货物予以保税，但有特殊规定的情形除外。

第二，除法律、法规另有规定外，下列货物从境外进入综合保税区，海关免征进口关税和进口环节税：①区内生产性的基础设施建设项目所需的机器、设备和建设生产厂房、仓储设施所需的基建物资；②区内企业开展《综合保税区管理办法》第五条所列业务所需的机器、设备、模具及其维修用零配件；③综合保税区行政管理机构和区内企业自用合理数量的办公用品。

自国务院批准设立综合保税区之日起，从境外进入综合保税区的区内企业自用机器、设备按照上述规定执行。

第三，境外进入综合保税区，供区内企业和行政管理机构自用的交通运输工具、生活消费用品，海关依法征收进口关税和进口环节税。

第四，除法律、法规另有规定外，综合保税区运往境外的货物免征出口关税。

特别提醒3-24

2.与区外之间

（1）基本要求。区内企业或者区外收发货人应当按规定办理相关手续。

货物属于关税配额、许可证件管理的，区内企业或者区外收发货人应当取得关税配额、许可证件；海关应当对关税配额进行验核，对许可证件电子数据进行系统自动比对验核。

（2）关于检疫。除法律、法规另有规定外，海关对综合保税区与区外之间进出的货物及其外包装、集装箱不实施检疫。

（3）关于税收。

第一，区内企业或者区外收发货人应当按照货物进出区时的实际状态依法缴纳关税和进口环节税。

第二，区内企业加工生产的货物出区内销时，区内企业或者区外收发货人可以选择按照其对应进口料件缴纳关税，并补缴关税税款缓税利息；进口环节税应当按照出区时货物的实际状态照章缴纳。

第三，运往区外的优惠贸易协定项下的货物，符合相关原产地管理规定的，可以适用协定税率或者特惠税率。

第四，以出口报关方式入区的货物予以保税；其中，区内企业从区外采购的机器、设备参照进口减免税货物的监管年限管理，监管年限届满的自动解除监管，免于提交许可证件；监管年限未满企业申请提前解除监管的，参照进口减免税货物补缴税款的有关规定办理相关手续，免于提交许可证件。

上述规定货物的出口退税按照国家有关规定办理。

第五，区内企业在加工生产过程中使用保税料件产生的边角料、残次品、副产品以及加工生产、储存、运输等过程中产生的包装物料，运往区外销售时，区内企业应当按照货物出区时的实际状态缴纳税款；残次品、副产品属于关税配额、许可证件管理的，区内企业或者区外收发货人应当取得关税配额、许可证件。

特别提醒3-25

综合保税区与其他综合保税区等海关特殊监管区域、保税监管场所之间往来的货物予以保税。

综合保税区与其他综合保税区等海关特殊监管区域或者保税监管场所之间流转的货物，不征收关税和进口环节税。

（4）关于集中申报。区内企业可以按照海关的规定办理集中申报手续。

除海关总署另有规定外，区内企业应当在每季度结束的次月15日前办理该季度货物集中申报手续，但不得晚于账册核销截止日期，且不得跨年度办理。

集中申报适用海关接受集中申报之日实施的税率、汇率。

对保税加工与保税物流货物来说，关于进出口许可证的要求在不同管理模式下是不同的，见表3-30。

表3-30 不同管理模式下进出口许可证的要求

<table>
<tr><th colspan="2" rowspan="2">监管模式/
监管场所、区域</th><th colspan="2">进出口许可证</th><th rowspan="2">备注</th></tr>
<tr><th>与境外</th><th>与境内</th></tr>
<tr><td rowspan="4">保税加工</td><td rowspan="2">电子化手册条件下</td><td colspan="3">进口一般免于交验许可证件（易制毒化学品、监控化学品、消耗臭氧层物质、原油、成品油等的进口除外）</td></tr>
<tr><td colspan="3">属于应当交验出口许可证的，在出口报关时必须交验（电子账册有关许可证件管理与电子化手册管理一样）</td></tr>
<tr><td>出口加工区</td><td rowspan="3">不实行①</td><td rowspan="3">实行②</td><td rowspan="3">边角料、废品运出免领许可证件</td></tr>
<tr><td>珠海园区</td></tr>
<tr><td colspan="2">综合保税区</td></tr>
<tr><td colspan="2">保税物流中心</td><td>不实行①</td><td>实行②</td><td></td></tr>
<tr><td colspan="2">保税区</td><td rowspan="2">免领
（易制毒化学品、监控化学品、消耗臭氧层物质除外）</td><td>实行②</td><td>生产激光光盘要由主管部门批准</td></tr>
<tr><td colspan="2">保税仓库</td><td></td><td></td></tr>
<tr><td colspan="2">出口监管仓库</td><td></td><td></td><td>进仓申领许可证件</td></tr>
</table>

注：①国家另有规定的除外。②属于许可证件管理的。

第三节　减免税货物的报检报关程序

一、关税减免概述

关税减免，是减征关税和免征关税的合称。其分为三大类，即法定减免税、特定减免税和临时减免税。特定减免税和临时减免税统称为政策性减免税。

（一）法定减免税

法定减免税，一般是指《海关法》、《关税条例》以及其他法律、法规所实施的减免税。除外国政府、国际组织无偿赠送的物资外，其他法定减免税货物一般无须办理减免税审核确认手续。

（二）政策性减免税

政策性减免税，是根据国家政治、经济政策的需要，经国务院批准，对特定地区、特定企业或有特定用途的进出口货物，给予减免进出口税收的优惠政策。一般来说，政策性减免税进口货物有以下三个特点：

（1）纳税义务人必须在货物进口前办理减免税审核确认手续。

（2）政策性减免税货物放行后，在其监管年限内应当接受海关监管，未经海关核准并缴纳关税，不得移作他用。

（3）可以在两个享受同等税收优惠待遇的企业之间转让且无须补税。

进出口货物减免税申请人（以下简称减免税申请人）应当向其主管海关申请办理减免税审核确认、减免税货物税款担保、减免税货物后续管理等相关业务。减免税申请人向主管海关申请办理减免税相关业务，应当按照规定提交齐全、有效、填报规范的申请材料，并对材料的真实性、准确性、完整性和规范性承担相应的法律责任。

知识链接3-14　　**减免税申请人的主管海关**

海关总署第245号令规定，减免税申请人为企业法人的，主管海关是其办理企业法人登记注册地的海关；减免税申请人为事业单位、社会团体、民办非企业单位、基金会、国家机关等非企业法人组织的，主管海关是其住所地海关；减免税申请人为投资项目单位所属非法人分支机构的，主管海关是其办理营业登记地的海关。下列特殊情况除外：

（1）投资项目所在地海关与减免税申请人办理企业法人登记注册地海关或者办理营业登记地海关不是同一海关的，投资项目所在地海关为主管海关；投资项目所在地涉及多个海关的，有关海关的共同上级海关或者共同上级海关指定的海关为主管海关。

（2）有关进出口税收优惠政策实施措施明确规定的情形。

（3）海关总署批准的其他情形。

二、减免税货物税款担保

（一）可以凭担保申请先予放行的情形

有下列情形之一的，减免税申请人可以向海关申请办理有关货物凭税款担保先予放行手续：

（1）有关进出口税收优惠政策或者其实施措施明确规定的。

（2）主管海关已经受理减免税审核确认申请，尚未办理完毕的。

（3）有关进出口税收优惠政策已经国务院批准，具体实施措施尚未明确，主管海关能够确认减免税申请人属于享受该政策范围的。

（4）其他经海关总署核准的情形。

（二）凭税款担保先予放行手续的办理

减免税申请人需要办理有关货物凭税款担保先予放行手续的，应当在货物申报进出口前向主管海关提出申请，并随附相关材料。主管海关应当自受理申请之日起5个工作日内出具是否准予办理担保的意见。符合规定情形的，主管海关应当制发“中华人民共和国海关准予办理减免税货物税款担保通知书”（以下简称“准予办理担保通知书”），并通知申报地海关。

申报地海关凭主管海关制发的“准予办理担保通知书”，以及减免税申请人提供的海关依法认可的财产、权利，按照规定办理减免税货物的税款担保手续。

“准予办理担保通知书”确定的减免税货物税款担保期限不超过6个月，主管海关可以延期1次，延长期限不得超过6个月。特殊情况仍需要延期的，应当经直属海关审核同意。

减免税申请人在减免税货物税款担保期限届满前取得“征免税确认通知书”，并已向海关办理征税、减税或者免税相关手续的，申报地海关应当解除税款担保。

三、减免税货物的管理

（一）海关监管年限

除海关总署另有规定外，在监管年限内，减免税申请人应当按海关规定保管、使用进口减免税货物，并依法接受海关监管。进口减免税货物的监管年限为：船舶、飞机8年，机动车辆6年，其他货物3年。监管年限自货物进口放行之日起计算。

减免税货物海关监管年限届满的，自动解除监管。对于海关监管年限内的减免税货物，减免税申请人要求提前解除监管的，应当向主管海关提出申请，并办理补缴税款或补交有关许可证件等手续。自办结上述手续之日起，解除海关监管。减免税申请人可以自减免税货物解除监管之日起1年内，向主管海关申领“海关进口减免税货物解除监管证明”。

（二）其他规定

（1）使用状况报告。在海关监管年限内，减免税申请人应当于每年6月30日（含当日）以前向主管海关提交“减免税货物使用状况报告书”，报告减免税货物使用状况。

超过规定期限未提交的，海关按照有关规定将其列入信用信息异常名录。

减免税申请人未按照规定报告其减免税货物使用状况，向海关申请办理减免税审核确认、减免税货物税款担保、减免税货物后续管理等相关业务的，海关不予受理。减免税申请人补报后，海关可以受理。

（2）变更使用地点。在海关监管年限内，减免税货物应当在主管海关审核同意的地点使用。除另有规定外，减免税货物需要变更使用地点的，减免税申请人应当向主管海关提出申请，并说明理由；经主管海关审核同意的，可以变更使用地点。

减免税货物需要移出主管海关管辖地使用的，减免税申请人应当向主管海关申请办理异地监管手续，并随附相关材料。经主管海关审核同意并通知转入地海关后，减免税申请人可以将减免税货物运至转入地海关管辖地，并接受转入地海关监管。

减免税货物在异地使用结束后，减免税申请人应当及时向转入地海关申请办结异地监管手续。经转入地海关审核同意并通知主管海关后，减免税申请人应当将减免税货物运回主管海关管辖地。

（3）减免税申请人主体变更。在海关监管年限内，减免税申请人发生分立、合并、股东变更、改制等主体变更情形的，权利义务承受人应当自变更登记之日起30日内，向原减免税申请人的主管海关报告主体变更情况以及有关减免税货物的情况。

经原减免税申请人主管海关审核，需要补征税款的，权利义务承受人应当向原减免税申请人主管海关办理补税手续；可以继续享受减免税待遇的，权利义务承受人应当按照规定申请办理减免税货物结转等相关手续。

（4）减免税申请人终止。在海关监管年限内，因破产、撤销、解散、改制或者其他情形导致减免税申请人终止，有权利义务承受人的，参照“减免税申请人主体变更”的相关规定办理有关手续；没有权利义务承受人的，原减免税申请人或者其他依法应当承担关税及进口环节税缴纳义务的当事人，应当自资产清算之日起30日内，向原减免税申请人主管海关申请办理减免税货物的补缴税款手续。进口时免予提交许可证件的减免税货物，按照国家有关规定需要补办许可证件的，减免税申请人在办理补缴税款手续时还应当补交有关许可证件。自办结上述手续之日起，解除海关监管。

（5）减免税货物退运出境或者出口。在海关监管年限内，减免税申请人要求将减免税货物退运出境或者出口的，应当经主管海关审核同意，并办理相关手续。

减免税货物自退运出境或者出口之日起，解除海关监管，海关不再对退运出境或者出口的减免税货物补征相关税款。

四、减免税货物的报关程序

（一）减免税审核

1.有关单证

减免税申请人按照有关进出口税收优惠政策的规定申请减免税进出口相关货物，应当在货物申报进出口前，取得相关政策规定的享受进出口税收优惠政策资格的证明材料，并凭以下材料向主管海关申请办理减免税审核确认手续：①“进出口货物征免税申请表”；②事业单位法人证书或者国家机关设立文件、社会团体法人登记证书、民办非企业单位法人登记证书、基金会法人登记证书等证明材料；③进出口合同、发票以及相关货物的产品情况资料。

2.征免税确认通知书

主管海关应当自受理减免税审核确认申请之日起10个工作日内，对减免税申请人的主体资格和投资项目等情况进行审核，并出具进出口货物征税、减税或者免税的确认意见，制发“征免税确认通知书”。

减免税申请人需要变更或者撤销已出具的“征免税确认通知书”的，应当在“征免税确认通知书”有效期内向主管海关提出申请，并随附相关材料。经审核符合规定的，主管海关应当予以变更或者撤销。予以变更的，主管海关应当重新制发“征免税确认通知书”。

特别提醒3-26

“征免税确认通知书”的有效期限不超过6个月，减免税申请人应当在有效期内向申报地海关办理有关进出口货物申报手续；不能在有效期内办理，需要延期的，应当在有效期内向主管海关申请办理延期手续。“征免税确认通知书”可以延期一次，延长期限不得超过6个月。

特别提醒3-27

“征免税确认通知书”有效期限届满仍未使用的，其效力终止。减免税申请人需要减免税进出口该“征免税确认通知书”所列货物的，应当重新向主管海关申请办理减免税审核确认手续。

（二）进口报关

政策性减免税货物与一般进出口货物的进口报关程序基本相似，但是，政策性减免税货物的具体手续有所不同：

（1）收货人除提交报关单等单证外，还应当提交“征免税确认通知书”电子数据。

（2）报关员将“征免税确认通知书”编号填写在进口货物报关单“备案号”栏目中。

（三）处置

在减免税货物的海关监管年限内，经主管海关审核同意，并办理有关手续，减免税申请人可以将减免税货物抵押、转让、移作他用或者进行其他处置。进口时免予提交许可证件的减免税货物，申请办理有关处置手续时，按照国家有关规定需要补办许可证件的，应当补办相关手续。

1.贷款抵押

贷款抵押，是指在海关监管年限内，以减免税货物为抵押向金融机构贷款。

（1）减免税申请人应当向主管海关提出申请，随附相关材料，并以海关依法认可的财产、权利提供税款担保。经审核符合规定的，主管海关应

特别提醒3-28

当制发“海关准予办理减免税货物贷款抵押通知书”。

（2）主管海关同意以减免税货物办理贷款抵押的，减免税申请人应当自签订抵押合同、贷款合同之日起30日内，将抵押合同、贷款合同提交主管海关备案。

特别提醒3-29

抵押合同、贷款合同的签订日期不是同一日的，按照后签订的日期计算上述规定的备案时限。

减免税货物贷款抵押需要延期的，减免税申请人应当在贷款抵押期限届满前，向主管海关申请办理贷款抵押的延期手续。经审核符合规定的，主管海关应当制发“海关准予办理减免税货物贷款抵押延期通知书”。

2.结转

结转，是指在海关监管年限内，将特定减免税货物转让给进口同一货物享受同等减免税优惠待遇的其他单位。其应当按下列规定办理结转手续：

（1）转出申请人向转出地主管海关提出申请，转出地主管海关审核同意后，通知转入地主管海关。

（2）转入申请人向转入地主管海关办理审批手续。主管海关审核同意后，制发“征免税确认通知书”。

（3）转出、转入申请人应当分别向各自主管海关办理出口、进口报关手续。

（4）转出地海关办理解除监管手续，转入地海关在剩余监管年限内实施后续监管（监管年限应当连续计算）。

转入地海关和转出地海关为同一海关的，参照上述规定办理。

3.转让

转让，是指在海关监管年限内，将特定减免税货物转让给不享受进口税收优惠政策或者进口同一货物不享受同等减免税优惠待遇的其他单位。转让时，应当事先向主管海关申请办理减免税货物补缴税款或补交有关许可证件等手续。有关减免税货物自办结上述手续之日起，解除海关监管。

4.移作他用

在海关监管年限内，减免税申请人需要将减免税货物移作他用的，应当事先向主管海关提出申请。移作他用主要包括以下三种情形：①交给减免税申请人以外的其他单位使用；②未按原定用途使用；③未按原定地区使用。

除海关总署另有规定外，将减免税货物移作他用的，减免税申请人应当事先按照移作他用的时间补缴相应税款；移作他用时间不能确定的，应当提供税款担保，税款担保金额不得超过减免税货物剩余监管年限可能需要补缴的最高税款总额。

特别提醒3-30

第四节　暂时进出境货物的报检报关程序

一、概述

（一）暂时进出境货物的含义

暂时进出境货物是暂准进境货物和暂准出境货物的合称。

暂准进境货物，是指经海关批准暂时进境，按规定期限原状复运出境的货物。

暂准出境货物，是指经海关批准暂时出境，按规定期限原状复运进境的货物。

（二）暂时进出境货物的范围

《中华人民共和国海关暂时进出境货物管理办法》（以下简称《暂时进出境货物管理办法》）规定，暂时进出境货物包括：

（1）在展览会、交易会、会议以及类似活动中展示或者使用的货物。

特别提醒3-31

“展览会、交易会、会议以及类似活动”包括以下几种情形：①贸易、工业、农业、工艺展览会，以及交易会、博览会；②因慈善目的而组织的展览会或者会议；③为促进科技、教育、文化、体育交流，开展旅游活动或者民间友谊而组织的展览会或者会议；④国际组织或者国际团体组织代表会议；⑤政府举办的纪念性代表大会。

在商店或者其他营业场所以销售国外货物为目的而组织的非公共展览会不属于《暂时进出境货物管理办法》所称展览会、交易会、会议以及类似活动。

（2）文化、体育交流活动中使用的表演、比赛用品。

（3）进行新闻报道或者摄制电影、电视节目使用的仪器、设备以及用品。

（4）开展科研、教学、医疗活动使用的仪器、设备和用品。

（5）在上述第（1）~（4）项所列活动中使用的交通工具以及特种车辆。

（6）货样。

（7）慈善活动使用的仪器、设备以及用品。

（8）供安装、调试、检测、修理设备时使用的仪器以及工具。

（9）盛装货物的包装材料。

（10）旅游用自驾交通工具及其用品。

（11）工程施工中使用的设备、仪器以及用品。

（12）测试用产品、设备、车辆。

（13）海关总署规定的其他暂时进出境货物。

特别提醒3-32

以上暂时进出境货物可以分为两大类：

第一大类，在进境或出境时向海关缴纳相当于应纳税款的保证金或提供其他担保的，可以暂不缴纳关税，并应自进境或者出境之日起6个月内复运出境或者复运进境。

在规定期限内未复运出境或者未复运进境的，海关应当依法征收关税。

第二大类，是指第一大类以外的其他暂时进出境货物，如工程施工中使用的设备、仪器及用品等。根据《关税条例》的规定，对于该类货物，应当按照该货物的完税价格和其在境内滞留时间与折旧时间的比例计算征收进口关税。

（三）暂时进出境货物的特征

1.暂时免予缴纳税费

第一大类暂时进出境货物，在进出境时向海关缴纳相当于应纳税款的保证金或提供其他担保的，暂时免于缴纳全部税费。

2.免予交验许可证件

除我国缔结或者参加的国际条约、协定以及国家法律、行政法规和海关总署规章另有规定（如涉及公共道德、公共安全、公共卫生所实施进出境管制的暂时进出境货物）外，暂时进出境货物免予交验许可证件。

3.规定期限内按原状复运进出境

一般情况下，应当自进境或出境之日起6个月内（需要延长的，应当按规定办理延期手续）复运出境或复运进境。

4.根据实际情况向海关办理结案手续

暂时进出境货物在复运出境、复运进境后，应当向主管地海关办理结案手续。暂时进出境货物需要进出口的，其收发货人应当在货物复运出境、复运进境期限届满前向主管地海关办理进出口手续。

二、报关程序

根据《暂时进出境货物管理办法》的规定，广义的“暂时进出境货物”可以分为两个层面：狭义的“暂时进出境货物”和“暂时进出境展览品”。海关对此分别规定了相应的监管办法。

（一）暂时进出境货物的海关监管

1.审核确认

ATA单证册（即“货物暂准进口单证册”）持证人、非ATA单证册项下暂时进出境货物收发货人（以下简称“持证人”“收发货人”）可以在申报前向主管地海关提交“暂时进出境货物确认申请书”，申请对有关货物是否属于暂时进出境货物进行审核确认，并且办理相关手续，也可以在申报环节直接向主管地海关办理暂时进出境货物的有关手续。

特别提醒3-33

“主管地海关”是指暂时进出境货物进出境地海关。境内展览会、交易会、会议以及类似活动的主管地海关为其活动所在地海关。

使用ATA单证册暂时进境的货物限于我国加入的有关货物暂准进口的国际公约中

规定的货物。

2. 提供担保

ATA单证册项下暂时出境货物，由中国国际贸易促进委员会（中国国际商会）向海关总署提供总担保。

除另有规定外，非ATA单证册项下暂时进出境货物的收发货人应当按照有关规定向主管地海关提供担保。

3. 报关单证

ATA单证册持证人应当向海关提交有效的ATA单证册以及相关商业单据或者证明材料。

4. 延期审批

暂时进出境货物应当自进出境之日起6个月内复运出境或者复运进境。

因特殊情况需要延长期限的，持证人、收发货人应当向主管地海关办理延期手续，延期最多不超过3次，每次延长期限不超过6个月。延长期届满应当复运出境、复运进境或者办理进出口手续。

（二）暂时进出境展览品的海关监管

特别提醒3-34

1. 办展或参展报告

境内展览会的办展人以及出境举办或者参加展览会的办展人、参展人（以下简称“办展人、参展人”）可以在展览品进境或者出境前向主管地海关报告，并且提交展览品清单和展览会证明材料；也可以在展览品进境或者出境时，向主管地海关提交上述材料，办理有关手续。

对于申请海关派员监管的境内展览会，办展人、参展人应当在展览品进境前向主管地海关提交有关材料，办理海关手续。

2. 提供担保

一般情况下，暂时进出境展览品的办展人或参展人应当向海关提供担保。海关派员进驻展览场所的，经主管地海关同意，可以就参展的展览品免予向海关提交担保。

3. 跨关区办展

展览会需要在我国境内两个或者两个以上关区内举办的，对于没有向海关提供全程担保的进境展览品，应当按照规定办理转关手续；提供总担的可免于按转关办理。

4. 展览用品管理

下列在境内展览会期间供消耗、散发的用品（以下简称“展览用品”），由海关根据展览会的性质、参展商的规模、观众人数等情况，对其数量和总值进行核定，在合理范围内的，按照有关规定免征进口关税和进口环节税：

（1）在展览活动中的小件样品，包括原装进口或者在展览期间用进口的散装原料制成的食品或者饮料的样品。

特别提醒 3-35

"小件样品"应当符合以下条件：①由参展人免费提供并且在展览期间专供免费分送给观众使用或者消费的；②单价较低、作广告样品用的；③不适用于商业用途，并且单位容量明显小于最小零售包装容量的；④食品以及饮料的样品虽未按照③项规定的包装分发，但是确实在活动中消耗掉的。

（2）为展出的机器或者器件进行操作示范被消耗或者损坏的物料。

（3）布置、装饰临时展台消耗的低值货物。

（4）展览期间免费向观众散发的有关宣传品。

（5）供展览会使用的档案、表格以及其他文件。

5.展览品的存放与移出

未向海关提供担保的进境展览品在非展出期间应当存放在海关监管作业场所。因特殊原因需要移出的，应当经主管地海关同意，并且提供相应担保。

特别提醒 3-36

特别提醒 3-37

为了举办交易会、会议或者类似活动（不是为了举办展览会）而暂时进出境的货物，按照对展览品监管的有关规定进行监管。

（三）ATA单证册的管理

1.出证、担保机构

中国国际贸易促进委员会（中国国际商会）是我国ATA单证册的出证和担保机构。其既负责签发出境ATA单证册，又向海关承担持证人因违反暂准进出境规定而产生的相关税费、罚款。海关只接受用中文或者英文填写的ATA单证册。

2.管理机构

海关总署设立ATA核销中心，履行以下职责：

（1）对ATA单证册进行核销、统计以及追索。

（2）应成员国担保人的要求，依据有关原始凭证，提供ATA单证册项下暂时进出境货物已经进境或者从我国复运出境的证明。

（3）对全国海关ATA单证册的有关核销业务进行协调和管理。

3.单证册续签

ATA单证册项下暂时进出境货物在境内外停留期限超过ATA单证册有效期的，ATA单证册持证人应当向原出证机构续签ATA单证册。续签的ATA单证册经主管地海关确认后可以替代原ATA单证册。

特别提醒 3-38

续签的ATA单证册只能变更单证册有效期限和编号，其他项目应当与原单证册一致。续签的ATA单证册启用时，原ATA单证册失效。

4.追索

ATA单证册项下暂时进境货物未能按照规定复运出境或者过境的，ATA核销中心应当向中国国际贸易促进委员会（中国国际商会）提出追索。自提出追索之日起9个月内，中国国际贸易促进委员会（中国国际商会）向海关提供货物已经在规定期限内复运出境或者已经办理进口手续证明的，ATA核销中心可以撤销追索；9个月期满后未能提供上述证明的，中国国际贸易促进委员会（中国国际商会）应当向海关支付税费和罚款。

特别提醒3-39

从境外暂时进境的货物转入海关特殊监管区域和保税监管场所的，不属于复运出境。

对用于装载海关监管货物的进出境集装箱的监管不适用《暂时进出境货物管理办法》。

暂时进出境物品超出自用合理数量的，参照《暂时进出境货物管理办法》监管。

第五节　其他进出境货物的报检报关程序

一、过境、转运、通运货物

（一）过境货物

1.概述

（1）含义。过境货物，是指由境外启运，通过中国境内陆路继续运往境外的货物。

（2）范围。下列货物准予过境：①与我国签有过境货物协定的国家的过境货物；②在同我国签有铁路联运协定的国家收、发货的过境货物；③未与我国签有过境货物协定但经国家商务、运输主管部门批准，并向入境地海关备案后准予过境的货物。

下列货物禁止过境：①来自或运往我国停止或禁止贸易的国家和地区的货物；②各种武器、弹药、爆炸品及军需品（通过军事途径运输的除外）；③各种烈性毒药、麻醉品和鸦片、吗啡、海洛因、可卡因等毒品；④我国法律、法规禁止过境的其他货物、物品。

（3）管理。

第一，过境货物经营人应当按下列要求开展相关业务：①应当向海关办理注册登记手续；②装载过境货物的运输工具应当具有海关认可的加封条件或装置；③运输部门和过境货物经营人应当保护海关封志的完整，不得擅自开启或损毁。

第二，对过境货物监管的其他规定：①对于民用爆炸品、医用麻醉品等，应当经海关总署有关部门批准后，方可过境；②有伪报货名和国别，借以运输我国禁止过境货物的，海关可将货物作扣留处理；③海关对过境货物查验时，经营人或承运人应当到场，负责搬移、开拆和封装货物；④过境货物在境内发生损毁或灭失的（不可抗力原因造成的除外），经营人应当向出境地海关补办进口纳税手续。

2.报关程序

（1）进出口报关。

第一，进境报关。经营人向进境地海关递交相关单证，办理过境手续。海关审核后，在提运单上加盖“海关监管货物”专用章，并对过境货物报关单和过境货物清单制作“关封”后加盖“海关监管货物”专用章，连同提运单一并交经营人。

第二，出境报关。经营人向出境地海关申报，并递交“关封”等单证。海关审核有关单证、“关封”和货物后，加盖“放行章”，监管货物出境。

（2）过境期限。其为“6个月+3个月”。延期3个月后仍未过境的，海关依法提取变卖。

（3）在境内暂存和运输。过境货物在进境以后、出境之前，应当按照运输主管部门规定的路线运输；运输主管部门没有规定的，由海关指定。

根据实际情况，海关需要派员押运过境货物时，经营人或承运人应当免费提供交通工具和执行监管任务的便利，并按照规定缴纳规费。

过境货物进境后因换装运输工具等原因需卸地储存时，应当经海关批准并在海关监管下存入经海关指定或同意的仓库或场所。

（二）转运货物

1.概述

（1）含义。转运货物，是指由境外启运，在我国境内换装运输工具，不通过陆路运输，继续运往境外的货物。

（2）范围。进境运输工具载运的货物具备下列条件之一的，可以办理转运手续：①持有转运或联运提货单的；②进口载货清单上注明是转运货物的；③持有普通提货单，但在卸货前向海关声明转运的；④误卸下的进口货物，经运输工具经理人提供确实证件的；⑤因特殊原因申请转运，获海关批准的。

（3）管理。转运货物在境内存放期间，不得开拆、改换包装或进行加工；必须在3个月内转运出境；否则，海关将提取依法变卖处理。海关对转运货物有权进行查验。

2.报关程序

（1）运输工具进境时，承运人向主管海关申报进境。

（2）海关同意后，在海关指定的地点换装运输工具。

（3）在规定时间内运送出境。

（三）通运货物

1.含义

通运货物，是指从境外启运，不通过境内陆路运输，进境后由原运输工具载运出境的货物。其必须在3个月内转运出境，否则，海关将提取依法变卖处理。

2.报关程序

（1）运输工具进境时，运输工具的负责人向进境地海关申报。

（2）海关接受申报，核查申报货物，并监管货物实际离境。

过境货物、转运货物、通运货物的比较见表3-31。

表3-31 过境货物、转运货物与通运货物

	运输形式	是否在境内换装运输工具
过境货物	通过我国境内陆路运输	不论是否换装
转运货物	不通过我国境内陆路运输	换装
通运货物	不通过我国境内陆路运输	不换装
相同点：启运地和目的地都在境外		

二、货样、广告品

货样，是指专供订货参考的进出口货物样品。广告品，是指用以宣传有关商品的进出口广告宣传品。除暂时进出口的货样、广告品（按“暂时进出境货物”处理）和驻华商业机构不复运出口的进口陈列样品外，其报关程序也是四个环节，即申报、配合查验、缴纳税费、提取或装运货物。

（一）证件管理

（1）有进出口经营权的单位进口非许可证管理的货样、广告品，在其经营范围内，凭经营权向海关申报。

（2）进口属于许可证管理的货样、广告品，凭进口许可证电子证书向海关申报。

（3）进口属自动进口许可管理的机电产品和一般商品，每批次价值在人民币5 000元以下的，免领自动进口许可证电子证书（旧机电产品除外）。

（4）出口货样每批次人民币3万元以下免领出口许可证。

（5）进出境两用物项和技术的货样或实验用样品，凭两用物项和技术进出口许可证向海关申报。

（二）税收管理

进出口货样、广告品，除法定减免税外，一律照章征税。

三、租赁进出口货物

（一）概述

1.含义

租赁进出口货物，是指以国际租赁方式进出境的货物。以下介绍的主要是租赁进口货物。

2.范围

国际租赁大体有两种：一种是金融租赁，另一种是经营租赁。租赁进口货物包含金融租赁进口货物和经营租赁进口货物两类，见表3-32。

表3-32 租赁货物的范围

种类	性质	是否复运出境
金融租赁进口货物	融资性质	一般不复运出境
		承租人按合同规定分期支付租金，租金的总额一般都大于货价
经营租赁进口货物	服务性质	一般复运出境
		租金总额一般都小于货价

（二）报关程序

1.租赁进口货物进口税款的缴纳

租赁进口货物进口税款的缴纳，要视租金的支付方式和租赁的性质而定，见表3-33。

表3-33 租赁货物进口税款完税价格的确定

<table>
<tr><th>租金支付方式</th><th colspan="2">进口税款的完税价格</th><th>租赁性质</th></tr>
<tr><td>一次性支付</td><td colspan="2">海关确定的租金总额</td><td rowspan="2">经营租赁</td></tr>
<tr><td rowspan="3">分期支付
（有两种选择）</td><td rowspan="2">一次性缴纳</td><td>海关确定的租金总额</td></tr>
<tr><td>海关确定的货物价格</td><td>金融租赁</td></tr>
<tr><td>分期缴纳</td><td>各期租金</td><td>金融或经营租赁</td></tr>
</table>

2.金融租赁进口货物的报关程序

金融租赁下，由于租金大于货价，纳税义务人会选择一次性按货价缴纳税款或选择按各期租金分期缴纳税款，不可能选择按租金总额一次性缴纳税款。

（1）一次性按货价缴纳税款的情形：①按货物的实际价格向海关申报，提供进口许可证（电子证书）等单证；②按海关审定的完税价格缴纳进口关税和进口环节海关代征税；③海关现场放行后，不再对货物进行监管。

（2）按各期租金分期缴纳税款的情形：①按第一期租金和货物实际价格分别填制报关单向海关申报，提供进口许可证（电子证书）等单证。②按海关确定的第一期租金的完税价格，缴纳进口关税和进口环节海关代征税，海关按货物的实际价格统计。③海关现场放行后，对货物继续进行监管。

特别提醒3-40

3.经营租赁进口货物的报关程序

经营租赁下，由于租金小于货价，纳税义务人只会选择按租金一次性或分期缴纳税款，不会选择按货物的实际价格缴纳税款。

（1）按第一期租金或租金总额和货物的实际价格分别填制报关单向海关申报，提供进口许可证（电子证书）等单证。

（2）按海关确定的第一期租金或租金总额的完税价格，缴纳进口关税和进口环节海关代征税。

(3) 海关现场放行后，对货物继续进行监管。

特别提醒3-41

(1) 收货人应当在每次支付租金后的15日内（含第15日）向海关申报。

(2) 自租期届满之日起30日内，纳税义务人应当申请办结海关手续，将租赁货物复运出境或办理留购、续租等手续。

四、加工贸易不作价设备

(一) 概述

1.含义

加工贸易不作价设备，是指与加工贸易经营企业开展加工贸易（包括来料加工、进料加工及外商投资企业履行产品出口合同）的境外厂商，免费向经营单位提供的加工生产所需设备。进口设备的一方不能以任何方式、任何途径偿付提供设备一方的设备价款或租金。

2.范围

除以下两种情形外，经营企业可以向海关提出不作价设备免税进口的申请：国家禁止进口商品、《外商投资项目不予免税的进口商品目录》中所列商品。

3.特征

(1) 与保税加工货物相比，前者是加工贸易生产设备，进境后使用时一般不改变形态，国家政策不强调复运出境；后者是加工贸易生产料件，进境后使用时一般改变形态，国家政策强调加工后复运出境。

(2) 与特定减免税设备相比，前者按保税货物管理，后者按特定减免税货物管理。

(3) 与保税加工货物、特定减免税货物一样，在进口放行后需要继续监管。

(二) 程序

报关程序同样包括备案、进口、核销三个阶段。

1.备案

(1) 备案的加工贸易经营企业应当符合的条件

特别提醒3-42

第一，设立独立专门从事加工贸易（不从事内销产品加工生产）的工厂或车间，并且不作价设备仅限在该工厂或车间使用。

第二，对未设立独立专门从事加工贸易的工厂或车间、以现有加工生产能力为基础开展加工贸易的项目，使用不作价设备的加工生产企业，在加工贸易合同（协议）期限内，其每年加工的产品必须是70%以上属出口产品。

(2) 备案的手续

企业凭商务主管部门批准的加工贸易合同（协议）和批准件及“加工贸易不作价设备申请备案清单”到备案地主管海关办理备案申请手续。

主管海关根据有关单证，对照《外商投资项目不予免税的进口商品目录》，审核准予备案后，核发加工贸易登记手册。

登记手册有效期一般为1年，到期前，可以向海关提出延期申请。

海关可以根据情况对加工贸易不作价设备收取相当于进口设备应纳进口关税和进口环节海关代征税税款金额的保证金或银行、非银行金融机构的保证函。

2.进口

（1）企业凭登记手册向口岸海关办理进口报关手续，口岸海关凭登记手册验放。

（2）除国家另有规定的以外，进境时免进口关税，不免进口环节增值税。

（3）免交进口许可证件（电子证书）。

（4）报关单“监管方式”栏填报“不作价设备”（代码0320）。

（5）对临时进口（期限在6个月以内）的加工贸易生产所需不作价模具、单台设备，按暂准进境货物办理进口手续。

3.核销

加工贸易不作价设备海关监管期限是根据特定减免税货物的海关监管期限来规定的，一般为5年。申请解除海关监管有以下两种情况：

（1）监管期内。监管期限未满，企业申请提前解除监管，主要包括以下几种情况：

第一，结转，即在享受同等待遇的不同企业之间结转，或将其转为减免税设备。其应当注意以下三点：①转入和转出企业分别填制进口、出口货物报关单；②报关单“监管方式”栏根据报关企业《加工贸易手册》或“征免税确认通知书”，分别选择填报“加工贸易设备结转”“减免税设备结转”；③报关单“备案号”栏填报《加工贸易手册》编号、“征免税确认通知书”编号或为空。

第二，转让，即将其转让给不能享受减免税优惠或不能进口加工贸易不作价设备的企业的。其应当注意以下三点：①必须由原备案加工贸易合同（协议）的商务主管部门审批；②按规定办理进口海关手续，填制进口报关单；③提供相关的许可证件。

转让时，按以下计算公式确定完税价格，缴纳进口关税：

完税价格=转让设备进口完税价格（CIF）×（1-按加工贸易不作价设备规定条件使用月数÷（5×12））

对于已使用时间，不足15天的部分，不计月数；超过或等于15天的，按1个月计算。

第三，留用。监管期未满本企业移作他用或因加工贸易合同已经履约本企业留用的，必须由加工贸易合同原备案的商务主管部门审批，并按规定办理进口海关手续，填制进口报关单，提供相关的许可证件，按上述计算公式确定完税价格缴纳进口关税。

第四，修理、替换。进境加工贸易不作价设备需要出境修理或由于质量或规格不符需要出境替换的，可以使用加工贸易不作价设备登记手册申报出境和进境，也可以按出境修理货物或无代价抵偿货物办理海关进出境手续。

第五，退运。监管期内退运应当由原备案加工贸易合同的商务主管部门审批，凭批准件和加工贸易不作价登记手册到海关办理退运出境的相关手续。

（2）监管期满，如不退运出境，可以留用，也可以向海关申请放弃。

留用的，企业可以向海关申请解除监管，也可以自动解除海关监管；放弃的，海关比照放弃货物办理有关手续。放弃货物要填制进口报关单。

五、无代价抵偿货物

（一）概述

1.含义

《中华人民共和国海关进出口货物征税管理办法》（以下简称《海关进出口货物征税管理办法》）规定，无代价抵偿货物是指进出口货物被海关放行后，因残损、短少、品质不良或者规格不符等原因，由进出口货物的发货人、承运人或者保险公司免费补偿或者更换的与原货物相同或者与合同规定相符的货物。

特别提醒3-43

（1）若免费补偿或更换的货物与原进出口货物不完全相同或与合同规定不完全相符，但经海关审核认为理由正当且“税则号列”（前4位编码）未发生改变的，仍属于无代价抵偿货物范围。

（2）若免费补偿或更换的货物的“税则号列”与原进出口货物不一致，则不属于无代价抵偿货物范围，应当属于一般进出口货物范围。

2.特征

（1）免予交验进出口许可证件。

（2）不征收进出口关税和进口环节海关代征税。但是，进出口与原货物或与合同规定不完全相符的无代价抵偿货物时，应当计算与原进出口货物间的税款差额：①高出原征收税款数额的，应当征收超出部分的税款。②低于原征收税款数额，原进出口货物的发货人、承运人或保险公司同时补偿货款（即退还部分货款）的，应当退还补偿货款部分的税款；未补偿货款的，不予退还。

（3）海关现场放行后，不再进行监管。

（二）报关程序

无代价抵偿大体上可以分为两种：一种是短少抵偿；一种是残损、品质不良或规格不符抵偿。二者在报关程序上有所区别，这里重点介绍一下后者。

1.残损、品质不良或规格不符货物的处理

进出口无代价抵偿货物前，应当先办理被更换的原进出口货物的有关海关手续：

（1）退运进出境（不征收进出口关税和进口环节海关代征税）。

（2）放弃，交由海关处理。

（3）不退运进出境，也不放弃。原收发货人应当缴纳进出口关税和进口环节海关代征税，属于许可证件管理的，还应当交验相应的许可证件。

2.向海关办理无代价抵偿货物进出口手续的期限

纳税义务人应当在原进出口合同规定的索赔期内且不超过原货物进出口之日起3

年，向海关申报办理无代价抵偿货物的进出口手续。

3.无代价抵偿货物报关应当提供的单证

《海关进出口货物征税管理办法》规定，纳税义务人申报进口无代价抵偿货物，应当提交买卖双方签订的索赔协议。海关认为需要时，纳税义务人还应当提交具有资质的商品检验机构出具的原进口货物残损、短少、品质不良或者规格不符的检验证明书或者其他有关证明文件。

纳税义务人申报出口无代价抵偿货物，应当提交买卖双方签订的索赔协议。海关认为需要时，纳税义务人还应当提交具有资质的商品检验机构出具的原出口货物残损、短少、品质不良或者规格不符的检验证明书或者其他有关证明文件。

六、进出境修理货物

（一）概述

1.含义

进出境修理货物，是指进出境维修后复运进境或复运出境的机械器具、运输工具等货物以及为了维修这些货物需要进出口的原材料、零部件。其具体情况见表3-34。

表3-34 进出境修理货物的具体情况

<table>
<tr><td rowspan="2">进境修理</td><td colspan="2">原出口货物进境修理</td></tr>
<tr><td colspan="2">其他货物运进境修理</td></tr>
<tr><td rowspan="3">出境修理</td><td rowspan="2">原进口货物出境修理</td><td>保修期内出境修理</td></tr>
<tr><td>保修期外出境修理</td></tr>
<tr><td colspan="2">其他货物运出境修理</td></tr>
</table>

2.特征

（1）进境维修货物免予缴纳进口关税和进口环节海关代征税，但要提供担保，并接受海关后续监管。有的货物也可以申请按保税货物办理进境手续。

（2）出境修理货物进境时，要区分以下两种情形：①在保修期内并由境外免费维修的，可以免征进口关税和进口环节海关代征税；②在保修期外或在保修期内境外维修收取费用的，应当按境外修理费和材料费审定完税价格计征进口关税和进口环节海关代征税。

（3）进出境修理货物免予交验许可证件。

（二）报关程序

1.进境修理货物

（1）进境后，收货人应当办理进口申报手续，并提供进口税款担保。

（2）在境内维修的期限为自进口之日起6个月，可以申请延长6个月。

（3）在境内维修期间受海关监管。

2.出境修理货物

（1）出境时，发货人应当办理出境申报手续。

（2）在境外维修的期限为自出境之日起6个月，可以申请延长6个月。

（3）超过规定期限复运进境的，海关要按一般进口货物征税。

七、集装箱箱体

（一）范围

集装箱箱体既是一种运输设备，又是一种货物。

集装箱箱体作为货物进出口是一次性的，而在通常情况下，是作为运输设备暂准进出境的。这里介绍的是后一种情况。

（二）报关程序

1.境内生产的集装箱及我国营运人进口的集装箱

（1）在投入国际运输前，营运人应当向其所在地海关办理登记手续。

（2）准予登记的，无论是否装载货物，准予暂时进境和异地出境，营运人无须对箱体单独向海关办理报关手续，进出境时也不受规定的期限限制。

2.境外集装箱箱体暂准进境

（1）无论是否装载货物，承运人应当对箱体单独向海关申报。

（2）应当自入境之日起6个月内复运出境。特殊情况下，营运人可以向海关申请延期，但延期最长不得超过3个月，逾期应当向海关办理进口报关纳税手续。

八、出境加工货物

（一）概述

1.含义

出境加工货物，即出料加工货物。“出境加工”是指我国境内符合条件的企业将自有的原辅料、零部件、元器件或半成品等货物委托境外企业制造或加工后，在规定的期限内复运进境并支付加工费和境外料件费等相关费用的经营活动。

2.管理

企业开展出境加工业务，应当同时符合下列要求：①信用等级达到海关要求；②不涉及国家禁止、限制进出境货物；③不涉及国家应征出口关税货物。

企业有下列情形之一的，不得开展出境加工业务：①涉嫌走私、违规，已被海关立案调查、侦查，且案件尚未审结的；②未在规定期限内核报已到期出境加工账册的。

出境加工货物不受加工贸易禁止类、限制类商品目录限制，不实行单耗管理等加工贸易相关规定。

出境加工的期限由海关根据出境加工货物的有关合同规定以及实际情况予以确定，一般为自出境之日起“6个月+3个月”。

出境加工货物未在海关允许期限内复运进境的，海关对其按照一般进出口货物的征税管理规定实施管理，将该货物出境时纳税义务人提供的税款担保转为税款；出境加工货物复运进境时，海关按照一般进口货物的征税管理规定征收进口税款。

（二）报关程序

1.备案

海关采用账册方式对出境加工货物实施监管。开展出境加工业务的企业应当向其所在地主管海关办理账册设立手续，并提交下列单证：出境加工合同、生产工艺说明、相关货物的图片或样品以及海关需要收取的其他证件和材料。

企业提交的单证齐全有效的，主管海关应当自接受企业账册设立申请之日起5个工作日内完成出境加工账册设立手续。账册核销期为1年。

办理出境加工账册设立手续时，企业应当如实申报进出口口岸，商品名称、编号、数量、规格型号、价格和原产地等；使用境外料件的，还应如实申报使用境外料件的数量、金额。账册设立内容发生变更的，企业应当在账册有效期内办理变更手续。

2.进出口报关

出境加工货物的出口和复进口应当在同一口岸。

（1）出境申报。出境加工货物从国内出口，企业填报出口货物报关单，监管方式为“出料加工”，征减免税方式为“全免”。

纳税义务人在办理出境加工货物的出口申报手续时，应当向海关提交该货物的委托加工合同；出境加工货物属于征收出口关税的商品的，纳税义务人应当向海关提供出口税款担保。

出境加工货物因品质或规格等原因需退运的，企业应当按退运货物（监管代码4561）的有关规定在账册核销周期内办理；出境加工货物超过退运期限或账册核销周期再复运进境的，企业应当按一般贸易管理规定办理进口手续。

（2）进境申报。出境加工货物从国外加工完毕后复进口时，企业填报进口货物报关单，监管方式为“出料加工”，“商品编号”栏按实际报验状态填报。每一项复进口货物分列两个商品项填报：一项申报所含原出口货物价值，商品数量填写复进口货物实际数量，征减免税方式为“全免”；另一项申报境外加工费、料件费、复运进境的运输及其相关费用和保险费等，商品数量为0.1，征减免税方式为“照章征税”。

特别提醒3-44

纳税义务人在办理出境加工货物复运进境的进口申报手续时，应当向海关提交该货物的加工发票等相关单证。

3.核销

出境加工账册按以下方式进行核销：

（1）出境加工账册采取企业自主核报、自动核销模式，企业应自出境加工账册核销期结束之日起30日内向主管海关核报出境加工账册。

（2）出境加工货物因故无法按期复运进境的，企业应当及时向主管海关书面说明情况，海关据此核扣复运进境商品数量。

（3）对逾期不向海关核报出境加工账册的，海关可通过电子公告牌等方式联系企业进行催核；催核后仍不核报的，海关可直接对账册进行核销。

（4）对于账册不平衡等异常情况，企业应当作出说明并按具体情况办结相应海关手续后予以核销；需要删改报关单的，企业应当按《海关进出口货物报关单修改和撤销管理办法》办理。

九、溢卸货物和误卸货物

（一）概述

1. 含义

溢卸货物，是指多于进口载货清单、提单或运单所列数量卸下的货物。

误卸货物，是指将运往境外或境内其他港口（车站）而在本港（站）卸下的货物。

2. 管理

（1）由原运输工具负责人自该运输工具卸货之日起3个月内，向海关办理直接退运出境手续；或者由该货物的收发货人自该运输工具卸货之日起3个月内，向海关办理退运出境或者申报进口手续。

经原运输工具负责人或者该货物的收发货人申请，海关批准，可以延期3个月办理退运出境或者申报进口手续。

（2）超出规定期限，未办理退运出境或申报进口手续的，由海关提取依法变卖处理。

（3）进口货物的收货人或其所有人声明放弃的进口货物，由海关提取依法变卖处理。国家禁止或者限制进口的废物、对环境造成污染的货物不得声明放弃。

（4）属于危险品或者鲜活、易腐、易烂、易失效、易变质、易贬值等不宜长期保存的货物的，海关可以根据实际情况，提前提取依法变卖处理。

（二）报关程序

溢卸货物和误卸货物的报关程序要视处置情形而定，见表3-35。

表3-35　**溢卸货物和误卸货物的报关程序**

处置情形	报关情况
退运境外	能提供发货人或承运人书面证明文书的，可办理直接退运手续
溢短相补	运输工具负责人要求将溢卸货物抵补短卸货物的： （1）应当限于同一运输工具、同一品种的货物。 （2）非同一运输工具或同一运输工具非同一航次之间抵补的，只限于同一运输公司、同一发货人、同一品种的货物。 （3）由短卸货物原收货人按“无代价抵偿货物”的报关程序办理进口手续
物归“原主”（误卸货物）	（1）指运境外港口、车站的误卸货物，可按转运货物报关程序转运至境外。 （2）指运境内港口、车站的误卸货物，可由原收货人就地向进境地海关办理进口申报手续，也可以经进境地海关同意办理转关运输手续
就地进口（溢卸货物）	（1）原收货人按一般进口货物向进境地海关办理进口申报手续。 （2）属于许可证管理的，应当提供有关的许可证件
境内转售	（1）适用情况：原收货人不接受且不办理退运手续。 （2）由购货单位向海关办理相应的进口手续

十、退运货物

（一）概述

退运货物，是指已经进出境，因各种原因造成需退运进口或退运出口的货物。其包括一般退运货物和直接退运货物。

（1）一般退运货物：办结海关放行手续后，需退运进口或退运出口的货物。

（2）直接退运货物：办结海关放行手续前，进口货物的收发货人或原运输工具负责人申请退运境外，或海关责令退运境外的全部或部分货物。

特别提醒3-45

进口转关货物在进境地海关放行后，当事人申请办理退运手续的，不属于“直接退运货物”，应当按“一般退运货物”办理退运手续。

（二）一般退运货物

一般退运货物分为一般退运进口货物和一般退运出口货物。

1.一般退运进口的海关手续

（1）报关。一般退运进口货物的报关首先要由原发货人填写进口报关单向海关申报，并提供原出口报关单信息。如果原出口货物已收汇，在办理报关手续时还要向海关提交“出口商品退运已补税证明”。若出口货物部分退运进口，海关应当在原出口报关单上批注退运的实际数量、金额后退回企业并留存复印件。

（2）税收。因品质或者规格原因，出口货物自出口放行之日起1年内原状退货复运进境的，纳税义务人在办理进口申报手续时，应当按照规定提交有关单证和证明文件。经海关确认后，对复运进境的原出口货物不予征收进口关税和进口环节海关代征税。

已缴纳出口关税的出口货物，因品质或者规格原因原状退货复运进境，并且已重新缴纳因出口而退还的国内环节有关税收的，纳税义务人自缴纳税款之日起1年内，可以向海关申请退税。纳税义务人向海关申请退税时，应当提交下列材料：退税申请书、收发货人双方关于退货的协议和税务机关重新征收国内环节税的证明。

2.一般退运出口的海关手续

（1）报关。一般退运出口货物的报关首先由原收货人填写出口报关单申报出境，并提供原进口时的进口报关单、“保险公司证明或承运人溢装、漏卸的证明”等有关资料；经海关核实无误后，验放有关货物出境。

（2）税收。因品质或者规格原因，进口货物自进口放行之日起1年内原状退货复运出境的，纳税义务人在办理出口申报手续时，应当按照规定提交有关单证和证明文件。经海关确认后，对复运出境的原进口货物不予征收出口关税。

已缴纳税款的进口货物，因品质或者规格原因原状退货复运出境的，纳税义务人自缴纳税款之日起1年内，可以向海关申请退税。纳税义务人向海关申请退税时，应当提交下列材料：退税申请书和收发货人双方关于退货的协议。

（三）直接退运货物

1.当事人申请直接退运的货物

（1）范围。《中华人民共和国海关进口货物直接退运管理办法》（以下简称《海关进口货物直接退运管理办法》）规定，有下列情形之一的，当事人可以向海关申请办理直接退运手续：①因国家贸易管理政策调整，收货人无法提供相关证件的；②属于错发、误卸或溢卸货物，能提供发货人或承运人书面证明文书的；③收发货人双方协商一致同意退运，能提供双方同意退运的书面证明文书的；④有关贸易发生纠纷，能提供判决书、仲裁决定书或有效货物所有权凭证的；⑤货物残损或者检验检疫不合格，能够提供相关检验证明文书的。

对海关已经确定布控、查验或者认为有走私违规嫌疑的货物，不予办理直接退运；布控、查验或者案件处理完毕后，按照海关的有关规定处理。

（2）报关程序。办理直接退运手续的进口货物未向海关申报的，当事人应当向海关提交“进口货物直接退运表”以及证明进口实际情况的合同、发票、装箱清单、提运单或者载货清单等相关单证、证明文书，按照规定填制报关单，办理直接退运的申报手续。

办理直接退运手续的进口货物已向海关申报的，当事人应当向海关提交“进口货物直接退运表”，先行办理报关单或者转关单删除手续。海关依法删除原报关单或者转关单数据的，当事人应当按规定填制报关单，办理直接退运的申报手续。

进出口报关单的填制应当符合下列要求：“监管方式”栏均填写“直接退运”（代码4500）；“备注”栏填写“进口货物直接退运表”编号。

2.海关责令直接退运的货物

（1）范围。《海关进口货物直接退运管理办法》规定，有下列情形之一的，由海关责令当事人将进口货物直接退运境外：①货物属于国家禁止进口的货物，已经海关依法处理的；②违反国家检验检疫政策、法规，已经海关依法处理的；③未经许可擅自进口属于限制进口的固体废物，已经海关依法处理的；④违反国家有关法律、行政法规规定，应当责令直接退运的其他情形。

对需要责令退运的，由海关向当事人制发“海关责令进口货物直接退运通知书”（以下简称“责令直接退运通知书”）。当事人自收到“责令直接退运通知书”之日起30日内，应当按照海关的要求向货物所在地海关办理进口货物直接退运的申报手续。

特别提醒3-46

（2）报关程序。其与当事人申请退运的报关程序基本一致。进出口报关单的填制应当符合下列要求：“监管方式”栏均填写“直接退运”（代码4500）；“备注”栏填写“责令直接退运通知书”编号。

十一、退关货物

（一）含义

退关货物又称出口退关货物，是指向海关申报出口并获准放行，但因故未装运出口，经发货单位请求，退运出海关监管区域不再出口的行为。

（二）海关手续

（1）发货人应当在得知出口货物未装上运输工具，并决定不再出口之日起3天内，向海关申请退关。

（2）经海关核准且撤销出口申报后，方能将货物运出海关监管作业场所。

（3）对已缴纳的出口税费，可以自缴税之日起1年内，向海关申请退税。

（4）在办理退关手续后，海关对所有单证予以注销，并删除有关报关电子数据。

十二、放弃货物

（一）概述

1.含义

放弃货物，又称放弃进口货物，是指进口货物的收货人或其所有人声明放弃，由海关提取依法变卖处理的货物。

2.范围

放弃货物的范围包括：①未办结海关手续的一般进口货物；②保税货物；③在监管期内的特定减免税货物；④暂准进境货物；⑤其他没有办结海关手续的进境货物。

国家禁止或限制进口的废物、对环境造成污染的货物不得声明放弃。

（二）处理

（1）变卖所得价款，要优先拨付变卖处理实际支出的费用，然后扣除运输、装卸、储存等费用；不足以支付运输、装卸、储存等费用的，按比例支付。

（2）变卖价款扣除相关费用后尚有余款的，上缴国库。

十三、超期未报关货物

（一）概述

1.含义

超期未报关货物，是指在规定的期限内未办结海关手续的海关监管货物。

2.范围

超期未报关货物的范围见表3-36。

表3-36 **超期未报关货物的范围**

货物种类	超期情况
进口货物	自运输工具申报进境之日起，超过3个月未向海关申报
溢卸货物 误卸货物	在海关批准的延长期（3个月）满仍未办结海关手续
保税货物	超过规定期限（3个月）未办理复运出境等手续
暂准进境货物	超过规定期限（3个月）未办理复运出境等手续
过境、转运和通运货物	超过规定期限（3个月）未运输出境

（二）处理

（1）变卖所得价款，在优先拨付检验检疫费用与变卖处理实际支出的费用后，按以下顺序扣除相关费用和税款，不足以支付同一顺序相关费用的，按比例支付：①运输、装卸、储存等费用；②进口关税；③进口环节海关代征税；④滞报金（收货人申请返还余款才扣）。

（2）扣除相关费用和税款后，尚有余款的，自货物变卖之日起1年内，经进口货物收货人申请，予以返还。但是，要注意以下三点：①属于许可证管理的商品，但不能提供许可证件的，不予返还；②不符合收货人资格、不能证明其对货物享有权利的，不予受理；③逾期无人申请、申请不予受理或不予返还的，余款上缴国库。

（3）符合返还余款资格的申请人，应当按海关规定，补办进口申报手续。

第六节　海关监管货物的特殊申报程序

一、进出境快件申报程序

（一）快件概述

1.含义

进出境快件，是指进出境快件运营人以向客户承诺的快速商业运作方式承揽、承运的进出境货物、物品。

进出境快件运营人，是指在中国境内依法注册、在海关登记备案的从事进出境快件运营业务的国际货物运输代理企业。

2.分类

（1）文件类进出境快件：法律、法规规定予以免税且无商业价值的文件、单证、票据及资料。

（2）个人物品类进出境快件：海关法规规定自用、合理数量范围内进出境的旅客分离运输的行李物品、亲友间相互馈赠物品和其他个人物品。

（3）货物类进出境快件：文件类、个人物品类进出境快件以外的快件。

（二）报关程序

1.申报

（1）申报时间。应当在海关正常办公时间内进行；否则，需事先征得海关的同意。

（2）申报期限。进境快件自运输工具申报进境之日起14日内，出境快件在运输工具离境3小时之前，应当向海关申报。

（3）申报单证。不同的进出境快件申报时，运营人需要向海关提供不同的单证，见表3-37。

表3-37　　　**进出境快件需提供的申报单证**

<table>
<tr><th colspan="2">快件种类</th><th>运营人应当提供的单证</th></tr>
<tr><td colspan="2">文件类</td><td>“中华人民共和国海关进出境快件KJ1报关单”、总运单（副本）和海关需要的其他单证</td></tr>
<tr><td colspan="2">个人物品类</td><td>“中华人民共和国海关进出境快件个人物品申报单”、每一进出境快件的分运单、进境快件收件人或出境快件发件人身份证件影印件和海关需要的其他单证</td></tr>
<tr><td rowspan="4">进境货物类</td><td>关税税额在人民币50元以下的</td><td rowspan="2">“中华人民共和国海关进出境快件KJ2报关单”、每一进境快件的分运单、发票和海关需要的其他单证</td></tr>
<tr><td>海关准予免税的货样、广告品</td></tr>
<tr><td>海关应予征税的货样、广告品（实行许可证管理、需进口付汇的除外，按“其他进境快件”处理）</td><td>“中华人民共和国海关进出境快件KJ3报关单”、每一进境快件的分运单、发票和海关需要的其他单证</td></tr>
<tr><td>其他进境的货物类快件</td><td>按进口货物的报关程序提交申报单证</td></tr>
<tr><td rowspan="2">出境货物类</td><td>货样、广告品（免税、免费）（实行许可证管理、应征出口税、需出口收汇、需出口退税的除外，即按“其他出境快件”处理）</td><td>“中华人民共和国海关进出境快件KJ2报关单”、每一出境快件的分运单、发票和海关需要的其他单证</td></tr>
<tr><td>其他出境的货物类快件</td><td>按出口货物报关程序提交申报单证</td></tr>
</table>

2.查验

海关查验时，运营人应派员到场，并负责进出境快件的搬移、开拆、封装。

海关对进出境快件中的个人物品实施开拆查验时，运营人应当通知其收件人或出境快件的发件人到场；收件人或发件人不能到场的，运营人应当向海关提交其委托书，代理收/发件人的义务，并承担相应的法律责任。海关认为必要时，可对进出境快件径行开验、复验或提取货样。

二、管道运输货物申报程序

（一）管道运输货物概述

1.含义

管道运输货物，是指通过跨境管道运输方式进口的原油、天然气。

2.管理

（1）在办结申报、纳税及其他海关手续前，属于海关监管货物，未经海关许可，不得进行销售、抵押、质押或者进行其他处置。

（2）实行定期申报制度。办理定期申报的收货人应当向海关提供有效担保。经海关批准，办理定期申报的收货人也可以按照《中华人民共和国海关事务担保条例》的有关规定，向海关申请适用管道运输进口能源定期申报总担保。

（3）管道经营单位接收和复运出境清管器等设备的，应当按照暂时进出境货物的相关管理规定办理海关手续，接受海关监管。

（二）报关程序

1.申报

（1）申报期限。经海关批准，管道运输的收货人应当在每月1日至14日期间向海关定期申报上月进口能源，并缴纳相应税款。超期未向海关申报的，海关依法征收滞报金。

管道运输货物按照海关接受该货物申报进口之日适用的税率、汇率计征税款。

特别提醒3-47

对于不同国别的原产地混合运输的能源，收货人应当按照定期申报时间段内不同国别的原产地能源的进口数量分别向海关申报。海关在审核确定进口能源原产地时，可以要求收货人提交原产地证明或者其他足以证明能源原产地的材料，并予以审验。

（2）申报单证。收货人向海关办理申报手续时，除按照规定提交进口货物报关单外，还应当同时向海关提交管道经营单位出具的入境计量报告、相应的许可证件以及海关要求的其他单证。

2.查验及其他海关监管手续

（1）海关可以对跨境管道的管线设施和计量设备的旁通出口、流量器、流量计算机柜及其他关键部门施加封志。

（2）管道经营单位应当向海关传输计量站计量电子数据，并向海关报送相应时段的纸质入境计量报告。

（3）海关认为必要时，可以按规定提取管道运输货物样品进行化验。

三、进出境货物集中申报程序

（一）概述

1.含义

集中申报，是经海关备案，收发货人在同一口岸多批次进出口规定范围内的货物，可先以进出境货物集中申报清单申报货物进出口，再以报关单集中办理海关手续的特殊通关方式。

2.范围

（1）适用集中申报方式的情形：①图书、报纸、期刊类出版物等时效性较强的货物；②危险品或鲜活、易腐、易失效等不宜长期保存的货物；③公路口岸进出境的保税货物。

（2）不适用集中申报方式的情形：①涉嫌走私或违规，正在被海关立案调查的收发货人进出口货物；②因侵犯知识产权被海关依法给予行政处罚的收发货人进出口货物；③适用C类或D类管理类别的收发货人进出口货物。

3.管理

（1）备案管理。

第一，备案地点。收发货人应当在货物所在地海关办理集中申报备案手续，加工贸易企业应当在主管地海关办理集中申报备案手续。

第二，备案单证与备案担保。收发货人申请办理集中申报备案手续的，应当向海关提交“适用集中申报通关方式备案表”（以下简称“备案表”），同时提供符合海关要求的担保；担保有效期最短不得少于3个月。

海关应当对收发货人提交的“备案表”进行审核。经审核，符合相关规定的，核准其备案。

第三，备案有效期。在备案有效期内，收发货人可以适用集中申报通关方式。备案有效期限按照收发货人提交的担保有效期核定。

第四，备案变更、延期和终止。申请适用集中申报通关方式的货物，担保情况等发生变更时，收发货人应当向原备案地海关书面申请变更。

备案有效期届满可以延续。收发货人需要继续适用集中申报方式办理通关手续的，应当在备案有效期届满10日前向原备案地海关书面申请延期。

（2）报关管理。收发货人可以委托B类及以上管理类别的报关企业办理集中申报有关手续。

（3）停止适用集中申报通关方式的情形。收发货人有下列情形之一的，停止适用集中申报通关方式：①担保情况发生变更，不能继续提供有效担保的；②涉嫌走私或者违规，正在被海关立案调查的；③进出口侵犯知识产权货物，被海关依法给予行政处罚的；④海关分类管理类别被降为C类或者D类的。

收发货人可以在备案有效期内主动申请终止适用集中申报通关方式。

（二）申报程序

进出境货物的集中申报程序分为两大步：先以进出境货物集中申报清单申报，再以进出口报关单集中申报。具体申报程序如图3-4所示。

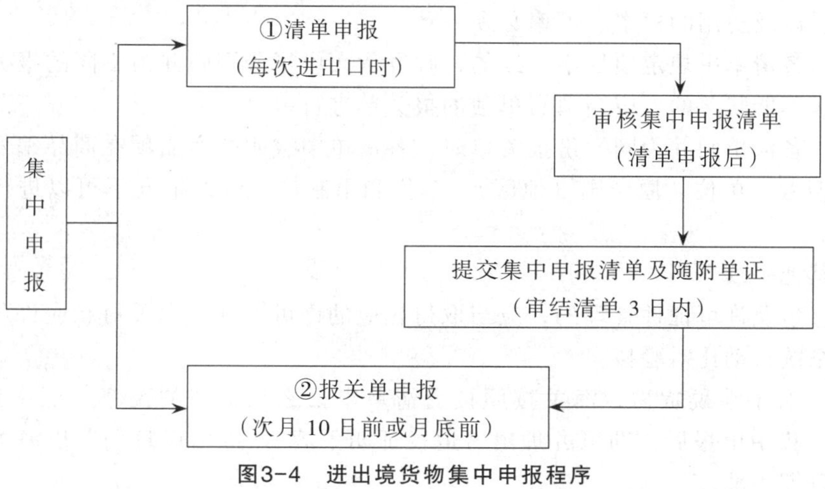

图3-4　进出境货物集中申报程序

1.清单申报

（1）申报时间。对于进口货物，自运输工具申报进境之日起14日内。14日后申报进口的，不适用集中申报通关方式，应当以报关单向海关申报。

对于出口货物，申报时间为运抵海关监管区后、装货的24小时前。

（2）申报单证。对于进口货物，填制“中华人民共和国海关进口货物集中申报清单”；对于出口货物，填制“中华人民共和国海关出口货物集中申报清单”。

收发货人在清单申报后修改或者撤销申报清单的，参照进出口货物报关单修改和撤销的相关规定办理。

（3）审核集中申报清单。当事人电子申报后，海关对集中申报清单电子数据进行审核，若发现与备案数据不一致，应予以退单。凡被退单的，收发货人应当以报关单方式向海关申报。

（4）提交集中申报清单及随附单证。收发货人应当自海关审结集中申报清单电子数据之日起3日内，持集中申报清单及随附单证到货物所在地海关办理交单验放手续。属于许可证件管理的，还应当取得相应的许可证件，海关应当在相关证件上批注并保留复印件。

收发货人未在规定期限内办理相关手续的，海关将删除集中申报清单电子数据，企业应当重新向海关申报。重新申报日期超过运输工具申报进境之日起14日的，应当以报关单方式申报。

2.报关单申报

（1）集中申报的期限。收发货人应当对1个月内以“集中申报清单”申报的数据进行归并，填制进出口货物报关单（一般贸易货物在次月10日之前、保税货物在次月底之前），到海关办理集中申报手续。

一般贸易货物集中申报手续不得跨年度办理。

（2）报关单填制要求。

第一，“集中申报清单”归并为同一份报关单的，各清单中的进出境口岸、经营单位、境内收发货人、贸易方式（监管方式）、启运国（地区）、装货港、运抵国（地区）、运输方式栏以及适用的税率、汇率必须一致。

第二，各清单中规定项目不一致的，收发货人应当分别归并为不同的报关单进行申报。对确实不能归并的，应当填写单独的报关单进行申报。

第三，各清单归并为同一份报关单时，各清单中载明的商品项在商品编号、商品名称、规格型号、单位、原产国（地区）、单价和币制均一致的情况下可以进行数量和总价的合并。

（3）其他手续。

第一，涉及许可证件管理的，应当取得相应的许可证件。海关对相应许可证件电子数据进行系统自动比对验核。

第二，对于涉税货物，海关按照接受清单申报之日实施的税率、汇率计征税费。

第三，集中申报后，即可办理出口退税证明手续。“进出口日期”以海关接受报关单申报的日期为准。

四、海关监管货物转关申报程序

（一）转关的含义、条件

1.转关的含义

转关，是指海关监管货物在海关监管下，从一个海关运至另一个海关办理某项海关手续的行为。其具体包括三种情况，见表3-38。

表3-38　**转关的三种情况**

	含义
进口转关	货物由进境地入境，向海关申请运往指运地进口报关
出口转关	货物在启运地出口报关后运往出境地，由出境地海关监管出境
境内监管货物的转关	已经办理入境手续的海关监管货物，从境内一个设关地点运往境内另一个设关地点报关
三种转关情况的一个共同点是报关、纳税地都不在进出境地，而是在进口商品的指运地或出口商品的启运地，境内转关的报关地在转入地（相当于进口商品的指运地）	

2.转关的条件

（1）转关货物的指运地或启运地必须设有海关。海关对转关货物的查验，由指运地或者启运地海关实施。进出境地海关认为必要时也可以查验或者复验。

特别提醒3-48

（2）转关货物应当由已经在海关注册登记的承运人承运。海关对转关限定路线范围，限定途中运输时间，承运人应当按海关的要求将货物运抵指定场所。海关根据工作需要，可以派员押运转关货物，货物收发货人或其代理人、承运人应当提供方便。

（3）转关货物的指运地或启运地应当设有经海关批准的海关监管作业场所。转关货物的存放、装卸、查验应当在海关监管作业场所内进行。特殊情况需要在海关监管作业场所以外存放、装卸、查验货物的，应当事先向海关提出申请，海关按照规定监管。

（二）转关的方式及其申报程序

转关有三种方式，即提前报关转关、直转转关和中转转关。

1.提前报关转关

（1）进口提前报关转关。它是指先在指运地海关电子申报，再到进境地海关办理进口转关手续（在货物运抵指运地前先申报）。其申报程序如图3-5所示。

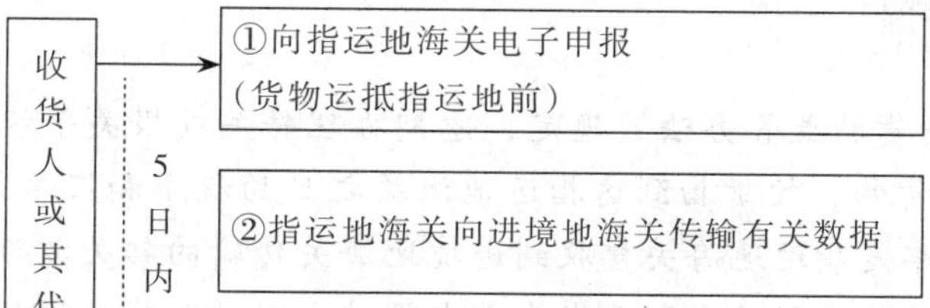

图3-5　进口提前报关转关申报程序

特别提醒3-49

《中华人民共和国海关关于转关货物监管办法》（以下简称《海关关于转关货物监管办法》）规定，提前报关的进口转关货物应当自电子数据申报之日起5日内，向进境地海关办理转关手续。超过期限仍未到进境地海关办理转关手续的，指运地海关撤销提前报关的电子数据。

（2）出口提前报关转关。它是指货物运抵启运地海关监管作业场所前，在启运地海关先电子申报，运抵海关监管作业场所后，再办理出口转关手续，最后到出境地海关办理出境手续。其申报程序如图3-6所示。

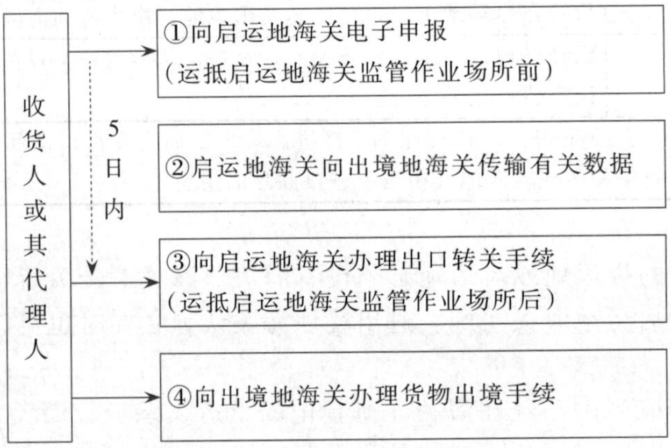

图3-6 出口提前报关转关申报程序

特别提醒3-50

2. 直转转关

（1）进口直转转关。它是指先在进境地海关办理转关手续，货物运抵指运地后，再在指运地海关办理报关手续。其申报程序如图3-7所示。

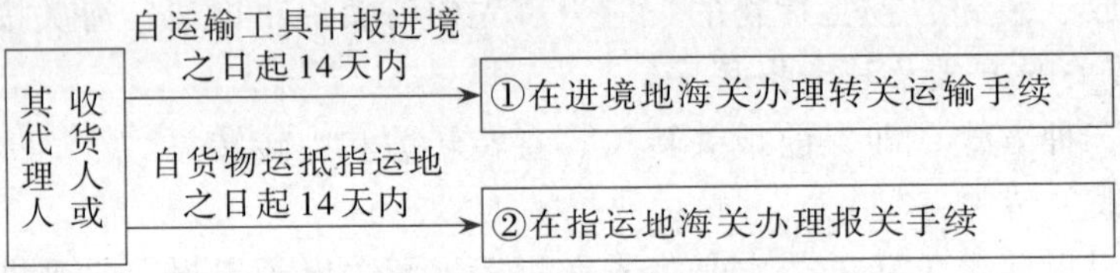

图3-7 进口直转转关申报程序

特别提醒3-51

《海关关于转关货物监管办法》规定，逾期办理转关或报关手续的，按照规定征收滞报金。进口转关货物，按货物到达指运地海关之日的税率和汇率征税。提前报关的，其适用的税率和汇率是指运地海关接收到进境地海关传输的转关放行信息之日的税率和汇率。如果货物运输途中税率和汇率发生重大调整，以转关货物运抵指运地海关之日的税率和汇率计算。

（2）出口直转转关。它是指货物运抵启运地海关监管作业场所后，在启运地海关先申报，然后再在启运地海关办理出口转关手续，最后到出境地海关办理出境手续。其申报程序如图3-8所示。

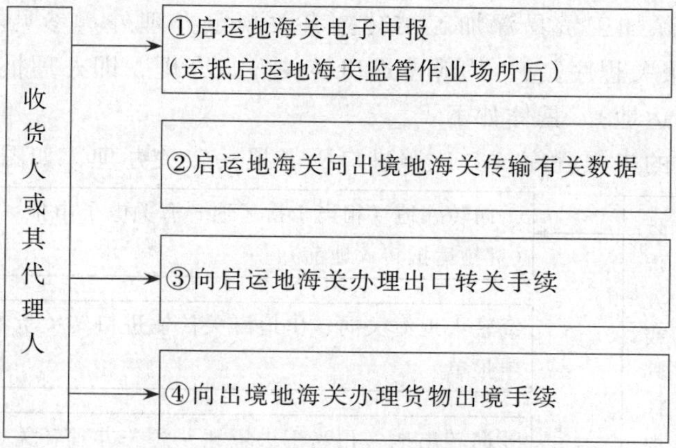

图3-8　出口直转转关申报程序

3.中转转关

（1）进口中转转关。它是指持全程提运单、需换装境内运输工具的进口中转货物，先由收货人向指运地海关办理进口申报手续，再由境内承运人向进境地海关办理转关运输手续。其申报程序如图3-9所示。

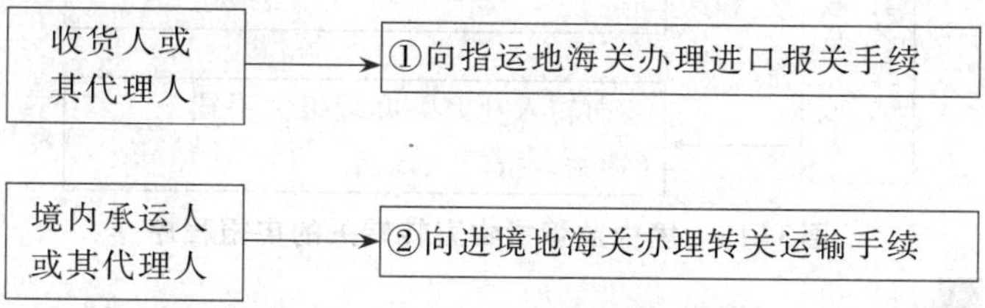

图3-9　进口中转转关申报程序

（2）出口中转转关。它是指持全程提运单、需换装境内运输工具的出口中转货物，先由发货人向启运地海关办理出口申报手续，再由境内承运人向启运地海关办理转关手续，并到出境地海关办理出境手续。其申报程序如图3-10所示。

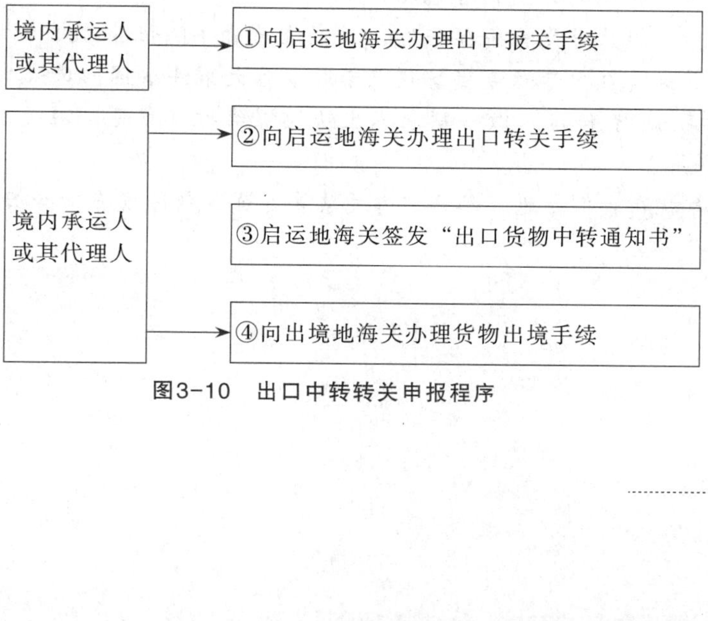

图3-10　出口中转转关申报程序

4.境内监管货物的转关

境内监管货物的转关运输（由关境内一设关地点转运到另一设关地点应当受海关监管的货物运输），除加工贸易深加工结转按有关规定办理外（参见本书第三章第二节“保税货物的报检报关程序”），均应按进口转关方式办理，即办理报关手续的地点均在转入地（相当于指运地）。具体如下：

（1）提前报关的申报程序。其比照进口提前报关转关办理，如图3-11所示。

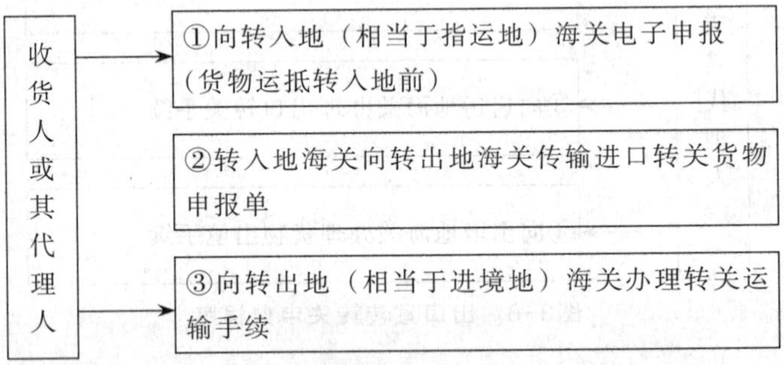

图3-11　境内监管货物提前报关转关的申报程序

（2）直转报关的申报程序。其比照进口直转转关办理，如图3-12所示。

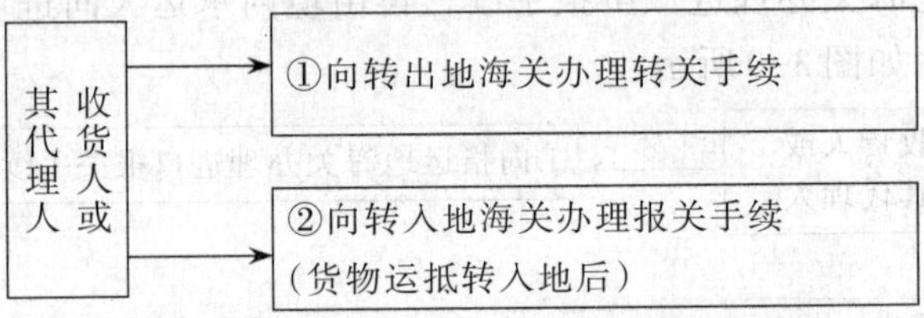

图3-12　境内监管货物直转转关的申报程序

拓展阅读3-1

“爱岗敬业”海关在行动

阅读资料3-4

雷锋 就在我们身边

为了统筹推进口岸疫情防控和促进外贸稳增长，海关总署先后出台了很多“新政”（包括“政策文件”或“指导意见”等）助力企业发展。本章“拓展阅读”内容包括：

（1）海关青年奋斗路|打造高素质青年队伍 护航首都发展（参见“海关总署首页＞专题专栏＞热点专题＞重大事件＞国门风采＞国门风景线”）。

（2）“学习 践行 传承”做一颗永不生锈的螺丝钉（参见“海关总署首页＞新闻发布＞今日海关”）。

（3）雷锋 就在我们身边（参见“海关总署首页＞新闻发布＞今日海关”）。

第四章

进出口税费

知识目标

（1）了解进出口税费的概念和组成；

（2）了解进出口货物原产地的确定和进出口税收减免政策；

（3）掌握进出口货物完税价格的确定方法；

（4）掌握进出口税费征收等。

能力目标

（1）能够进行进出口货物完税价格的计算；

（2）能够进行进出口税费的计算等。

思政目标

将“诚实守信”作为本章课程学习的思政教育主题，通过教学组织、课堂互动、思政专栏和拓展阅读等环节或栏目的学思践悟，帮助学生树立诚信申报、杜绝逃税漏税的意识，理解国家征收进出口税费的意义，认识到进出口税费征收价格审定、征免政策执行等的重要性，培养学生诚信守法的意识。

第一节　进出口税费概述

进出口税费，是指由海关依法征收的关税、消费税、增值税、船舶吨税等税费。其征收的法律依据是各国的海关法、进出品关税条例以及其他有关法律、行政法规。

一、关税

动画视频4-1

关税

（一）关税的含义

关税，是由海关代表国家对进出关境的货物和物品征收的一种流转税。

（二）关税的构成要素

1.关税征税主体

关税征税主体，即关税的征收主体。我国行使征收关税职能的国家机关是海关。

2.关税征收对象

关税征收对象，即关税的征收客体。关税征收对象为进出关境的货物和物品。

3.关税纳税义务人

关税纳税义务人，即关税纳税人或关税纳税主体，我国关税的纳税义务人是进出口货物的收发货人、进出境物品的所有人。

以下情形相关责任人应当承担缴纳税款的责任：

（1）在直接代理报关情况下，因报关企业违反规定而造成海关少征、漏征税款的，报关企业对少征或漏征的税款、滞纳金与纳税义务人承担纳税的连带责任。

（2）在间接代理报关情况下，报关企业与纳税义务人承担纳税的连带责任。

（3）除不可抗力外，在保管海关监管货物期间，海关监管货物损毁或灭失的，保管义务人应当承担相应的纳税责任。

（4）欠税的纳税义务人有合并、分立情形的，在合并、分立前，应当向海关报告，依法缴清税款。纳税义务人合并时未缴清税款的，由合并后的法人或其他组织继续履行未履行的纳税义务；纳税义务人分立时未缴清税款的，分立后的法人或其他组织对未履行的纳税义务承担连带责任。

（5）纳税义务人在减免税货物、保税货物监管期间，有合并、分立或其他资产重组情形的，应当向海关报告。按规定需要缴税的，应当依法缴清税款；按规定可以继续享受减免税、保税待遇的，应当到海关办理变更纳税义务人的手续。

（6）纳税义务人欠税，或在减免税货物、保税货物监管期间有撤销、解散、破产或其他依法终止经营情形的，应当在清算前向海关报告。海关应当依法对纳税义务人的应缴税款予以清缴。

特别提醒4-1

海关总署公告2018年第194号规定，跨境电子商务零售进口商品消费者（订购人）为纳税义务人。在海关注册登记的跨境电子商务平台企业、物流企业或申报企业作为税款的代收代缴义务人，代为履行纳税义务，并承担相应的补税义务及相关法律责任。

（三）关税的分类

1.按货物流向，关税可分为进口关税、出口关税和过境关税

（1）进口关税。它是一国（地区）海关对进境货物和物品征收的关税。这是关税中最主要的一种。

（2）出口关税。它是一国（地区）海关以出境货物、物品为课税对象所征收的关税。为鼓励出口，世界各国一般不征收出口关税或仅对少数商品征收出口关税。征收出

口关税的主要目的是限制和调控某些商品的过度、无序出口，特别是防止本国一些重要自然资源和原材料的无序出口。

（3）过境关税。它亦称通过税，是一国（地区）海关对通过其关境的外国货物所征收的一种关税。征收过境关税的目的是增加财政收入。目前，过境关税已很少见，大多采取税款担保形式操作，以保障过境货物依法原状运出关境。

2.按计征标准或计税方法，关税可分为从价税、从量税、复合税、滑准税

从价税、从量税、复合税和滑准税的含义及其适用范围见表4-1。

表4-1 关税的计征方法

	含义	适用范围
从价税	以货物、物品的价格为计税标准 从价税=完税价格×从价税率	适用于大部分商品
从量税	以货物、物品的计量单位为计税标准 从量税=计量单位总额×从量税率	石油原油、啤酒、胶卷、冻鸡等
复合税	同时使用从价、从量两种标准计税，是计税时按两者之和征收的关税	完税价格高于2 000美元/台的磁带录像机、磁带放像机；完税价格高于5 000美元/台的非特种用途的电视摄像机等进口商品
滑准税	按产品的价格高低分档制定若干不同的税率。当商品价格上涨时采用较低税率，当价格下跌时则采用较高税率	配额外进口棉花

目前，我国只对关税配额外进口的一定数量的棉花（税号：5201.0000）实行滑准税。确定滑准税暂定关税税率的具体方式为：①当进口棉花的完税价格≥14元/千克时，按0.280元/千克计征从量税；②当进口棉花的完税价格＜14元/千克时，暂定关税税率按下述公式计算：

$$R_i=9.0\div P_i+2.69\%\times P_i-1$$

其中，P_i为关税完税价格，单位为元/千克；R_i为暂定关税税率，计算结果小数点后第4位四舍五入，保留前3位小数，$R_i\leq 40\%$（高于40%时，取40%）。

3.按是否施惠，关税可分为普通关税、优惠关税

（1）普通关税。它又称一般关税，是对与本国没有签署贸易或经济互惠等友好协定的国家（地区）原产的货物征收的非优惠关税。目前，我国对少数与我国没有外交关系且不属于世界贸易组织成员的国家（地区）的进口货物适用普通税率。此外，对于无法判明原产地的货物，适用普通税率。

（2）优惠关税。它是指对来自特定国家（地区）的进口货物在关税方面给予优惠待遇，按比普通关税税率低的税率征收的关税。其一般包括以下4种：

第一，最惠国待遇关税。原产于共同适用最惠国待遇条款的世界贸易组织成员的进口货物、原产于与我国签订含有相互给予最惠国待遇条款的双边贸易协定的国家（地

区）的进口货物，以及原产于我国关境内的进口货物，适用最惠国待遇关税。

第二，协定优惠关税。原产于与我国签订含有关税优惠条款的区域性贸易协定的国家（地区）的进口货物，适用协定税率。目前，我国对亚太、东盟、《内地与香港关于建立更紧密经贸关系的安排》（以下简称《香港CEPA》）、《内地与澳门关于建立更紧密经贸关系的安排》（以下简称《澳门CEPA》）、《海峡两岸经济合作框架协议》、秘鲁、新加坡、智利、巴基斯坦、新西兰、哥斯达黎加等自由贸易协定或优惠安排项下的进口货物适用协定优惠关税。

第三，特定优惠关税。它又称特惠关税，原产于与我国签订含有特殊关税优惠条款的贸易协定的国家（地区）的进口货物，适用特惠税率。截至2022年5月，我国对孟加拉国、老挝、缅甸、柬埔寨、埃塞俄比亚等共44个国家的部分进口商品实施特惠关税。

第四，普遍优惠制关税。它是发达国家对进口原产于发展中国家的工业制成品、半制成品和某些初级产品降低或取消进口关税的一种关税优惠。我国是发展中国家，对进口货物不存在普惠税率。

4.按是否根据税则征收，关税可分为正税和附加税

（1）正税。它是按我国《进出口税则》中的进口税率征收的关税。正税具有规范性、相对稳定性的特点，包括从价税、从量税、复合税和滑准税4种进口关税。

（2）附加税。它是国家由于特定需要，对货物除征收正税之外另行征收的关税，一般具有临时性特点。附加税包括以下几种：

第一，反倾销税。它是为抵制外国商品倾销进口、保护国内相关产业而征收的一种进口附加税。我国目前征收的进口附加税主要是反倾销税。

根据我国《反倾销条例》的规定，征收反倾销税必须同时具备两个条件：进口产品以低于其正常价值出口到我国，即进口产品存在倾销行为；倾销行为对我国相关企业造成实质性损害。

第二，反补贴税。它是为抵消进口商品在制造、生产和输出时直接或间接接受的任何奖金或补贴而征收的一种进口附加税。

根据我国《反补贴条例》的规定，征收反补贴税必须同时具备两个条件：出口国（地区）政府或任何公共机构为接受者提供带来利益等的财政资助以及任何形式的收入或价格支持，即进口产品存在补贴行为；补贴行为对已经建立的国内产业造成实质损害或产生实质损害威胁，或对建立国内产业造成实质阻碍。

世界贸易组织不准其成员方在一般情况下随意征收附加税，只有符合世界贸易组织反倾销、反补贴等有关规定的，才可以征收。而且，反倾销税或反补贴税的税额不得超出倾销或补贴的幅度。

第三，保障措施关税。它是因进口产品数量增加，对生产同类产品或直接竞争产品的国内产业造成严重损害或严重威胁而征收的关税。保障措施关税分为临时保障措施关税和最终保障措施关税两类。其不分国别，对来自所有国家和地区的同一产品，一般只适用一个税率。

根据我国《保障措施条例》的规定，保障措施关税由商务部提出建议，国务院关税

税则委员会作出决定，海关负责征收。

第四，报复性关税。它是指当他国对本国出口货物有不利或歧视性待遇时，对从该国进口的货物予以报复而征收的一种附加税。

二、进口环节海关代征税

目前，进口环节海关代征税主要有增值税、消费税两种。

（一）增值税

1.含义

增值税，是以商品的生产、流通和劳务服务各个环节所创造的新增价值为课税对象的一种流转税。增值税由海关依法向进口货物的法人或自然人征收。

2.征纳

进口环节增值税的征纳情况见表4-2。

表4-2 进口环节增值税的征纳情况

	具体规定
征税机关	进口环节增值税由海关征收，其他环节的增值税由税务机关征收
税率调整、减免税项目	由国务院规定
起征额	人民币50元，低于50元的免征
征收管理	适用关税征收管理的规定

3.征收范围和税率

进口环节增值税的征收范围和税率情况见表4-3。

表4-3 进口环节增值税的征收范围和税率

	征收范围
基本税率（13%）	纳税人销售或进口除适用低税率的货物以外的货物，以及提供加工、修理修配劳务
低税率（9%）	纳税人销售或进口下列货物： （1）粮食等农产品、食用植物油、食用盐 （2）自来水、暖气、冷气、热水、煤气、石油液化气、天然气、二甲醚、沼气、居民用煤炭制品 （3）图书、报纸、杂志、音像制品、电子出版物 （4）饲料、化肥、农药、农机、农膜 （5）国务院规定的其他货物

（二）消费税

1.含义

消费税，是将消费品或消费行为的流转额作为课税对象而征收的一种流转税。

2.征纳

进口环节消费税的征纳情况见表4-4。

表4-4 进口环节消费税的征纳情况

	具体规定
征税机关	进口环节消费税由海关征收，其他环节的消费税由税务机关征收
计征方法	从价、从量或复合计税
税目、税率调整	由国务院决定
起征额	人民币50元，低于50元的免征
征收管理	适用关税征收管理的规定

3.征收范围

进口环节消费税的征收范围仅限于少数消费品，主要包括四种类型（见表4-5）。

表4-5 进口环节消费税的征收范围

征收范围	举例
一些过度消费会对人体健康、社会秩序、生态环境等方面造成危害的特殊消费品	烟、酒、鞭炮、焰火等
奢侈品、非生活必需品	贵重首饰及珠宝玉石、化妆品等
高能耗的高档消费品	小汽车、气缸容量在250毫升及以上的摩托车等
不可再生和替代的资源类消费品	无铅汽油、柴油等

三、船舶吨税

（一）含义

船舶吨税（简称“吨税”），是由海关在设关口岸对自我国境外港口进入境内港口的船舶（简称“应税船舶”）征收的一种使用税，是对船舶使用港口助航设施征收的税款；征税的目的是用于航道设施的建设。

（二）征纳

1.税率及其适用范围

吨税设置优惠税率和普通税率。其适用范围见表4-6。

表4-6 船舶吨税的税率及其适用范围

	适用范围
优惠税率	中国籍应税船舶
	与我国签订含有相互给予船舶税费最惠国待遇条款的条约或协定国家（地区）的应税船舶
普通税率	其他应税船舶

吨税按船舶净吨位和吨税执照期限征收。其税目、税率见表4-7。

表4-7　吨税税目、税率表

税目（按船舶净吨位划分，A表示净吨）	税率（元/净吨）					
	普通税率（按执照期限划分）			优惠税率（按执照期限划分）		
	1年	90日	30日	1年	90日	30日
A≤2 000净吨	12.6	4.2	2.1	9.0	3.0	1.5
2 000净吨 < A≤10 000净吨	24.0	8.0	4.0	17.4	5.8	2.9
10 000净吨 < A≤50 000净吨	27.6	9.2	4.6	19.8	6.6	3.3
A > 50 000净吨	31.8	10.6	5.3	22.8	7.6	3.8
备注	拖船和非机动驳船分别按相同净吨位船舶税率的50%计征税款					

2.缴纳期限

吨税分1年期缴纳、90天期缴纳与30天期缴纳3种，由应税船舶负责人自行选择。船舶吨税起征日为应税船舶进入港口的当日。进境后驶达锚地的，以船舶抵达锚地之日起计算；进境后直接靠泊的，以靠泊之日起计算。

应税船舶在吨税执照期满后尚未离开港口的，应当申领新的吨税执照，自上一次执照期满的次日起续缴吨税。

3.缴款期限

吨税的缴款期限为自海关填发“海关船舶吨税专用缴款书”之日起15日内。缴款期限届满日遇双休日等休息日或法定节假日的，顺延至其后的第一个工作日。国务院临时调整休息日与工作日的，则按调整后的情况计算缴款期限（原为双休日但调整后为工作日的，则不能再顺延。下同）。逾期缴纳的，从滞纳之日起，按日加收滞纳税款0.5‰的滞纳金。

吨税税款、滞纳金以人民币计算。

4.船舶吨税的计算

吨税按船舶吨位证明中的净吨位计征。其计算公式为：

船舶吨税税额=船舶净吨位×适用税率（元/净吨）

申报为拖船的，应当按发动机功率每1千瓦折合净吨位0.67吨进行折算。

（三）免征船舶吨税的情形

（1）应纳税额在人民币50元以下的船舶。

（2）自境外以购买、受赠、继承等方式取得船舶所有权的初次进口到港的空载船舶。

（3）吨税执照期满后24小时内不上下客货的船舶。

（4）非机动船舶（不包括非机动驳船）。

（5）捕捞、养殖渔船。

（6）避难、防疫隔离、修理、终止运营或拆解，并不上下客货的船舶。

（7）军队、武装警察部队专用或征用的船舶。

（8）警用船舶。

（9）依照法律规定应当予以免税的外国驻华使领馆、国际组织驻华代表机构及其有关人员的船舶。

（10）国务院规定的其他船舶。

特别提醒4-2

符合第（2）~（4）项规定的船舶，应当向海关提供书面免税申请，申明免税的依据和理由；符合第（5）~（9）项规定以及延长吨税执照期限规定的应税船舶，应税船舶负责人应当向海关提供海事、渔业船舶管理等部门、机构出具的具有法律效力的证明文件或者使用关系证明文件，申明免税或者延长吨税执照期限的依据和理由。

（四）船舶吨税的征收和退补

海关发现少征或漏征税款的，应当自应税船舶应缴纳税款之日起1年内，补征税款。但因应税船舶违反规定造成少征或漏征税款的，海关可以自应税船舶应缴纳税款之日起3年内追征税款，并自应缴纳税款之日起按日加征少征或漏征税款0.5‰的滞纳金。

海关发现多征税款的，应当立即通知应税船舶办理退还手续，并加算银行同期活期存款利息；应税船舶发现多缴税款的，可以自缴纳税款之日起1年内以书面形式要求海关退还多缴的税款并加算银行同期活期存款利息，但应当向海关提交退款申请书、原船舶吨税缴款书和可以证明应予退税的材料。海关应当自受理退税申请之日起30日内查实并通知应税船舶办理退还手续或不予退税的决定。应税船舶应当自收到通知之日起3个月内办理有关退还手续。

第二节　进出口货物完税价格的确定

动画视频4-2

完税价格

完税价格，是海关对进出口货物征收从价税时审查估定的应税价格，是凭以计征关税及进口环节税税额的基础。进出口关税、进口环节代征税的完税价格以人民币计价，采用四舍五入法计算至分。

一、我国海关审价的法律依据

目前，我国海关审价的法律依据分为以下三个层次：①法律层次的《海关法》；②行政法规层次的《关税条例》；③部门规章层次的《中华人民共和国海关审定进出口货物完税价格办法》（以下简称《审价办法》）等。

特别提醒4-3

准许进口的进境旅客行李物品、个人邮递物品及个人自用物品的完税价格和涉嫌走私的进出口货物、物品计税价格的核定不适用《审价办法》，上述特殊货物及物品完税价格的审定方法由海关总署另行制定。

二、进口货物完税价格的审定

《审价办法》规定，进口货物的完税价格由海关以该货物的成交价格为基础审查确定，并且应当包括货物运抵我国境内输入地点起卸前的运输费用及其相关费用（如装卸费、搬运费等）、保险费。可见，进口货物的完税价格相当于其CIF价格。

进口货物完税价格的审定包括一般进口货物完税价格的审定和特殊进口货物完税价格的审定两个方面。

（一）一般进口货物完税价格的审定

《审价办法》规定，一般进口货物的成交价格不符合“成交价格估价方法”规定的，或者成交价格不能确定的，海关经了解有关情况，并且与纳税义务人进行价格磋商后，依次以下列方法审查确定该货物的完税价格：①相同货物成交价格估价方法；②类似货物成交价格估价方法；③倒扣价格估价方法；④计算价格估价方法；⑤合理方法。

微课4-1

完税价格确定之成交价格法

纳税义务人向海关提供有关资料后，可以提出申请，颠倒“倒扣价格法”和“计算价格法”的适用次序。

1.进口货物成交价格估价方法

进口货物的完税价格应当首先以成交价格估价方法审查确定。进口货物成交价格，是指卖方向我国境内销售货物时，买方为进口货物向卖方实付、应付的并按有关规定调整后的价款总额，包括直接支付的价款和间接支付的价款。

特别提醒4-4

调整因素包括计入项目和扣除项目。

（1）计入项目。

第一，除购货佣金以外的佣金和经纪费。佣金通常可分为购货佣金和销售佣金。购货佣金（买方佣金），是买方向其采购代理人支付的佣金，与卖方的销售行为无关，按规定不计入完税价格中；销售佣金（卖方佣金），是卖方向其销售代理人支付的佣金，通常由卖方直接支付，并已包括在进口货物成交价格中，所以，无须对成交价格进行调整。如果由买方直接付给卖方代理人，则按规定应当计入完税价格中。

对于购货佣金和销售佣金是否为计入项目，要视情况而定，见表4-8。

表4-8　**购货佣金、销售佣金与计入项目**

佣金种类	是否计入项目	备注
购货佣金（买方佣金）	否	由买方支付，与卖方无关
销售佣金（卖方佣金）	否	通常由卖方支付
	是	由买方支付、未计入货价的卖方佣金

经纪费，是买方向代表买卖双方利益的经纪人支付的费用，应当计入完税价格中。

例 4-1

【例 4-1】某工厂从美国某企业购买了一批机械设备，成交条件为 CIF 广州，该批货物的发票列示如下：机械设备 USD500 000、运保费 USD5 000、卖方佣金 USD25 000（由买方代为支付）、培训费 USD2 000、设备调试费 USD2 000。该批货物向海关申报的总价应该是（　　）。

解析

A.USD527 000　　B.USD530 000

C.USD532 000　　D.USD552 000

例 4-2

【例 4-2】某公司从德国进口一套机械设备，发票列明：设备价款 CIF 天津 USD300 000、设备进口后的安装及技术服务费用 USD10 000、买方佣金 USD 1000、卖方佣金 USD1 500（由买方代为支付）。该批货物经海关审定后的完税价格应当为（　　）。

解析

A.USD311 000　　B.USD301 500

C.USD301 000　　D.USD291 500

第二，与进口货物作为一个整体的容器费。

第三，包装费（包括材料费和劳务费）。

第四，协助的价值，即买方向卖方提供的货物或服务的价值。其计入进口货物完税价格中应当满足的条件：①由买方以免费或以低于成本价的方式直接或间接提供；②未包括在进口货物的实付或应付价格之中；③与进口货物的生产和向我国境内销售有关；④可按适当比例分摊。

第五，特许权使用费。

第六，返回给卖方的转售收益（存在收益返回的话，成交价格就有可能会低一些）。

特别提醒 4-5

上述所有项目的费用或价值计入完税价格中必须同时满足三个条件：由买方负担；未包括在进口货物的实付或应付价格中；有客观量化的数据资料。

（2）扣除项目。进口货物价款中单独列明的下列税收、费用，如已包含在成交价格中，则将其从成交价格中扣除；如成交价格中没有包含这些项目，则不计入该货物的完税价格中：①厂房、机械或设备等货物进口后发生的建设、安装、装配、维修或技术援助费用，但是保修费用除外。②货物运抵境内输入地点起卸后发生的运费及其相关费用、保险费。例如，码头装卸费（THC 费），是货物从船舷到集装箱码头堆场间发生的运输相关费用，属于货物运抵我国境内输入地点起卸后发生的，因此，不应当计入货物的完税价格中。③进口关税、进口环节代征税及其他国内税。④为在境内复制进口货物而支付的费用。⑤境内外技术培训及境外考察费用。

此外，同时符合下列条件的利息费用不计入完税价格中：①利息费用是买方为购买进口货物而融资所产生的；②有书面融资协议的；③利息费用单独列明的；④纳税义务人可以证明有关利率不高于在融资当时当地此类交易通常具有的利率水平，且没有融资安排的相同或类似进口货物的价格与进口货物的实付、应付价格非常接近的。

成交价格必须满足以下四个条件才能适用成交价格法：

第一，买方对进口货物的处置和使用不受限制。有下列情形之一的，视为对买方处置或使用进口货物进行了限制：①进口货物只能用于展示或赠送的；②进口货物只能销售给指定第三方的；③进口货物加工为成品后只能销售给卖方或指定第三方的；④其他情形。

第二，进口货物的价格不应当受到导致该货物成交价格无法确定的条件或因素的影响。有下列情形之一的，视为进口价格受到了“无法确定的条件或因素的影响”：①进口货物的价格是以买方向卖方购买一定数量的其他货物为条件而确定的；②进口货物的价格是以买方向卖方销售其他货物为条件而确定的；③其他情形。

特别提醒 4-6

第三，卖方不得直接或间接从买方获得因转售、处置或使用进口货物而产生的任何收益，除非上述收益能够被合理确定。

第四，买卖双方之间的特殊关系不影响价格。根据规定，有下列情形之一的，应当认定买卖双方有特殊关系：①买卖双方为同一家族成员；②买卖双方互为商业上的高级职员或董事；③一方直接或间接地受另一方控制；④买卖双方都直接或间接地受第三方控制；⑤买卖双方共同直接或间接地控制第三方；⑥一方直接或间接地拥有、控制或持有对方5%以上（含5%）公开发行的有表决权的股票或股份；⑦一方是另一方的雇员、高级职员或董事；⑧买卖双方是同一合伙的成员。

特别提醒 4-7

买卖双方有特殊关系这个事实本身并不能构成海关拒绝成交价格的理由，即尽管买卖双方之间存在特殊关系，但只要纳税义务人能证明其成交价格与同时或大约同时发生的下列任一款价格相近，则视为该特殊关系未对成交价格产生影响：①向境内无特殊关系的买方出售的相同或类似进口货物的成交价格；②按倒扣价格估价方法所确定的相同或类似进口货物的完税价格；③按计算价格估价方法所确定的相同或类似进口货物的完税价格。

如果货物的进口不符合成交价格需满足的条件，就不能采用成交价格法，而应该依次采用其他方法审查确定货物的完税价格。

海关经对与货物销售有关的情况进行审查，认为符合一般商业惯例的，可以确定特殊关系未对进口货物的成交价格产生影响。

2.相同及类似货物成交价格估价方法

相同及类似货物成交价格法是以与被估货物同时或大约同时进口的相同货物及类似货物的成交价格为基础，审查确定进口货物完税价格的方法。

（1）相同货物和类似货物的含义。相同货物是指与进口货物在同一国家（地区）生产，在物理性质、质量和信誉等所有方面都相同的货物，但是表面的微小差异允许存在。

类似货物是指与进口货物在同一国家（地区）生产，虽然不是在所有方面都相同，但是却具有相似的特征、相似的组成材料、相同的功能，且在商业中可以互换的货物。

（2）相同或类似货物的时间要素。相同或类似货物必须与进口货物“同时或大约同时进口”，即在海关接受申报之日的前后各45天以内。

（3）相同或类似货物成交价格法的运用（见表4-9）。

表4-9　**相同或类似货物成交价格法的运用**

优先使用	其次使用
与进口货物处于“相同商业水平、大致相同数量”的“相同或类似货物成交价格”	与进口货物处于“不同商业水平和不同数量”的“相同或类似货物成交价格”
同一生产商生产的“相同或类似货物成交价格”	同一生产国（地区）不同生产商生产的“相同或类似货物成交价格”
最低的“相同或类似货物成交价格”（有多个时）	
注：只有在没有“优先使用”的情况时，才使用“其次使用”的情况	

特别提醒4-8

3.倒扣价格估价方法

倒扣价格法，是指以进口货物、相同或类似进口货物在境内“第一环节”（进口后第一次转售）的销售价格为基础，在扣除境内发生的有关费用后来估定完税价格。

（1）用以倒扣的“销售价格”应当符合的条件（见表4-10）。

表4-10　**用以倒扣的“销售价格”应符合的条件**

条件	具体内容
时间条件	在被估货物进口时（对该货物而言）或大约同时（对相同或类似进口货物而言）进口货物在境内的销售价格
状态条件	按该货物进口时的状态销售（一般要未经加工）
环节条件	在境内第一环节销售
关系条件	向境内无特殊关系的买方销售
其他条件	按该价格销售的货物合计销售总量最大

（2）倒扣价格法的核心要素。其包括：①按进口时的状态销售（一般要未经加工）。应纳税义务人的要求，可以使用经过加工后在境内销售的价格作为倒扣的基础。②时间要素。在进口货物接受申报之日的前后各45天以内。在此期限内，如果没有销售，可以延长至接受货物申报之日前后90天内。③合计的货物销售总量最大。必须以合计销售总量最大的价格为基础估定完税价格。

（3）倒扣价格法的倒扣项目。其包括：①在境内第一环节销售时通常支付的佣金、利润和一般费用；②货物运抵境内输入地点之后的运费及其相关费用、保险费；③进口关税、进口环节代征税及其他国内税；④加工增值额（以经加工后在境内销售的价格为倒扣基础时的扣除项目）。

4.计算价格估价方法

计算价格是以发生在生产国（地区）的生产成本为基础计算的价格。其包括：①生产该货物所使用的料件成本和加工费用；②出口商通常的利润和一般费用；③货物运抵我国境内输入地点起卸前的运费及其相关费用、保险费。

如果纳税义务人提出要求，并经海关同意，可以与倒扣法颠倒顺序使用。

5.合理方法

合理方法，是当海关不能根据前几种方法确定完税价格时，根据“客观、公平、统一”的原则，以客观量化的数据资料为基础审查确定进口货物完税价格的估价方法。在运用合理方法估价时，禁止使用以下6种价格：①境内生产的货物在境内的销售价格；②在两种价格中选择的高的价格；③进口货物在出口地市场的销售价格；④以计算价格法规定之外的价值或费用计算的相同或类似货物的价格；⑤出口到第三国（地区）的货物的销售价格；⑥最低限价或武断、虚构的价格。

知识链接4-1　　公式定价进口货物完税价格的确定

根据海关总署公告2021年第44号，公式定价进口货物完税价格确定的有关规定如下：

一、公式定价，是指在向中华人民共和国境内销售货物所签订的合同中，买卖双方未以具体明确的数值约定货物价格，而是以约定的定价公式确定货物结算价格的定价方式。结算价格是指买方为购买该货物实付、应付的价款总额。

二、对同时符合下列条件的进口货物，以合同约定定价公式所确定的结算价格为基础确定完税价格：

（一）在货物运抵中华人民共和国境内前或保税货物内销前，买卖双方已书面约定定价公式；

（二）结算价格取决于买卖双方均无法控制的客观条件和因素；

（三）自货物申报进口之日起6个月内，能够根据合同约定的定价公式确定结算价格；

（四）结算价格符合《审价办法》中成交价格的有关规定。

公告扩大了适用范围，仅受成分含量、进口数量影响，进口时不能确定结算价格的货物，也在公告管理范围内。例如，某公司进口料油，最终结算价格按到港后检测的氮含量及盐含量确定。

三、纳税义务人应当在公式定价合同项下首批货物进口或内销前，向首批货物申报地海关或企业备案地海关提交“公式定价合同海关备案表”，如实填写相关备案信息。海关自收齐备案表及相关材料之日起3个工作日内完成备案确认。对货物申报进口时或在“两步申报”通关模式下完整申报时能够确定货物结算价格的，纳税义务人无须向海关提交备案表。

四、纳税义务人申请备案需提供的材料包括：

（一）进口货物合同、协议（包括长期合同、总合同等）；

（二）定价公式的作价基础、计价期、结算期、折扣、成分含量、数量等影响价格的要素，以及进境关别、申报海关、批次和数量安排等情况说明；

（三）相关说明及其他有关资料。

五、纳税义务人申报进口公式定价货物，因故未能事先向海关备案的，应当在合同项下首批货物申报进口时补办备案手续。

六、经海关备案的公式定价合同发生变更的，纳税义务人应当在变更合同项下首批货物申报进口前，向原备案海关办理备案变更手续。

七、公式定价货物进口时结算价格不能确定，以暂定价格申报的，纳税义务人应当向海关办理税款担保。

八、纳税义务人申报进口货物时，应当根据实际情况填报报关单“公式定价确认”“暂定价格确认”栏目，在报关单备注栏准确填写公式定价备案号（具体填报办法参见第五章第二节相关内容）。

九、自货物申报进口之日起6个月内不能确定结算价格的，海关根据《审价办法》《海关审定内销保税货物完税价格办法》的相关规定审查确定完税价格。经纳税义务人申请，申报地海关同意，可以延长结算期限至9个月。

十、纳税义务人应当自公式定价货物结算价格确定之日起30日内向海关提供确定结算价格的相关材料，办理报关单修改手续，包括将“暂定价格确认”调整为“否”以及进行其他相关申报项目调整等。同时，办理税款缴纳及其他海关手续。结算价格确定之日为卖方根据定价公式出具最终结算发票的日期。

（二）特殊进口货物完税价格的审定

根据《海关审定内销保税货物完税价格办法》等的规定，特殊进口货物完税价格的审定办法包括以下几点：

1.加工贸易进口料件或其制成品一般估价方法

非海关特殊监管区域或保税监管场所的加工贸易进口料件或其制成品完税价格审查确定的基础，见表4-11。

表4-11　进口料件或其制成品完税价格的审定基础

相关状况		完税价格的审定基础
进料加工	进口料件（不予保税部分）	料件进口时的成交价格
	内销进口料件	料件的原进口成交价格
	内销制成品（包括残次品）	制成品所含料件原进口成交价格
来料加工进口料件或其制成品（包括残次品）内销		接受内销申报的同时或大约同时进口的与料件相同或类似的货物的进口成交价格（无“原进口成交价格”）——“相同或类似货物成交价格法”
内销边角料或副产品		海关审查确定的内销价格
深加工结转货物内销		该结转货物的结转价格
按上述规定仍然不能确定的，由海关按合理的方法审查确定		

2.保税区内加工企业内销进口料件或其制成品估价方法

保税区内加工企业内销保税加工进口料件或其制成品等完税价格审查确定的基础，见表4-12。

表4-12　　保税区内企业内销进口料件或其制成品完税价格的审定基础

相关状况	完税价格的审定基础
内销进口料件或其制成品	内销价格
内销制成品中含有从境内采购的料件	制成品所含从境外购入的料件原进口成交价格
内销进口料件或其制成品，依据前两款规定不能确定的	接受内销申报的同时或大约同时内销的相同或类似保税货物的内销价格
特殊监管区域（包括保税区）内企业内销边角料、废品、残次品和副产品	内销价格
	采用拍卖方式进行的，以其拍卖价格为基础

特别提醒4-9

（1）除保税区以外的海关特殊监管区域内企业内销的保税加工料件或者其制成品，以其内销价格为基础审查确定完税价格。若其内销价格不能确定，海关以接受内销申报的同时或者大约同时内销的相同或者类似的保税货物的内销价格为基础审查确定完税价格；若相同或者类似的保税货物的内销价格也不能确定，海关以生产该货物的成本、利润和一般费用计算所得的价格为基础审查确定完税价格。

（2）海关特殊监管区域内企业内销的研发货物，海关依据上述规定审查确定完税价格。

3.海关特殊监管区域或保税监管场所内企业内销保税物流货物的估价方法

特别提醒4-10

《海关审定内销保税货物完税价格办法》第11条规定，海关特殊监管区域或保税监管场所内企业内销保税物流货物的，海关以该货物运出海关特殊监管区域或保税监管场所时的内销价格为基础审查确定完税价格；该内销价格包含的能够单独列明的海关特殊监管区域或保税监管场所内发生的保险费、仓储费和运输及其相关费用，不计入完税价格中。

4.出境修理复运进境货物的估价方法

出境修理复运进境货物完税价格审查确定的基础，见表4-13。

表4-13　　出境修理复运进境货物完税价格的审定基础

相关状况	完税价格的审定基础
在规定期限内复运进境	境外修理费和料件费
超过规定期限复运进境	按一般进口货物完税价格审定的规定审查确定

5.出料加工复运进境货物的估价方法

出料加工复运进境货物完税价格审查确定的基础，见表4-14。

表4-14　　出料加工复运进境货物完税价格的审定基础

相关状况	完税价格的审定基础
在规定期限内复运进境	境外加工费和料件费以及复运进境的运保费
超过规定期限复运进境	按一般进口货物完税价格审定的规定审查确定

6.暂准进境货物的估价方法

暂准进境货物完税价格审查确定的基础，见表4-15。

表4-15　　暂准进境货物完税价格的审定基础

相关状况	完税价格的审定基础
进境时应当缴纳税款的（如随展览品进境的小卖品）	按一般进口货物完税价格审定的规定审查确定
经海关批准留购的	海关审查确定的留购价格

7.租赁进口货物的估价方法

租赁进口货物完税价格审查确定的基础，见表4-16。

表4-16　　租赁进口货物完税价格的审定基础

相关状况	完税价格的审定基础
以租金方式对外支付的租赁货物	在租赁期间以海关审定的租金作为完税价格，利息予以计入
留购的租赁货物	以海关审定的留购价格为完税价格
纳税义务人申请一次性缴纳税款的	金融租赁情况下，选择按规定估价方法（货价）； 经营租赁情况下，选择按租金总额

8.减免税货物的估价方法

特定减免税货物如果有特殊情况，经海关批准可以出售、转让、移作他用，但需向海关办理补税手续。海关以审定的该货物原进口时的价格扣除折旧部分价值后的价格作为完税价格。有关完税价格的计算参见本章第四节。

9.无成交价格货物的估价方法

按相同货物成交价格法、类似货物成交价格法、倒扣价格法、计算价格法及合理方法审查确定完税价格（不适用成交价格法）。

10.软件介质的估价方法

进口载有专供数据处理设备用软件的介质，具有下列情形之一的，以介质本身的价值或成本为基础审查确定完税价格：①介质本身的价值或成本与所载软件的价值分列；②介质本身的价值或成本与所载软件的价值虽未分列，但是纳税义务人能够提供介质本身的价值或成本的证明文件，或能提供所载软件价值的证明文件。

含有美术、摄影、声音、录像、影视、游戏、电子出版物的介质不适用上述规定。

特别提醒 4-11

海关总署公告2018年第194号规定，对于跨境电子商务零售进口商品，海关按照国家关于跨境电子商务零售进口税收政策征收关税和进口环节增值税、消费税，完税价格为实际交易价格，包括商品零售价格、运费和保险费。

（三）进口货物完税价格中运输及其相关费用、保险费的计算

1.运费的计算标准

进口货物的运输及其相关费用，应当按照由买方实际支付或者应当支付的费用计算。如果进口货物的运输及其相关费用无法确定，海关应当按照该货物进口同期的正常运输成本审查确定。

运输工具作为进口货物，利用自身动力进境的，海关在审查确定完税价格时，不再另行计入运输及其相关费用。

2.保险费的计算标准

进口货物的保险费按实际支付的费用计算。如果进口货物的保险费无法确定或未实际发生，通常按下式计算：

保险费=（货价+运费）×3‰

3.邮运货物运费的计算标准

对于邮运进口货物，邮费即运保费。

4.边境口岸运费的计算标准

海关应当按境外边境口岸价格的1%计算运保费。这里所称的“边境口岸”，是指与我国接壤的国家（地区）的边境口岸。

三、出口货物完税价格的审定

出口货物完税价格的审定方法包括成交价格估价方法和其他估价方法两个方面。

（一）成交价格估价方法

出口货物的完税价格，是海关以该货物的出口成交价格为基础审查确定的计税价格，包括货物运至我国境内输出地点装载前的运保费。

出口货物的成交价格，是指该货物出口销售时卖方为出口货物向买方直接和间接收取的价款总额。

特别提醒 4-12

（二）其他估价方法

在审查出口单位合同或发票金额时，发现但不限于以下情形，则不能使用成交价格估价方法确定完税价格：

（1）申报价格不符合出口货物成交价格的定义。例如，出口货物不存在成交价格，我国出口商将货物交付给国外买方时，不要求对方承担付款义务。

（2）海关对申报价格的真实性或准确性存有怀疑而启动质疑程序，出口商不能作出合理的解释，或者未能在法定期限内作出合理解释的。

如果存在上述两种情形，应当在磋商后依次使用其他估价方法确定完税价格。其他估价方法包括：①同时或者大约同时向同一国家或者地区出口的相同货物的成交价格；②同时或者大约同时向同一国家或者地区出口的类似货物的成交价格；③根据境内生产相同或者类似货物的成本、利润和一般费用（包括直接费用和间接费用）、境内发生的运输及其相关费用、保险费计算所得的价格；④按照合理方法估定的价格。

四、海关估价中的价格质疑程序和价格磋商程序

（一）价格质疑程序

《审价办法》规定，海关对申报价格的真实性、准确性有疑问时，或者认为买卖双方之间的特殊关系影响成交价格时，应当制发“中华人民共和国海关价格质疑通知书”（以下简称“价格质疑通知书”），将质疑的理由书面告知纳税义务人；纳税义务人应当自收到“价格质疑通知书”之日起5个工作日内，以书面形式提供相关资料或者其他证据，证明其申报价格真实、准确或者双方之间的特殊关系未影响成交价格。

纳税义务人或其代理人确有正当理由无法在规定时间内提供前款资料的，可以在规定期限届满前以书面形式向海关申请延期。除特殊情况外，延期不得超过10个工作日。

如进出口货物没有成交价格，可直接进入价格磋商程序。

（二）价格磋商程序

价格磋商，是海关在使用除成交价格以外的估价方法时，在保守商业秘密的基础上，与纳税义务人交换彼此掌握的用于确定完税价格的数据资料的行为。

1.应该进行价格磋商程序的情形

在价格质疑程序中，海关制发“价格质疑通知书”后，有下列情形之一的，应当进行价格磋商程序，按《审价办法》列明的方法审查确定进出口货物的完税价格：

（1）纳税义务人在海关规定期限内未能提供进一步说明的。

（2）纳税义务人提供有关资料、证据后，经海关审核仍有理由怀疑申报价格的真实性、准确性的。

（3）纳税义务人提供有关资料、证据后，经海关审核仍有理由认为买卖双方之间的特殊关系影响成交价格的。

2.价格磋商的具体程序

按照《审价办法》规定需要进行价格磋商的，海关应当依法向纳税义务人制发“中华人民共和国海关价格磋商通知书”。纳税义务人应当自收到通知书之日起5个工作日内与海关进行价格磋商。

纳税义务人未在规定的时限内与海关进行磋商的，视为其放弃价格磋商权，海关可

直接按《审价办法》规定的方法审查确定进出口货物的完税价格。

特别提醒4-13

符合下列情形之一的，经纳税义务人书面申请，海关可以不进行价格质疑以及价格磋商，依法审查确定进出口货物的完税价格：

（1）同一合同项下分批进出口的货物，海关对其中一批货物已经实施估价的。

（2）进出口货物的完税价格在人民币10万元以下或关税及进口环节税总额在人民币2万元以下的。

（3）进出口货物属于危险品、鲜活品、易腐品、易失效品、废品、旧品等的。

海关审查确定进出口货物的完税价格期间，纳税义务人可以在依法向海关提供担保后，先行提取货物。

第三节　进出口货物原产地的确定

一、原产地规则的含义

WTO《原产地规则协议》将原产地规则定义为：一国（地区）为确定货物的原产地而实施的普遍适用的法律、法规和行政决定。

二、原产地规则的类别

按是否适用优惠贸易协定，原产地规则分为两大类：一类为优惠原产地规则，另一类为非优惠原产地规则。

（一）优惠原产地规则

优惠原产地规则，是指一国为了实施国别优惠政策，通过双边、多边协定形式或由本国自主制定的一些特殊原产地认定标准。因此，该规则也称为“协定原产地规则”。该规则具有很强的排他性，优惠范围以原产地受惠国（地区）的进口产品为限。

我国先后签订的优惠贸易协定主要有《亚洲及太平洋经济和社会理事会发展中国家成员国关于贸易谈判的第一协定》（以下简称《亚太贸易协定》）、《中华人民共和国与东南亚国家联盟全面经济合作框架协议》（以下简称《中国-东盟合作框架协议》）、《香港CEPA》、《澳门CEPA》和《区域全面经济伙伴关系协定》（RCEP）等。

（二）非优惠原产地规则

非优惠原产地规则，是指一国根据实施其海关税则和其他贸易措施的需要，由本国立法自主制定的原产地规则，因此，也叫“自主原产地规则”。按WTO的规定，该规则的实施必须遵守最惠国待遇原则。

三、原产地认定标准

无论是优惠原产地规则还是非优惠原产地规则，在认定货物的原产地时，都会出现两种情况，而每种情况都对应不同的原产地认定标准，见表4-17。

表4-17 **原产地认定中的两种情况**

两种情况	适用标准
货物完全是在一个国家（地区）获得或生产制造（如农产品或矿产品）	完全获得标准
货物经过几个国家（地区）加工或制造	实质性改变标准

（一）完全获得标准

完全获得标准（Wholly Obtained Standard），针对的是完全在一国（地区）获得或生产制造的产品，对此各国的原产地认定标准基本一致，即以产品的种植、开采或生产国为原产国。

世界海关组织通过的《京都公约》规定，可视为完全获得产品的情况有：①在该国土地、领水或海床开采的矿产品；②在该国收获或采集的植物产品；③在该国出生和饲养的活动物；④在该国从活动物所得产品；⑤在该国狩猎或捕捞所得产品；⑥海上捕捞所得产品及该国船只在海上得到的其他产品等。

知识链接4-2

确定是否在一国（地区）完全获得时，不予考虑的因素有：①为运输、储存期间保存货物而做的加工或处理；②为货物便于装卸而进行的加工或处理；③为货物销售而进行的包装等加工或处理。

（二）实质性改变标准

实质性改变标准（Substantial Transformation Standard），针对的是经过几个国家（地区）加工、制造的产品，对此各国多以最后完成实质性加工的国家为原产国。

实质性改变标准包括税则归类改变标准、从价百分比标准（或称增值百分比标准、区域价值成分标准）、加工工序标准、混合标准等。

（1）税则归类改变标准：在某一国家（地区）对非该国（地区）原产材料进行加工、制造后，所得货物在《商品名称及编码协调制度》（以下简称《协调制度》）中的某位数级税目归类发生了变化。

（2）从价百分比标准：在某一国家（地区）对非该国（地区）原产材料进行加工、制造后的增值部分超过了所得货物价值的一定比例。

（3）加工工序标准：赋予制造、加工后所得货物基本特征的主要工序必须在某一国家（地区）进行。

（4）混合标准：将上述两种或两种以上标准结合起来制定的货物原产地标准。

四、我国对优惠原产地的管理

为加强对我国优惠原产地的统一管理，海关总署于2009年1月发布了《中华人民共和国海关进出口货物优惠原产地管理规定》（以下简称《优惠原产地管理规定》）。该规定与各项自由贸易协定和优惠贸易安排项下的原产地管理办法，初步构成我国优惠原产地管理的基本框架。

（一）《优惠原产地管理规定》的主要内容

1.适用范围

该规定适用于对优惠贸易项下进出口货物原产地的管理。

2.原产地标准

对于完全在一国（地区）获得或生产的货物，适用完全获得标准；对于非完全在一国（地区）获得或生产的货物，适用实质性改变标准。

（1）完全获得标准。完全获得，即从优惠贸易协定成员国（地区）（以下简称成员国（地区））直接运输进口的货物是完全在该成员国（地区）获得或生产的。这些货物包括：①在该成员国（地区）境内收获、采摘或采集的植物产品；②在该成员国（地区）境内出生并饲养的活动物；③在该成员国（地区）领土或领海开采、提取的矿产品；④其他货物。

（2）实质性改变标准。上文已作具体阐述，此处只介绍区域价值成分标准。

特别提醒4-14

区域价值成分标准，即出口货物FOB价格扣除该货物生产过程中非该成员国（地区）原产材料价格后，所余价款在FOB价格中所占的百分比。

区域价值成分=（出口货物FOB价格-非该成员国或地区原产材料价格）÷出口货物FOB价格×100%

=对非该成员国或地区原产材料加工后的增值部分÷出口货物FOB价格×100%

不同协定框架下优惠原产地规则中的区域价值成分标准各有不同。

3.直接运输规则

为保障缔约各方的优惠贸易利益，目前大多数国家的优惠原产地规则中都设有直接运输规则条款。

直接运输，是指优惠贸易协定项下进口货物从该协定成员国（地区）直接运输至中国境内，途中未经过该成员国（地区）以外的其他国家（地区）。

原产于成员国（地区）的货物经过其他国家（地区）运输至中国境内，但只要同时符合下列条件，也视为“直接运输”（不论在途中是否转换运输工具或作临时储存）：①经其他国家（地区）时，未做除使货物保持良好状态所需处理以外的其他处理；②在其他国家（地区）停留的时间未超过优惠贸易协定规定的期限；③在其他国家（地区）作临时储存时，处于该国家（地区）海关监管之下。

不同协定框架下优惠原产地规则中的直接运输规则各有不同。

4.原产地证书及签证机构

（1）原产地证书。它是证明产品原产地的书面文件，是受惠国的产品出口到给惠国时享受关税优惠的重要凭证。

《亚太贸易协定》原产地证书所列货物税则号列与海关认定的实际进口货物税则号列前4位应当相同；其他优惠贸易协定项下货物，实际税则号列与原产地证书所列货物税则号列前6位应当相同。

（2）签证机构。其包括：①出口原产地证书签证机构。在我国，有权签发出口货物原产地证书的机构有海关总署所属的各直属海关（以下称直属海关）和中国国际贸易促进委员会及其地方分会（以下称贸促机构）。②进口原产地证书签证机构。由具体的自由贸易协定或优惠贸易安排另行规定。

5.申报及审核要求

（1）进口人在填制进口报关单时，应当申明适用协定税率或特惠税率，并同时提交下列单证：①有效原产地证书正本或相关优惠贸易协定规定的原产地声明文件；②商业发票正本、运输单证等其他商业单证。

报关单中所列货物数量不得超过原产地证书上该商品的数量。

（2）进口人提交的原产地证书应当同时符合下列要求：①应当符合相应优惠贸易协定关于证书格式、填制内容、签章、提交期限等的规定；②与商业发票、报关单等单证的内容相符；③“收货人”栏（或“货物运至”栏）中所列的收货人应当为中国境内企业。

特别提醒4-15

若该栏不是中方实际收货人或非中国境内企业，我方境内实际收货人应当出示合同、发票等商业单证，证明其与原产地证书上的收货人存在商业贸易关系。

出具货物商业发票的出口商是否为货物原产地的出口商，不影响海关对货物原产地的认定（比如，中国从东盟成员国进口货物，货物经过非东盟成员国（地区）运输至我国境内，此时原产地证书上的“收货人”栏可能是非中国境内企业，商业发票正本也可能是在非东盟成员国（地区）境内签发的，但这并不影响海关对货物是否来自东盟成员国的认定。“我方境内实际收货人”只要能证明其与原产地证书上的非中国境内企业存在商业贸易关系即可）。

（3）原产地证书与报关单的关系。其包括：①一份报关单应当对应一份原产地证书；②一份原产地证书应当对应同一批次进口货物；③同一批次进口货物应当是由同一运输工具同时运抵同一口岸，并且属于同一收货人、使用同一提单的进口货物。

（4）货物申报出口时，发货人应当按规定填制出口报关单，并向海关提交原产地证书电子数据或原产地证书正本的复印件。

6.补充申报及保证金收取

进口申报时未按规定提交原产地证书、原产地声明的，进口人应当就货物是否具备原产地资格向海关补充申报。按规定补充申报的，海关可根据申请，收取相当于应缴税款的等值保证金先行办理放行手续。

7.原产地标记

优惠贸易协定项下进出口货物及其包装上所标明的原产地应当与依照《优惠原产地管理规定》所确定的货物原产地一致。

8.货物查验

按规定，为确定货物原产地是否与收发货人提交的原产地证书及其他单证相符，海关可以对进出口货物进行查验，必要时采取取样化验等方式判定货物原产地。

9.原产地核查

海关认为需要对进口人提交的原产地证书的真实性、货物是否原产于优惠贸易协定成员国（地区）进行核查的，应当按该货物适用的最惠国税率、普通税率或其他税率收取相当于应缴税款的等值保证金放行货物。

应优惠贸易协定成员国（地区）的要求或海关认为必要时，可以对优惠贸易协定项下出口货物的原产地进行核查，以确定其原产地。

10.不适用协定或特惠税率的情形

（1）进口人在货物申报进口时没有提交有效原产地证书、原产地声明，也未就进口货物是否具备原产地资格向海关补充申报的。

（2）进口人未提供商业发票、运输单证等其他商业单证，也未提交其他证明文件的。

（3）经查验或原产地核查，确认货物原产地与申报内容不符，或无法确定货物真实原产地的。

（4）未按补充申报相关规定，自货物申报进口之日起1年内补交有效的原产地证书的。

（5）我国海关已要求优惠贸易协定有关成员方的签证机构或原产地主管机构开展核查，在规定期限内未收到核查反馈结果的。

11.行政裁定及决定

收发货人可以依照《中华人民共和国海关行政裁定管理暂行办法》的有关规定，向海关申请原产地行政裁定。海关总署可以依据有关规定，对进出口货物作出具有普遍约束力的原产地决定。

除另有规定外，海关保税监管转内销货物同样适用《优惠原产地管理规定》，即转内销时，进口人应当提交符合规定的原产地证书等单证，并符合“直接运输”相关规定，海关才对有关货物给予相应的协定税率或特惠税率待遇。

（二）各项优惠原产地管理措施主要内容

1.《亚太贸易协定》

《亚太贸易协定》的前身为《曼谷协定》，是我国政府首次参加的区域性多边贸易组织。该协定由孟加拉国、印度、老挝、韩国、斯里兰卡、中国和蒙古国7个国家签订。

（1）原产地标准。

第一，完全获得标准。它与世界海关组织通过的《京都公约》规定的完全获得标准基本一致。

第二，实质性改变标准。

A. 原产于成员国的成分不低于该货物FOB价的45%，且最后生产工序在成员国境内完成（即在生产过程中所使用的非成员国或不明的材料、零件等的总价值不超过该货物FOB价的55%）。

B. 原产于最不发达受惠国（即孟加拉国和老挝）的产品，非成员国的材料、零件等不超过65%，即原产于孟加拉国或老挝的成分不低于35%，就可认定原产国为孟加拉国或老挝。

（2）直接运输规则。

第一，货物运输至我国未经第三方境内。

第二，货物运输经过非成员国，无论是否在这些国家（地区）转换运输工具或作临时储存，只要同时符合以下3个条件，也视为直接运输：①仅是由于地理原因或运输需要；②未进入该国家（地区）进行贸易或消费；③未做除装卸或使货物保持良好状态所必须处理以外的其他处理。

（3）原产地证书。其相关规定包括：①应当由出口成员国政府指定机构以手工或电子形式签发；②符合《中华人民共和国海关〈亚太贸易协定〉项下进出口货物原产地管理办法》所列格式，用国际标准A4纸印制，所用文字为英文；③证书印章与该成员国通知中国海关的印章印模相符；④自签发之日起1年内有效，不得涂改和叠印，所有未填空白之处应予以划去。

（4）通关管理措施。

第一，提交单证。进口人应当按规定填制进口报关单，申明适用《亚太贸易协定》协定税率或特惠税率，并同时提交下列单证：①在货物出口时签发或货物装运后3个工作日内签发的原产地证书正本。因不可抗力不能在原产地证书签发之日起1年内提交原产地证书的，进口人还应一并提交证明材料。②商业发票正本、装箱单及相关运输单证。

第二，补充申报。进口申报时进口人未按规定提交原产地证书的，进口人应当就货物是否具备原产地资格向海关补充申报。按规定补充申报的，海关可根据申请，收取相当于应缴税款的等值保证金先行办理放行手续。

第三，拒绝给惠。进口申报时进口人未申明适用协定税率或特惠税率，也未同时提交原产地证书正本的，其申报进口的货物不适用协定税率或特惠税率，海关应当按该货物适用的最惠国、普通或其他税率计征关税及进口环节海关代征税。进口人在征税放行后提交原产地证书的，海关不予受理，已征税款不予调整。

第四，原产地验核。海关应当对原产地证书的格式、内容、签章、有效期等栏目进行认真审核，并确保报关单申报内容与原产地证书、商业发票等单证内容相符。

海关对原产地证书的真实性、货物原产地的准确性存有怀疑时，可向出口方有关机构提出核查要求。核查期间，海关可依法选择按最惠国税率、普通税率和其他税率收取相当于应缴税款的等值保证金后放行货物。根据核查结果，办理保证金退还或保证金转税手续。

进口货物属于国家限制进口，或有违法嫌疑的，在原产地证书核查完毕前，海关不予放行货物。

2.《中国-东盟自由贸易协定》（海关总署令2010年第199号）

该协定由越南、泰国、新加坡、马来西亚、印度尼西亚、文莱、缅甸、老挝、柬埔寨、菲律宾、中国11个国家签订。

（1）原产地标准。

第一，完全获得标准。其与世界海关组织通过的《京都公约》规定的完全获得标准基本一致。

第二，实质性改变标准。在生产过程中，使用的原产于任一东盟成员国的“中国-东盟自贸区成分”不低于该货物FOB价的40%，且最后生产工序在东盟成员国境内完成（即在生产过程中所使用的非东盟自贸区的材料、零件或产品的总价格不超过该货物FOB价的60%）。

（2）直接运输规则。

第一，货物从东盟成员国直接运输至我国境内，途中没有经过中国-东盟自贸区成员国以外的其他国家（地区）。

第二，原产于东盟成员国的货物，经过其他国家（地区）运输至我国，不论在运输中是否转换运输工具或作临时储存，同时符合下列条件的，也应视为“直接运输”：①仅是由于地理原因或运输需要；②未进入该国家（地区）进行贸易或消费；③未做除装卸或使货物保持良好状态所必须处理以外的其他处理。

（3）原产地证书。

第一，进口原产地证书、流动证明应当同时符合下列条件：①由东盟成员国签证机构签发；②符合规定格式，以英文填制；③签证机构印章、签证人员签名与东盟成员国通知中国海关的签证机构印章、签证人员签名样本相符；④所列的一项或多项货物为同一批次的进口货物；⑤仅有一份正本，并且具有不重复的原产地证书编号；⑥注明确定货物具有原产资格的依据。

第二，原产地证书应当在货物装运前或装运时签发。因不可抗力未能在上述期限内签发的，可在装运后3天内签发。

第三，原产地证书自签发之日起1年内有效。

（4）通关管理措施。

第一，提交单证。进口人应当按规定填制进口报关单，申明适用《中国-东盟自由贸易协定》税率，并提交下列单证：有效原产地证书正本或有效流动证明正本、商业发票正本、装箱单及相关运输单证。

特别提醒4-16

第二，补充申报、拒绝给惠、原产地验核。其与《亚太贸易协定》的规定基本一致。

3.《香港CEPA》和《澳门CEPA》

2003年，中央政府分别与香港、澳门特别行政区政府签署了《内地与香港关于建立更紧密经贸关系的安排》（简称《香港CEPA》）、《内地与澳门关于建立更紧密经贸关系的安排》（简称《澳门CEPA）》，于2004年1月1日正式实施。

（1）原产地标准。

第一，完全获得标准。它与世界海关组织通过的《京都公约》规定的完全获得标准基本一致。

第二，实质性改变标准。其包括制造加工工序标准、税号改变标准、从价百分比标准及混合标准。其中：

税号改变标准：非原产材料经过加工生产后，所得产品的4位数级税则归类发生变化。

从价百分比标准：在港澳获得的原料、组合零件、劳工价值和产品开发支出价值的合计与在港澳生产或获得产品FOB价的比例应当不低于30%。

例4-3

解析

【例4-3】埃及生产的棉花（归入品目5203）运到中国台湾加工成纱线并织成棉布（归入品目5208），再转售到越南做成男式衬衫（归入品目6205），由于越南加工简单、增值率低，中国香港商人购进越南制衬衫进一步深加工，使制成的精制衬衫（仍归入品目6205）价值翻了一番，然后销往中国内地（税目为6205的产品适用的原产地标准为“从价百分比标准”），内地海关确定该男式衬衫的原产地应为（　　）。

A.埃及　　B.中国台湾　　C.越南　　D.中国香港

（2）直接运输规则。

第一，《香港CEPA》。从香港直接运输至内地口岸，中途不得经过第三方关境。

第二，《澳门CEPA》。

A.从澳门直接运输至内地口岸。

B.货物经香港运输，同时符合下列条件的，应视为“直接运输”：①基于地理原因或运输需要；②未进入香港进行贸易或消费；③除装卸或保持货物处于良好状态所需的工作外，在香港未进行任何其他加工。

（3）原产地证书。

第一，内地与香港（澳门）双方采取联网核查方式对零税率进口货物进行管理。

第二，原产地证书应当同时符合下列条件：①具有唯一的编号；②一份原产地证书只能对应同一批次输入内地的货物；③列明指定的单一到货口岸；④商品编码按8位数级税号填写；⑤计量单位按实际成交计量单位填写；⑥不许涂改及叠印，商定格式中文填写。

第三，有效期自签发之日起120天。

（4）通关管理措施。

第一，单证提交。进口人应当按规定填制进口报关单，申明适用零关税，并提交相关单证。

特别提醒4-17

如果是《澳门CEPA》项下原产于澳门的受惠商品，且经过香港转运至内地口岸，除上述单证之外，还应向海关交验在澳门签发的联运提单、原厂商发票等证明文件。

原产地证书经海关联网核查无误的，按零关税办理货物进口手续。

第二，原产地验核。其与《亚太贸易协定》的规定基本一致。

4.对台湾农产品零关税优惠措施（海关总署公告2005年第37号）

（1）原产地标准。其实行完全获得标准：①水果和蔬菜的原产地标准为在台湾地区收获、采摘或采集；②水产品的原产地标准为在台湾地区养殖或由台湾籍渔船在远洋、近海捕捞。

（2）直接运输规则。其包括：①直接从台湾本岛、澎湖、金门、马祖运输到大陆关境口岸；②经中国香港、中国澳门或日本石垣岛转运到大陆关境口岸。在进口申报时需提交在中国台湾地区签发的并以中国台湾地区为启运地的运输单证。

（3）原产地证书。其由经海关总署认可的台湾地区有关机构和民间组织签发；所列一项或多项货物应当为同一批次进口货物。

（4）通关管理措施。

第一，单证提交。进口人应当按规定填制进口报关单，申明适用零税率，并提交下列单证：有效原产地证书正本、商业发票正本、装箱单及相关运输单证。

第二，具保放行。台湾原产的农产品进口时，进口人申明享受零关税，但未能提交符合规定的原产地证书的，海关可先收取保证金放行货物，并要求进口人在保证期限内补交符合规定的原产地证书；逾期未提交的，海关按最惠国税率照章征税。

特别提醒4-18

5.《中国-巴基斯坦自由贸易协定》（海关总署令2007年第162号）

（1）原产地标准。其包括：①完全获得标准。它与世界海关组织通过的《京都公约》规定的完全获得标准基本一致。②实质性改变标准。在生产过程中使用的非原产的材料、零件或产品的总价格不超过该货物FOB价的60%，即区域价值成分不得少于40%。

（2）直接运输规则。

第一，货物从出口方至我国未经第三方境内。

第二，如运输途中经过其他国家（地区）运输至我国，不论在运输中是否转换运输工具或作临时储存，同时符合下列条件的，也应视为“直接运输”：①仅是由于地理原因或运输需要；②未进入该国家（地区）进行贸易或消费；③未做除装卸或使货物保持良好状态所必须处理以外的其他加工。

（3）原产地证书。

第一，进口原产地证书应当同时符合下列条件：①由巴方指定签证机构签发；②符合双方商定的格式，以英文填制；③原产地证书签证机构印章、签证人员签名与巴方通知中国海关的签证机构印章、签证人员签名样本相符；④不得涂改和叠印。

第二，原产地证书应当在货物出口前、出口时或实际出口后15日内签发；因不可抗力未能在上述期限内签发的，可自货物装运之日起1年内补发，但要注明“补发”字样。

（4）通关管理措施。

第一，单证提交。进口人应当按规定填制进口报关单，申明适用《中国-巴基斯坦自由贸易协定》税率，并提交下列单证：有效原产地证书正本、商业发票正本、装箱单及相关运输单证。

特别提醒4-19

货物经过其他国家（地区）运输至我国境内的，应当提交在出口国境内签发的联运提单、商业发票正本及其他相关文件。

原产于巴基斯坦的进口货物，每批船上交货价格（FOB）不超过200美元的，免于提交原产地证书。但进口人应当按要求就进口货物具备原产资格进行书面声明。

第二，补充申报、拒绝给惠、原产地验核。其与《亚太贸易协定》的规定基本一致。

6.《中国-智利自由贸易协定》

（1）原产地标准。

第一，完全获得标准。其与世界海关组织通过的《京都公约》规定的完全获得标准基本一致。

第二，实质性改变标准。

A. 除产品特定规则清单列明货物外，非完全获得或生产的货物，其生产过程中使用的非原产的材料、零件或产品的总价格不超过该货物船上交货价格（FOB）的60%，即区域价值成分不得少于40%。

B. 产品特定规则清单列明的货物符合相应“章改变标准”“4位级税号改变标准”“区域价格成分不少于50%标准”的，原产国为智利。

知识链接4-3

“章改变标准”，是指在智利生产或者加工的货物所使用的非原产材料均为《进出口税则》中该货物所在章之外的任何其他章所列的材料。

（2）直接运输规则。

第一，货物从出口方至我国未经第三方境内。

第二，如运输途中经过其他国家（地区）运输至我国，不论在运输中是否转换运输工具或作临时储存，同时符合下列条件的，也应视为“直接运输”：①仅是由于地理原因或运输需要；②未进入该国家（地区）进行贸易或消费；③未做除装卸或使货物保持良好状态或运输所必须处理以外的其他处理。

相关货物在第三方境内停留时间最长不超过3个月。

（3）原产地证书。

第一，进口原产地证书应当同时符合下列条件：①由智利政府指定签证机构签发；②符合双方商定的格式，以英文填制，并且加盖有“正本”（ORIGINAL）字样的印章；③所列的一项或多项货物应当为同一批次的进口货物；④一份原产地证书应当仅对应一份进口报关单。

第二，原产地证书应当在货物出口前或出口后30天内签发。

第三，原产地证书自出口方签发之日起1年内有效。

（4）通关管理措施。

第一，提交单证。进口人应当按规定填制进口报关单，申明适用《中国-智利自由贸易协定》税率，并提交下列单证：有效原产地证书正本、在智利境内签发的提单和商业发票正本。

第二，补充申报、拒绝给惠、原产地验核。其与《亚太贸易协定》的规定基本一致。

特别提醒4-20

7.《中国-新西兰自由贸易协定》

（1）原产地标准。其包括：①完全获得标准。它与世界海关组织通过的《京都公约》规定的完全获得标准基本一致。②实质性改变标准。其以全税则为基础对税则中的各项商品逐一制定原产地标准。原产地标准包括税则归类改变标准、区域价值成分标准及加工工序标准等。

（2）直接运输规则。

第一，货物从出口方至我国未经第三方境内。

第二，如运输途中经过其他国家（地区）运输至我国，不论在运输中是否转换运输工具或作临时储存，同时符合下列条件的，也应视为“直接运输”：①未进入该国家（地区）进行贸易或消费；②未做除装卸或使货物保持良好状态所必须处理以外的其他处理。

相关货物在第三方境内停留时间最长不超过6个月。

（3）原产地证书。

第一，进口人提交的原产地证书应当同时符合下列条件：①由新西兰政府授权的机构签发，并加盖“正本”字样印章；②符合双方商定的格式，以英文填制；③签证机构印章、签证人员签名与新方通知中国海关的签证机构印章、签证人员签名的样本相符；④具有不重复的原产地证书编号；⑤所列一项或多项货物应当为同一批次进口货物；⑥注明确定货物具有原产资格的依据。

第二，原产地证书自出口方签发之日起1年内有效。

（4）通关管理措施。

第一，单证提交。进口人应当按规定填制进口报关单，申明适用《中国-新西兰自由贸易协定》税率，并提交下列单证：有效原产地证书正本、商业发票正本、装箱单及相关运输单证。

第二，补充申报、拒绝给惠、原产地验核。其与《亚太贸易协定》的规定基本一致。

8.《中国-新加坡自由贸易协定》

（1）原产地标准。

第一，完全获得标准。其与世界海关组织通过的《京都公约》规定的完全获得标准基本一致。

第二，实质性改变标准。

A. 除列入产品特定原产地规则清单货物外，其他非完全获得或生产的货物，其生产过程中使用的非原产的材料、零件或产品的总价格不超过该货物船上交货价格（FOB）的60%，即区域价值成分不得少于40%。

B. 对于列入产品特定原产地规则清单的货物，适用《中国-新加坡自由贸易协定》项下产品特定原产地规则。

（2）直接运输规则。

第一，货物从出口方至我国未经第三方境内。

第二，如运输途中经过其他国家（地区）运输至我国，不论在运输中是否转换运输工具或作临时储存，同时符合下列条件的，也应视为“直接运输”：①仅是由于地理原因或运输需要；②未进入该国家（地区）进行贸易或消费；③未做除装卸或使货物保持良好状态所必须处理以外的其他处理。

相关货物在第三方境内停留时间最长不超过3个月。

（3）原产地证书。

第一，进口人提交的原产地证书应当同时符合下列条件：①由新加坡授权机构签发；②符合双方商定的格式，以英文填制；③原产地证书签证机构印章与新加坡通知中国海关的签证机构印章样本相符；④所列一项或多项货物应当为同一批次进口货物。

第二，原产地证书在货物出口前、出口时或装运后3天内签发。

第三，原产地证书自出口方签发之日起1年内有效。

（4）通关管理措施。

第一，单证提交。进口人应当按规定填制进口报关单，申明适用《中国-新加坡自由贸易协定》税率，并提交下列单证：有效原产地证书正本、商业发票正本、装箱单及相关运输单证。

第二，补充申报、拒绝给惠、原产地验核。其与《亚太贸易协定》的规定基本一致。

9.《中国-秘鲁自由贸易协定》

（1）原产地标准。其包括：①完全获得标准。它与世界海关组织通过的《京都公约》规定的完全获得标准基本一致。②实质性改变标准。其以全税则为基础对税则中的各项商品逐一制定原产地标准。原产地标准包括税则归类改变标准、区域价值成分标准及加工工序标准等。

（2）直接运输规则。

第一，货物从出口方至我国未经第三方境内。

第二，如运输途中经过其他国家（地区）运输至我国，不论在运输中是否转换运输工具或作临时储存，同时符合下列条件的，也应视为“直接运输”：①未进入该国家（地区）进行贸易或消费；②未做除装卸、重新包装或使货物保持良好状态所必须处理以外的其他处理。

相关产品在第三方境内停留时间最长不超过3个月。

（3）原产地证书。

第一，进口人提交的原产地证书应当同时符合下列条件：①由秘鲁政府授权机构在出口前或出口时签发；②符合双方商定的格式，以英文填制；③原产地证书签证机构印章与秘鲁通知中国海关的签证机构印章样本相符；④所列的一项或多项货物为同一批次的进口货物；⑤仅有一份正本，具有不重复的原产地证书编号；⑥注明确定货物具有原产资格的依据。

第二，原产地证书自出口方签发之日起1年内有效。

（4）通关管理措施。

第一，单证提交。进口人应当按规定填制进口报关单，申明适用《中国–秘鲁自由贸易协定》税率，并提交下列单证：有效原产地证书正本、商业发票正本、装箱单及相关运输单证。

第二，补充申报、拒绝给惠、原产地验核。其与《亚太贸易协定》的规定基本一致。

10.对最不发达国家特别关税优惠措施（海关总署令2017年第231号）

（1）原产地标准。《中华人民共和国海关最不发达国家特别优惠关税待遇进口货物原产地管理办法》规定，进口货物符合下列条件之一的，其原产国为受惠国：

第一，完全在受惠国获得或者生产的。

知识链接4-4　　完全在受惠国获得或者生产

A.在该受惠国出生并且饲养的活动物。

B.在该受惠国从A项所指的动物中获得的货物。

C.在该受惠国收获、采摘或者采集的植物和植物产品。

D.在该受惠国狩猎或者捕捞获得的货物。

E.在该受惠国注册或者登记，并且合法悬挂该受惠国国旗的船只，在该受惠国根据符合其缔结的相关国际协定可以适用的国内法有权开发的境外水域得到的鱼类、甲壳类动物以及其他海洋生物等。

第二，在受惠国境内全部使用符合规定的原产材料生产的。

第三，在受惠国境内非完全获得或者生产，但是在该受惠国完成实质性改变的。

特别提醒4-21

（1）在受惠国境内使用非受惠国原产材料进行制造或者加工，所得货物在《协调制度》中的4位数级税则归类发生变化的，应当视为原产于该受惠国的货物。

（2）如果上述（1）中的“所得货物”4位数级税则归类未发生变化，但是按照《海关估价协议》确定的非原产材料成交价格不超过该货物价格的10%，该货物也可视为受惠国原产货物。

（3）在受惠国境内使用非受惠国原产材料生产的货物，其区域价值成分（在受惠国对非该国原产材料进行制造、加工后的增值部分，等于所得货物价格扣除非原产材料CIF价格后的差额）不低于所得货物价格（在FOB基础上调整的货物价格）40%的，应当视为原产于该受惠国的货物。

（2）直接运输规则。

第一，货物从出口方至我国未经第三方境内。

第二，如运输途中经过其他国家（地区）运输至我国，不论在运输中是否转换运输工具或作临时储存，同时符合下列条件的，也应视为“直接运输”：①未进入该国家（地区）的贸易或消费领域；②未做除装卸或使货物保持良好状态所必须处理以外的其他处理；③处于该国家（地区）海关的监管之下。

相关货物在第三方停留时间最长不超过6个月。

（3）原产地证书。

第一，进口人向海关提交的原产地证书应当同时符合下列条件：①由受惠国政府指定机构签发；②符合约定格式，以英文填制；③符合与受惠国通知中国海关的印章样本相符等安全要求；④所列的一项或多项货物为同一批次的进口货物；⑤具有不重复的原产地证书编号；⑥注明确定货物具有原产资格的依据。

第二，由签证机构在货物不晚于出口后5个工作日内签发。

第三，自出口方签发之日起1年内有效。

（4）通关管理措施。

第一，单证提交。进口人应当按规定填制进口报关单，申明适用特惠税率，并提交下列单证：有效原产地证书正本及第二副本、商业发票正本及货物运输单证。

第二，补充申报、拒绝给惠、原产地验核。其与《亚太贸易协定》的规定基本一致。

11.《海峡两岸经济合作框架协议》（ECFA）

2010年6月29日，大陆与台湾签署了ECFA。框架协议的内容基本上涵盖了两岸间的主要经济活动，是一个综合性、具有两岸特色的经济协议。

（1）原产地标准。其包括：①完全获得标准。它与世界海关组织通过的《京都公约》规定的完全获得标准基本一致。②实质性改变标准。根据产品不同，分别采用税则归类改变标准、区域价值成分标准及加工工序标准。

（2）直接运输规则。其包括：

第一，货物从台湾直接运至大陆，途中未经过大陆、台湾以外的第三方。

第二，如运输途中经过其他国家（地区）运输至大陆，不论在运输中是否转换运输工具或作临时储存，同时符合下列条件的，也应视为“直接运输”：①仅是由于地理原因或运输需要；②未进入该国家（地区）进行贸易或消费；③未做除装卸、重新包装或使货物保持良好状态或运输所必须处理以外的其他处理；④处于该国家（地区）海关的监管之下。

相关货物在第三方境内停留时间最长不超过60天。

（3）原产地证书。

第一，进口人提交的原产地证书应当同时符合下列条件：①由台湾授权机构签发；②符合规定格式，正确填制、署名和签章；③仅有一份正本并且具有单一证书编号；④所列货物为同一批次的进口货物，项数不超过20项；⑤一份进口报关单所列货物对应一份原产地证书。

第二，由签证机构在货物申报出口前签发。

第三，自出口方签发之日起1年内有效。

（4）通关管理措施。

第一，单证提交。进口人应当按规定填制进口报关单，申明适用协定税率，并提交商业发票正本、装箱单及其相关运输单证。

第二，补充申报、拒绝给惠、原产地验核。其与《亚太贸易协定》的规定基本一致。

特别提醒4-22

12.《中国-哥斯达黎加自由贸易协定》

（1）原产地标准。其包括：①完全获得标准。它与世界海关组织通过的《京都公约》规定的完全获得标准基本一致。②实质性改变标准。根据产品不同，分别采用税则归类改变标准、区域价值成分标准及制造加工工序标准。

（2）直接运输规则。其包括以下两点：

第一，货物从出口方至我国未经第三方境内。

第二，如运输途中经过其他国家（地区）运输至我国，不论在运输中是否转换运输工具或作临时储存，同时符合下列条件的，也应视为直接运输：①仅是由于地理原因或运输需要；②未进入该国家（地区）进行贸易或消费；③未做除装卸、重新包装或使货物保持良好状态所必须处理以外的其他处理；④处于该国家（地区）海关监管之下。

相关产品在第三方境内的停留时间最长不超过3个月。

（3）原产地证书。

第一，进口人向海关提交的原产地证书应当同时符合下列条件：①由哥斯达黎加政府授权机构签发；②符合双方商定的格式，以英文填制；③原产地证书签证机构印章与哥方通知中国海关的签证机构印章样本相符；④所列一项或多项货物应当为同一批次进口货物；⑤仅有一份正本且具有不重复的原产地证书编号；⑥注明确定货物具有原产资格的依据。

第二，由授权机构在出口前或出口时签发。

第三，自出口方签发之日起1年内有效。

（4）通关管理措施。

第一，单证提交。进口人应当按规定填制进口报关单，申明适用《中国-哥斯达黎加自由贸易协定》税率，并提交下列单证：有效原产地证书正本、商业发票正本、装箱单及其相关运输单证。

阅读资料4-1

海关总署公告2021年第106号

第二，补充申报、拒绝给惠、原产地验核。其与《亚太贸易协定》的规定基本一致。

13.《区域全面经济伙伴关系协定》（RCEP）

《区域全面经济伙伴关系协定》是2012年由东盟发起，由包括中国、日本、韩国、澳大利亚、新西兰和东盟10国共15方制定的自由贸易协定。

（1）原产地标准。

第一，完全获得标准。其与世界海关组织通过的《京都公约》规定的完全获得标准基本一致。

第二，实质性改变标准。其包括：①符合产品特定原产地规则规定的税则归类改变、区域价值成分、制造加工工序或者其他要求；②原产于成员方的成分不低于该货物FOB价的10%，且最后生产工序在成员国境内完成（即在生产过程中所使用的全部非原产材料的总价值不超过该货物FOB价的10%）；③全部非原产材料的重量不超过该货物总重量的10%。

（2）直接运输规则。其包括：①未途经其他国家（地区）；②虽途经其他国家（地区），但除装卸、储存等物流活动以及其他为运输货物或者保持货物良好状态的必要操作外，货物在其境内未经任何其他处理，并且处于这些国家（地区）海关的监管之下。

（3）原产地证书。其包括：①具有唯一的证书编号；②注明货物具备原产资格的依据；③由出口成员方的签证机构签发，具有该签证机构的授权签名和印章。

原产地证书应当在货物装运前签发；由于过失或者其他合理原因在装运后签发的，应当注明“Issued Retroactively”（补发）字样。

原产地证书所载内容有更正的，更正处应当有出口成员方签证机构的授权签名和印章。

原产地证书自签发或者开具之日起1年内有效。背对背原产地证书的有效期与初始原产地证书的有效期一致。

（4）通关管理措施。

第一，提交单证。进口货物收货人或其代理人为进口原产货物申请适用协定项下税率的，应当按照海关总署的有关规定申报，并且凭以下单证办理：①有效的协定项下原产地证明；②货物的商业发票；③货物的全程运输单证。

货物经过其他国家（地区）运输至中国境内的，还应当提交证明货物符合相关规定的其他证明文件。

特别提醒4-23

同一批次进口的原产货物完税价格不超过200美元的，进口货物收货人或其代理人申请适用协定项下税率时，可以免予提交原产地证明。为规避相关规定拆分申报进口货物的，不适用此规定。

第二，补充申报。进口货物收货人或其代理人在办结海关手续前未取得有效原产地证明的，应当在办结海关手续前就该货物是否具备原产资格向海关进行补充申报，但海关总署另有规定的除外。按规定补充申报的，海关可根据申请，收取相当于应缴税款的等值保证金先行办理放行手续。

第三，拒绝给惠。具有下列情形之一的，进口货物不适用协定项下税率：

A. 进口货物收货人或其代理人在货物办结海关手续前未按规定申请适用协定项下税率，也未按规定补充申报的。

B. 货物不具备原产资格的。

C. 原产地证明不符合规定的。

D. 原产地证明所列货物与实际进口货物不符的。

E. 自进口货物收货人或其代理人、境外出口商或者生产商、出口成员方签证机构或者主管部门收到原产地核查要求之日起90日内，海关未收到核查反馈，或者反馈结果不足以确定原产地证明真实性、货物原产资格或者原产国（地区）的。

F. 自出口成员方或者境外出口商、生产商收到实地核查要求之日起30日内，海关未收到回复，或者实地核查要求被拒绝的。

G. 进口货物收货人或其代理人存在其他违反《中华人民共和国海关〈区域全面经济伙伴关系协定〉项下进出口货物原产地管理办法》有关规定的行为的。

第四，出口货物签证程序。出口货物发货人及其代理人、已进行原产地企业备案的境内生产商及其代理人（以下统称申请人）可以向我国签证机构申请签发原产地证书。

A. 签证申请。申请人应当在货物装运前申请签发原产地证书，同时提交证明货物原产资格、原产国（地区）的材料。申请人申请签发背对背原产地证书的，还应当提交初始原产地证书正本。

特别提醒4-24

B. 审核签证。签证机构对申请人提交的材料进行审核，符合规定的，签发原产地证书；不符合规定的，决定不予签发原产地证书，书面通知申请人并且说明理由。

特别提醒4-25

原产地证书所载信息有误或者需要补充信息的，申请人可以自原产地证书签发之日起1年内，凭原产地证书正本向原签证机构申请更正。

已签发的原产地证书正本遗失或者损毁的，申请人可以自该原产地证书签发之日起1年内，向原签证机构申请签发经认证的原产地证书副本。

经核准，出口商可以按规定对其出口或者生产的原产货物开具原产地声明。

第五，原产地验核。应进口成员方的请求，海关可以通过以下方式对出口货物的原产地情况进行核查：①要求申请人补充提供与货物原产资格、原产国（地区）相关的信息和资料；②实地核实出口货物的生产设备、加工工序、原材料及零部件的原产资格、原产国（地区）以及出口货物说明书、包装、商标、唛头和原产地标记；③查阅、复制有关合同、发票、账簿以及其他相关资料。

至此，我们可以对不同优惠贸易协定下的相关问题作如下总结：不同优惠贸易协定下，“实质性改变”的判定标准有所不同，见表4-18。

表4-18　**优惠贸易协定下“实质性改变”的判定标准**

<table>
<tr><th>优惠贸易协定</th><th>“实质性改变”的判定标准</th></tr>
<tr><td>《亚太贸易协定》</td><td>区域价值成分不低于45%
（最不发达受惠国为35%）</td></tr>
<tr><td>《中国-东盟自由贸易协定》</td><td>区域价值成分不低于40%</td></tr>
<tr><td>《香港CEPA》/《澳门CEPA》</td><td>以清单列出具体标准（包括制造加工工序标准、4位数级税则归类改变标准、超过30%的从价百分比标准及混合标准）</td></tr>
<tr><td>《中国-巴基斯坦自由贸易协定》</td><td>区域价值成分不低于40%</td></tr>
<tr><td>《中国-智利自由贸易协定》</td><td rowspan="2">区域价值成分不低于40%
（产品特定规则清单列明的货物除外）</td></tr>
<tr><td>《中国-新加坡自由贸易协定》</td></tr>
<tr><td>《中国-新西兰自由贸易协定》</td><td rowspan="4">以清单列出具体标准（包括税则归类改变标准、区域价值成分标准及加工工序标准）</td></tr>
<tr><td>《中国-秘鲁自由贸易协定》</td></tr>
<tr><td>《中国-哥斯达黎加自由贸易协定》</td></tr>
<tr><td>《海峡两岸经济合作框架协议》</td></tr>
<tr><td>对最不发达国家特别关税优惠措施</td><td>4位税则归类改变标准；
区域价值成分不低于40%</td></tr>
<tr><td>《区域全面经济伙伴关系协定》</td><td>区域价值成分不低于10%</td></tr>
</table>

注：①以上各贸易协定下的“完全获得标准”，与世界海关组织通过的《京都公约》规定的完全获得标准基本一致；②台湾农产品零关税优惠措施仅实行“完全获得标准”

不同优惠贸易协定下，“直接运输规则”的规定有所不同，见表4-19。

表4-19　　**优惠贸易协定下的“直接运输规则”**

优惠贸易协定	直接运输规则
《亚太贸易协定》	①货物运输至我国，未经第三方境内。 ②货物运输经过非成员国，无论是否在这些国家转换运输工具或作临时储存，只要符合一定条件，也视为直接运输
《中国-东盟自由贸易协定》	①货物运输至我国，未经非成员国境内。 ②货物经过其他国家（地区）运输至我国，不论在运输中是否转换运输工具或作临时储存，只要符合一定条件，也应视为“直接运输”
《中国-巴基斯坦自由贸易协定》	①货物运输至我国，未经第三方境内。 ②货物经过其他国家（地区）运输至我国，不论在运输中是否转换运输工具或作临时储存，只要符合一定条件的，也应视为“直接运输”
《中国-智利自由贸易协定》	
《中国-新加坡自由贸易协定》	
《中国-新西兰自由贸易协定》	
《中国-秘鲁自由贸易协定》	
《中国-哥斯达黎加自由贸易协定》	
对最不发达国家特别关税优惠措施	
《香港CEPA》	从香港直接运输至内地口岸，中途不得经过第三方关境
《澳门CEPA》	①从澳门直接运输至内地口岸。 ②货物经香港运输，同时符合一定条件的，也应视为“直接运输”
《海峡两岸经济合作框架协议》	①货物运输至大陆，未经第三方境内。 ②如运输途中经过其他国家（地区）运输至大陆，不论在运输中是否转换运输工具或作临时储存，只要符合一定条件，也应视为“直接运输”
对台湾农产品零关税优惠措施	①直接从台湾本岛、澎湖、金门、马祖运输到大陆关境口岸。 ②经香港、澳门或日本石垣岛转运到大陆关境口岸。在进口申报时需提交在台湾地区签发的并以台湾地区为启运地的运输单证
《区域全面经济伙伴关系协定》	①未途经其他国家（地区）。 ②途经其他国家（地区），但除装卸、储存等物流活动，其他为运输货物或者保持货物良好状态的必要操作外，货物在其境内未经任何其他处理，并且处于这些国家（地区）海关的监管之下

注：不同优惠贸易协定都作如下基本规定：
①货物从出口方至我国大陆未经第三方或非成员国（地区）境内；
②经由其他国家（地区）或非成员国（地区）转运至我国大陆，但必须满足一定条件

不同优惠贸易协定下，通关管理中免于提交原产地证书的规定，及对于转运至我国大陆的货物，在第三方境内停留时间的规定有所不同，见表4-20。

表4-20　**货物在第三方境内停留的时间、免于提交原产地证书的规定**

优惠贸易协定	货物在第三方境内停留的时间	免于提交原产地证书的情形
《中国-东盟自由贸易协定》	无	每批船上交货价格（FOB）不超过200美元
《中国-巴基斯坦自由贸易协定》	无	
《海峡两岸经济合作框架协议》	最长不超过60天	无
对最不发达国家特别关税优惠措施	最长不超过3个月	无
《中国-智利自由贸易协定》		每批船上交货价格（FOB）不超过600美元
《中国-新加坡自由贸易协定》		
《中国-秘鲁自由贸易协定》		每批货物完税价格不超过600美元
《中国-哥斯达黎加自由贸易协定》		
对台湾农产品零关税优惠措施	无	
《中国-新西兰自由贸易协定》	最长不超过6个月	每批货物完税价格不超过1 000美元
《区域全面经济伙伴关系协定》	无	同一批次进口原产货物完税价格不超过200美元

不同优惠贸易协定下，对原产地证书有效期的要求有所不同，见表4-21。

表4-21　**不同优惠贸易协定下的原产地证书有效期**

优惠贸易协定	原产地证书有效期
《香港CEPA》/《澳门CEPA》	自签发之日起120天内有效
《亚太贸易协定》	自签发之日起1年内有效
《中国-东盟自由贸易协定》	
《中国-巴基斯坦自由贸易协定》	
《中国-智利自由贸易协定》	
《中国-新加坡自由贸易协定》	
《中国-新西兰自由贸易协定》	
《中国-秘鲁自由贸易协定》	
《中国-哥斯达黎加自由贸易协定》	
《海峡两岸经济合作框架协议》	
对最不发达国家特别关税优惠措施	
《区域全面经济伙伴关系协定》	

五、我国对非优惠原产地的管理

我国对非优惠进出口货物原产地管理的法制框架包括《进出口货物原产地条例》和《关于非优惠原产地规则中实质性改变标准的规定》（以下简称《实质性改变标准规定》）。《进出口货物原产地条例》适用于实施最惠国待遇、反倾销和反补贴、保障措施、原产地标记管理、国别数量限制、关税配额等非优惠性贸易措施，以及进行政府采购、贸易统计等活动对进出口货物原产地的确定。

（一）原产地认定标准

1.完全获得标准

完全获得标准适用于完全在一个国家（地区）获得的货物。符合以下条件的，视为在一国（地区）“完全获得”，以该国（地区）为原产地：①在该国（地区）出生并饲养的活的动物；②在该国（地区）野外捕捉、捕捞、收集的动物；③从该国（地区）的活的动物获得的未经加工的物品；④在该国（地区）收获的植物和植物产品；⑤在该国（地区）采掘的矿物；⑥在该国（地区）获得的上述①～⑤项范围之外的其他天然生成的物品；⑦在该国（地区）生产过程中产生的只能弃置或回收用作材料的废碎料；⑧在该国（地区）收集的不能修复或修理的物品，或从该物品中回收的零件或材料；⑨由合法悬挂该国旗帜的船舶从其领海以外海域获得的海洋捕捞物和其他物品；⑩在合法悬挂该国旗帜的加工船上加工上述第⑨项所列物品获得的产品；⑪从该国领海以外享有专有开采权的海床或海床底土获得的物品；⑫在该国（地区）完全从上述第①～⑪项所列物品中生产的产品。

2.实质性改变标准

（1）适用情形。非优惠性贸易措施项下货物由两个以上国家（地区）参与生产的情形。

（2）基本标准和补充标准。

第一，基本标准：税则归类改变标准，即在某一国家（地区）对非该国（地区）原产材料进行制造、加工后，所得货物在《进出口税则》中的4位数级税则归类发生了改变。

第二，补充标准：在税则归类改变不能反映实质性改变时采用。其主要有两种：

A.从价百分比标准：在某一国家（地区）对非该国（地区）原产材料进行制造、加工后的增值部分超过了所得货物价值的30%。用公式表示如下：

（工厂交货价－非该国（地区）原产材料价值）÷工厂交货价×100%≥30%

其中，“工厂交货价”是指支付给制造厂所生产的成品的价格；“非该国（地区）原产材料价值”是指直接用于制造或装配最终产品而进口的原料、零部件价值（含原产地不明的原料、零部件），且以其进口的CIF价格计算。

B.制造或加工工序标准。对于以上述“制造或加工工序”和“从价百分比”作为标准来判定实质性改变的货物，在《实质性改变标准规定》所附的“适用制造或加工工序及从价百分比标准的货物清单”中具体列明，并按列明的标准判定是否发生实质性改变。未列入上述清单的货物，对其实质性改变的判定，应当适用税则归类改变标准。

（二）原产地预确定

（1）进口前，进口人或其他相关当事人在有正当理由的情况下，可书面申请直属海关对将要进口货物的原产地作出预确定。

（2）海关应当自收到书面申请及全部必要资料之日起150天内作出原产地预确定决定，并对外公布。

已作出原产地预确定决定的货物，自决定作出之日起3年内实际进口时，经审核实际进口货物与预确定决定所述货物相符，且原产地确定标准未发生变化的，海关不再重新确定该进口货物的原产地；经审核前后不相符的，海关应当重新确定该进口货物的原产地。

（三）原产地证书申领

出口货物发货人可以向下列部门申领出口货物原产地证书：海关总署所属的各直属海关和中国国际贸易促进委员会及其地方分会。

（四）原产地验核

（1）海关可以要求进口人提交进口货物原产地证书，并予以审验；必要时，可以请求该货物出口国（地区）的有关机构对该货物的原产地进行核查。

（2）应进口国（地区）有关机构的请求，海关、签证机构可以对出口货物的原产地情况进行核查，并及时将核查情况反馈给进口国（地区）有关机构。

（五）处罚

违反规定申报进口货物原产地的，依法进行处罚。

（1）提供虚假材料骗取出口货物原产地证书或伪造、变造、买卖或盗窃出口货物原产地证书的，由海关处5 000元以上10万元以下的罚款。

（2）骗取、伪造、变造、买卖或盗窃作为海关放行凭证的出口货物原产地证书的，处货值金额等值以下的罚款；货值金额低于5 000元的，处5 000元罚款。

（3）有违法所得的，由海关没收违法所得。

（4）构成犯罪的，依法追究刑事责任。

（六）适用非优惠原产地规则的原产地证书

1.对适用反倾销、反补贴措施的进口商品的要求（见表4-22）

表4-22　对适用反倾销、反补贴措施的进口商品的要求

相关情形	相关要求
申报进口相同货物时	应当向海关提交原产地证书
确实无法提交原产地证书，经海关查验也不能确定原产地的	海关按与该货物相同的被诉产品的最高反倾销、反补贴税率或保证金征收比率征收反倾销、反补贴税或现金保证金
在反倾销、反补贴保证金或其他临时措施存续期间补交原产地证书或原厂商发票的	海关可以接受，并在查证核实后对已实施的临时措施予以调整
在海关征收反倾销、反补贴税后补交原产地证书或原厂商发票的	海关不予接受，对已征税款不予调整

2.对适用保障措施的进口商品的要求（见表4-23）

表4-23　　对适用保障措施的进口商品的要求

<table>
<tr><th>相关情形</th><th>相关要求</th></tr>
<tr><td>不能提供不适用保障措施的国家（地区）的原产地证书</td><td rowspan="3">①经海关审核有关单证（包括合同、发票、提运单等）及对货物实际验估能够确定原产地的，应当按相关规定处理；
②不能确定原产地，且企业也不能进一步提供相关证明材料的，应当在现行适用税率的基础上，按适用的加征税率加征关税</td></tr>
<tr><td>不能提供尚不应加征关税的适用保障措施的国家（地区）的原产地证书</td></tr>
<tr><td>海关对所提供的原产地证书的真实性存有怀疑</td></tr>
<tr><td>在海关审核认定原产地期间</td><td>可凭担保要求先行验放货物</td></tr>
<tr><td>海关通过查验货物或审核单证认为所提供的原产地证书可能不真实</td><td>可请求出口国（地区）的有关机构对该货物的原产地进行核查</td></tr>
</table>

第四节　进出口税费征收

一、税费征收方式

税费征收方式，是海关确定纳税义务人纳税义务的程序，包括税款征收和税款缴纳两方面。

（一）根据作业程序的不同划分

（1）申报纳税方式：海关根据纳税义务人对其进出口货物的申报，在审核、查验确认后作出征税决定，也称申报纳税制。世界各国海关一般都以申报纳税方式作为征收税款的基本程序。

（2）稽征纳税方式：未向海关申报，而由海关查获的违规进出境货物，海关不必要求其收发货人向海关申报，而直接根据货物进出口事实作出征税决定，也称稽征纳税制。

（二）以进出口货物通关程序中税款征纳的时间为标准划分

（1）税款先纳制：纳税义务人按海关确定的数额履行纳税义务后，海关才予办理货物结关放行手续。

（2）税款后纳制：海关先行办理货物放行手续，然后再确定应税税额和由纳税义务人办理纳税手续。

（三）以海关征收税款和纳税义务人纳税的地点为标准划分

（1）口岸纳税方式：由办理货物进出口申报验放手续的口岸海关作出征税决定，纳税义务人在口岸海关办理税款缴纳手续。

（2）属地纳税方式：由口岸海关办理转关或验放手续，纳税义务人在属地海关办理税款缴纳手续。

（四）以纳税义务人缴纳税款的支付方式为标准划分

（1）柜台支付方式：由海关作出征税决定，纳税义务人在指定银行通过柜台缴纳税款。这是传统的税款缴纳方式。

（2）电子支付系统：由海关业务系统、中国电子口岸系统、商业银行系统和第三方支付系统四部分组成的进出口环节税费缴纳的信息化系统。

进出口企业经直属海关关税部门在海关业务系统备案后，可以参与电子支付业务。中国电子口岸的入网用户，取得企业法人卡及操作员卡，具备联网办理业务条件，可以参与电子支付业务。

电子支付以税单为单位。对同一份报关单所发生的税费，报关人员可全部选择电子支付，也可部分选择电子支付。通过电子支付可以缴纳进出口关税、反倾销税、反补贴税、进口环节代征税、缓税利息、滞纳金、保证金和滞报金。

二、纳税期限及滞纳金

（一）法定纳税期限

关税、进口环节增值税或消费税的纳税义务人或其代理人，应当自海关填发税款缴款书之日起15日内向指定银行缴纳税款。

（二）延期纳税期限

特别提醒4-26

（1）纳税义务人因不可抗力或者国家税收政策调整不能按期缴纳税款的，依法提供税款担保后，可直接向申报地的直属海关或其授权的隶属海关办理延期缴纳税款手续，无须由海关总署审核批准。

（2）货物实际进出口时，要求海关先放行货物的，应当向海关提供税款担保。

动画视频4-3

（3）延期缴纳税款的期限，自货物放行之日起最长不超过6个月。

（三）滞纳金

滞纳金

1.含义

滞纳金，是指关税、进口环节增值税或消费税的纳税义务人或其代理人因逾期向海关缴纳税款而依法应缴纳的款项。

2.征收目的

征收滞纳金的目的是使纳税义务人承担增加的经济制裁责任，促使其尽早履行纳税义务。征收滞纳金并不影响海关采取的其他税收强制措施的执行。

思政专栏4-1　让守信企业尽享便利，而失信者则“处处受限”

为了建立海关注册登记和备案企业信用管理制度，推进社会信用体系建设，进一步打造诚实守信、便捷高效的进出口营商环境，海关总署于2021年9月13日发布了《中华人民共和国海关注册登记和备案企业信用管理办法》，自2021年11月1日起施行。

《中华人民共和国海关注册登记和备案企业信用管理办法》规定，海关根据企业信用状况将企业认定为高级认证企业、失信企业和其他企业。海关按照诚信守法便利、失信违法惩戒、依法依规、公正公开原则，对上述企业分别适用相应的管理措施。

企业被认证为高级认证企业的，对其实施便利的管理措施；企业被认定为失信企业的，对其实施严格的管理措施；海关对高级认证企业和失信企业之外的其他企业实施常规的管理措施。

阅读资料4-2

《中华人民共和国海关注册登记和备案企业信用管理办法》

3.征收范围与滞纳期间

（1）一般规定。

第一，逾期缴纳税款的，海关依法按日加收滞纳税款0.5‰的滞纳金。

第二，纳税义务人在批准的延期缴纳税款期限内缴纳税款的，不征收滞纳金。

第三，在实际计算纳税期限时，应当从填发税款缴款书之日的第二天起计算（即填发税款缴款书之日的第二天为15日纳税期限的第1天），缴纳期限届满日如遇双休日等休息日或法定节假日，应当顺延至其后的第一个工作日。国务院临时调整休息日与工作日的，则按调整后的情况计算缴款期限。

税款缴纳期限内含有双休日或法定节假日的，不予扣除。

第四，滞纳期间（滞纳天数）自滞纳税款之日起至缴纳税款之日止。滞纳期间的双休日、法定节假日不予扣除。滞纳金滞纳期间的计算见表4-24。

表4-24　**滞纳金的滞纳期间**

缴纳税款期间（15天）		滞纳金计征期间	
起始日	截止日	起始日	截止日
填发缴款书之日的次日	缴纳期限届满之日	滞纳税款之日	缴纳税费之日
	遇双休日等休息日或法定节假日，应当顺延至其后的第一个工作日		

特别提醒4-27

实际计算中滞纳金“征收起始日”的简单确定方法为“填发缴款书之日+16日”。

（2）其他情况。根据规定，对逾期缴纳税款应征收滞纳金的，还包括以下几种情况：

第一，因纳税义务人违反规定造成海关少征或漏征税款的，海关应当自纳税义务人应缴纳税款之日起3年内追征税款，并自应缴纳税款之日起至海关发现违规行为之日止按日加收少征或漏征税款0.5‰的滞纳金。

第二，进出口货物放行后，海关发现因纳税义务人违反规定造成少征或漏征税款的，可以自缴纳税款或货物放行之日起3年内追征税款，并自缴纳税款或货物放行之日起至海关发现之日止，按日加收少征或漏征税款0.5‰的滞纳金。

第三，租赁进口货物，分期支付租金的，纳税义务人应当在每次支付租金后的15

日内向海关申报办理纳税手续，逾期办理的，海关应当自申报办理纳税手续期限届满之日起至申报纳税之日止，按日加收应缴纳税款0.5‰的滞纳金。

租赁进口货物自租期届满之日起30日内，应当向海关申请办结海关手续，逾期办理手续的，海关应当自租赁期限届满后30日起至申报纳税之日止，按日加收应缴纳税款0.5‰的滞纳金。

第四，暂时进出境货物未在规定期限内复运出境或复运进境，且纳税义务人未在规定期限届满前向海关申报办理进出口及纳税手续的，海关除征收应缴纳的税款外，还应当自规定期限届满之日起至申报纳税之日止，按日加收应缴纳税款0.5‰的滞纳金。

第五，海关采取强制措施时，对纳税义务人、担保人未缴纳的滞纳金应同时强制执行。滞纳金应当从税款缴纳期限届满的次日起至海关执行强制措施之日止，按日计算。

4.征收标准

滞纳金的起征额为人民币50元，不足人民币50元的免予征收。其计算公式为：

滞纳金金额=滞纳的关税等税额×0.5‰×滞纳天数

5.滞纳金减免

纳税义务人主动采取相关补救措施的，海关依法可以减免税款滞纳金。滞纳金减免事宜，需经纳税义务人申请，并由海关总署审批。

三、税率及汇率的适用

（一）税率适用

税率适用，是指进出口货物在征税、补税或退税时选择适用的各种税率。

1.关税税率设置

进出口货物关税税率设置见表4-25。

表4-25 进出口货物关税税率设置

进出口货物	税率设置	备注
进口货物	普通税率	适用普通税率的进口货物，不适用暂定税率
	最惠国税率	对于适用这些税率的进出口货物，在一定期限内，可以实行暂定税率
	协定税率	
	特惠税率	
	关税配额税率等	
出口货物	出口税率	

2.关税税率适用原则

（1）进口税率。

第一，基本原则。其包括：适用普通税率的进口货物，不适用暂定税率；同时适用多种税率的，“从低适用”（特殊情况除外）。

第二，原产地的不同及税率的适用。进口货物原产地及税率的适用见表4-26。

表4-26 进口货物原产地与税率的适用

进口货物原产地	适用税率
WTO成员	最惠国税率
与我国签订含有相互给予最惠国待遇条款的双边协定的国家（地区）	
原产于我国境内的进口货物	
与我国签订含有关税优惠条款的区域性贸易协定的国家（地区）	协定税率
与我国签订含有特殊关税优惠条款的贸易协定的国家（地区）	特惠税率
其他国家（地区）的进口货物，以及原产地不明的进口货物	普通税率

对于非优惠原产地规则下的进口货物，如没有其他税率设置，则直接选用最惠国税率。

第三，同时有两种及以上税率可适用的进口货物最终税率的适用（见表4-27）。

表4-27 同时适用两种及以上税率情况下最终税率的适用

同时适用的税率	最终适用的税率
最惠国税率、暂定税率	暂定税率
最惠国税率、减征税率	减征税率
减征税率、协定税率、特惠税率、暂定税率	从低适用
ITA税率、其他税率	ITA税率
关税配额税率、其他税率	关税配额内：关税配额税率； 关税配额外：其他税率
适用普通税率的进口货物，存在暂定税率的	适用普通税率的进口货物，不适用暂定税率（只能适用普通税率）
适用协定税率，同时实施反倾销或反补贴措施的	在按协定税率计征进口关税的基础上， 同时征收反倾销税或反补贴税

注：反倾销、反补贴、保障措施、报复性关税税率，只能作为附加税率另行适用。例如，在对进口货物按照协定税率或最惠国税率计征的基础上，可另行征收反倾销税

（2）出口税率。对于出口货物，在计算出口关税时，出口暂定税率的执行优先于出口税率。

3.关税税率适用时间

《关税条例》规定，进出口货物应当适用海关接受申报进出口之日实施的税率。在实际运用时，应当区分不同情况对待，见表4-28。

表4-28　　　　　　　　　　　　　　关税税率适用时间

进出口货物申报等情况	适用何日实施的税率
进口货物到达前，经海关核准先行申报的	装载该货物的运输工具申报进境之日
超期未申报进口货物由海关依法变卖时	
进口转关运输（“直转转关”方式下）	指运地海关接受该货物申报进口之日
进口转关运输（“提前报关转关”方式下）	装载该货物的运输工具抵达指运地之日 （货物运抵指运地前先行申报）
出口转关运输	启运地海关接受该货物申报出口之日
集中申报	每次货物进出口时海关接受该货物申报之日
因纳税义务人违反规定需追征税款的	违反规定的行为发生之日（行为发生之日不能确定的，适用海关发现该行为之日）
已申报并放行，又因其他原因需缴纳税款的： （1）保税货物经批准不复运出境； （2）保税仓储货物转入国内市场销售； （3）减免税货物经批准转让或移作他用； （4）暂时进出境货物经批准不复运出/进境； （5）租赁进口货物，分期缴纳税款的	海关接受纳税义务人再次填写报关单申报办理纳税及有关手续之日

进出口货物关税的补征和退还，按上述规定确定适用的税率。

（二）汇率的适用

进出口货物的成交价格及有关费用以外币计价的，海关按该货物适用税率之日所适用的计征汇率折合为人民币计算完税价格。计征汇率的使用原则如下：

（1）海关每月使用的计征汇率为上一个月第三个星期三（第三个星期三为法定节假日的，顺延采用第四个星期三）中国人民银行公布的外币对人民币的基准汇率。

（2）以基准汇率币种以外的外币计价的，采用同一时间中国银行公布的现汇买入价和现汇卖出价的中间值（人民币元后采用四舍五入法保留4位小数）。

（3）汇率发生重大波动的，海关总署认为必要时，可另行规定计征汇率。

四、税款退还、追补与后续补税

（一）税款退还

纳税义务人按规定缴纳税款后，因误征、溢征及国家政策调整原因应予退还的税款可由海关依法退还。进出口税收的起退点为0元。

特别提醒4-28

1.多征税款退税

（1）海关发现多征税款的，应当立即通知纳税义务人办理退税手续。纳税义务人应当自收到海关通知之日起3个月内办理退税手续。

（2）纳税义务人发现多征税款的，自缴纳税款之日起1年内，可以向海关申请退还多缴的税款并加算银行同期活期存款利息。

“多征税款”一般指由于某种差错或工作失误，造成海关所征收的税款大于应征税款，不包括由于政策调整导致的征税差异。

特别提醒4-29

纳税义务人向海关申请退还税款及利息时，应当提交“退税申请书”和可以证明应予退税的材料。

2.品质或规格原因退税

（1）已缴纳税款的进口货物，因品质或规格原因原状退货复运出境的，纳税义务人自缴纳税款之日起1年内，可以向海关申请退税。

特别提醒4-30

（2）已缴纳出口关税的出口货物，因品质或规格原因原状退货复运进境并已重新缴纳因出口而退还的国内环节有关税收的，纳税义务人自缴纳税款之日起1年内，可以向海关申请退税。

特别提醒4-31

纳税义务人向海关申请退税时，应当提交下列材料：“退税申请书”、收发货人双方关于退货的协议和税务机关重新征收国内环节税的证明。

3.退关退税

已缴纳出口关税的出口退关货物，纳税义务人自缴纳税款之日起1年内，可申请退税，并提交“退税申请书”。

4.短装退税

散装进出口货物发生短装并已征税放行的，如该货物发货人、承运人、保险公司已对短装部分退还或赔偿相应货款，纳税义务人自缴纳税款之日起1年内，可申请退还短装部分相应税款。

特别提醒4-32

5.赔偿退税

因进出口货物残损、品质不良、规格不符等原因，由进出口货物的发货人、承运人或保险公司赔偿相应货款的，纳税义务人自缴纳税款之日起1年内，可申请退还赔偿货款部分的相应税款。

特别提醒4-33

纳税义务人向海关申请退税时，应当提交“退税申请书”和已经赔偿货款的证明文件。

（二）税款追补

1.补税

（1）少征税款补税。进出口货物放行后，海关发现对该进出口货物实际征收的税款少于应征收的税款的，应当自纳税义务人缴纳税款之日起1年内，向纳税义务人补征。

（2）漏征税款补税。海关发现对进出口货物应当征收但未征收税款的，应当自货物放行之日起1年内，向纳税义务人补征漏征的税款。

2.追税

特别提醒4-34

（1）少征税款追税。因纳税义务人违反规定导致海关少征税款的，海关应当自纳税义务人缴纳税款之日起3年内追征少征收的税款。

（2）漏征税款追税。因纳税义务人违反规定导致海关漏征税款的，海关应当自该货物放行之日起3年内追征漏征的税款。

（三）减免税货物后续补税

1.移作他用后续补税

减免税申请人经主管海关批准将减免税货物移作他用，应当补缴税款的，补税的完税价格以货物原进口时的完税价格为基础，按照需要补缴税款的时间与监管年限的比例进行折旧，税款的计算公式为：

补税税款=减免税货物原进口时的完税价格×[需要补缴税款的时间÷（监管年限×365）]×税率

上式中：（1）税率为海关接受再次申报办理纳税手续之日实施的税率。

（2）需补缴税款的时间为移作他用的实际时间。按日计算，每日实际生产不满8小时或超过8小时的均按1日计算。

2.转让及其他原因后续补税

减免税货物因转让或其他原因需要补征税款的，补税的完税价格以货物原进口时的完税价格为基础，按照减免税货物已进口时间与监管年限的比例进行折旧。其计算公式如下：

补税的完税价格=减免税货物原进口时的完税价格×[1-减免税货物已进口的时间÷（监管年限×12）]

上述计算公式中“减免税货物已进口的时间”自减免税货物的放行之日起按月计算，不足1个月但超过15日的，按1个月计算；不超过15日的，不予计算。已进口时间截止日期的确定见表4-29。

表4-29 **已进口时间截止日期的确定**

相关情况	已进口时间的截止日期
经海关批准转让的	主管海关接受申请办理补税手续之日
未经批准，擅自转让的	货物实际转让之日；实际转让之日不能确定的，以海关发现之日为准
减免税申请人发生主体变更的	变更登记之日
减免税申请人发生破产、撤销、解散或其他依法终止经营情形的	人民法院宣告破产之日或者被依法认定终止生产经营活动之日
减免税货物提前解除监管的	主管海关接受申请办理补缴税款手续之日

五、加工贸易保税货物缓税利息

加工贸易保税料件或制成品内销的，海关除依法征收税款外，还应当加征缓税利息。缓税利息的缴纳方式、缴纳凭证、缴纳规定等与税款缴纳相同。缓税利息不足50元的免于征收。

（一）征收规定

根据海关总署公告2006年第53号的规定，缓税利息的征收应该注意以下两点：

（1）缓税利息的利率为中国人民银行公布的6个月至1年（含1年）短期贷款年利率（以下简称“短期贷款年利率”），海关根据中国人民银行最新公布的“短期贷款年利率”随时调整并公布执行。

对因加工贸易政策调整导致到期合同不予延期、按内销处理的，根据填发海关税款缴款书的上一年度中国人民银行公布的活期存款利率征收缓税利息；对逾期未核销手册项下的加工贸易货物内销征税，缓税利息的征收仍按前款规定办理，即按“短期贷款年利率”计息。

（2）对于实行海关事务担保（包括税款保付保函）管理的加工贸易手册项下的保税货物，在办理内销征税手续时，如果海关征收的缓税利息大于对应海关事务担保的利息，应由中国银行在海关税款缴款书上签注后退单，由海关重新开具两份缴款书：一份将海关事务担保利息全额转为缓税利息；另一份将海关事务担保利息不足部分单开海关税款缴款书，企业另行缴纳。

（二）计息期限

加工贸易保税货物缓税利息的计息期限见表4-30。

表4-30 缓税利息的计息期限

<table>
<tr><th colspan="2">内销状况</th><th>计息期限</th></tr>
<tr><td rowspan="5">保税料件或制成品</td><td>经批准内销</td><td>对应加工贸易合同项下首批料件进口之日至海关填发税款缴款书之日</td></tr>
<tr><td rowspan="4">擅自内销或需要后续补税但海关未按违规处理的</td><td>对应加工贸易合同项下首批料件进口之日至料件或制成品内销之日</td></tr>
<tr><td>若涉及多本合同，且与合同无法一一对应，计息期限为最近一本合同项下首批料件进口之日至内销之日</td></tr>
<tr><td>内销之日无法确定的，终止日期为海关发现之日</td></tr>
<tr><td>按上述方法仍无法确定计息起止日期的，则不再征收缓税利息</td></tr>
<tr><td rowspan="4">加工贸易E类电子账册项下的料件或制成品内销</td><td>经批准内销</td><td>对应电子账册的最近一次核销之日（若没有核销日期，则为电子账册的首批料件进口之日）至海关填发税款缴款书之日</td></tr>
<tr><td rowspan="3">擅自内销</td><td>对应电子账册的最近一次核销之日（若没有核销日期，起始日期为首批料件进口之日）至内销之日</td></tr>
<tr><td>内销之日无法确定的，终止日期为海关发现之日</td></tr>
<tr><td>按上述方法仍无法确定计息起止日期的，则不再征收缓税利息</td></tr>
<tr><td colspan="2">加工贸易边角料、剩余料件、残次品、副产品和受灾保税货物等内销</td><td>应当比照上述规定办理</td></tr>
</table>

违规内销计息的终止日期为保税料件或制成品内销之日。内销之日无法确定的，终止日期为海关发现之日。加工贸易保税料件或制成品等违规内销的，还应根据有关规定征收滞纳金。

（三）计算公式

应征缓税利息=应征税款×计息期限（天数）×（缓税利息率÷360）

六、暂时进出境货物税款征收

（一）第一类暂时进出境货物

（1）在海关规定期限内，可以暂不缴纳税款。

（2）在规定期限届满后不再复运出境或复运进境的，纳税义务人应当在规定期限届满前向海关申报办理进出口及纳税手续。经海关批准留购的暂准进境货物，以海关审查确定的留购价格作为完税价格，并适用海关接受纳税义务人再次填写报关单申报办理纳税及有关手续之日实施的税率、汇率。

（二）第二类暂时进出境货物

（1）海关按审定进出口货物完税价格的有关规定和接受该货物申报进出境之日适用的计征汇率、税率，审核确定其完税价格，按月征收税款，或在规定期限内货物复运出境或复运进境时征收税款。

（2）在规定期限届满后不再复运出境或复运进境的，纳税义务人应当在规定期限届满前向海关申报办理进出口及纳税手续，缴纳剩余税款。

（3）计征税款的期限为60个月。不足1个月但超过15天的，按1个月计征；不超过15天的，免予计征。计征税款的期限自货物放行之日起计算。按月征收税款的计算公式为：

每月关税税额=关税总额×1/60

每月进口环节代征税税额=进口环节代征税总额×1/60

特别提醒4-35

（1）暂时进出境货物未在规定期限内复运出境或复运进境，且纳税义务人未在规定期限届满前向海关申报办理进出口及纳税手续的，海关除按规定征收应缴纳的税款外，还应当自规定期限届满之日起至纳税义务人申报纳税之日止按日加收应缴纳税款0.5‰的滞纳金。

（2）上述规定期限均包括经海关批准的暂时进出境货物延长复运出境或复运进境的期限。

七、税款担保

税款担保是海关事务担保的一种，是纳税义务人以法定形式向海关承诺在一定期限内履行其纳税义务的行为。

八、税收保全与强制措施

（一）保全措施

进出口货物的纳税义务人在规定的纳税期限内有明显的转移、藏匿其应税货物以及其他财产迹象的，海关可以要求纳税义务人在规定期限内提供海关认可的担保。纳税义务人不能提供担保的，经关长批准，海关应当采取税收保全措施：

1.暂停支付存款

海关书面通知纳税义务人的开户银行或其他金融机构（以下统称金融机构）暂停支付纳税义务人相当于应纳税款的存款。

纳税义务人在规定的纳税期限内缴纳税款的，海关书面通知金融机构解除对纳税义务人相应存款实施的暂停支付措施。

纳税义务人在规定的纳税期限内未缴纳税款的，海关书面通知金融机构从暂停支付的款项中扣缴相应税款。海关确认金融机构已扣缴税款的，书面告知纳税义务人。

2.暂扣货物或财产

因无法查明纳税义务人账户、存款数额等情形不能实施暂停支付措施的，海关书面通知（随附扣留清单）纳税义务人扣留其价值相当于应纳税款的货物或其他财产。货物或其他财产本身不可分割，又没有其他财产可以扣留的，被扣留货物或其他财产的价值可以高于应纳税款。

纳税义务人在规定的纳税期限内缴纳税款的，海关书面通知纳税义务人解除扣留措施，随附发还清单，办理确认手续后将有关货物、财产发还纳税义务人。

纳税义务人在规定的纳税期限内未缴纳税款的，海关书面通知纳税义务人依法变卖被扣留的货物或其他财产，并以变卖所得抵缴税款。变卖所得不足以抵缴税款的，海关继续采取强制措施抵缴税款的差额部分；变卖所得抵缴税款及扣除相关费用后仍有余款的，发还纳税义务人。

（二）强制措施

如果纳税义务人、担保人超过3个月仍未缴纳税款或经海关总署批准延期缴纳税款的，自延期缴税时限届满之日起超过3个月仍未缴纳税款的，经关长批准，依次采取下列强制措施，但应当书面告知纳税义务人、担保人：

（1）书面通知金融机构从其存款中扣缴税款。

（2）将应税货物依法变卖，以变卖所得抵缴税款。

（3）扣留并依法变卖其价值相当于应纳税款的其他货物或财产，以变卖所得抵缴税款。

特别提醒4-36

第五节 进出口税收减免

进出口税收减免可分为三大类，即法定减免税、特定减免税和临时减免税。

一、法定减免税

法定减免税，是指法律、行政法规规定，进出口货物可以享受的减免关税优惠。海关对其一般不进行后续管理。

《海关法》规定，下列进出口货物、进出境物品可减征或免征关税：

（1）无商业价值的广告品和货样。

（2）外国政府、国际组织无偿赠送的物资。

（3）在海关放行前遭受损坏或者损失的货物。

（4）规定数额以内的物品。

（5）法律规定减征、免征关税的其他货物、物品。

（6）我国缔结或者参加的国际条约规定减征、免征关税的货物、物品。

《关税条例》规定，下列进出口货物免征关税：

（1）关税税额在人民币50元以下的一票货物。

（2）无商业价值的广告品和货样。

（3）外国政府、国际组织无偿赠送的物资。

（4）在海关放行前损失的货物。

（5）进出境运输工具装载的途中必需的燃料、物料和饮食用品。

在海关放行前遭受损坏的货物，可以根据海关认定的受损程度减征关税。法律规定的其他免征或者减征关税的货物，海关根据规定予以免征或者减征。

二、特定减免税

特定减免税，是指海关对特定地区、特定用途和特定企业给予的减免关税和进口环节海关代征税的优惠，也称政策性减免税。目前，实施特定减免税的项目主要有：

（一）外商投资项目投资额度内进口自用设备

（1）若外商投资企业所投资项目属于《鼓励外商投资产业目录》范围内的项目（包括增资项目，下同），在投资总额内进口的自用设备以及按照合同随上述设备进口的技术和配套件、备件，除相关《外商投资项目不予免税的进口商品目录》和《进口不予免税的重大技术装备和产品目录》所列商品外，按照国务院和海关总署的相关规定免征关税，照章征收进口环节增值税。

（2）中外投资者采取发起或募集方式在境内设立外商投资股份有限公司，或已设立的外商投资有限责任公司转变为外商投资股份有限公司，并且外资股比不低于25%，所投资的项目符合《鼓励外商投资产业目录》或《中西部地区外商投资优势产业目录》的产业条目的，在投资总额内进口的自用设备可以享受外商投资项目进口税收优惠政策。

（3）A股上市公司股权分置改革方案实施后增发新股，或原外资法人股股东出售股份，但是外资股比不低于25%，所投资的项目符合《鼓励外商投资产业目录》或《中西部地区外商投资优势产业目录》的产业条目的，在投资总额内进口的自用设备可以享受外商投资项目进口税收优惠政策。

特别提醒4-37

海关总署、国家发改委、财政部、商务部2007年第35号公告规定，持有外商投资企业批准证书的A股上市公司股权分置改革方案实施后，因增发新股或原外资法人股股东出售股份，使外资股比低于25%的，其投资项目不能享受外商投资项目进口税收优惠政策；之后即使原外资法人股股东通过回购股份等方式，使外资股比再次不低于25%的，其投资项目仍然不能享受外商投资项目进口税收优惠政策。

（4）外商投资企业向中西部地区再投资设立的企业或其通过投资控股的公司，注册资本中外资比例不低于25%，所投资的项目符合《鼓励外商投资产业目录》或《中西部地区外商投资优势产业目录》的产业条目的，在投资总额内进口的自用设备可以享受外商投资项目进口税收优惠政策。

（5）下列情况中，所投资项目符合《鼓励外商投资产业目录》或《中西部地区外商投资优势产业目录》的产业条目，在投资总额内进口的自用设备，除《国内投资项目不予免税的进口商品目录》《进口不予免税的重大技术装备和产品目录》所列商品外，可以免征关税，进口环节增值税照章征收：①外国投资者的投资比例低于25%的外商投资企业；②境内内资企业发行B股或发行海外股（H股、N股、S股、T股或红筹股）转化为外商投资股份有限公司；③外商投资企业向中西部地区再投资设立的外资比例低于25%的企业，以及向中西部地区以外地区再投资设立的企业。

（二）外商投资企业自有资金项目

属于国家鼓励发展产业的外商投资企业（外国投资者的投资比例不低于25%）、外商研究开发中心、先进技术型和产品出口型的外商投资企业，在企业投资额以外的自有资金内，对原有设备更新和维修进口国内不能生产或性能不能满足需要的设备，以及上述设备配套的技术、配件、备件，除《国内投资项目不予免税的进口商品目录》《进口不予免税的重大技术装备和产品目录》所列商品外，可以免征进口关税，进口环节增值税照章征收。

（三）国内投资项目进口自用设备

对属于《产业结构调整指导目录》鼓励类范围的国内投资项目，在投资总额内进口的自用设备以及按照合同随上述设备进口的技术和配套件、备件，除《国内投资项目不予免税的进口商品目录》和《进口不予免税的重大技术装备和产品目录》所列商品外，免征关税，照章征收进口环节增值税。

（四）贷款项目进口物资

对于外国政府贷款和国际金融组织贷款项目，在项目额度或投资总额内进口的自用设备，以及按合同随设备进口的技术及配件、备件，除《外商投资项目不予免税的进口商品目录》《进口不予免税的重大技术装备和产品目录》所列商品外，免征进口关税。

对于贷款项目进口自用设备，经确认增值税进项税额无法抵扣的，除《外商投资项目不予免税的进口商品目录》《进口不予免税的重大技术装备和产品目录》所列商品外，同时免征进口环节增值税。

（五）重大技术装备

对经认定符合规定条件的国内企业为生产国家支持发展的重大技术装备和产品进口规定范围内的关键零部件、原材料，除《进口不予免税的重大技术装备和产品目录》所列商品外，免征关税和进口环节增值税。

（六）特定区域物资

保税区、出口加工区等特定区域进口的区内生产性基础项目所需的机器、设备和基建物资可以免税；区内企业进口企业自用的生产、管理设备和自用合理数量的办公用品及其所需的维修零配件，生产用燃料，建设生产厂房、仓储设施所需的物资、设备可以免税；行政管理机构自用合理数量的管理设备和办公用品及其所需的维修零配件可以免税。

（七）科教用品

对专门从事科学研究工作的科学研究机构和国家承认学历的实施专科及以上高等学历教育学校，或财政部会同国务院有关部门核定的其他科学研究机构和学校，以科研和教学为目的，在合理数量范围内进口国内不能生产或性能不能够满足需要的科学研究和教学用品，免征进口关税和进口环节增值税、消费税。

（八）科技开发用品

国务院规定对经国家有关部门核准从事科技开发的科学研究、技术开发机构，在一定时期内，进口国内不能生产或性能不能满足需要的合理数量范围内的科技开发用品，免征进口关税和进口环节增值税、消费税。

对符合国家规定条件的外资研发中心进口国内不能生产或性能不能满足需要的合理数量范围内的科技开发用品，免征进口关税和进口环节增值税。

（九）救灾捐赠物资

对外国民间团体、企业、友好人士和华侨、港澳居民和台湾同胞无偿向我国境内受灾地区（限于新华社对外发布和民政部《中国灾情信息》公布的受灾地区）捐赠的直接用于救灾的物资，在合理数量范围内，免征关税和进口环节增值税、消费税。

（十）扶贫慈善捐赠物资

对境外捐赠人无偿向受赠人捐赠的直接用于扶贫、慈善事业的物资，免征进口关税和进口环节增值税。

（十一）残疾人专用品

对民政部直属企事业单位和省、自治区、直辖市民政部门所属福利机构、假肢厂等，中国残疾人联合会直属事业单位和省、自治区、直辖市残联所属福利机构和康复机构进口国内不能生产的残疾人专用物品，免征进口关税和进口环节增值税、消费税。

（十二）集成电路项目进口物资

我国对集成电路生产企业进口自用生产性原材料及净化室专用建筑材料等实施税收优惠政策，对在中国境内设立的投资额超过80亿元或集成电路线宽小于0.25微米的集成电路生产企业进口自用生产性原材料、消耗品、净化室专用建筑材料、配套系统，集成电路生产设备零配件，免征进口关税，进口环节增值税照章征收。

（十三）远洋渔业项目进口自捕水产品

对经农业农村部批准获得“农业农村部远洋渔业企业资格证书”的远洋渔业企业运回的品种及产地符合要求的自捕水产品，执行不征进口关税和进口环节增值税的政策。

（十四）无偿援助项目进口物资

对于外国政府、国际组织无偿赠送及我国履行国际条约规定减免税进口的物资，其减免税范围包括：①根据中国与外国政府、国际组织间的协定或协议，由外国政府、国际组织直接无偿赠送的物资或由其提供无偿赠款，由我国受赠单位按协议规定用途自行采购进口的物资；②外国地方政府和民间组织受外国政府委托无偿赠送进口的物资；③国际组织成员受国际组织委托无偿赠送进口的物资；④我国缔结或参加的国际条约规定减免税进口的货物、物品。

无偿援助项目进口物资性质上属于法定减免税范畴，但是，按特定减免税货物管理。

对于以上各项目，国家所给予的减免税政策见表4-31。

表4-31　**特定减免税项目减免税情况**

<table>
<tr><th>特定减免税项目</th><th>关税
征收情况</th><th>进口环节
增值税、消费税征收情况</th></tr>
<tr><td>外商投资项目投资额度内进口自用设备</td><td rowspan="4">免征</td><td rowspan="3">照章征收增值税</td></tr>
<tr><td>外商投资企业自有资金项目</td></tr>
<tr><td>国内投资项目进口自用设备</td></tr>
<tr><td>贷款项目进口物资</td><td>增值税进项税额无法抵扣的，同时免征增值税</td></tr>
<tr><td colspan="3">注：以上四种情形的免税，属于有关进口不予免税目录所列商品除外</td></tr>
<tr><td>集成电路项目进口物资</td><td>免征</td><td>照章征收增值税</td></tr>
<tr><td>残疾人专用品</td><td colspan="2">免征关税、增值税、消费税</td></tr>
<tr><td>救灾捐赠物资</td><td colspan="2">免征关税、增值税、消费税
（在合理数量范围内）</td></tr>
<tr><td>科教用品</td><td colspan="2">免征关税、增值税、消费税
（在合理数量范围内、国内不能生产或性能不能满足需要）</td></tr>
<tr><td rowspan="2">科技开发用品</td><td colspan="2">免征关税、增值税、消费税
（在合理数量范围内、国内不能生产或性能不能满足需要）</td></tr>
<tr><td colspan="2">免征关税、增值税
（外资研发中心在合理数量范围内、国内不能生产或性能不能满足需要的进口）</td></tr>
<tr><td>重大技术装备</td><td colspan="2">免征关税、增值税
（有关进口不予免税目录所列商品除外）</td></tr>
<tr><td>远洋渔业项目进口自捕水产品</td><td colspan="2" rowspan="2">免征关税、增值税</td></tr>
<tr><td>扶贫慈善捐赠物资</td></tr>
<tr><td>特定区域物资</td><td colspan="2">保税区、出口加工区等进口的区内生产性基础设施项目所需的机器、设备和基建物资可以免税；区内企业进口自用的生产、管理设备和合理数量的办公用品、生产用燃料等可以免税；行政管理机构自用合理数量的管理设备和办公用品等可以免税</td></tr>
<tr><td>无偿援助项目进口物资</td><td colspan="2">外国政府、国际组织无偿赠送及我国履行国际条约规定进口物资，可以享受减免税优惠</td></tr>
</table>

三、临时减免税

临时减免税，是指法定减免税和特定减免税以外的其他减免税，是国务院根据某个单位、某类商品、某个时期或某批货物的特殊情况和需要，给予特别的临时性减免税优惠。

第六节　进出口税费的计算

一、进口关税的计算

特别提醒4-38

（一）从价税

1.计算公式

进口关税税额=进口货物完税价格×进口从价关税税率

减税征收的进口关税税额=进口货物完税价格×减按进口从价关税税率

特别提醒4-39

（1）进口货物完税价格的确定基础为CIF价格。

（2）进口货物以FOB、CFR成交时，完税价格的确定公式为：

进口货物完税价格=FOB价+运杂费+保险费

=CFR价+保险费=CFR价或（FOB价+运杂费）÷（1-保险费率）

（3）在进口业务中，一般采取订立预约保险合同的做法，保险金额按进口货物的CIF货值计算，不必加成。

2.计算程序

从价税的计算程序包括：①将应税货物归入适当的税号；②确定应税货物所适用的税率；③确定应税货物的CIF价格；④将以外币计价的CIF价格折算成人民币（完税价格）；⑤按计算公式正确计算应征税款。

3.计算实例

例4-4

【例4-4】国内某公司购进日本产液压千斤顶12台，成交价格合计为FOB名古屋11 000美元。已知运费198美元、保险费率2.5‰，适用的外汇折算价为1美元=6.3737元人民币，计算应征进口关税。

解析

（二）从量税

1.计算公式

应征税额=进口货物数量×单位税额

2.计算程序

从量税的计算程序包括：①将应税货物归入适当的税号；②确定应税货物所适用的税率；③确定其实际进口量；④如需计征进口环节代征税的，确定应税货物的CIF价格；⑤将以外币计价的CIF价格折算成人民币（完税价格）；⑥按计算公式正确计算应征税款。

3.计算实例

【例4-5】内地某公司从香港地区购进美国产冻整鸡50吨，成交价格为CIF境内某口岸5 600港元/吨。已知适用的外汇折算价为1港元=0.8126元人民币，计算应征进口关税。

例4-5 解析

（三）复合关税

1.计算公式

应征税额=进口货物数量×单位税额+进口货物的完税价格×进口从价税税率

2.计算程序

复合关税的计算程序包括：①将应税货物归入适当的税号；②确定应税货物所适用的税率；③确定其实际进口量；④确定应税货物的CIF价格；⑤将以外币计价的CIF价格折算成人民币（完税价格）；⑥按计算公式正确计算应征税款。

3.计算实例

【例4-6】国内某公司从韩国进口磁带放像机60台，其中有30台成交价格为CIF境内某口岸1 900美元/台，其余30台成交价格为CIF境内某口岸2 200美元/台。已知适用的外汇折算价为1美元=6.3737元人民币，计算应征进口关税。

例4-6 解析

（四）滑准税

1.计算公式

从价应征进口关税税额=完税价格×暂定关税税率

从量应征进口关税税额=进口货物数量×暂定关税税率

2.计算程序

滑准税的计算程序包括：①将应税货物归入适当的税号；②确定应税货物的CIF价格，将外币折算成人民币（完税价格）；③根据原产地规则和税率适用规定，确定应税货物所适用的税率种类；④根据关税税率计算公式确定暂定关税税率；⑤按计算公式正确计算应征税款。

3.计算实例

【例4-7】国内某公司进口原产于阿根廷的配额外未梳棉花（已取得“关税配额外优惠关税税率进口棉花配额证”）1 000吨，成交价格为CIF国内某口岸1 060.72美元/吨。已知适用的汇率为1美元=6.3737元人民币，计算应征进口关税税额。

例4-7 解析

如滑准关税税率计算后小于40%，则按实际计算的关税税率计征关税。例如，当进口棉花的完税价格≥14.000元/千克时，则按0.570元/千克计征从量税。

例4-8 解析

【例4-8】国内某公司进口原产于美国的配额外未梳棉花（已取得“关税配额外优惠关税税率进口棉花配额证”）1 000吨，成交价格为CIF国内某口岸2 237.20美元/吨。已知适用的汇率为1美元=6.3737元人民币，计算应征进口关税税额。

（五）反倾销税

1.计算公式

反倾销税税额=完税价格×适用的反倾销税税率

2.计算程序

反倾销税的计算程序包括：①将应税货物归入适当的税号；②确定应税货物所适用的反倾销税税率；③确定应税货物的CIF价格；④将以外币计价的CIF价格折算成人民币（完税价格）；⑤按计算公式正确计算应征反倾销税税款。

例4-9

解析

3.计算实例

【例4-9】国内某公司从德国拜耳材料科技公司购进甲苯二异氰酸酯一批，型号为TDI80/20，成交总价为CIF国内某口岸224 011.95美元。已知该货物需要征收反倾销税，适用的外汇折算价为1美元=6.3737元人民币，计算应征的反倾销税税额。

二、出口关税的计算

1.计算公式

出口关税税额=出口货物完税价格×出口关税税率

出口货物完税价格=FOB价÷（1+出口关税税率）

特别提醒4-40

2.计算程序

出口关税的计算程序包括：①将应税货物归入适当的税号；②确定应税货物所适用的税率；③确定应税货物的FOB价格；④将以外币计价的FOB价格折算成人民币；⑤按计算公式正确计算应征出口关税税额。

例4-10

解析

3.计算实例

【例4-10】国内某企业向韩国出口活鳗鱼苗一批，合同采用CIF贸易术语。已知成交总价为9 090美元，运费为987美元，保险费用为50美元，适用的外汇折算价为1美元=6.3737元人民币，试计算出口关税税额。

三、进口环节海关代征税的计算

（一）消费税的计算

1.计算公式

（1）从价定率消费税的计算公式为：

消费税应纳税额=消费税组成计税价格×消费税比例税率

消费税组成计税价格=（关税完税价格+关税税额）÷（1-消费税比例税率）

据此，可将“消费税组成计税价格”用另外一种方式表示如下：

消费税组成计税价格=关税完税价格+关税税额+消费税税额

可见，实行从价定率办法计算应纳消费税时，是采用价内税计税方法，即计税价格的组成中包括了消费税税额。

（2）从量定额消费税的计算公式为：

消费税应纳税额=应征消费税消费品数量×消费税定额税率

（3）实行从价定率和从量定额复合计税办法的计算公式为：

消费税应纳税额=消费税组成计税价格×消费税比例税率+应征消费税进口数量×消费税定额税率

消费税组成计税价格=（关税完税价格+关税税额+进口数量×消费税定额税率）÷（1–消费税比例税率）

2.计算程序

消费税的计算程序包括：①将应税货物归入适当的税号；②确定应税货物所适用的消费税税率/消费税税额；③确定应税货物的CIF价格；④将以外币计价的CIF价格折算成人民币（完税价格）；⑤按计算公式正确计算消费税税额。

3.计算实例

例4–11

解析

【例4–11】国内某公司进口英国产香烟10标准箱（1标准箱=250标准条；1标准条=200支），成交价格为CIF国内某口岸2 700美元/标准箱。已知适用的外汇折算价为1美元=6.3737元人民币，关税税率为25%，计算应征的进口环节消费税税额。

（二）增值税的计算

1.计算公式

应纳税额=增值税组成计税价格×增值税税率

增值税组成计税价格=关税完税价格+关税税额+消费税税额

2.计算程序

增值税的计算程序包括：①将应税货物归入适当的税号；②确定应税货物所适用的增值税税率；③确定应税货物的CIF价格；④将以外币计价的CIF价格折算成人民币（完税价格）；⑤按计算公式正确计算关税税额；⑥按计算公式正确计算消费税税额、增值税税额。

3.计算实例

例4–12

解析

【例4–12】国内某公司进口瓶装葡萄酒一批，经海关审核其成交总额为CIF境内某口岸960 538.00美元。已知该批货物的关税税率为14%，消费税税率为10%，增值税税率为13%，其适用的外汇折算价为1美元=6.3737元人民币，计算应征增值税税额。

四、滞纳金的计算

滞纳金需按每票货物的关税、进口环节增值税、消费税单独计算。

1.计算公式

关税滞纳金=滞纳关税税额×0.5‰×滞纳天数

进口环节代征税滞纳金=滞纳的进口环节代征税税额×0.5‰×滞纳天数

2.计算程序

滞纳金的计算程序包括：①根据有关规定，确定滞纳关税及进口环节代征税税额；②根据滞纳金管理规定，确定滞纳天数；③按公式分别正确计算关税、进口环节增值税、消费税滞纳金。

例 4-13

解析

3.计算实例

【例 4-13】国内某公司从意大利购进瓶装葡萄酒一批，已知该批货物应征关税为 843 375.42 元，应征进口环节消费税为 763 053.95 元，应征进口环节增值税为 1 297 191.71 元。海关于 2022 年 3 月 4 日填发海关专用缴款书，该公司于 2022 年 3 月 25 日缴纳税款。试计算海关应征的滞纳金。

五、船舶吨税的计算

1.计算程序

例 4-14

解析

船舶吨税的计算程序包括：①确定适用的税率种类；②确定船舶吨位和申报纳税期所适用的税率；③按计算公式计算应征税额。

2.计算实例

【例 4-14】一艘希腊籍船舶（净吨位 58 000）进入我国境内某口岸，船舶负责人申报纳税期 90 日。试计算应征船舶吨税税额。

拓展阅读 4-1　诚实守法享通关便利

为了推进社会信用体系建设，进一步打造诚实守信、便捷高效的进出口营商环境，海关制定了一系列相关政策（如《海关注册登记和备案企业信用管理办法》等），同时通过“新闻发布”等方式持续强化进出口企业的诚信守法意识。本章“拓展阅读”内容包括：

（1）《海关注册登记和备案企业信用管理办法》。

（2）海关 AEO 认证变身“绿码”——青岛海关助认证企业享受多行业领域联合激励（参见“海关总署首页 > 新闻发布 > 今日海关”）。

（3）海关积极落实“主动披露”制度助力企业“诚信”换“红利”（参见“海关总署首页 > 新闻发布 > 今日海关”）。

4.海关信用培育 让更多企业获得“绿色通行证”（参见“海关总署首页 > 新闻发布 > 今日海关”）。

第五章

进出口货物报关单填制

知识目标

（1）了解进出口货物报关单；
（2）了解进出口货物报关单其他栏目；
（3）掌握报关单基本信息（表头）栏目的填报；
（4）掌握报关单商品信息（表体）栏目的填报；
（5）掌握报关单检务项目的填报等。

能力目标

（1）能够掌握报关单基本信息（表头）栏目的填报；
（2）能够掌握报关单商品信息（表体）栏目的填报；
（3）能够掌握报关单检务项目的填报等。

思政目标

将“工匠精神”作为本章课程学习的思政教育主题，通过教学组织、课堂互动、思政专栏和拓展阅读等环节或栏目的学思践悟，帮助学生树立追求卓越的科学精神，理解报关单填制工作的意义，将工匠精神融入其中，争取少出错、不出错，提高工作效率，节省国家资源，培养学生精益求精的工作作风。

第一节　进出口货物报关单概述

一、报关单的含义

进出口报关单，是指进出口货物的收发货人或其代理人按海关规定的格式对进出口货物实际情况作出书面申请，以此要求海关对其货物按适用的海关制度办理通关手续的法律文书。

特别提醒 5-1

从2018年8月1日起，海关将原进出口货物报关报检的申报系统进行整合，形成一个统一的申报系统——中国国际贸易单一窗口（以下简称“单一窗口”），即把原报关单、报检单合并为一张报关单，实现报关报检“一张大表”货物申报。

二、报关单的类别

（一）按进出口流向分类

（1）进口报关单，是指进口货物的收发货人或其代理人对进口货物实际情况作出书面申请，以此要求海关对其货物办理通关手续的法律文书。

（2）出口报关单，是指出口货物的收发货人或其代理人对出口货物实际情况作出书面申请，以此要求海关对其货物办理通关手续的法律文书。

（二）按介质分类

（1）电子报关单。按照《进出口货物报关单填制规范》等规定，通过“单一窗口”标准版录入，并向海关审批系统发送的报关电子数据。

（2）纸质报关单。按照《进出口货物报关单填制规范》等规定，通过“单一窗口”标准版打印海关接受电子数据申报的纸质报关单或手工填制的纸质报关单。

关检融合申报后，进出口报关单的打印样式见表5–1、表5–2。

表5－1

中华人民共和国海关进口货物报关单

12019000000114437

预录入编号：　　　　海关编号：　　　　（××海关）　　　　页码/页数：

境内收货人	进境关别		进口日期		申报日期	备案号	
境外发货人	运输方式		运输工具名称及航次号		提运单号	货物存放地点	
消费使用单位	监管方式		征免性质		许可证号	起运港	
合同协议号	贸易国（地区）		起运国（地区）		经停港	入境口岸	
包装种类	件数	毛重（千克）	净重（千克）	成交方式	运费	保费	杂费
随附单证及编号							
标记唛码及备注							

项号	商品编号	商品名称及规格型号	数量及单位	单价/总价/币制	原产国（地区）	最终目的国（地区）	境内目的地	征免

续表

特殊关系确认：　价格影响确认：　支付特许权使用费确认：　自报自缴：	
报关人员　报关人员证号　电话　兹申明对以上内容承担如实申报、依法纳税之法律责任 申报单位　申报单位（签章）	海关批注及签章

表 5－2

中华人民共和国海关出口货物报关单

120190000000114437

预录入编号：　海关编号：　（××海关）　页码/页数：

境内发货人	出境关别		出口日期		申报日期	备案号	
境外收货人	运输方式		运输工具名称及航次号		提运单号		
生产销售单位	监管方式		征免性质		许可证号		
合同协议号	贸易国（地区）		运抵国（地区）		指运港	离境口岸	
包装种类	件数	毛重（千克）	净重（千克）	成交方式	运费	保费	杂费
随附单证及编号							
标记唛码及备注							
项号 商品编号　商品名称及规格型号　数量及单位　单价/总价/币制　原产国（地区）　最终目的国（地区）　境内货源地　征免							
特殊关系确认：　价格影响确认：　支付特许权使用费确认：　自报自缴：							
报关人员　报关人员证号　电话　兹申明对以上内容承担如实申报、依法纳税之法律责任 申报单位　申报单位（签章）					海关批注及签章		

（三）按海关监管方式分类

（1）进料加工进（出）口货物报关单。

（2）来料加工及补偿贸易进（出）口货物报关单。

（3）一般贸易及其他贸易进（出）口货物报关单。

知识链接 5-1　“单一窗口”的登录与录入界面

“单一窗口”的登录界面如图 5-1 所示。登录后报关数据的录入界面如图 5-2 所示，其中表头部分如图 5-3 所示，表体部分如图 5-4 所示。

图5-1　“单一窗口”的登录界面

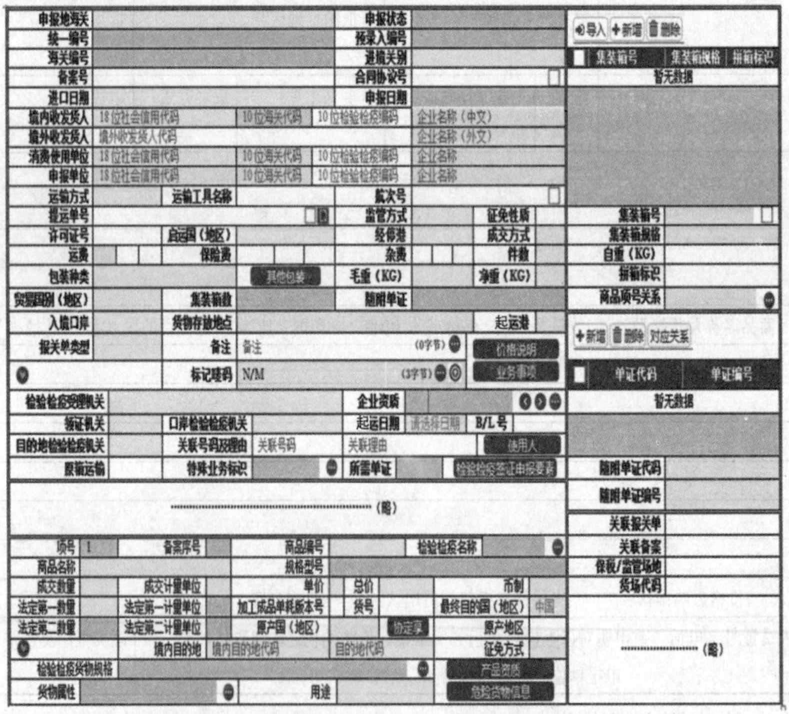

图5-2　“单一窗口”报关数据的录入界面

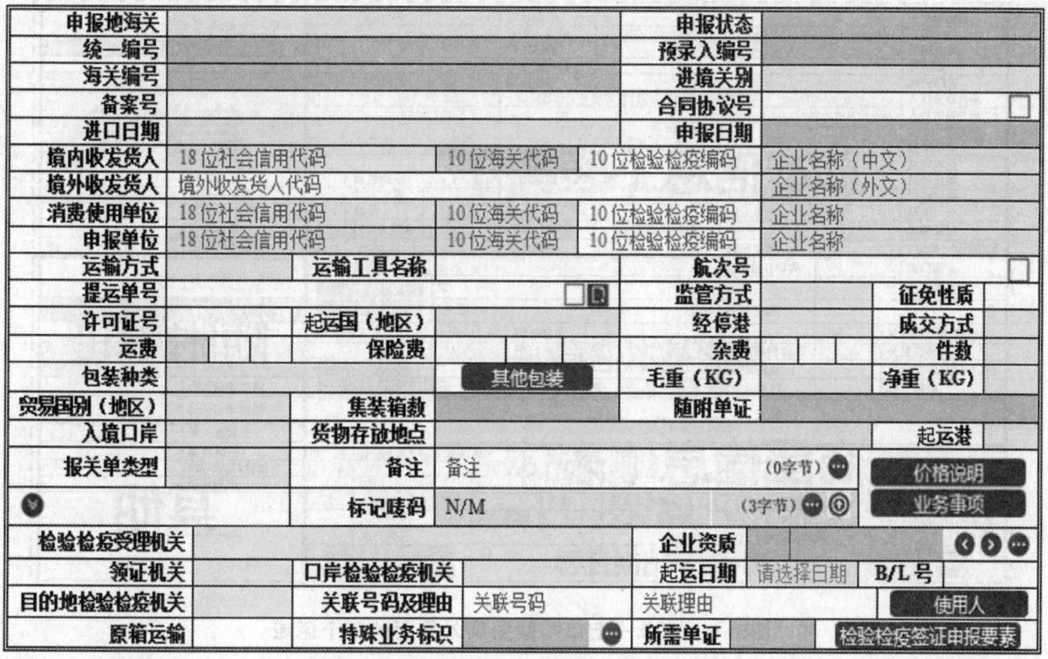

图5-3　“单一窗口”报关数据录入表头部分

图5-4　“单一窗口”报关数据录入表体部分

在“单一窗口”的录入界面，当光标置于字段内，界面下方会有红色字体简要提示录入方法。界面各字段不同底色的填写要求如下：

（1）黄底色字段：必填项。因相关业务数据有严格的填制规范，如在系统录入过程中，字段右侧弹出红色提示，代表您当前录入的数据有误，请根据要求重新录入。

（2）灰底色字段：返填项。不可录入，由系统返填。

（3）白底色字段：选填项。根据实际需要填写。

“单一窗口”的数据录入界面，可以分为五个区域（见图5-5），即基本信息（表头，包括涉检基本信息）、商品信息（表体，包括涉检商品信息）、集装箱、随附单证和其他。

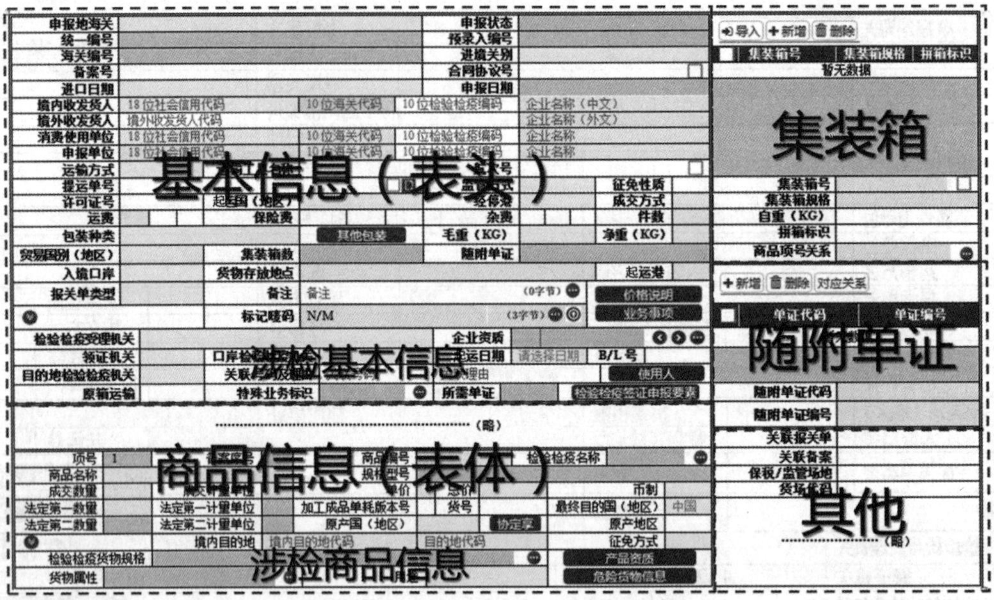

图5-5 “单一窗口”数据录入界面的五个区域

三、进出口报关单填制的一般要求

（一）如实申报

报关人必须按规定向海关如实申报。

（二）必须做到“两个相符”

“两个相符”即单证相符、单货相符。

（三）以下情形需要分单填报

1. 不同监管方式的货物。

2. 不同备案号的货物。

3. 不同提运单的货物。

4. 不同征免性质的货物。

5. 不同运输工具、不同航次的货物。

6. 其他需要注意的情形：

（1）同一份报关单上的商品不能同时享受协定税率和减免税。

（2）一份原产地证书只能对应一份报关单。

（3）在一批货物中，对于实行原产地证书联网管理的，如涉及多份原产地证书或含非原产地证书商品，亦应分单填报。

（四）以下情形需要分项填报

1. 商品编号不同的。

2. 商品名称不同的。

3. 计量单位不同的。

4. 原产国（地区）/最终目的国（地区）不同的。

5. 币制不同的。

6. 征免不同的。

思政专栏5-1　　**弘扬工匠精神 引领技能人才成长**

2020年12月，我国首届全国职业技能大赛举办，习近平总书记致信祝贺并强调“各级党委和政府要高度重视技能人才工作，大力弘扬劳模精神、劳动精神、工匠精神，激励更多劳动者特别是青年一代走技能成才、技能报国之路，培养更多高技能人才和大国工匠，为全面建设社会主义现代化国家提供有力人才保障”，李克强作出批示。

报关是一个对从业人员要求非常细致、严谨的岗位。从业人员必须牢记总书记嘱托，弘扬工匠精神，熟练掌握报关业务要求，苦练报关基本技能，走好技能报国之路。

特别提醒5-2

（五）海关特殊监管区域或保税监管场所货物进出境、进出区的规定

海关特殊监管区域或保税监管场所货物进出境、进出区的，有关报关单证和报关地点的规定见表5-3。

表5-3　**海关特殊监管区域或保税监管场所货物进出境、进出区报关规定**

申报情形	报关单证	报关地点
进出境	填制“进出境货物备案清单”	特殊区域或场所主管海关（特殊情况除外）
进出区	区内企业：填制“进出境货物备案清单”	
	区外企业：填制“进出口报关单”	
在同一特殊监管区域或保税监管场所内或不同特殊监管区域或保税监管场所之间流转的货物	填制“进出境货物备案清单”	各自主管海关

本表后两种情形中的货物流转，应当遵循“先报进，后报出”的原则，即先办理进口报关手续，后办理出口报关手续

第二节　报关单基本信息（表头）栏目的填报

特别提醒5-3

本教材关于进出口货物报关单相关栏目的填报是以“单一窗口”录入界面为准展开的，与通过“单一窗口”打印的纸质报关单或手工填制的纸质报关单，在相关栏目及其名称上会有一定的区别。

一、申报地海关

（一）含义

申报地海关，就是进出口货物办理报关纳税手续的海关。在转关情况下，进出口货物的报关纳税地都不是在进出境地，而是在进口商品的指运地或出口商品的起运地。例如，申报的是保税货物，公司所在地在广州，但货物在深圳，公司需要在深圳入境在广州申报，那么深圳口岸就是进境地海关，广州海关就是申报地海关。

（二）填报要求

根据报关人员在货物进出口时的自主选择，填报“关区代码表”（见表5-4）中相应海关的关区简称及代码。例如：申报地海关为“广州机场”时的填报要求，如图5-6所示。

表5-4 关区代码表（部分）

代码	简称	代码	简称
0124	北京站	2203	沪机场关
0125	西客站	2301	连云港关
0201	天津海关	2303	苏州海关
0202	新港海关	2315	淮安海关
0402	秦皇岛关	2317	禄口机办
0403	唐山海关	2901	杭州海关
0901	大连港湾	2903	温州海关
0902	大连机场	3701	厦门海关
1501	长春海关	4201	烟台海关
1902	绥关铁路	5141	广州机场
1903	黑河海关	5302	罗湖海关
2201	浦江海关	5303	沙头角关
2202	吴淞海关	8001	重庆海关

注：代码“0901”对应的“关区名称”为“大连港湾海关”；代码“2203”对应的“关区名称”为“上海虹桥机场海关”。

申报地海关	广州机场	申报状态	

图5-6 “单一窗口”中“申报地海关”栏目

特别提醒5-4

（1）在具体操作时，可以在界面中直接录入5141，此时会在界面下方出现一个蓝色界面“5141-广州机场”（如图5-7所示），然后回车就会在“申报地海关”栏目出现“广州机场”字样（如图5-8所示）。另外，也可以在其下拉菜单（如图5-9所示）中选择相应的海关代码和名称，最终的结果是一样的。其他很多栏目的具体操作与此相似，不再一一赘述。

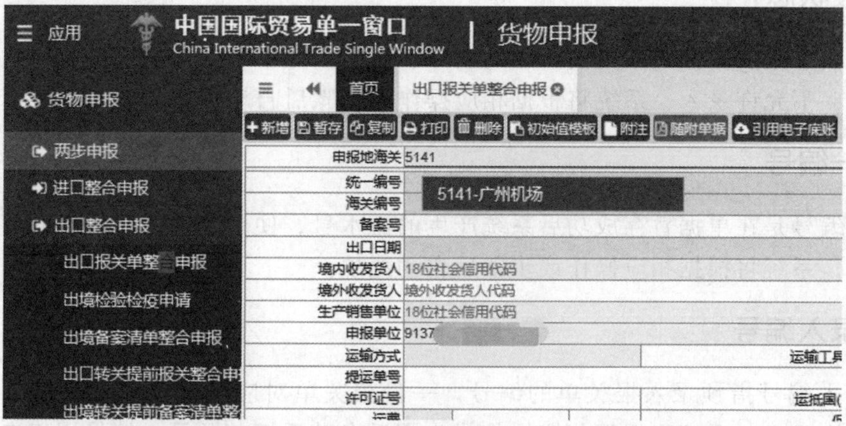

图5-7　“单一窗口”中“申报地海关”栏目录入界面

图5-8　“单一窗口”中“申报地海关”栏目最终效果

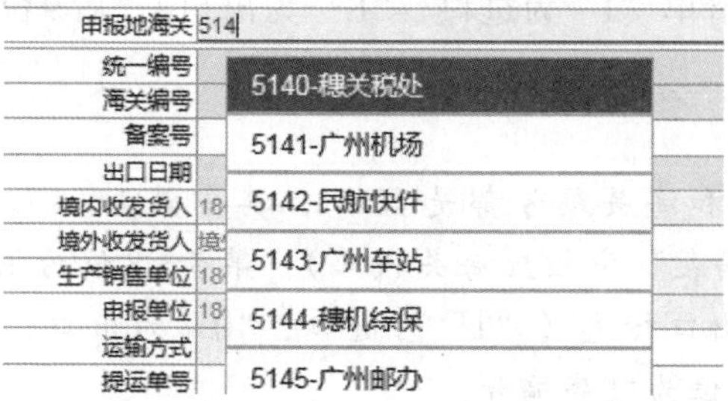

图5-9　“单一窗口”中“申报地海关”栏下拉菜单

在进出口货物报关单申报项目录入指南中，不少栏目的填报要求都是“××的名称及代码”或其他类似的说法，其实，在“单一窗口”中，某个具体栏目的最终填报结果就是一个中文的名称，如“广州机场”。

（2）本栏填报“关区简称”，不是“关区名称”。关区简称一般为4个汉字。例如，应该填报“2203-虹桥机场”，而不是“2203-上海虹桥机场海关”。

（3）申报地海关的关别代码后两位不能为“00”。

二、申报状态

申报状态是反映报关单目前所处的实际状态，如是审结状态，还是放行状态等。本栏目置灰，不允许录入，系统将根据相应操作或步骤后自动返填。

三、统一编号

统一编号是在单据暂存成功后系统产生的流水号，便于查询使用。本栏目置灰，不允许录入，系统将根据相应操作或步骤后自动返填。

四、预录入编号

预录入编号指预录入报关单的编号，一份报关单对应一个预录入编号，本栏目置灰，不允许录入，系统将根据相应操作或步骤后自动返填。预录入编号用于申报单位与海关之间引用其申报后尚未接受申报的报关单。报关单预录入编号为18位，其中第1～4位为接受申报海关的编号（海关规定的“关区代码表”中相应海关代码），第5～8位为录入时的公历年份，第9位为进出口标志（“1”为进口，“0”为出口；集中申报清单“I”为进口，“E”为出口），后9位为顺序编号。预录入编号规则由接受申报的海关决定。

五、海关编号

海关编号指海关接受申报时给予报关单的编号，一份报关单对应一个海关编号，本栏目置灰，不允许录入，系统将根据相应操作或步骤后自动返填。报关单海关编号为18位，其中第1～4位为接受申报海关的编号（海关规定的“关区代码表”中相应海关代码），第5～8位为海关接受申报的公历年份，第9位为进出口标志（“1”为进口，“0”为出口；集中申报清单“I”为进口，“E”为出口），后9位为顺序编号。

特别提醒5-5

报关单预录入编号和海关编号都是18位，其中第1～4位为接受申报海关的编号（海关规定的“关区代码表”中相应海关代码），第5～8位为录入时或海关接受申报的公历年份，第9位为进出口标志（“1”为进口，“0”为出口；集中申报清单“I”为进口，“E”为出口），后9位为顺序编号。

六、进/出境关别

（一）含义

进/出境关别，就是指货物实际进/出境的口岸海关。

（二）填报要求

1.本栏目应当填报“关区代码表”（见表5-4）中相应口岸海关的关区简称及代码，或在其下拉菜单中选择。

（1）若“关区代码表”中既有相关的隶属海关名称及代码，又有其直属海关的名称及代码，则应当填报隶属海关的名称及代码，不能填报其直属海关的名称及代码。例如，货物由天津新港口岸进境，“进境关别”栏不能填报为“0201-天津海关”，而应当填报为“0202-新港海关”，如图5-10所示。

海关编号		进境关别	新港海关

图5-10　“单一窗口”中“进境关别”栏目

（2）若“关区代码表”中只有直属海关的名称及代码，则填报直属海关的名称及代码。

2.特殊情况下的填报要求，见表5-5。

表5-5　特殊情况下的填报要求

特殊情况	填报的海关（简称及代码）
转关运输货物	进、出境地海关
按转关运输方式监管的跨关区深加工结转货物	出口报关单填报转出地海关，进口报关单填报转入地海关
在不同海关特殊监管区域或保税监管场所之间调拨、转让的货物	对方所在地海关
其他无实际进出境的货物	接受申报的海关

七、备案号

（一）含义

微课5-1

报关单备案号的填制

备案号，是指收发货人、消费使用单位、生产销售单位在海关办理加工贸易合同备案或征、减、免税审核确认等手续时，海关核发的《加工贸易手册》、海关特殊监管区域和保税监管场所保税账册、“征免税确认通知书”或其他备案审批文件的编号。

备案号的第1位为备案或审批文件的标记，见表5-6。

表 5-6　　**备案号首位标记代表的备案或审批文件**

首位代码	备案审批文件
B	加工贸易手册（来料加工）
C	加工贸易手册（进料加工）
D	加工贸易不作价进口设备
E	加工贸易电子账册
Y	原产地证书
Z	征免税确认通知书

（二）填报要求

1.加工贸易项下的填报要求：

特别提醒 5-6

（1）除少量低值辅料按规定不使用《加工贸易手册》及以后续补税监管方式办理内销征税的外，填报《加工贸易手册》编号如图 5-11 所示（“低值辅料”及“后续补税”监管方式的填报要求参见“监管方式”填报部分）。

备案号	B57707170022	合同协议号	□

图5-11　“单一窗口”中“备案号”栏目（一）

使用异地直接报关分册和异地深加工结转出口分册在异地口岸报关的，填报分册号；本地直接报关分册和本地深加工结转分册限制在本地报关，填报总册号。

（2）加工贸易成品凭“征免税确认通知书”转为减免税进口货物的，出口报关单填报《加工贸易手册》编号，进口报关单填报“征免税确认通知书”编号。同时，必须在报关单的“备注”栏填报相应的“关联备案号”。

（3）对加工贸易设备、使用账册管理的海关特殊监管区域内减免税设备之间的结转，转入和转出企业分别填制进、出口报关单，在报关单“备案号”栏目填报《加工贸易手册》编号。

2.涉及征、减、免税审核确认的报关单，填报“征免税确认通知书”编号。

（1）减免税货物进口，填报“征免税确认通知书”的编号，如图 5-12 所示。

备案号	Z22010870142	合同协议号	□

图5-12　“单一窗口”中“备案号”栏目（二）

（2）减免税货物结转，转入企业先报进口，转出企业再报出口；转入企业须办理减免税手续，取得“征免税确认通知书”编号，转出企业申请“中华人民共和国海关进口减免税货物结转联系函”（以下简称“进口减免税货物结转联系函”）。结转进口（转入）报关单，填报“征免税确认通知书”的编号；相应的结转出口（转出）报关单，填报“进口减免税货物结转联系函”的编号。同时，必须在报关单的“备注”栏填报相应的“关联备案号”和“关联报关单号”。

进出口报关单"监管方式"栏填报"减免设备结转"（0500）。

（3）减免税货物退运出口，填报"中华人民共和国海关进口减免税货物准予退运证明"的编号。"监管方式"栏填报"退运货物"（4561）。

（4）减免税货物补税进口，填报"减免税货物补税通知书"的编号。"监管方式"栏填报"后续补税"（9700）。

3.免税品经营单位经营出口退税国产商品的，免予填报。

特别提醒5-7

（1）无备案审批文件的报关单，本栏目免予填报。

（2）"备案号"的首位标记代码必须与"监管方式"、"征免性质"、"征免"及"项号"等栏目内容相对应，即要保持一定的对应关系，见表5-7。

表5-7　**"备案号"与"监管方式"等栏目间的对应关系**

备案号	监管方式	征免性质	征免	项号
C29083100693	进料对口	进料加工	全免	手册对应进口料件项号

八、合同协议号

（一）含义

合同协议号，是指在进出口贸易中，当事人所签订的合同（包括协议或订单）的编号。在原始单据（发票等）上合同协议号一般表示为"Contract No.：××××××"。例如："Contract No.：ABC-1001"。

（二）填报要求

1.本栏目填报进出口合同的全部字头和号码（如"ABC-1001"），如图5-13所示。

备案号		合同协议号	ABC-1001

图5-13　"单一窗口"中"合同协议号"栏目

2.免税品经营单位经营出口退税国产商品的，免予填报。

3.未发生商业性交易的免予填报。

特别提醒5-8

九、进口/出口日期

（一）含义

进口日期填报运载进口货物的运输工具申报进境的日期。

出口日期指运载出口货物的运输工具办结出境手续的日期。

（二）填报要求

1.本栏目应当填报8位数字，顺序为年（4位）、月（2位）、日（2位），如图5-14所示。

进口日期	20180818	申报日期	

图5-14 “单一窗口”中“进口日期”栏目

2.进口日期为人工录入，入库后系统自动返填（即系统可以返填之前的人工录入日期）；出口日期在申报时免于填报，入库后系统自动返填。

3.无实际进出境的货物，填报海关接受申报的日期。

十、申报日期

申报日期，是指海关接受收发货人、受委托的报关企业申报数据的日期。申报方式与申报日期的关系，见表5-8。

表5-8 申报方式与申报日期

申报方式	申报日期
以电子方式申报的	海关计算机系统接受申报数据时记录的日期
以纸质方式申报的	海关接受纸质报关单并对报关单进行登记处理的日期

申报日期为8位数字，顺序为年（4位）、月（2位）、日（2位）。

本栏目置灰，不允许录入，系统将根据相应操作或步骤后自动返填。

十一、境内收发货人

（一）含义

境内收发货人，就是指在海关备案的对外签订并执行进出口贸易合同的中国境内法人、其他组织。

（二）填报要求

1.本栏目填报在海关备案的对外签订并执行进出口贸易合同的中国境内法人、其他组织名称及代码。进口填境内收货人信息，出口填境内发货人信息。代码填报18位法人和其他组织统一社会信用代码，没有统一社会信用代码的，填写“NO”（大写）。填写“NO”时，务必填写企业海关代码。人工录入企业海关代码后，系统自动返填企业中文名称。例如，境内收发货人为福建兰生股份有限公司（统一社会信用代码为91350128××××××××××），则“境内收发货人”栏的填报格式，如图5-15所示。

境内收发货人	91350128××××××××××	10位海关代码	10位检验检疫编码	福建兰生股份有限公司

图5-15 “单一窗口”中“境内收发货人”栏目

特别提醒5-9

在具体操作时，只要在“10位海关代码”或“18位统一社会信用代码”栏输入相应代码后回车，包括“企业名称”在内的另外两个栏目就会自动弹出对应信息。“消费使用/生产销售单位”和“申报单位”栏同理。

2.特殊情况下的填制要求：

（1）进出口货物合同的签订者和执行者非同一企业的，填报执行合同的企业。

（2）外商投资企业委托进出口企业进口投资设备、物品的，填报外商投资企业，并在“备注”栏注明“委托××企业进口”，同时注明被委托企业的统一社会信用代码。

【例5-1】福建宇都商贸有限公司（中外合资，统一社会信用代码为91350128××××××××××）委托大连化工进出口公司与韩国签约进口电动叉车。

解释：“境内收发货人”栏应当填“福建宇都商贸有限公司”，同时，在“备注”栏注明“委托大连化工进出口公司进口”，并注明“大连化工进出口公司”的统一社会信用代码，如图5-16所示。

境内收发货人	91350128××××××××××	10位海关代码	10位检验检疫编码	福建宇都商贸有限公司

图5-16 “单一窗口”中“境内收发货人”栏目

外商投资企业委托有进出口经营权的企业进口“生产用原料”的，本栏应当填写代理方——有进出口经营权的企业的中文名称及海关代码。

【例5-2】福建宇都商贸有限公司（中外合资）委托大连化工进出口公司（2102911013）与韩国签约进口冷轧钢板用于生产空调。

解释：“境内收发货人”栏应当填代理方的中文名称及编码，如图5-17所示。

境内收发货人	18位社会信用代码	2102911013	10位检验检疫编码	大连化工进出口公司

图5-17 “单一窗口”中“境内收发货人”栏目

（3）有代理报关资格的报关企业代理其他进出口企业办理进出口报关手续时，填报委托的进出口企业名称。

进出口企业之间相互代理进出口，或没有进出口经营权的企业委托有进出口经营权的企业代理进出口的，本栏应当填报代理方的中文名称及海关代码。

（4）海关特殊监管区域收发货人填报该货物的实际经营单位或海关特殊监管区域内经营企业名称。

（5）无统一社会信用代码及海关正式代码的企业，填报企业在海关申领的临时代码。

（6）免税品经营单位经营出口退税国产商品的，填报免税品经营单位名称。

特别提醒5-10

十二、境外收发货人

（一）含义

境外收货人通常指签订并执行出口贸易合同中的买方或合同指定的收货人，境外发货人通常指签订并执行进口贸易合同中的卖方。

（二）填报要求

1.填报境外收发货人的名称及编码。名称一般填报英文名称，检验检疫要求填报其他外文名称的，在英文名称后填报，以半角括号分隔；对于AEO互认国家（地区）企业的，编码填报AEO编码，填报样式为："国别（地区）代码+海关企业编码"，例如：新加坡AEO企业填报样式为：SG123456789012（新加坡国别代码+12位企业编码）（见图5-18）；非互认国家（地区）AEO企业等其他情形，编码免于填报。

境外收发货人	AEO SG123456789012	Singapore ××× Co., Ltd.

图5-18 "单一窗口"中"境外收发货人"栏目

2.特殊情况下无境外收发货人的，名称及编码填报"NO"。

十三、消费使用/生产销售单位

（一）含义

消费使用单位，即已知的进口货物在境内的最终消费、使用单位，包括自行进口货物的单位和委托进出口企业进口货物的单位。

生产销售单位，即出口货物在境内的生产或销售单位，包括自行出口货物的单位和委托进出口企业出口货物的单位。

（二）填报要求

1.本栏目填报"消费使用/生产销售单位"的中文名称及代码。代码填报18位法人和其他组织统一社会信用代码，没有统一社会信用代码的，填写"NO"（大写）。填写"NO"时，务必填写企业海关代码。人工录入企业代码后，系统自动返填企业中文名称。例如，消费使用单位为福建兰生股份有限公司（统一社会信用代码为91350128××××××××××），则"消费使用单位"栏的填报格式，如图5-19所示。

消费使用单位	91350128××××××××××	10位海关代码	10位检验检疫编码	福建兰生股份有限公司

图5-19 "单一窗口"中"消费使用单位"栏目

特别提醒5-11

"生产销售单位"分为生产单位和销售单位，生产单位通常是工厂，销售单位通常是外贸公司或进出口公司。自营出口的，生产企业即为"境内发货人"，"生产销售单位"与"境内发货人"一致；代理出口的，"境内发货人"为被委托方，"生产销售单位"为委托方。例如，A公司出口，若A自营出口，则"境内发货人"和"生产销售单位"都显示A；若委托公司B代理出口，则"境内发货人"显示B，"生产销售单位"显示A。

进口情形下的"消费使用单位"与"境内收货人"的填报要求同上。

2.减免税货物报关单的消费使用/生产销售单位应当与"征免税确认通知书"的"减免税申请人"一致。

3.保税监管场所与境外之间的进出境货物，消费使用/生产销售单位填报保税监管场所的名称（保税物流中心（B型）填报中心内企业名称）。

4.海关特殊监管区域的消费使用/生产销售单位填报区域内经营企业名称（“加工单位”或“仓库”）。

5.进口货物在境内的最终消费或使用以及出口货物在境内的生产或销售的对象为自然人的，填报身份证号、护照号、台胞证号等有效证件号码及姓名。

6.免税品经营单位经营出口退税国产商品的，填报该免税品经营单位统一管理的免税店名称。

十四、申报单位

自理报关的，填报进出口企业的名称及编码；委托代理报关的，填报报关企业名称及编码。具体填报要求同“境内收发货人”栏。

十五、运输方式

（一）含义

报关单中的运输方式包括实际运输方式和海关规定的特殊运输方式。前者指货物实际进出境的运输方式，按进出境所使用的运输工具分类；后者指货物无实际进出境的运输方式，按货物在境内的流向分类。

1.实际运输方式

实际运输方式专指用于载运货物实际进出关境的运输方式，包括“水路运输”“铁路运输”“公路运输”“航空运输”“邮件运输”“其他运输”6种情况。

这里的“其他运输”，包括：通过人扛、驮畜、输水管道、输油管道、输送带和输电网等方式实际进出境货物；不复运出（入）境而留在境内（外）销售的进出境展览品、留赠转卖物品等实际进出境货物。

2.特殊运输方式

特殊运输方式仅用于标志没有实际进出境的货物，包括“非保税区”“保税区”“监管仓库”“保税仓库”“出口加工区”“物流中心”“物流园区”“边境特殊海关作业区”“其他运输”等情况。

这里的“其他运输”，包括特殊监管区域内货物之间的流转、调拨货物，特殊监管区域、保税监管场所之间相互流转货物，特殊监管区域外的加工贸易余料结转、深加工结转和内销等部分无实际进出境货物。

（二）填报要求

1.根据货物实际进出境的运输方式或货物在境内流向的类别，按照海关规定的“运输方式代码表”（见表5-9）选择填报相应运输方式（如图5-20所示），或在其下拉菜单（如图5-21所示）中选择。

表5-9　　**运输方式代码表（部分）**

代码	名称	代码	名称
0	非保税区	9	其他方式运输
1	监管仓库	H	边境特殊海关作业区
2	水路运输	T	综合实验区
3	铁路运输	W	物流中心
4	公路运输	X	物流园区
5	航空运输	Z	出口加工区
6	邮件运输	L	旅客携带
7	保税区	G	固定设施运输
8	保税仓库		

运输方式	非保税区	运输工具名称		航次号	☐

图5-20 “单一窗口”中“运输方式”栏目

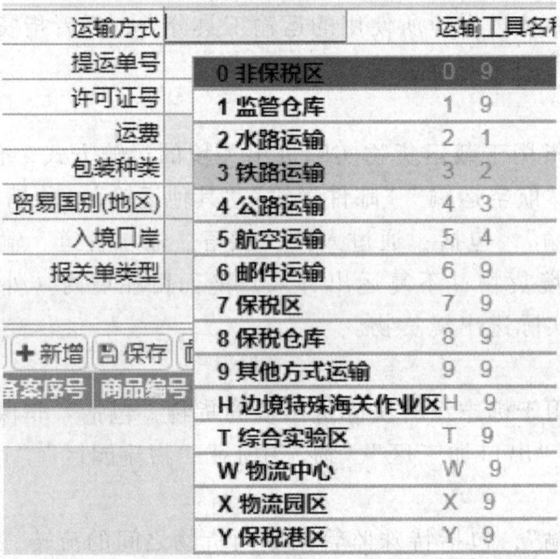

图5-21　“单一窗口”中“运输方式”栏下拉菜单

2.实际进出境货物的填报要求：

（1）一般进出口货物的填报要求，见表5-10。

表5-10　　**一般进出口货物的填报要求**

货物	填报的运输方式
进境货物	货物运抵我国关境第一个口岸时的运输方式
出境货物	货物运离我国关境最后一个口岸时的运输方式

（2）非邮件方式进出口的快件，按实际进出境运输方式填报。

（3）进口转关运输货物，按载运货物抵达进境地的运输工具填报；出口转关运输货物，按载运货物驶离出境地的运输工具填报。

（4）不复运出（入）境而留在境内（外）销售的进出境展览品、留赠转卖物品等，填报“其他方式运输”（代码9）。

（5）进出境旅客随身携带的货物，填报“旅客携带”（代码L）。

（6）以固定设施（包括输油、输水管道和输电网等）运输货物的，填报“固定设施运输”（代码G）。

3.无实际进出境货物的填报要求：

无实际进出境货物在境内流转时的填报要求，见表5-11。

表5-11　**无实际进出境货物的填报要求**

有关货物	填报要求
境内非保税区运入保税区货物	非保税区（代码0）
保税区退区货物	非保税区（代码0）
保税区运往境内非保税区货物	保税区（代码7）
境内存入出口监管仓库货物	监管仓库（代码1）
出口监管仓库退仓货物	监管仓库（代码1）
保税仓库转内销货物或转加工贸易货物	保税仓库（代码8）
从境内保税物流中心外运入中心货物	物流中心（代码W）
从保税物流中心运往境内中心外货物	物流中心（代码W）
出口加工区、珠澳跨境工业区（珠海园区）、中哈霍尔果斯边境合作区（中方配套区）与境内（区外）（非海关特殊监管区域、保税监管场所）之间进出的货物	出口加工区（代码Z）
境内运入深港西部通道港方口岸区的货物以及境内进出中哈霍尔果斯边境合作中心中方区域的货物	边境特殊海关作业区（代码H）
经横琴新区和平潭综合实验区（以下简称综合实验区）二线指定申报通道运往境内区外或从境内经二线制定申报通道进入综合实验区的货物，以及综合实验区内按选择性征收关税申报的货物	综合实验区（代码T）
海关特殊监管区域内的流转、调拨货物，海关特殊监管区域、保税监管场所之间的流转货物，海关特殊监管区域与境内区外之间进出的货物，海关特殊监管区域外的加工贸易余料结转、深加工结转、内销货物，以及其他境内流转货物	其他方式运输（代码9）

十六、运输工具名称及航次号

特别提醒5-12

（一）含义

“运输工具名称”，是指载运货物进出境的运输工具的名称或编号。

“航次号”，是指载运货物进出境的运输工具的航次编号。

（二）填报要求

1. 实际进出境，直接在进出境地或采用全国通关一体化通关模式办理报关手续的报关单“运输工具名称”和“航次号”的填报要求，如表5-12所示。

表5-12　　直接在进出境地办理报关手续的填报要求

运输方式	“运输工具名称/航次号”填报要求	备注
水路运输	“船舶编号或船舶英文名称/航次号”	来往港澳小型船舶填报“监管簿编号”
航空运输	航班号（运输工具名称）	“航次号”免予填报
公路运输	国内行驶车牌号/进出境日期	启用公路舱单前均填报
		跨境运输车辆的“进出境日期”为8位数字，顺序为年（4位）、月（2位）、日（2位），下同
	国内行驶车牌号/提前报关	启用公路舱单前均填报
		深圳提前报关模式下
	货物运输批次号（航次号）	启用公路舱单后，只填报“航次号”，“运输工具名称”免予填报
铁路运输	车厢编号或交接单号/进出境日期	
邮件运输	邮政包裹单号/进出境日期	
其他运输	具体运输方式名称，如管道、驮畜等	“航次号”免予填报

特别提醒5-13

在水路运输方式下，“运输工具名称”栏目可以填报船舶的英文名称，也可以填报船舶的编号，如图5-22、图5-23所示。

运输方式		运输工具名称	EAST EXPRESS	航次号	801E	☐

图5-22　“单一窗口”中“运输工具名称”及“航次号”栏目

运输方式		运输工具名称	45678912	航次号	801E	☐

图5-23　“单一窗口”中“运输工具名称”及“航次号”栏目

2.实际进出境，转关运输方式下，"运输工具名称"和"航次号"的填报要求，见表5-13、表5-14。

表5-13 转关运输方式下"运输工具名称"的填报要求

<table>
<tr><td rowspan="2">报关单</td><td rowspan="2">运输方式</td><td colspan="2">填报内容</td></tr>
<tr><td>直转、提前报关</td><td>中转</td></tr>
<tr><td rowspan="4">进口
报关单</td><td>铁路运输</td><td>"@"+16位转关申报单预录入号</td><td>车厢编号</td></tr>
<tr><td>水路运输</td><td rowspan="3">"@"+16位转关申报单预录入号
（或13位载货清单号）</td><td>进境英文船名</td></tr>
<tr><td>航空运输</td><td>"@"</td></tr>
<tr><td>公路及其他运输</td><td></td></tr>
<tr><td colspan="4">以上各种运输方式下，使用广东地区载货清单转关的提前报关货物，填报"@"+13位载货清单号</td></tr>
<tr><td rowspan="6">出口
报关单</td><td rowspan="3">水路运输</td><td rowspan="3">"@"+16位转关申报单预录入号（或13位载货清单号）。如多张报关单需要通过一张转关单转关的，填报"@"</td><td>境内水路运输填报驳船船名</td></tr>
<tr><td>境内铁路运输填报车名（主管海关4位关别代码+"TRAIN"）</td></tr>
<tr><td>境内公路运输填报车名（主管海关4位关别代码+"TRUCK"）</td></tr>
<tr><td>铁路运输</td><td colspan="2" rowspan="2">"@"+16位转关申报单预录入号（或13位载货清单号）。如多张报关单需要通过一张转关单转关的，填报"@"</td></tr>
<tr><td>航空运输</td></tr>
<tr><td>其他各类出境运输方式</td><td colspan="2">"@"+16位转关申报单预录入号（或13位载货清单号）</td></tr>
</table>

表5-14 转关运输方式下"航次号"的填报要求

<table>
<tr><td rowspan="2">报关单</td><td rowspan="2">运输方式</td><td colspan="2">填报内容</td></tr>
<tr><td>直转、提前报关</td><td>中转</td></tr>
<tr><td rowspan="5">进口
报关单</td><td>水路运输</td><td>免予填报</td><td>"@"+进境干线船舶航次</td></tr>
<tr><td>公路运输</td><td colspan="2">免予填报</td></tr>
<tr><td>铁路运输</td><td colspan="2">"@"+8位进境日期</td></tr>
<tr><td>航空运输</td><td colspan="2" rowspan="2">免予填报</td></tr>
<tr><td>其他运输</td></tr>
<tr><td rowspan="6">出口
报关单</td><td>运输方式</td><td>非中转货物</td><td>中转货物</td></tr>
<tr><td rowspan="2">水路运输</td><td rowspan="2">免予填报</td><td>境内水路运输填报驳船航次号</td></tr>
<tr><td>境内铁路、公路运输填报6位启运日期（年、月、日各2位）</td></tr>
<tr><td>铁路拼车拼箱捆绑出口</td><td colspan="2" rowspan="3">免予填报</td></tr>
<tr><td>航空运输</td></tr>
<tr><td>其他运输</td></tr>
</table>

3.采用"集中申报"通关方式办理报关手续的，填报"集中申报"。

4.无实际进出境货物，免予填报。

5.免税品经营单位经营出口退税国产商品的，免予填报。

十七、提运单号

（一）含义

提运单号，是指进出口货物提单或运单的编号。

提单即海运提单；运单包括海运单、铁路运单、航空运单等。航空运单分为两种：一种是航空公司的运单，称总运单（Master Air WayBill，MAWB）；另一种是航空货运代理公司签发的运单，称为分运单（House Air WayBill，HAWB）。

特别提醒5-14

（二）填报要求

1.实际进出境，直接在进出境地或采用全国通关一体化通关模式办理报关手续的填报要求：

（1）水路运输：填报“提单号+*+分提单号”，如图5-24所示。无分提单的，只填报提单号。

提运单号	RNSL060627* RNSL060699	监管方式		征免性质	

图5-24　“单一窗口”中“提运单号”栏目

（2）航空运输：填报“总运单号+_+分运单号”。无分运单的，只填报总运单号。航空运输总运单号用“MAWB：×××－×××× ××××”或“M：×××－×××× ××××”表示（由11位数字组成）；航空运输分运单号用“HAWB：×××× ××××”表示（一般由8位数字组成）。填报时，只填数字，其中的“－”和空格不填。但在总运单号和分运单号之间要加“_”（下划线）。

例如，总运单号为“790－8127 3721”，分运单号为“4087 1532”时，“提运单号”栏的填报格式，如图5-25所示。

提运单号	79081273721_40871532	监管方式		征免性质	

图5-25　“单一窗口”中“提运单号”栏目

（3）公路运输：启用公路舱单前，免予填报；启用公路舱单后，填报进出口总运单号。

（4）铁路运输：填报运单号。

（5）邮政运输：填报邮运包裹单号。

2.实际进出境，转关运输方式下的填报要求，见表5-15、表5-16。

表5-15　转关运输方式下进口报关单提运单号的填报

运输方式	填报内容	
	直转、中转	提前报关
水路运输	提单号	免于填报
铁路运输	铁路运单号	
航空运输	总运单号_分运单号	
其他运输	免于填报	
以上运输方式进境货物，在广东省内用公路运输转关的，填报车牌号		

表5-16　　　　**转关运输方式下出口报关单提运单号的填报**

运输方式	填报内容	
	中转货物	非中转货物
水路运输	运单号	免于填报
	广东省内汽车运输提前报关的转关货物，填报承运车辆的车牌号	
其他运输	免于填报	
	广东省内汽车运输提前报关的转关货物，填报承运车辆的车牌号	

3.采用“集中申报”通关方式办理报关手续的，报关单填报归并的集中申报清单的进出口起止日期按［年（4位）月（2位）日（2位）年（4位）月（2位）日（2位）］填报。例如，2019年1月5日至2019年1月31日，该栏的填报格式如图5-26所示。

提运单号	2019010520190131	监管方式		征免性质	

图5-26　“单一窗口”中“提运单号”栏目

4.无实际进出境的货物，免予填报。

十八、监管方式

（一）概述

1.含义

监管方式是以国际贸易中进出口货物的交易方式为基础，结合海关对进出口货物的征税、统计及监管条件综合设定的海关对进出口货物的管理方式。

特别提醒5-15

这里的“监管方式”不是具体的“成交方式”，它是海关为了综合管理的需要而对进出口货物所进行的分类。目的是方便其监管、征税和统计。

2.主要监管方式简称、代码及其适用范围

监管方式代码采用4位数字结构，主要的监管方式代码表，见表5-17。

表5-17　　　　**监管方式代码表（部分）**

代码	简称	全称
0110	一般贸易	一般贸易
0214	来料加工	来料加工装配贸易进口料件及加工出口货物
0245	来料料件内销	来料加工料件转内销
0255	来料深加工	来料深加工结转货物
0258	来料余料结转	来料加工余料结转
0320	不作价设备	加工贸易外商提供的不作价进口设备
0420	加工贸易设备	加工贸易外商提供的进口设备

续表

代码	简称	全称
0500	减免设备结转	用于监管年限内减免设备的结转
0615	进料对口	进料加工（对口合同）
0644	进料料件内销	进料加工料件转内销
0654	进料深加工	进料深加工结转货物
0657	进料余料结转	进料加工余料结转
1233	保税仓库货物	保税仓库进出境货物
1300	修理物品	进出境修理物品
1500	租赁不满1年	租期不满1年的租赁贸易货物
1523	租赁贸易	租期在1年及以上的租赁贸易货物
2025	合资合作设备	合资合作企业作为投资进口的设备物品
2225	外资设备物品	外资企业作为投资进口的设备物品
2600	暂时进出货物	暂时进出口货物
2700	展览品	进出境展览品
3100	无代价抵偿	无代价抵偿进出口货物
3339	其他进出口免费	其他进出口免费提供货物
4500	直接退运	直接退运
4561	退运货物	因质量不符、延误交货等原因退运进出境货物

（二）本栏目填报的总体要求

（1）根据实际对外贸易情况，按海关规定的《监管方式代码表》选择填报相应的监管方式简称及代码（如图5-27所示），或在其下拉菜单（如图5-28所示）中选择。一份报关单只允许填报一种监管方式。

图5-27　“单一窗口”中“监管方式”栏目

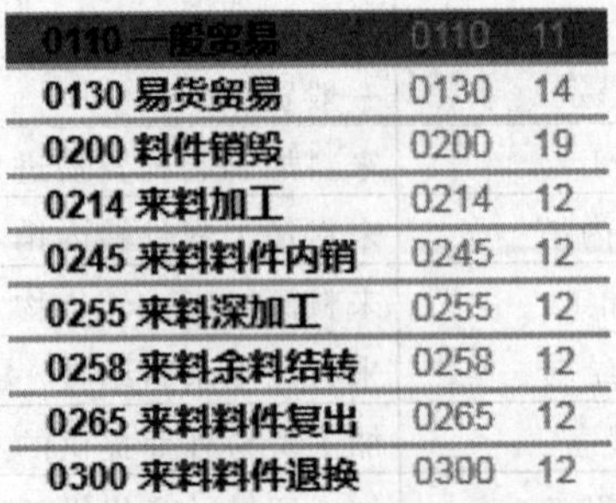

图5-28　“单一窗口”中“监管方式”栏下拉菜单

（2）填报的内容应当与“备案号”“征免性质”等栏目的填报内容保持一定的对应关系，见表5-18、表5-19。

表5-18 “监管方式”与“备案号”等栏目间的对应关系

监管方式	备案号	征免性质	征免	项号
进料对口	C29083100693	进料加工	全免	手册对应进口料件项号

表5-19 “监管方式”与“备案号”的对应关系

备案号	监管方式	备注
B开头的	来料加工（0214）	
C开头的	进料对口（0615）	
D开头的	不作价设备（0320）	外商免费提供给加工贸易经营单位的加工生产所需设备
Z开头的	合资合作设备（2025）	投资总额内的合资合作企业进口
	外资设备物品（2225）	投资总额内的外资企业进口

（3）免税品经营单位经营出口退税国产商品的，填报“其他”。

（三）加工贸易项下的填报要求

1.低值辅料

进口少量低值辅料（即5 000美元以下，78种以内的低值辅料）按规定不使用《加工贸易手册》的，填报“低值辅料”（0815）。使用《加工贸易手册》的，按《加工贸易手册》上的监管方式填报。

2.内销货物

（1）料件内销。加工贸易料件转内销货物以及按料件办理进口手续的转内销制成品、残次品、未完成品，填制进口报关单，填报“来料料件内销”或“进料料件内销”。

（2）成品转减免税。加工贸易成品凭“征免税确认通知书”转为减免税进口货物的，分别填制进、出口报关单，出口报关单填报“来料成品减免”或“进料成品减免”，进口报关单按照实际监管方式填报。

（3）边角料及副产品内销。加工贸易边角料内销和副产品内销，填制进口报关单，填报“来料边角料内销”或“进料边角料内销”。

3.退运（复出）货物

（1）加工贸易出口成品因故退运进口及复运出口的，填报“来料成品退换”或“进料成品退换”；

（2）加工贸易进口料件因换料退运出口及复运进口的，填报“来料料件退换”或“进料料件退换”；

（3）加工贸易过程中产生的剩余料件、边角料退运出口，以及进口料件因品质、规格等原因退运出口且不再更换同类货物进口的，分别填报“来料料件复出”“来料边角料复出”“进料料件复出”“进料边角料复出”。

4.销毁货物

（1）企业销毁处置加工贸易货物未获得收入，销毁处置货物为料件、残次品的，填报“料件销毁”；销毁处置货物为边角料、副产品的，填报“边角料销毁”。

（2）企业销毁处置加工贸易货物获得收入的，填报为“进料边角料内销”或“来料边角料内销”。

十九、征免性质

（一）含义

征免性质，是海关对进出口货物实施的征、减、免税管理的性质类别。

（二）常见的征免性质及其适用范围

常见的征免性质及其适用范围，见表5-20。

表5-20　**常见的征免性质及其适用范围**

简称	代码	含义及适用范围	备注
一般征税	101	按法律、法规和规章规定的税率征收关税、进口环节增值税和其他税费的进出口货物	不享受任何减免税政策和优惠的货物适用
其他法定	299	依法实行法定减免税的进出口货物（无偿援助进出口物资除外），及非按全额货值征税的部分进出口货物	如，无代价抵偿进出口货物（照章征税除外：填“一般征税”）；无商业价值的广告品和货样
科教用品	401	科学研究机构和学校按有关征减免税政策，进口国内不能生产的、直接用于科研或教学的货物	需要事先经批准，并向海关备案申请“征免税确认通知书”编号
加工设备	501	加工贸易经营单位按有关征减免税政策进口的外商免费（既不需经营单位付汇，也不需用加工费和差价偿还）提供的加工生产所需设备	需要事先经批准，享受特定减免税待遇，申报时需提供编号首位为D的“加工贸易不作价设备手册”
来料加工	502	来料加工装配和补偿贸易进口料件，以及出口成品、半成品	
进料加工	503	进料加工贸易进口料件及出口成品、半成品	
鼓励项目	789	国家鼓励发展的内外资项目进口设备	须依程序取得海关发放的“征免税确认通知书”编号，并与“征免税确认通知书”上标注的征免性质内容相符
自有资金	799	外商投资额度外利用自有资金进口设备、备件、配件	

（三）填报要求

1.根据实际情况按海关规定的《征免性质代码表》选择填报相应的征免性质简称及代码（如图5-29所示），或在其下拉菜单（如图5-30所示）中选择。持有“征免税确认通知书”的，按照“征免税确认通知书”中批注的征免性质填报。一份报关单只允许填报一种征免性质。

图5-29 “单一窗口”中“征免性质”栏目

图5-30 “单一窗口”中“征免性质”栏下拉菜单

2.加工贸易货物报关单应当按照海关核发的《加工贸易手册》中批注的征免性质简称及代码填报。特殊情况填报要求，见表5-21。

表5-21 特殊情况下加工贸易货物报关单填报要求

相关情况	征免性质
加工贸易转内销货物	“一般征税”“科教用品”“其他法定”等
料件退运出口、成品退运进口	“其他法定”（代码299）
加工贸易结转货物	免予填报

3.免税品经营单位经营出口退税国产商品的，填报“其他法定”。

4.本栏的填报应当与“备案号”“监管方式”等栏的填报保持一定的对应关系，见表5-22、表5-23。

表5-22 出口报关单“征免性质”与“备案号”等之间的对应关系

监管方式	备案号	征免性质	适用范围
一般贸易	无	一般征税	按一般进出口货物监管的出口货物
来料加工	有（B开头）	来料加工	来料加工成品出口
进料对口	有（C开头）	进料加工	进料加工成品出口
无代价抵偿		其他法定	补偿货物出口

表5-23 外商投资企业出口自产产品的填报要求

监管方式	备案号	征免性质	适用范围
一般贸易	无	中外合资	外商投资企业使用国产料件生产的产品出口
		中外合作	
		外资企业	
来料加工	有（B开头）	来料加工	外商投资企业使用进口料件生产的产品出口
进料对口	有（C开头）	进料加工	

二十、许可证号

（一）含义

许可证号，是指许可证局、特办以及地方发证机构签发的进出口许可证编号。

在进出口业务中，监管证件种类很多，许可证是监管证件种类之一。只有如表5-24所列许可证管理商品，在申报时才必须在本栏目填报相关证件的编号。

表5-24　需在“许可证号”栏填报的监管证件

特别提醒5-16

代码	监管证件名称
1	进口许可证
2	两用物项和技术进口许可证
3	两用物项和技术出口许可证
4	出口许可证
5	纺织品临时出口许可证
G	两用物项和技术出口许可证（定向）
	出口许可证（加工贸易）
	出口许可证（边境小额贸易）

（二）填报要求

1.本栏目填报相关监管证件上的编号，如图5-31所示。

许可证号	19-AA-101888	起运国（地区）		经停港		成交方式	

图5-31　“单一窗口”中“许可证号”栏目

2.非许可证管理商品本栏目为空。

3.免税品经营单位经营出口退税国产商品的，免予填报。

二十一、起运/运抵国（地区）

（一）含义

1.起运国（地区），是指进口货物起始发出直接运抵我国或在运输中转国（地区）未发生任何商业性交易的情况下运抵我国的国家（地区）。

2.运抵国（地区），是指出口货物离开我国关境直接运抵或在运输中转国（地区）未发生任何商业性交易的情况下最后运抵的国家（地区）。

（二）填报要求

1.按海关规定的《国别（地区）代码表》（见表5-25）选择填报相应的起运国（地区）或运抵国（地区）中文名称及代码，如图5-32、图5-33所示，或在其下拉菜单（见图5-34）中选择。例如：申报进口货物的起运国为日本时，可以根据下拉菜单选择填报“JPN日本”，也可以在本栏录入“JPN”或中文“日本”，最终的结果都是“日本”。其他栏目类似。

表5-25　　　　主要国别（地区）代码表

代码	中文名称	代码	中文名称
HKG	中国香港	DEU	德 国
JPN	日 本	FRA	法 国
KOR	韩 国	RUS	俄罗斯联邦
CHN	中 国	USA	美 国
TWN	中国台湾	AUS	澳大利亚
GBR	英 国	ZZZ	国（地）别不详

许可证号		起运国（地区）	日本	经停港		成交方式	

图5-32　“单一窗口”中“起运国（地区）”栏目

许可证号		运抵国（地区）	英国	指运港		成交方式	

图5-33　“单一窗口”中“运抵国（地区）”栏目

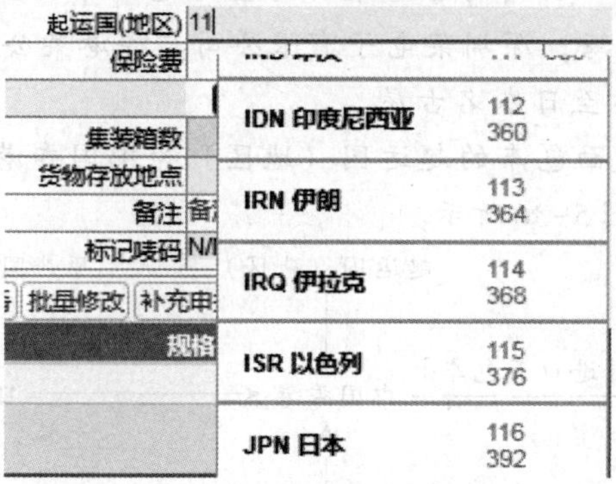

图5-34　“单一窗口”中“起运国（地区）”栏下拉菜单

2.直接运抵货物的填报要求。

不经过第三国（地区）转运的直接运输进出口货物，以进口货物的装货港所在国（地区）为起运国（地区），以出口货物的指运港所在国（地区）为运抵国（地区）。

3.中转（转运）货物的填报要求。

中转（转运）货物，即经过第三国（地区）转运的进出口货物（不直接驶往目的地，而是在中途第三国（地区）卸下后，再换装别的运输工具转运至目的地的货物）。对于中转（转运）货物，起运国（地区）/运抵国（地区）分两种不同情况填报。

（1）未发生任何买卖关系的货物，其起运国（地区）/运抵国（地区）不变。

【例5-3】上海某进出口公司进口的100台日本产丰田面包车从日本东京经中国香港中转运抵境内；深圳某电子有限公司出口的1万台自产5G手机经中国香港中转运至日本名古屋。

解释：本例中，进口面包车的起运国（地区）为日本；出口5G手机的运抵国（地区）为日本。如图5-35所示。

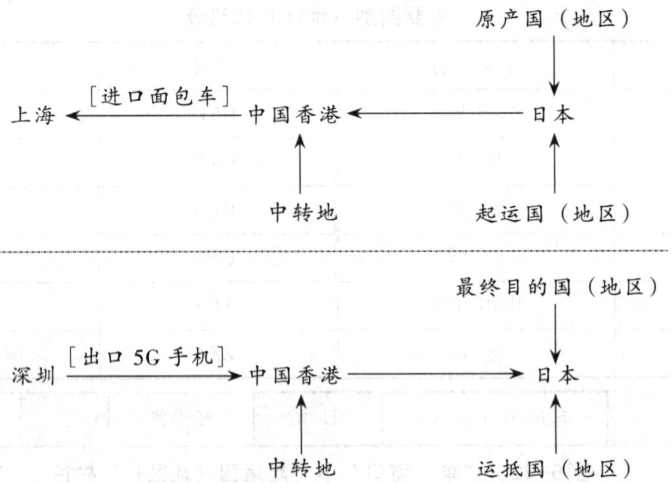

图5-35　进出口商品的起运国（地区）/运抵国（地区）

（2）发生了买卖关系的货物，“中转地”为起运国（地区）/运抵国（地区）。

【例 5-4】上海某进出口公司与香港某公司签约进口的100台日本产丰田面包车从东京经中国香港中转运抵上海；深圳某电子有限公司与香港某公司签约出口的1万台自产5G手机经中国香港中转运至日本名古屋。

解释：本例中，进口面包车的起运国（地区）为中国香港；出口5G手机的运抵国（地区）为中国香港。如图5-36所示。

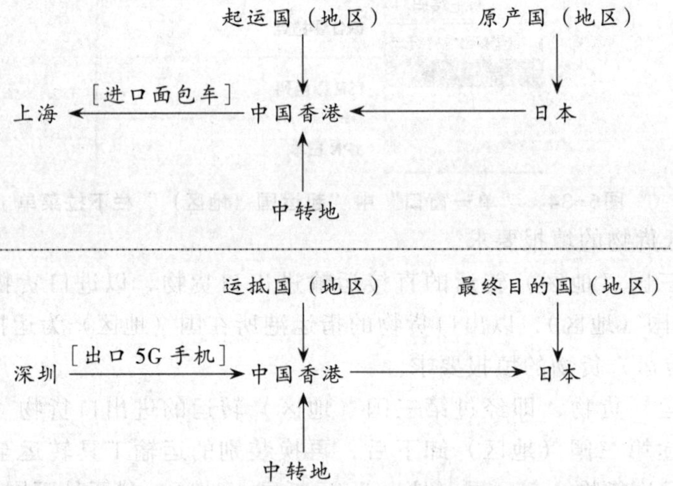

图5-36　进出口商品的起运国（地区）/运抵国（地区）

4.无实际进出境的货物，填报“中国”（代码“CHN”）。

特别提醒 5-17

1.进口报关单“起运国（地区）”栏信息的确定

起运国（地区）的信息一般出现在提单、运单或发票、装箱单等单证中。

（1）直接运抵货物“起运国（地区）”信息的确定

直接运抵货物“起运国（地区）”的信息在提单等单据中的表现形式，见表5-26。

表5-26　“起运国（地区）”信息在提单等单据中的表现形式

单据	“起运国（地区）”信息
提单中	“Port of Loading”（装货港）栏
发票或装箱单中	“From×××To×××”中“From”后面

另外，Port of Shipment，Airport of Departure，Port of Dispatch，Dispatch Station等都是判断“起运国（地区）”信息的依据。

（2）中转货物“启运国（地区）”信息的确定

对于中转货物，如果发生了中转且在中转地发生了商业行为，则“起运国（地区）”为中转地所在国（地区）。

第一，“是否发生中转”的判断。

A.中转情形在随附单据中的一般表现形式，见表5-27。

表5-27　中转情形在随附单据中的一般表现形式

表现形式	含义
VIA	“经由某地到达某地”，例如：“LONDON VIA HONGKONG”（“VIA”后面是中转地，前面的是目的地）
In Transit To ……	“转运到……”，例如：“HAMBURG IN TRANSIT TO ZURICH SWITZERLAND（瑞士的苏黎世）”（跟在其后面的是目的地）

B.提单中“Port of Discharge”（卸货港）栏是外国港口的，说明该提单是头程提单，货物发生了中转。例如，某提单相关信息如下：

Port of Loading：NEWYORK（装货港）

Place of Delivery：DALIAN CHINA（交货地）

Port of Discharge：SINGAPORE（卸货港）

Description of Goods：2nd VESSEL：M/V COSCO SINGAPORE V.028N（货名栏给出的二程船信息）

在提单中，“Port of Discharge”下为“SINGAPORE”表示在新加坡卸货，并在货名栏给出了二程船的信息，这充分说明在新加坡发生了中转。

C.如提单中“Place of Receipt”（收货地：收货待运的地点）后面的地点与“Port of Loading”（装货港）后面地点不同，就有可能发生了中转。

这种情况多发生在多式联运情况下。如，我国从瑞士购买的产品，由瑞士苏黎世运至德国汉堡装船再运往上海，此时提单“Port of Loading：HUMBURG”中的汉堡仅是装货港，而“Place of Receipt：ZURICH”中的苏黎世才是货物起始发出的地点，所以，瑞士为起运国（地区），汉堡为中转地。

第二："是否发生商业行为"的判断。

一般情况下，发票由哪个国家（地区）的公司开出，就是与哪个国家（地区）发生了商业行为，该国家（地区）就是起运国（地区）。

如果根据有关信息确定货物发生了中转，但发票是由原发货地当事人，而不是由中转地当事人签发，则说明与中转地未发生商业行为。

2.出口报关单"运抵国（地区）"栏信息的确定

运抵国（地区）的信息主要是从发票或装箱单中查找和确定。

（1）直接运抵货物"运抵国（地区）"信息的确定

直接运抵货物"运抵国（地区）"的信息在提单等单据中的表现，见表5-28。

表5-28 "运抵国（地区）"信息在提单等单据中的表现

单据	"运抵国（地区）"信息
发票或装箱单中	"From×××To×××"中"To"后面
提单等单据中	"Port of Discharge"（卸货港）栏
	"Port of Destination"（目的港）栏
	"Port of Delivery"（交货地）栏等

（2）中转货物"运抵国（地区）"信息的确定

第一，"是否发生中转"的判断。

中转情形在发票等随附单据中的一般表现形式，见表5-29。

表5-29 中转情形在发票等随附单据中的一般表现形式

表现形式	含义
From×××Via×××To×××	"Via"后面的为中转地
From×××To×××With Transshipment Via×××	

例如，如果在商业发票中有"From SHANGHAI TO CHITTAGONG WITH TRANSSHIPMENT Via SINGAPORE"。这表明从上海运往孟加拉国吉大港（CHITTAGONG）的货物在新加坡发生了中转。

第二，"是否发生商业行为"的判断。

如果发票上买方名称和地址信息是在中转港所在的国家（地区），则说明有商业行为发生，即商业发票上方的"TO:"、"SOLD TO:"、"MESSRS:"或"CONSIGNEE:"等后面显示的买方信息是在中转港所在的国家（地区），此时的中转港所在国（地区）为运抵国（地区）。

二十二、经停/指运港

（一）含义

1.经停港，是指进口货物在运抵我国关境前的最后一个境外装运港。

2. 指运港，是指出口货物运往境外的最终目的港。

（二）填报要求

1. 根据实际情况，按海关规定的《港口代码表》（见表5-30）选择填报相应的港口名称及代码（如图5-37所示），或在其下拉菜单（如图5-38所示）中选择。经停港/指运港在《港口代码表》中无港口名称及代码的，可选择填报相应的国家（地区）名称及代码。

特别提醒5-18

表5-30　　主要港口代码表

代码	中文名称	代码	中文名称
HKG003	香港（中国香港）	DEU063	汉堡（德国）
JPN501	东京（日本）	FRA901	巴黎（法国）
KOR003	釜山（韩国）	RUS901	莫斯科（俄罗斯）
CHN331	上海（中国）	USA309	纽约（美国）
GBR357	利物浦（英国）	AUS225	悉尼（澳大利亚）
GBR375	伦敦（英国）	CAN438	悉尼（加拿大）
SGP012	新加坡（新加坡）	ARE018	迪拜（阿联酋）
MMR018	仰光（缅甸）	ZZZ999	未列出的国家或地区贸易港

许可证号		起运国（地区）		经停港	中国香港	成交方式	

图5-37　“单一窗口”中“经停港”栏目

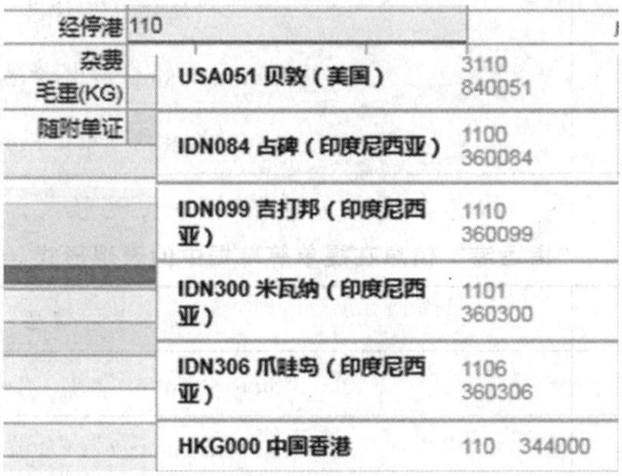

图5-38　“单一窗口”中“经停港”栏下拉菜单

2. 对于直接运抵的货物，应当以货物实际装货的港口为经停港，以货物直接运抵的港口为指运港。经停港所属国家（地区）应当与“起运国（地区）”一致；指运港所属国家（地区）应当与“运抵国（地区）”一致。

3. 对于中转的货物，应当以“最后一个中转港”为经停港（不管在中转地有没有发生商业行为），而指运港不受中转的影响。

特别提醒5-19

对于“直接运抵”与“中转”货物，“起运/运抵国（地区）”及“经停/指运港”两个栏目的填报要求有所不同，见表5-31。

表5-31 “直接运抵”与“中转”货物有关栏目的填报内容

<table>
<tr><th rowspan="2">有关栏目</th><th rowspan="2">直接运抵</th><th colspan="2">中转</th></tr>
<tr><th>未发生买卖</th><th>发生买卖</th></tr>
<tr><td>起运/运抵国（地区）</td><td>装货港或指运港所在国（地区）</td><td>同“直接运抵”</td><td>中转地</td></tr>
<tr><td rowspan="2">经停/指运港</td><td rowspan="2">实际装货港口/直接运抵港口</td><td colspan="2">经停港为“最后一个中转港”</td></tr>
<tr><td colspan="2">指运港不受中转影响</td></tr>
</table>

4.经停/指运港在《港口代码表》中无港口名称及代码的，可选择填报相应的国家（地区）名称及代码。例如：若来自或去往的柬埔寨港口在《港口代码表》中无港口名称和对应代码，则填报“柬埔寨”和代码“KHM000”。

5.无实际进出境的货物，填报“中国境内”（代码“CHN000”）。

特别提醒5-20

（1）直接运抵货物“经停/指运港”信息的确定

直接运抵货物“经停港”信息在提单等单据中的表现形式，见表5-32。

表5-32 “经停港”信息在提单等单据中的表现形式

单据	“经停港”信息
提单中	“Port of Loading”（装货港）栏内
发票或装箱单中	“From×××To×××”中“From”后面

直接运抵货物“指运港”信息在提单等单据中的表现形式，见表5-33。

表5-33 “指运港”信息在提单等单据中的表现形式

<table>
<tr><th>单据</th><th>“指运港”信息</th></tr>
<tr><td>发票或装箱单中</td><td>“From×××To×××”中“To”后面</td></tr>
<tr><td rowspan="2">提单等单据中</td><td>“Port of Discharge”（卸货港）栏</td></tr>
<tr><td>“Port of Destination”（目的港）栏等</td></tr>
</table>

（2）中转货物“经停/指运港”信息的确定

在发生中转时，中转港就是经停港（不论是否发生了商业行为），指运港不受中转的影响。

【例5-5】上海某进出口公司进口的100台日本产丰田面包车从日本东京经中国香港

中转运抵境内。

解释：如图5-39所示，图（1）发生了中转，但在中转地未发生商业行为，起运地为日本，经停港为中国香港；图（2）发生了中转且在中转地发生了商业行为，则起运地为中国香港，经停港还是中国香港。

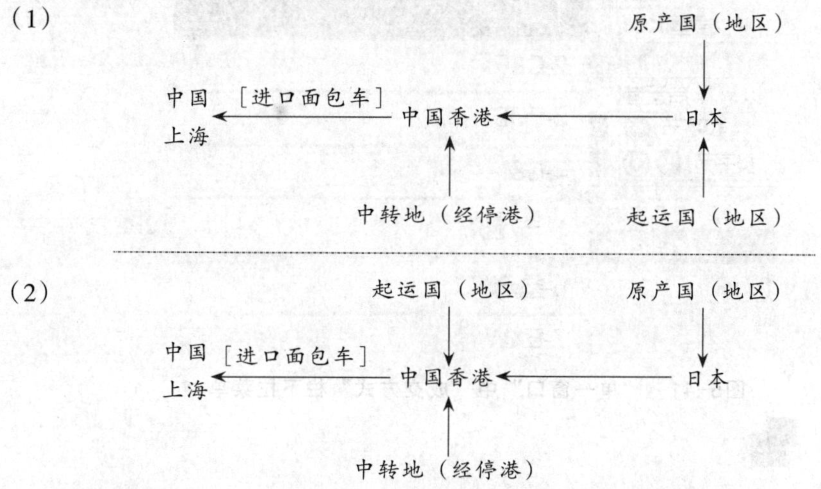

图5-39　中转货物的“经停港/指运港”

二十三、成交方式

（一）含义

成交方式又称贸易术语、价格术语，在我国习惯称为价格条件。

（二）填报要求

1.根据进出口货物实际成交价格条款，按海关规定的《成交方式代码表》（见表5-34）选择填报相应的成交方式代码（如图5-40所示），或在其下拉菜单（如图5-41所示）中选择。例如：该货物的成交方式为CIF，在下拉菜单中可选择“1-CIF”或录入“1”，栏目自动生成“CIF”。

表5-34　**成交方式代码表**

成交方式代码	成交方式名称
1	CIF
2	C&F
3	FOB
4	C&I
5	市场价
6	垫仓
7	EXW

许可证号		起运国（地区）		经停港		成交方式	CIF

图5-40　“单一窗口”中“成交方式”栏目

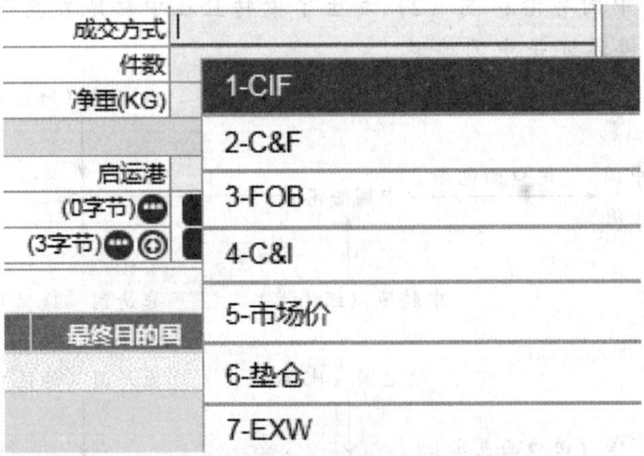

图5-41　“单一窗口”中“成交方式”栏下拉菜单

特别提醒5-21

报关单中填报的成交方式是海关规定的《成交方式代码表》中的成交方式，与实际的成交方式不一定一致。

《成交方式代码表》中的成交方式，主要体现成本、运费、保险费等成交价格构成因素上的不同，目的在于方便海关税费的计算。

实际成交方式与报关单中成交方式之间的关系，见表5-35。

表5-35　实际成交方式与报关单中的成交方式的对应关系

实际成交方式	报关单中的成交方式
CIF、CIP、DAT、DAP、DDP	CIF
CFR、CPT	C&F
FOB、FAS、FCA（港口地址）	FOB
C&I	C&I
EXW、FCA（工厂地址）	EXW

2.无实际进出境的货物，进口录入CIF，出口录入FOB。

二十四、运费

（一）含义

运费，是指进出口货物从始发地至目的地的国际运输所需要的各种费用。

（二）填报要求

1.本栏只有在应当由我方支付运费的成交方式下才填报，即以FOB、C&I进口或以

CIF、CFR出口的，才在本栏填报运费。具体要求见表5-36。

表5-36　**不同价格条件下“运费”栏的填报**

进口/出口	“运费”栏填报	填报目的
进口货物（以FOB、C&I成交）	运抵我国境内输入地点起卸前的运输费用	为了计入完税价格
出口货物（以CIF、CFR成交）	运至我国境内输出地点装载后的运输费用	为了从完税价格中扣除

知识链接5-2　**“运费”栏何时需要填报**

一般进口货物的完税价格相当于其CIF价格；出口货物的完税价格则相当于其FOB价格。也就是说，在确定进口货物的完税价格时，国际运费应当包含在其中，如实际成交价格（如FOB或C&I）中未包含国际运费，则此国际运费就属于“计入项目”。同样的道理，在确定出口货物的完税价格时，国际运费不应当包含在其中，如实际成交价格（如CIF或CFR）中已包含国际运费，则此国际运费就属于“扣减项目”。

由此可见，当国际运费属于“计入项目”或“扣减项目”时，才需要填报在报关单的“运费”栏中。“保险费”“杂费”栏的填报要求亦应如此。

2.本栏可按运费单价、总价或运费率三种方式之一填报。“运费”项下第一栏为“运费标记”栏，第二栏为“运费/率”栏，第三栏为“运费币制”栏（见表5-37）。运费率、运费单价、运费总价的运费标记，见表5-38。

表5-37　**“运费”项下的三个栏目**

“运费”项	第一栏	第二栏	第三栏
运费	运费标记	运费/率	运费币制

表5-38　**运费标记代码**

	运费率	运费单价	运费总价
运费标记	1	2	3

当按照运费率申报时，“运费标记”栏选择填报“1-率”；当按照每吨货物的运费单价申报时，“运费标记”栏选择填报“2-单价”；按照运费总价申报时，“运费标记”栏选择填报“3-总价”。具体的填报要求如下：

（1）以“运费率”方式填报的，“运费”项下前两个栏目分别填报“1”和“运费率”，第三个“运费币制”栏免予录入。运费率中小数点后最多支持录入5位。假设运费率为5%，填报要求如图5-42所示。

特别提醒5-22

运费	1	5		保险费			杂费			件数	

图5-42　“单一窗口”中“运费”栏目

（2）以“运费单价”方式填报的，“运费”项下前两个栏目分别填报“2”和“运费单价”，第三个“运费币制”栏按海关规定的《货币代码表》（见表5-39）录入相应的币种代码，或在其下拉菜单（如图5-43所示）中选择（最终的显示的是“美元”，下同）。运费单价中小数点后最多支持录入5位。假设运费单价为24美元/公吨，填报要求如图5-44所示。

表5-39　　货币代码表

代码	中文名称	代码	中文名称	代码	中文名称
CNY	人民币	HKD	港币	MOP	澳门元
USD	美元	EUR	欧元	CHF	瑞士法郎
GBP	英镑	JPY	日本元	SEK	瑞典克朗
CAD	加拿大元	KRW	韩国元	NZD	新西兰元
AUD	澳大利亚元	THB	泰国铢	MYR	马来西亚林吉特
RUB	俄罗斯卢布	DKK	丹麦克朗	IDR	印度尼西亚卢比
PHP	菲律宾比索	NOK	挪威克朗	TWD	新台币
SGD	新加坡元				

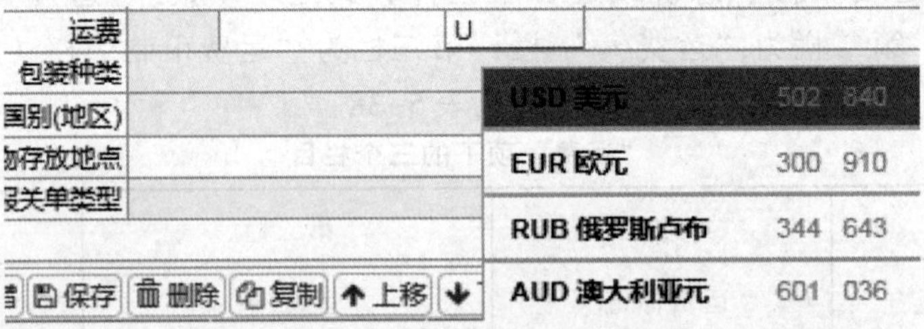

图5-43　“单一窗口”中“运费币制”栏下拉菜单

运费	2	24	美元	保险费				杂费				件数	

图5-44　“单一窗口”中“运费”栏目

特别提醒5-23

在纸质报关单上，以“运费单价”方式填报的，运费栏填报方式为“运费货币代码/运费单价数值/单价标记”。例如，24美元/公吨的运费单价，应当填报为“USD/24/2”。

在单一窗口的录入界面，“运费”项下的第二个栏目应当填报“24”。

（3）以“运费总价”方式填报的，“运费”项下前两个栏目分别填报“3”和“运费总价”，第三个“运费币制”栏按海关规定的《货币代码表》（见表5-39）录入相应的币种代码，或在其下拉菜单中选择。运费总价中小数点后最多支持录入5位。假设运费单价为7 000欧元，填报要求如图5-45所示。

运费	3	7 000	欧元	保险费			杂费			件数	

图5-45　“单一窗口”中“运费”栏目

3.免税品经营单位经营出口退税国产商品的，免予填报。

特别提醒5-24

特别提醒5-25

在分单填报情形下，对于某一份报关单，运费栏应该填报所申报货物应该分摊的那部分运费，而不能填写提单中的运费总额。

应分摊的运费=所申报货物毛重÷整批货物毛重×整批货物总运费

如所申报货物是以运费率或运费单价计费的，则直接按运费率或运费单价填报格式的要求填报即可（因为由此计算出的运费就是所申报货物对应的那部分运费）。

二十五、保险费

（一）含义

保险费专指进出口货物在国际运输过程中，由被保险人付给保险人的保险费用。

（二）填报要求

1.本栏只有在应当由我方支付保险费的成交方式下才填报，即以FOB、CFR进口或以CIF、C&I出口的，才在本栏填报保险费。具体要求见表5-40。

表5-40　**不同价格条件下“保险费”栏的填报**

进口/出口	“保险费”栏填报	填报目的
进口货物（以FOB、CFR成交）	运抵我国境内输入地点起卸前的保险费用	为了计入完税价格
出口货物（以CIF、C&I成交）	运至我国境内输出地点装载后的保险费用	为了从完税价格中扣除

2.本栏可按保险费总价或保险费率两种方式之一填报。“保险费”项下第一栏为“保险费标记”栏，第二栏为“保险费/率”栏，第三栏为“保险费币制”栏（见表5-41）。保险费率、保险费总价的保险费标记，见表5-42。

表5-41　**“保险费”项下的三个栏目**

“保险费”项	第一栏	第二栏	第三栏
保险费	保险费标记	保险费/率	保险费币制

表5-42　**保险费标记代码**

	保险费率	保险费总价
保险费标记	1	3

当按照保险费率申报时，“保险费标记”栏选择填报“1-率”；按照保险费总价申报时，“保险费标记”栏选择填报“3-总价”。具体的填报要求如下：

特别提醒5-26

（1）以“保险费率”方式填报的，“保险费”项下前两个栏目分别填报“1”和“保险费率”，第三个“保险费币制”栏无须填报。保险费率中小数点后最多支持录入5位。假设保险费率为5%，填报要求如图5-46所示。

运费				保险费	1	5		杂费				件数	

图5-46 “单一窗口”中“保险费”栏目

（2）以“保险费总价”方式填报的，“保险费”项下前两个栏目分别填报“3”和“保险费总价”，第三个“保险费币制”栏按海关规定的《货币代码表》（见表5-39）录入相应的币种代码，或在其下拉菜单中选择。保险费总价中小数点后最多支持录入5位。假设保险费总价为8 000欧元，填报要求如图5-47所示。

运费				保险费	3	8 000		杂费				件数	

图5-47 “单一窗口”中“保险费”栏目

特别提醒5-27

在纸质报关单上，以“保险费总价”方式填报的，保险费栏填报方式为“保险费货币代码/保险费总价数值/总价标记”。例如，保险费总价为8 000欧元时，应当填报为“EUR/8 000/3”。

在单一窗口的录入界面，“保险费”项下的第二个栏目应当填报“8 000”。

3.免税品经营单位经营出口退税国产商品的，免予填报。

二十六、杂费

特别提醒5-28

（一）含义

杂费，是指成交价格以外的，应当计入完税价格或应当从完税价格中扣除的费用，如手续费、佣金、折扣等费用。

（二）填报要求

1.应当计入完税价格的杂费填报为正值或正率，应当从完税价格中扣除的杂费填报为负值或负率。

2.本栏可按杂费总价或杂费率两种方式之一填报。

“杂费”项下第一栏为“杂费标记”栏，第二栏为“杂费/率”栏，第三栏为“杂费币制”栏（见表5-43）。杂费率、杂费总价的杂费标记，见表5-44。

表5-43 “杂费”项下的三个栏目

“杂费”项	第一栏	第二栏	第三栏
杂费	杂费标记	杂费/率	杂费币制

表 5-44　　杂费标记代码

	杂费率	杂费总价
杂费标记	1	3

当按照杂费率申报时，“杂费标记”栏选择填报“1-率”；按照杂费总价申报时，“杂费标记”栏选择填报“3-杂费总价”。具体的填报要求如下：

(1) 以“杂费率”方式填报的，“杂费”项下前两个栏目分别填报“1”和“杂费率”，第三个“杂费币制”栏无须填报。杂费率中小数点后最多支持录入5位。假设应当计入完税价格2%的杂费，填报要求如图5-48所示。

运费				保险费				杂费	1	2		件数	

图5-48　“单一窗口”中“杂费”栏目

又如，假设应当从完税价格中扣除2%的杂费，填报要求如图5-49所示。

运费				保险费				杂费	1	-2		件数	

图5-49　“单一窗口”中“杂费”栏目

特别提醒 5-29

在纸质报关单上，以“杂费率”方式填报的，杂费栏填报方式为“杂费率数值/杂费率标记”。例如，应当计入完税价格的2%的杂费率应当填报为“2/1”；应当从完税价格中扣除的2%的回扣率应当填报为“-2/1”。

在单一窗口的录入界面，“杂费”项下的第二个栏目应当填报“2”或“-2”。

杂费率应当以百分率来填写。

(2) 以“杂费总价”方式填报的，“杂费”项下前两个栏目分别填报“3”和“杂费总价”，第三个“杂费币制”栏按海关规定的《货币代码表》(见表5-39) 录入相应的币种代码，或在其下拉菜单中选择。杂费总价中小数点后最多支持录入5位。假设为应当从完税价格中扣除500英镑杂费，填报要求如图5-50所示。

运费				保险费				杂费	3	-500	英镑	件数	

图5-50　“单一窗口”中“杂费”栏目

3.免税品经营单位经营出口退税国产商品的，免予填报。

特别提醒5-30

特别提醒 5-31

杂费栏的填报要注意什么情况下应该填报正值或正率，什么情况下应该填报负值或负率；要知道哪些费用应该计入完税价格或从完税价格中扣除。不同情况下“杂费”栏的填报要求，见表5-45。

表 5-45　　“杂费”栏填报要求

杂费种类	适用范围	填报要求
进口成交价格中未包括的、完税价格应该计入的杂费	除购货佣金以外的佣金、经纪费、包装材料或包装劳务费、特许权使用费以及工程设计、技术开发、工艺及制图费用等	正值或正率
进口成交价格中包括的、完税价格应该扣除的杂费	设备进口后的安装费、维修费、培训费、折扣等	负值或负率
出口成交价格中包括的、完税价格应该扣除的杂费	在货物价款中单独列明由卖方承担的佣金、折扣等	

二十七、件数

（一）含义

件数，是指进出口货物运输包装的实际件数。

（二）填报要求

特别提醒 5-32

1. 填报进出口货物运输包装的件数，如图 5-51 所示。不得填报为零，裸装货物填报为“1”。运输包装指提运单所列货物件数单位对应的包装。

运费				保险费				杂费				件数	40

图5-51　“单一窗口”中“件数”栏目

2. 特殊情况填报要求如下：

（1）舱单件数为集装箱的，填报集装箱个数。

（2）舱单件数为托盘的，填报托盘数。

特别提醒 5-33

在分单填报情形下，要能根据各种单证中商品的关系确定所申报商品的件数。

二十八、包装种类

（一）含义

包装种类，是指进出口货物的所有包装材料，包括运输包装和其他包装。

运输包装指提运单所列货物件数单位对应的包装，其他包装包括货物的各类包装，以及植物性铺垫材料等。

（二）填报要求

按照海关规定的《包装种类代码表》（见表 5-46）选择填报进出口货物的所有包装材料，包括运输包装和其他包装。

表5-46　　包装种类代码表

代码	中文名称	代码	中文名称
00	散装	39	其他材料制桶
01	裸装	04	球状罐类
22	纸制或纤维板制盒/箱	06	包/袋
23	木制或竹藤等植物性材料制盒/箱	92	再生木托
29	其他材料制盒/箱	93	天然木托
32	纸制或纤维板制桶	98	植物性铺垫材料
33	木制或竹藤等植物性材料制桶	99	其他包装

1.运输包装即提运单所列货物件数单位对应的包装，按照海关规定的《包装种类代码表》，填报运输包装对应的中文名称或两位包装种类代码然后回车，或在其下拉菜单（如图5-52所示）中选择。例如：使用再生木托作为运输包装的，在本栏填报中文“再生木托”或代码“92”（如图5-53所示所示）。

图5-52　“单一窗口”中“包装种类”栏下拉菜单

包装种类	再生木托	其他包装	毛重（KG）		净重（KG）	

图5-53　“单一窗口”中“包装种类”栏目

2.若还有其他包装，包括货物的各类包装、植物性铺垫材料等，则在【其他包装】蓝色按钮中填报。点【其他包装】按钮，弹出“编辑其他包装信息”界面（如图5-54所示）。通过勾选，选中其他包装信息，点击【保存】按钮即可。

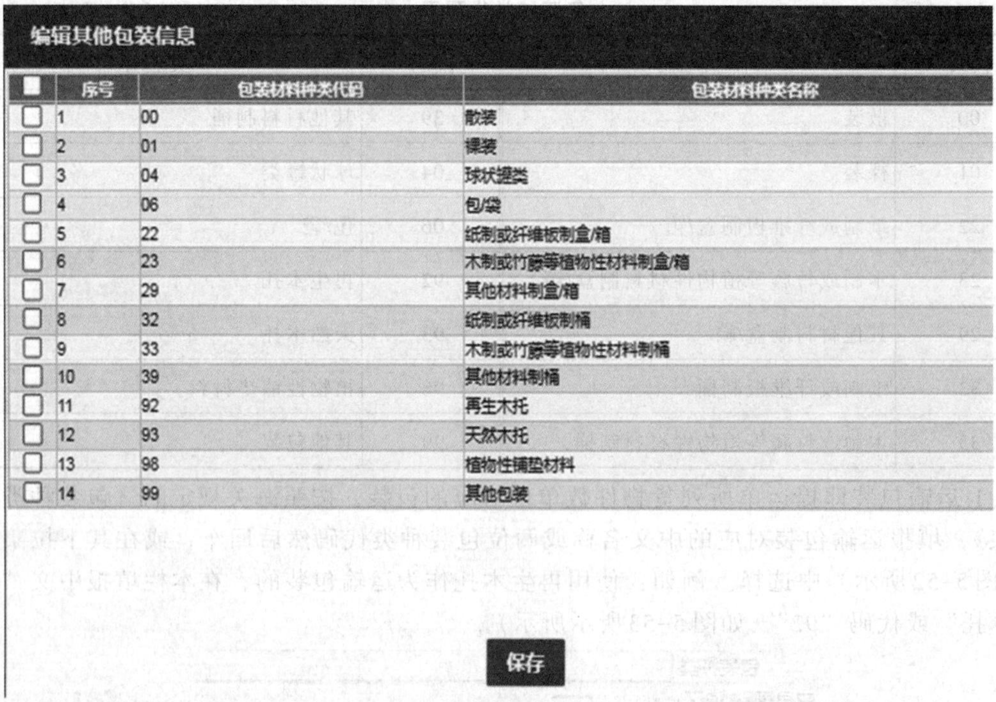

编辑其他包装信息

	序号	包装材料种类代码	包装材料种类名称
☐	1	00	散装
☐	2	01	裸装
☐	3	04	球状罐类
☐	4	06	包/袋
☐	5	22	纸制或纤维板制盒/箱
☐	6	23	木制或竹藤等植物性材料制盒/箱
☐	7	29	其他材料制盒/箱
☐	8	32	纸制或纤维板制桶
☐	9	33	木制或竹藤等植物性材料制桶
☐	10	39	其他材料制桶
☐	11	92	再生木托
☐	12	93	天然木托
☐	13	98	植物性铺垫材料
☐	14	99	其他包装

保存

图5-54 “单一窗口”中“编辑其他包装信息”界面

二十九、毛重

（一）含义

毛重，是指进出口货物及其包装材料的重量之和。

（二）填报要求

1.“毛重”栏应当以千克计，不足1千克的填报为“1”。

2.“毛重”栏不得为空，毛重应大于或等于1，不得为“0”。

三十、净重

（一）含义

净重，是指进出口货物的毛重减去外包装材料后的重量，即货物本身的实际重量。

（二）填报要求

1.“净重”栏应当以千克计，不足1千克的填报为“1”。

2.“净重”栏不得为空，净重应大于或等于1，不得为“0”。

3.以毛重作为净重计价的，可填毛重。

特别提醒5-34

（1）毛重、净重应该在合同、发票、提（运）单、装箱单等单证中查找。毛重、净重常见的表示方法，见表5-47。

表 5-47 毛重、净重常见的表示方法

	表示方法					
毛重	GROSS WEIGHT	G.WT	G/WEIGHT	GROSS	G.W.	Gross
净重	NET WEIGHT	N.WT	N/WEIGHT	NET	N.W.	Net

（2）若给出的数量是重量且没有毛净重之分或是“以毛作净”（GROSS FOR NET），则毛、净重填写相同。

（3）在分单填报等情况下，可能需要根据各种单证中商品的关系确定所要申报商品的毛重和净重。

毛重、净重栏最多支持录入19位，19位中小数点后最多支持录入5位。

三十一、贸易国别（地区）

（一）含义

贸易国别（地区），是指与境内企业签订贸易合同的外方所属的国家（地区）。

（二）填报要求

1.本栏目应当按海关规定的《国别（地区）代码表》（见表5-25）选择填报相应的贸易国（地区）中文名称及代码（如图5-55所示），或在其下拉菜单中选择。

贸易国别（地区）	美国	集装箱数		随附单证	

图5-55 “单一窗口”中“贸易国别（地区）”栏目

2.进口填报购自国（地区），出口填报售予国（地区）。

3.未发生商业性交易的填报货物所有权拥有者所属的国家（地区）。

三十二、集装箱数

（一）含义

集装箱数，是指在以集装箱整柜运输情况下，该票货物实际装载的集装箱数量。

（二）填报要求

不允许录入，系统通过页面右侧的集装箱信息进行返填，显示在当前字段中。

三十三、随附单证

（一）含义

随附单证，是指随报关单一并向海关递交的，除“许可证号”栏填报的许可证件以外的其他进出口许可证件或监管证件等。

（二）填报要求

不允许录入，系统根据页面右侧的随附单证信息返填，显示在当前字段。

三十四、入境/离境口岸

（一）含义

1.入境口岸，是指进境货物从跨境运输工具卸离的第一个境内口岸。

2.离境口岸，是指装运出境货物的跨境运输工具离境的第一个境内口岸。

特别提醒5-35

入境/离境口岸类型包括港口、码头、机场、机场货运通道、边境口岸、火车站、车辆装卸点、车检场、陆路港、坐落在口岸的海关特殊监管区域等。

（二）填报要求

1.入境口岸按海关规定的《国内口岸编码表》（见表5-48）选择填报进境货物从跨境运输工具卸离的第一个境内口岸的中文名称及代码（如图5-56所示），或在其下拉菜单（如图5-57所示）中选择。

表5-48　**国内口岸编码表**

代码	中文名称	代码	中文名称
110001	北京	310001	上海
110002	北京平谷国际陆港	310011	中国（上海）自由贸易试验区
110003	北京天竺综合保税区	310101	上海嘉定出口加工区
110101	首都国际机场	310301	上海虹桥国际机场
110201	北京丰台货运	310302	上海浦东国际机场
110301	北京朝阳口岸	310303	上海浦东机场综合保税区
110801	北京西站	311201	上海站
320001	南京	320201	苏州
320101	南京禄口国际机场	320202	苏州工业园综合保税区

入境口岸	上海站	货物存放地点		起运港	

图5-56　“单一窗口”中“入境口岸”栏目

特殊情况下的填报要求如下：

（1）采取多式联运跨境运输的，填报多式联运货物最终卸离的境内口岸中文名称及代码；

（2）过境货物填报货物进入境内的第一个口岸的中文名称及代码；

（3）从海关特殊监管区域或保税监管场所进境的，填报海关特殊监管区域或保税监管场所的中文名称及代码；

（4）其他无实际进境的货物，填报货物所在地的城市名称及代码。

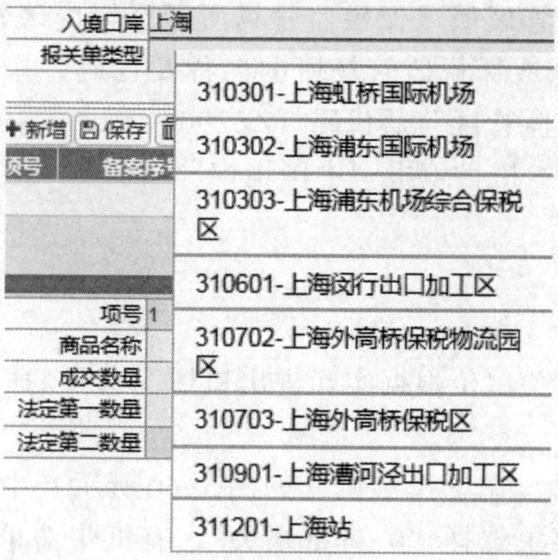

图5-57 “单一窗口”中“入境口岸”栏下拉菜单

2.离境口岸按海关规定的《国内口岸编码表》选择填报装运出境货物的跨境运输工具离境的第一个境内口岸的中文名称及代码。特殊情况下的填报要求如下：

（1）采取多式联运跨境运输的，填报多式联运货物最初离境的境内口岸中文名称及代码；

（2）过境货物填报货物离境的第一个境内口岸的中文名称及代码；

（3）从海关特殊监管区域或保税监管场所离境的，填报海关特殊监管区域或保税监管场所的中文名称及代码；

（4）其他无实际出境的货物，填报货物所在地的城市名称及代码。

三十五、货物存放地点

填报货物进境后存放的场所或地点，包括海关监管作业场所、分拨仓库、定点加工厂、隔离检疫场、企业自有仓库等，如图5-58所示。

入境口岸		货物存放地点	南京禄口国际机场T1航站楼	起运港	

图5-58 “单一窗口”中“货物存放地点”栏目

三十六、起运港

（一）含义

起运港，指进口货物在运抵我国关境前的第一个境外装运港。

（二）填报要求

1.根据实际情况，按海关规定的《港口代码表》（见表5-30）填报相应的港口名称及代码（见图5-59），或在其下拉菜单中选择。未在《港口代码表》中列明的，填报相应的国家名称及代码。

入境口岸		货物存放地点		起运港	东京（日本）

图5-59 “单一窗口”中“起运港”栏目

2.货物从海关特殊监管区域或保税监管场所运至境内区外的，填报《港口代码表》中相应海关特殊监管区域或保税监管场所的名称及代码，未在《港口代码表》中列明的，填报“未列出的特殊监管区”及代码（ZZZ900）。

3.无实际进出境的，本栏目填报“中国境内”（代码“CHN000”）。

三十七、报关单类型

（一）含义

报关单类型，是指报关单位根据实际进出口情况选择的向海关报关的类型。

（二）填报要求

1.根据报关单的不同，在下拉菜单（如图5-60所示）中选择填报相应的代码和名称，有纸报关通过下拉菜单选择“0-有纸报关”，有纸带清单报关选择“L-有纸带清单报关”，无纸带清单报关选择“D-无纸带清单报关”，通关无纸化选择“M-通关无纸化”，也可录入代码、名称（如图5-61所示）。

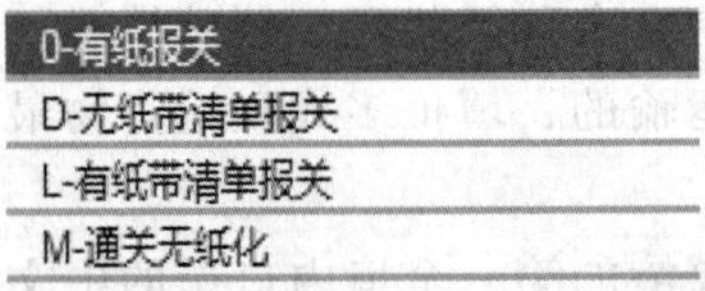

图5-60 “单一窗口”中“报关单类型”栏下拉菜单

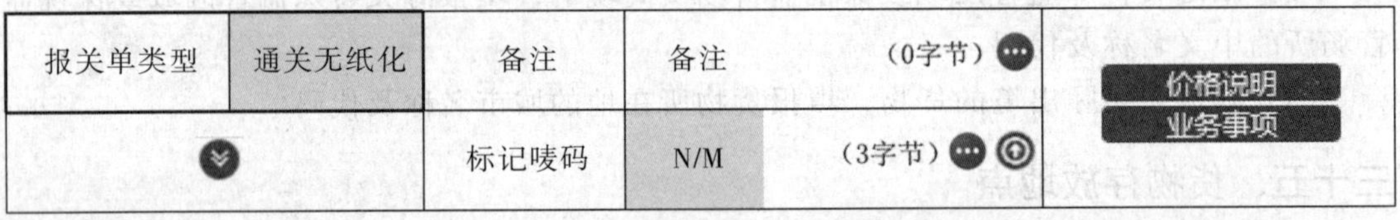

图5-61 “单一窗口”中“报关单类型”栏目

2.特殊说明：

（1）有纸报关指没有与海关签订通关无纸化企业报关填报用，报关单不传输随附单据。

（2）有纸带清单报关指没有与海关签订通关无纸化企业报关带有清单的集中申报报关单用，报关单不传输随附单据。

（3）无纸带清单报关指没有与海关签订通关无纸化企业报关带有清单的集中申报报关单用，报关单上传输随附单据（后改为“M-通关无纸化”）。

（4）通关无纸化指与海关签订通关无纸化企业报关填报用，报关单上传输随附单据。

三十八、备注

（一）含义

进出口报关单上的“备注”栏信息，是指填制报关单时需要补充或者特别作说明的事项，包括关联备案号、关联报关单号等。

（二）填报要求

1.外商投资企业委托有进出口经营权的企业进口“投资设备、物品”时的填报要求，见表5-49。

表5-49 外商投资企业委托进口“投资设备、物品”的填报要求

栏目	填报内容
“境内收货人”栏	进出口企业（被委托方）的“中文名称及编码”
“消费使用单位”栏	外商投资企业（委托方）的“中文名称及编码”
“备注”栏	“委托××公司（进出口企业）进口”

2.关于“关联备案号”。关联备案号是指与本报关单有关联关系的，同时在业务管理规范方面又要求在本报关单“备注”栏上填报的备案号。需要填报“关联备案号”的情形主要有以下几种：

（1）保税监管场所间流转货物、加工贸易结转货物及加工贸易成品凭“征免税确认通知书”转内销货物，其对应的备案号作为关联备案号填报在“备注”栏。例如，加工贸易余料结转，应当先由转入企业报进口，再由转出企业报出口。结转时，进、出口报关单“备案号”栏及“备注”栏的填报要求，见表5-50。

表5-50 关联备案号

	“备案号”栏	“备注”栏
进口报关单（转入企业）	《加工贸易手册》编号	关联备案号：××××××××××××（转出企业《加工贸易手册》编号）
出口报关单（转出企业）		关联备案号：××××××××××××（转入企业《加工贸易手册》编号）

又如，加工贸易成品凭“征免税确认通知书”转内销，转出企业填写出口报关单，转入企业凭“征免税确认通知书”填写进口报关单。进、出口报关单“备案号”栏及“备注”栏的填报要求，见表5-51。

表5-51 关联备案号（以进料加工为例）

	“备案号”栏	“备注”栏
出口报关单（转出企业）	《加工贸易手册》编号（C×××××××××××）	关联备案号：Z×××××××××××（转入企业“征免税确认通知书”编号）
进口报关单（转入企业）	“征免税确认通知书”编号（Z×××××××××××）	关联备案号：C×××××××××××（转出企业《加工贸易手册》编号）

（2）减免税货物结转，应当先由转入企业报进口，再由转出企业报出口；转入企业须申请“征免税确认通知书”编号，转出企业申请“减免税进口货物结转联系函”。结转时，进、出口报关单“备案号”栏及“备注”栏的填报要求，见表5-52。

表5-52　　关联备案号

	“备案号”栏	“备注”栏
进口报关单 （转入企业）	“征免税确认通知书”编号 （Z×××××××××××）	关联备案号：×××××××××××× （“减免税进口货物结转联系函”编号）
出口报关单（转出企业）	“减免税进口货物结转联系函”编号	关联备案号：Z××××××××××× （转入企业“征免税确认通知书”编号）

（3）优惠贸易协定项下，向香港或者澳门特别行政区出口用于生产《香港CEPA》或者《澳门CEPA》项下协定税率货物的原材料时，应当在报关单的“关联备案”栏填报香港或澳门生产厂商在香港工贸署或者澳门经济局登记备案的有关备案号。

3.关于“关联报关单号”。关联报关单号是指与本报关单有关联关系的，同时在业务管理规范方面又要求在本报关单“备注”栏上填报的报关单号。需要填报关联报关单号的情形主要有以下几种：

（1）保税监管场所间流转、加工贸易结转类的报关单，由于是先报进口，再报出口，所以，在填报时是将进口报关单号填入出口报关单的“备注”栏。对于加工贸易结转类货物，如果同时考虑到“关联备案号”和“关联报关单号”，结转时的填报要求，见表5-53。

表5-53　　关联备案号与关联报关单号（1）

	“备案号”栏	“备注”栏
进口报关单 （转入企业）	《加工贸易手册》编号	关联备案号：×××××××××××× （转出企业《加工贸易手册》编号）
出口报关单（转出企业）		关联备案号：×××××××××××× （转入企业《加工贸易手册》编号）
		关联报关单号：×××××××××××××××××× （进口报关单号）

（2）减免税货物结转类的报关单，由于是先报进口，再报出口，所以在填报时是将进口报关单号填入出口报关单的“备注”栏。对于减免税货物结转，如果同时考虑到“关联备案号”和“关联报关单号”，结转时的填报要求，见表5-54。

表5-54　　关联备案号与关联报关单号（2）

	“备案号”栏	“备注”栏
进口报关单 （转入企业）	“征免税确认通知书”编号 （Z×××××××××××）	关联备案号：×××××××××××× （“进口减免税货物结转联系函”编号）
出口报关单（转出企业）	“减免税进口货物结转联系函”编号	关联备案号：Z××××××××××× （转入企业“征免税确认通知书”编号）
		关联报关单号：×××××××××××××××××× （进口报关单号）

（3）办理进口货物直接退运手续的，填报“<ZT”+“海关审核联系单号或者海关责令进口货物直接退运通知书编号”+“>”。办理固体废物直接退运手续的，填报“固体废物，直接退运表××号或者责令直接退运通知书××号”。

办理进口货物直接退运手续的，除另有规定外，应当先填制出口报关单，再填制进口报关单，进、出口报关单“备注”栏的填报要求，见表5-55。

表5-55　　关联报关单号

	“备注”栏
出口报关单	<ZT海关审核联系单号或者海关责令进口货物直接退运通知书编号> 固体废物，直接退运表××号或者责令直接退运通知书××号
进口报关单	关联报关单号：×××××××××××××××××× （出口报关单号）

4.保税监管场所进出货物，在“保税/监管场所”栏填报本保税监管场所编码（保税物流中心（B型）填报本中心的国内地区代码），其中涉及货物在保税监管场所间流转的，在本栏填报对方保税监管场所代码。

5.涉及加工贸易货物销毁处置的，填报海关加工贸易货物销毁处置申报表编号。

6.当监管方式为“暂时进出境货物”（代码2600）和“展览品”（代码2700）时，填报要求如下：

（1）根据《中华人民共和国海关暂时进出境货物管理办法》（海关总署令第233号）（以下简称《暂时进出境货物管理办法》）第三条第一款所列项目，填报暂时进出境货物类别，如：暂进六，暂出九。

（2）在本栏填报8位数字型的复运出境或者复运进境日期，需注意的是期限应在货物进出境之日起6个月内。例如：“20180815前复运进境”“20181020前复运出境”。

（3）根据《暂时进出境货物管理办法》第七条的规定，向海关申请对有关货物是否属于暂时进出境货物进行审核确认的，填报“中华人民共和国××海关暂时进出境货物审核确认书”编号，如：<ZS海关审核确认书编号>，其中英文为大写字母；无此项目的，无须填报。

（4）收发货人或其代理人申报货物复运进境或者复运出境的：

货物办理过延期的，根据《暂时进出境货物管理办法》填报“货物暂时进/出境延期办理单”的海关回执编号，如：<ZS海关回执编号>，其中英文为大写字母；无此项目的，无须填报。

7.跨境电子商务进出口货物，填报“跨境电子商务”。

8.加工贸易副产品内销，填报“加工贸易副产品内销”。

9.服务外包货物进口，填报“国际服务外包进口货物”。

10.纳税义务人申报进口公式定价货物，在报关单“价格说明”类栏目“公式定价确认”和“暂定价格确认”均填报“是”的，应当按如下要求在报关单备注栏准确填写公式定价备案号。

（1）公式定价备案号填写格式应为："公式定价+备案编号+@"，如"公式定价 01202100000l@"。

（2）对于同一报关单下有多项商品的，如需要指明某一项或某几项商品为公式定价备案的，则公式定价备案号填写格式应为："公式定价+备案编号+#+商品序号+@"，如报关单中第二项商品为公式定价备案货物，则填写"公式定价 01202100000l#2@"。

（3）各字段间不得插入空格符或其他无关字符，非汉字字符用半角输入。

11.进出口与"预裁定决定书"列明情形相同的货物时，按照"预裁定决定书"填报，格式为："预裁定+'预裁定决定书'编号"（例如：某份预裁定决定书编号为R-2-0100-2018-0001，则填报为"预裁定R-2-0100-2018-0001"）。

12.含归类行政裁定报关单，填报归类行政裁定编号，格式为："c+四位数字编号"，例如c0001。

13.已经在进入特殊监管区时完成检验的货物，在出区入境申报时，填报"预检验"字样，同时填报入区时的关联报关单号。

14.进口直接退运的货物，填报"直接退运"字样。

15.企业提供ATA单证册的货物，填报"ATA单证册"字样。

16.进出口不含动物源性低风险生物制品，填报"不含动物源性"字样。

17.货物自境外进入境内特殊监管区或者保税仓库的，填报"保税入库"或者"境外入区"字样。

18.海关特殊监管区域与境内区外之间采用分送集报方式进出的货物，填报"分送集报"字样。

19.军事装备出入境的，填报"军品"或"军事装备"字样。

20.申报HS为3821000000、3002300000的，填报要求为：属于培养基的，在本栏填报"培养基"字样；属于化学试剂的，在本栏填报"化学试剂"字样；不含动物源性成分的，在本栏填报"不含动物源性"字样。

21.属于修理物品的，填报"修理物品"字样。

22.属于下列相关情况的，填报"压力容器""成套设备""食品添加剂""成品退换""旧机电产品"等字样。

23.HS为2903890020（入境六溴环十二烷），用途为"其他（99）"的，填报具体用途。

24.集装箱箱体信息填报集装箱号（在集装箱箱体上标示的全球唯一编号）、集装箱规格、集装箱商品项号关系（单个集装箱对应的商品项号，半角逗号分隔）、集装箱箱体自重（千克）。

特别提醒5-36

25.申报HS为3006300000、3504009000、3507909010、3507909090、3822001000、3822009000，不属于"特殊物品"的，填报"非特殊物品"字样。

26.进出口商品及法律、行政法规规定需经海关检验的其他进出口商品实施检验的，填报"应检商品"字样。

三十九、标记唛码

（一）含义

进出口报关单上的“标记唛码”是运输标志的俗称。一般由收货人代号、合同号或发票号、目的地/港、原产国（地区）和件数号码等项组成。

（二）填报要求

“标记唛码”栏填报标记唛码中除图形以外的文字、数字，无标记唛码的填报“N/M”，如图5-62所示。

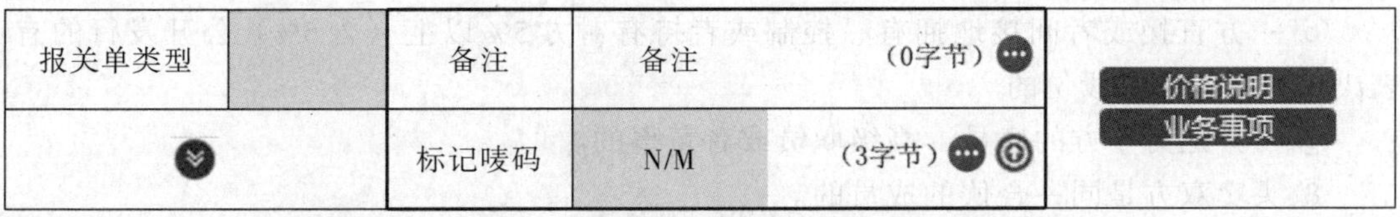

图5-62　“单一窗口”中“备注”和“标记唛码”栏目

四十、价格说明

（一）特殊关系确认

1.含义

特殊关系确认，即确认进出口行为中买卖双方是否存在特殊关系。

2.填报要求

（1）在“单一窗口”点开【价格说明】蓝色按钮（如图5-63所示），弹出确认事项的填写窗口（如图5-64所示）。该窗口包含“特殊关系确认”“价格影响确认”等五个部分。

图5-63　“单一窗口”中“价格说明”与“业务事项”栏目

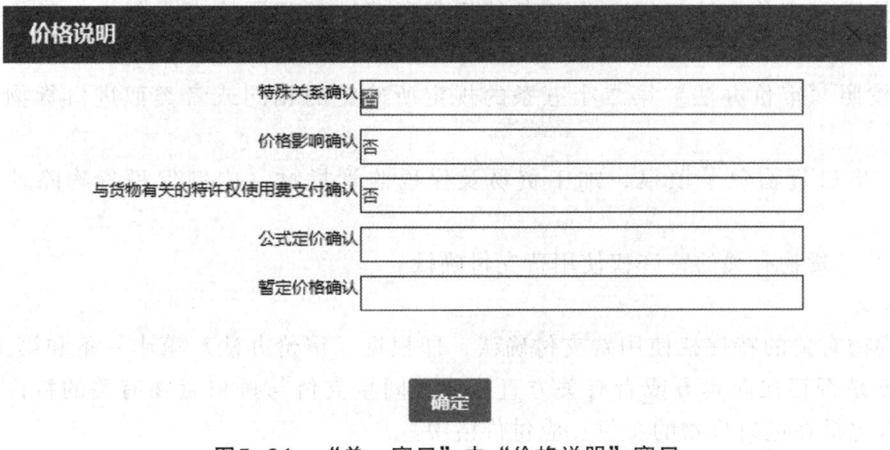

图5-64　“单一窗口”中“价格说明”窗口

根据我国《审价办法》第十六条的规定，有下列情形之一的，应当认为买卖双方存在特殊关系，应在下拉菜单中选择“1-是”，反之则选择“0-否”（也可录入代码、名称）：

① 买卖双方为同一家族成员的。

② 买卖双方互为商业上的高级职员或者董事的。

③ 一方直接或者间接地受另一方控制的。

④ 买卖双方都直接或者间接地受第三方控制的。

⑤ 买卖双方共同直接或者间接地控制第三方的。

⑥ 一方直接或者间接地拥有、控制或者持有对方5%以上（含5%）公开发行的有表决权的股票或者股份的。

⑦ 一方是另一方的雇员、高级职员或者董事的。

⑧ 买卖双方是同一合伙的成员的。

买卖双方在经营上相互有联系，一方是另一方的独家代理、独家经销或者独家受让人，如果符合前款的规定，也应当视为存在特殊关系。

（2）出口货物免予填报，加工贸易及保税监管货物（内销保税货物除外）免予填报。

（二）价格影响确认

1.含义

价格影响确认，即确认纳税义务人是否可以证明特殊关系未对进口货物的成交价格产生影响。

2.填报要求

（1）根据《审价办法》第十七条的规定，纳税义务人能证明其成交价格与同时或者大约同时发生的下列任何一款价格相近的，应视为特殊关系未对成交价格产生影响，在下拉菜单中选择“0-否”，反之则选择“1-是”（也可录入代码、名称）：

① 向境内无特殊关系的买方出售的相同或者类似进口货物的成交价格。

② 按照《审价办法》第二十三条的规定所确定的相同或者类似进口货物的完税价格。

③ 按照《审价办法》第二十五条的规定所确定的相同或者类似进口货物的完税价格。

（2）出口货物免予填报，加工贸易及保税监管货物（内销保税货物除外）免予填报。

（三）与货物有关的特许权使用费支付确认

1.含义

与货物有关的特许权使用费支付确认，即根据《审价办法》第十一条和第十三条，确认买方是否存在向卖方或者有关方直接或者间接支付与进口货物有关的特许权使用费，且未包括在进口货物的实付、应付价格中。

2. 填报要求

（1）买方存在需向卖方或者有关方直接或者间接支付特许权使用费，且未包含在进口货物实付、应付价格中，本栏分以下3种不同情况进行填报：

① 符合《审价办法》第十三条的，选择“1-是”。

② 纳税义务人无法确认是否符合《审价办法》第十三条的，选择“1-是”。

③ 纳税义务人根据《审价办法》第十三条，可以确认需支付的特许权使用费与进口货物无关的，选择“0-否”。

（2）买方不存在向卖方或者有关方直接或者间接支付特许权使用费，或者特许权使用费已经包含在进口货物实付、应付价格中的，选择“0-否”。

（3）出口货物免予填报，加工贸易及保税监管货物（内销保税货物除外）免予填报。

（四）公式定价/暂定价格确认

纳税义务人申报进口货物时，应当根据实际情况填报报关单“公式定价确认”“暂定价格确认”栏目，在报关单备注栏准确填写公式定价备案号。

1. 货物进口或内销时是公式定价暂定价格的，应在“公式定价确认”栏目选择“1-是”，在“暂定价格确认”栏目选择“1-是”。

2. 货物进口或内销时是公式定价，但最终结算价格已确认的，应在“公式定价确认”栏目选择“1-是”，在“暂定价格确认”栏目选择“0-否”。

四十一、业务事项

在“单一窗口”点开【业务事项】蓝色按钮，弹出包括“自报自缴”、“跨境电商海外仓”等在内的七个业务事项的勾选窗口（如图5-65所示）。进出口企业采用“自主申报、自行缴税”（自报自缴）模式向海关申报时，勾选本项目；反之则不勾选。

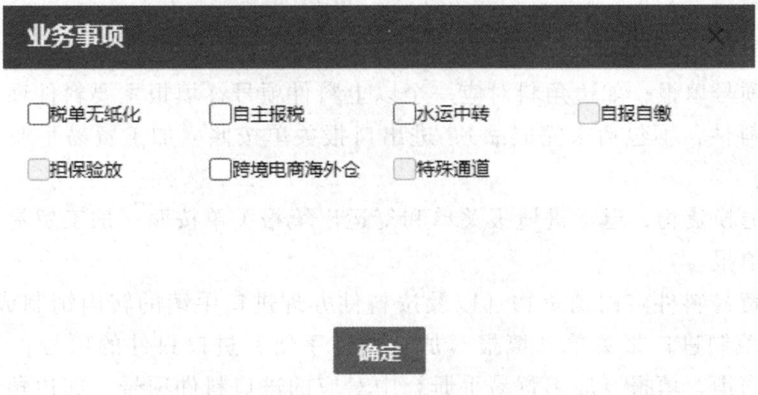

图5-65　“单一窗口”中“业务事项”窗口

第三节 报关单商品信息（表体）栏目的填报

一、项号

（一）含义

项号，是指申报货物在报关单中的商品顺序编号。

（二）填报要求

本栏目字段为灰，不允许录入，系统自动生成。如图5-66所示。

项号	1	备案序号		商品编号		检验检疫名称		···

图5-66 “单一窗口”中“项号”栏目

二、备案序号

（一）含义

备案序号，专用于加工贸易、减免税等已备案、审批的货物，填报和打印该项货物在《加工贸易手册》或“征免税确认通知书”等备案、审批单证中的顺序编号。

（二）填报要求

本栏目默认为灰，不允许录入。当“备案号”栏字段填写成功后，“备案序号”会被点亮，可录入备案数据（例如手册、账册、减免税等）内对应的顺序编号。

1. 深加工结转货物，分别按照《加工贸易手册》中的进口料件项号和出口成品项号填报。

2. 料件结转货物（包括料件、制成品和未完成品折料），出口报关单按照转出《加工贸易手册》中进口料件的项号填报；进口报关单按照转进《加工贸易手册》中进口料件的项号填报。

3. 料件复运出境货物（包括料件、边角料），出口报关单按照《加工贸易手册》中进口料件的项号填报；如边角料对应一个以上料件项号，填报主要料件项号。料件退换货物（包括料件，不包括未完成品），进出口报关单按照《加工贸易手册》中进口料件的项号填报。

4. 成品退换货物，退运进境报关单和复运出境报关单按照《加工贸易手册》原出口成品的项号填报。

5. 加工贸易料件转内销货物（以及按料件办理进口手续的转内销制成品、残次品、未完成品）填制进口报关单，填报《加工贸易手册》进口料件的项号；加工贸易边角料、副产品内销，填报《加工贸易手册》中对应的进口料件项号。如边角料或副产品对应一个以上料件项号，填报主要料件项号。

6. 加工贸易成品凭“征免税确认通知书”转为减免税货物进口的，应当先办理进口报关手续。进口报关单填报“征免税确认通知书”中的项号，出口报关单填报《加工贸易手册》原出口成品项号，进、出口报关单货物数量应一致。

7. 加工贸易货物销毁，填报《加工贸易手册》中相应的进口料件项号。

8. 加工贸易副产品退运出口、结转出口，填报《加工贸易手册》中新增成品的出口项号。

9. 经海关批准实行加工贸易联网监管的企业，按海关联网监管要求，企业需申报报关清单的，应当在向海关申报进出口（包括形式进出口）报关单前，向海关申报"清单"。一份报关清单对应一份报关单，报关单上的商品由报关清单归并而得。加工贸易电子账册报关单中项号、品名、规格等栏目的填制规范比照《加工贸易手册》。

特别提醒5-37

在纸质报关单中，对于无须备案、审批的货物，"项号"栏只填报一行（报关单中的顺序编号）；对于需要备案、审批的货物，"项号"栏分两行填报：第一行填报该项货物在报关单中商品的顺序编号；第二行填报该项货物在备案、审批单证中的顺序编号。

三、商品编号

（一）含义

商品编号，是指按商品归类规则确定的进出口货物的海关监管商品代码。由10位数字组成，前8位为《进出口税则》和《中华人民共和国海关统计商品目录》（以下简称《统计商品目录》）确定的编码；第9、第10位为监管附加编号。

（二）填报要求

1.本栏目填报由10位数字组成的商品编号，如图5-67所示。

项号	1	备案序号		商品编号	0808100000	检验检疫名称		···

图5-67　"单一窗口"中"商品编号"栏目

2. 加工贸易货物的商品编号，应当与《加工贸易手册》中备案的商品编号一致。

3.减免税货物的商品编号，应当与"征免税确认通知书"备案数据一致。

特别提醒5-38

至少输入商品编号的前4位数字，或输入10位完整的商品编号，回车后，可弹出匹配的商品列表框，选择即可。例如：输入商品编号前4位（0808），回车，弹出模糊匹配前4位商品编码的商品列表（如图5-68所示），勾选所需的商品信息。点击【确定】后，系统会自动返填"商品名称、成交计量单位、法定第一计量单位"等内容。点击【取消】，则不返填。

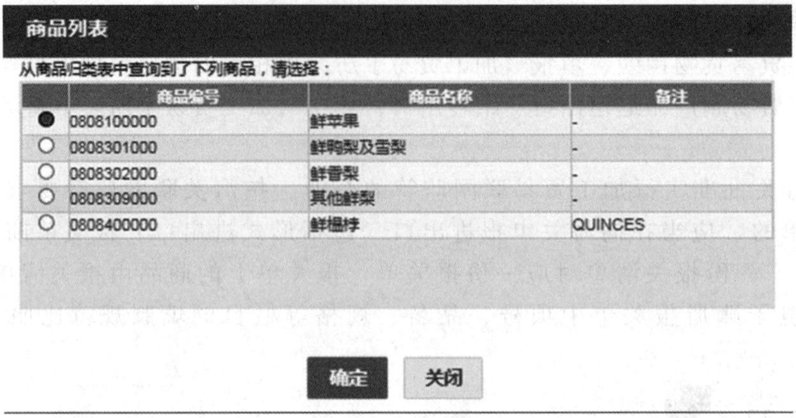

图5-68　匹配的商品列表框

四、检验检疫名称

录入10位数字的商品编号后，系统自动显示该商品对应的检验检疫名称（如图5-69所示），如果一个商品编号对应多个检验检疫名称，选择一个即可。点击检验检疫名称字段右侧的蓝色圆形按钮（“⋯”），也可弹出选择界面（如图5-70所示）。

项号	1	备案序号		商品编号	0808100000	检验检疫名称	鲜苹果	⋯

图5-69　“单一窗口”中“检验检疫”栏目

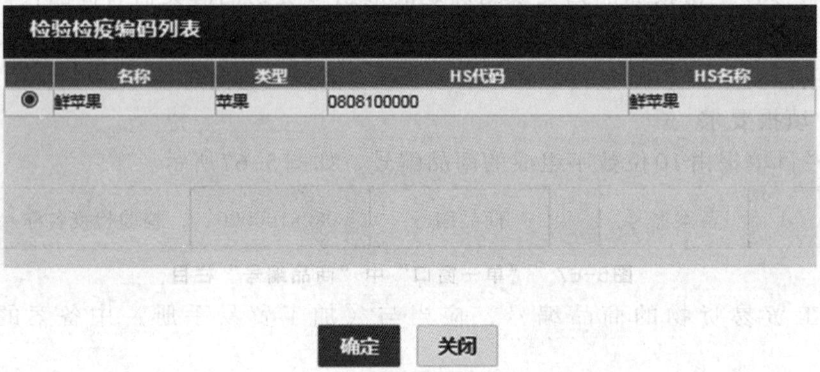

图5-70　“单一窗口”中“检验检疫编码列表”界面

五、商品名称及规格型号

（一）含义

1.商品名称，是指进出口货物规范的中文名称。

2.规格型号，是指反映商品性能、品质和规格的一系列指标，如品牌、等级、成分、含量、纯度、尺寸等。

（二）填报要求

1.输入商品编号后按回车键，系统自动返填“商品名称”。在弹出的“商品规范申

报-商品申报要素”录入界面（如图5-71所示）中填写相关内容。录入完毕后点击【确定】蓝色按钮，所录入的信息自动返填到商品信息界面中，系统自动以“|”号将规格型号各项内容进行分隔，展示在“规格型号”界面中。

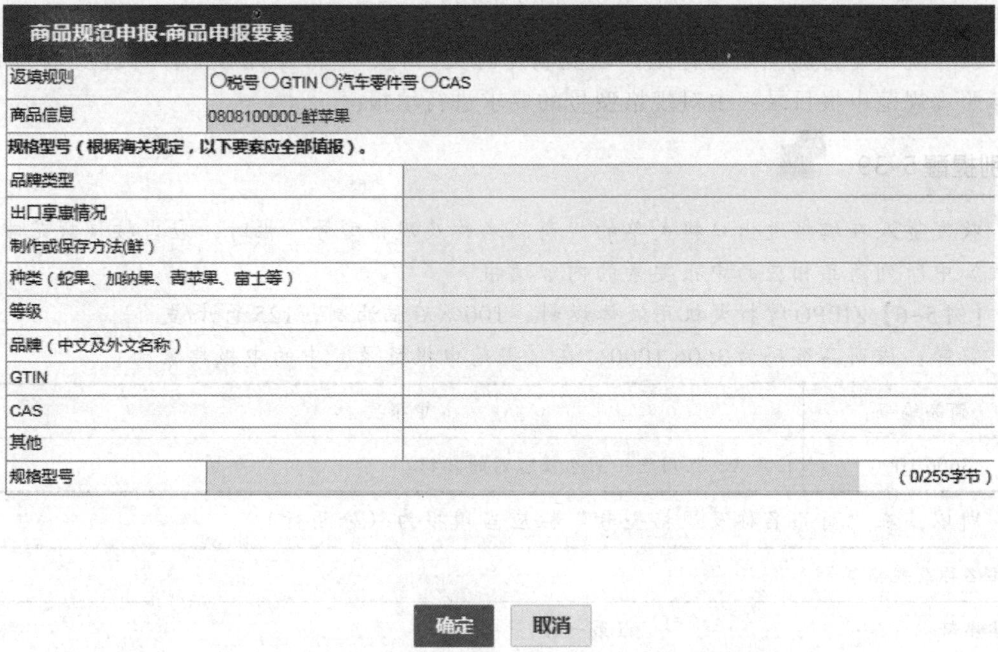

图5-71　“商品规范申报-商品申报要素”录入界面

2.“商品名称”栏的具体填报要求如下：

（1）商品名称应据实填报，并与收发货人或受委托的报关企业所提交的合同、发票等相关单证相符。

（2）商品名称应当规范，以能满足海关归类、审价及许可证件管理要求为准，可参照《中华人民共和国海关进出口商品规范申报目录》（以下简称《规范申报目录》）中对商品名称的要求进行填报。

（3）已备案的加工贸易及保税货物，填报的内容必须与备案登记中同项号下货物的商品名称一致。

（4）对需要海关签发“货物进口证明书”的车辆，商品名称栏填报“车辆品牌+排气量（注明cc）+车型（如越野车、小轿车等）”。

（5）由同一运输工具同时运抵同一口岸并且属于同一收货人、使用同一提单的多种进口货物，按照商品归类规则应当归入同一商品编号的，应当将有关商品一并归入该商品编号。商品名称填报一并归类后的商品名称。

（6）加工贸易边角料和副产品内销，边角料复出口，填报其报验状态的商品名称。

（7）出口享惠情况。出口享惠情况为出口报关单必填项目。可选择“出口货物在最终目的国（地区）不享受优惠关税”“出口货物在最终目的国（地区）享受优惠关税”“出口货物不能确定在最终目的国（地区）享受优惠关税”如实填报。进口货物报关单不填报该申报项。

3.“规格型号”栏的具体填报要求如下：

（1）规格型号应据实填报，并与收发货人或受委托的报关企业所提交的合同、发票等相关单证相符。

（2）规格型号应当足够详细，以能满足海关归类、审价及许可证件管理要求为准，可参照《规范申报目录》中对规格型号的要求进行填报。

特别提醒5-39

收发货人在填报进出口报关单的“商品名称及规格型号”栏时，应当按《规范申报目录》中所列商品相应的申报要素的内容填报。

【例5-6】ZIPPO牌打火机用液体燃料，100%石脑油制，125毫升/支。

解释：该商品编码为3606.1000，在《规范申报目录》中的申报要素为：

商品编码	申报要素
3606.1000	1.品名；2.用途；3.包装容器的容积

所以，在“商品名称及规格型号”栏应当填报为（分两行）：

商品名称及规格型号	
液体燃料	（第一行）
ZIPPO牌打火机用|125毫升/支	（第二行）

（3）对需要海关签发“货物进口证明书”的车辆，商品名称栏填报“车辆品牌+排气量（注明cc）+车型（如越野车、小轿车等）”。进口汽车底盘不填报排气量。车辆品牌按照《进口机动车辆制造厂名称和车辆品牌中英文对照表》中“签注名称”一栏的要求填报。规格型号栏可填报“汽油型”等。

（4）由同一运输工具同时运抵同一口岸并且属于同一收货人、使用同一提单的多种进口货物，按照商品归类规则应当归入同一商品编号的，应当将有关商品一并归入该商品编号。规格型号填报一并归类后商品的规格型号。

（5）加工贸易边角料和副产品内销，边角料复出口，填报其报验状态的规格型号。

（6）品牌类型。品牌类型为必填项目。可选择“无品牌”“境内自主品牌”“境内收购品牌”“境外品牌（贴牌生产）”“境外品牌（其他）”如实填报。其中，“境内自主品牌”是指由境内企业自主开发、拥有自主知识产权的品牌；“境内收购品牌”是指境内企业收购的原境外品牌；“境外品牌（贴牌生产）”是指境内企业代工贴牌生产中使用的境外品牌；“境外品牌（其他）”是指除代工贴牌生产以外使用的境外品牌。

（7）出口享惠情况。出口享惠情况为出口报关单必填项目。可选择“出口货物在最终目的国（地区）不享受优惠关税”“出口货物在最终目的国（地区）享受优惠关税”“出口货物不能确定在最终目的国（地区）享受优惠关税”如实填报。进口货物报关单不填报该申报项。

六、成交数量及成交计量单位

（一）含义

成交数量，是指进出口商品的实际成交数量。

进出口商品的计量单位包括成交计量单位和法定计量单位。成交计量单位是买卖双方在交易过程中所确定的计量单位；法定计量单位是《统计商品目录》中列明的计量单位，分为法定第一计量单位和法定第二计量单位。根据商品的不同，有的只有一个法定计量单位，有的有两个法定计量单位。

（二）填报要求

1.“成交数量”栏填报货物实际成交的数量。“成交计量单位”栏按《计量单位代码表》（见表5-56）或通过下拉菜单（如图5-72所示）选择填报货物实际成交所用的计量单位。例如：成交单位为“台”，可通过下拉菜单选择“001-台”。“成交数量”及“成交计量单位”栏，如图5-73所示。

特别提醒5-40

表5-56　**计量单位代码表（部分）**

计量单位代码	计量单位名称	计量单位代码	计量单位名称	计量单位代码	计量单位名称
001	台	019	副	030	米
002	座	020	片	032	平方米
003	辆	022	份	033	立方米
004	艘	023	幅	034	筒
005	架	025	双	037	盆
006	套	026	对	120	箱
007	个	027	棵	121	批
043	百个	028	株	122	罐
054	千个	070	吨	123	桶
038	万个	035	千克	124	扎
008	只	036	克	125	包
009	头	071	长吨	126	箩
010	张	072	短吨	129	罗
011	件	075	斤	127	打
012	支	076	磅	128	筐
013	枝	077	担	130	匹
014	根	080	两	131	册
015	条	083	盎司	132	本
016	把	084	克拉	134	枚
045	刀	095	升	135	捆
048	扇	096	毫升	136	袋
067	英尺	099	立方英尺	139	粒
086	码	101	立方尺	140	盒
088	英寸	061	千瓦	141	合
089	寸	163	部	142	瓶

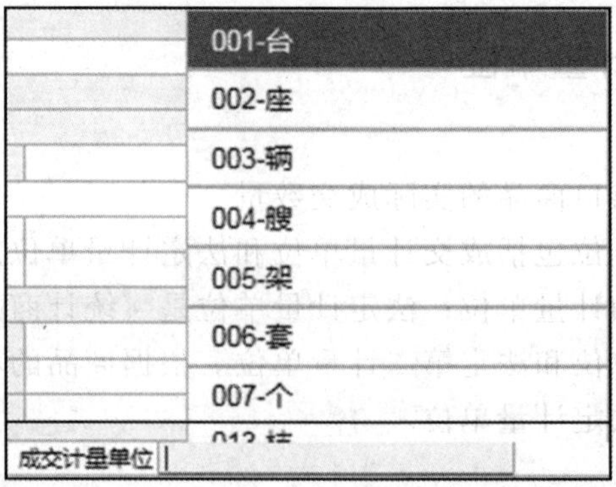

图5-72 “单一窗口”中“成交计量单位”栏下拉菜单

成交数量	1 000	成交计量单位	台	单价	
法定第一数量		法定第一计量单位		加工成品单耗版本号	
法定第二数量		法定第二计量单位		原产国（地区）	中国

图5-73 “单一窗口”中“成交数量”及“成交计量单位”栏目

特别提醒5-41

“成交数量”栏数据类型为数字型，最多支持录入19位，19位中小数点后最多支持录入5位。

2.已备案的加工贸易及保税货物，成交计量单位必须与《加工贸易手册》中同项号下货物的计量单位一致，加工贸易边角料和副产品内销、边角料复出口，填报其报验状态的计量单位。

优惠贸易协定项下进出口商品的成交计量单位必须与原产地证书上对应商品的计量单位一致。

七、法定第一数量及法定第二数量

（一）总体填报要求

进出口货物按《统计商品目录》中确定的法定第一计量单位，填报对应的法定第一数量。凡列明有法定第二计量单位的，按照法定第二计量单位填报对应的数量。无法定第二计量单位的，无须录入。法定数量项目最多支持录入19位，19位中小数点后最多支持录入5位。

特别提醒5-42

在纸质报关单中，“数量及单位”栏分三行填报：第一行填报进出口货物的法定第一计量单位及数量；第二行填报进出口货物的法定第二计量单位及数量（无法定第二计量单位的，第二行为空）；第三行填报进出口货物的成交计量单位及数量（如图5-74所示）。

商品名称及规格型号	数量及单位
男式内裤 100%棉针织	122 640件（法定第一计量单位及数量） 1 042千克（法定第二计量单位及数量） 10 220打（成交计量单位及数量）

图5-74　纸质报关单中的“数量及单位”栏1

（二）具体填报要求

1.法定计量单位为“千克”的数量填报，特殊情况下填报要求如下：

（1）装入可重复使用的包装容器的货物，应按货物扣除包装容器后的重量填报，如罐装同位素、罐装氧气及类似品等。

（2）使用不可分割包装材料和包装容器的货物，按货物的净重填报（即包括内层直接包装的净重重量），如采用供零售包装的罐头、药品及类似品等。

知识链接5-3　　**进口化妆品时数量栏的填报**

海关总署公告2016年第55号规定，进口化妆品时，进口货物收货人及其代理人申报时，应当按以下规定填报报关单：

①化妆品的第一法定计量单位为“千克”，第二法定计量单位为“件”。

②包装标注含量以重量计的化妆品，按照净含量申报第一法定数量，即不包括内层包装物和外层包装物的重量；按照有独立包装的瓶（罐）数量申报第二法定数量。

③包装标注含量以体积计的化妆品，按照净含量1升=1千克的换算关系申报第一法定数量，即不包括内层包装物和外层包装物的体积；按照有独立包装的瓶（罐）数量申报第二法定数量。

④包装标注规格为“片”或“张”的化妆品，按照商品净重申报第一法定数量；按照“片”或“张”的数量申报第二法定数量。

（3）按照商业惯例以公量重计价的商品，应按公量重填报，如未脱脂羊毛、羊毛条等。

（4）采用以毛重作为净重计价的货物，可按毛重填报，如粮食、饲料等大宗散装货物。

（5）采用零售包装的酒类、饮料、化妆品，按照液体/乳状/膏状/粉状部分的重量填报。

2.成套设备、减免税货物如需分批进口，货物实际进口时，应按照实际报验状态确定数量。

3.具有完整品或制成品基本特征的不完整品、未制成品，根据《商品名称及编码协调制度》归类规则应按完整品归类的，按照构成完整品的实际数量填报。

4.法定计量单位为立方米的气体货物，折算成标准状况（即摄氏零度及1个标准大气压）下的体积进行填报。

5.已备案的加工贸易及保税货物，成交计量单位必须与《加工贸易手册》中同项号下货物的计量单位一致，加工贸易边角料和副产品内销、边角料复出口，填报其报验状态的计量单位。

6.优惠贸易协定项下进出口商品的成交计量单位必须与原产地证书上对应商品的计量单位一致。

特别提醒5-43

如果法定计量单位和成交计量单位不一致，可以通过发票或装箱单中的成交计量单位数量和法定计量单位数量的对应关系换算后再填写。

【例5-7】某进口发票部分内容如下：

INVOICE

Description	Quantity	Unit Price	Amount
100% NYLON FABRICS（尼龙染色布）	10 000YARDS	USD0.3368	USD3 368.00
50% LINEN50%COTTON FABRICS（麻棉梳织布）	50 000YARDS	USD2.2	USD110 000.00
	60 000YARDS	USD113 368.00	

装箱单有关内容如下：

PACKING LIST

Description	Quantity	Net Weight	Gross Weight
100% NYLON FABRICS	10 000YARDS	1 255.40KGS	1 407.70KGS
50% LINEN50%COTTON FABRICS	50 000 YARDS	15 420.00KGS	16 890.00KGS
	60 000 YARDS	16 675.40KGS	18 297.00KGS

尼龙染色布和麻棉梳织布分别对应《加工贸易手册》中的第3、第4项商品。计量单位为：米/千克。1yard=0.9144metre。

解释：第一项商品尼龙染色布，根据发票可以确定成交计量单位是码；法定计量单位为米/千克。法定第一计量单位米的数量是通过换算率换算出来的，即10 000码×0.9144米/码=9 144米；法定第二计量单位千克的数量是根据装箱单中成交数量对应的净重得来的，成交数量10 000码的净重在装箱单中给出，是1 255.4千克。

同理，第二项商品麻棉梳织布的成交计量单位和数量，以及法定第一、第二计量单位的数量通过同样的方法可得出。最终“数量及单位”栏目正确填写格式，如图5-75所示。

项号	商品编号	商品名称及规格型号	数量及单位
1	（略）	尼龙染色布	9 144.00米
（3）		100% NYLON FABRICS	1 255.4千克
			10 000码
2	（略）	麻棉梳织布	45 720米
（4）		50% LINEN50%COTTON	15 420千克
			50 000码

图5-75 纸质报关单中的“数量及单位”栏2

八、单价/总价/币制

（一）单价、总价、币制的含义

1. 单价，是指进出口货物实际成交的商品单位价格的金额部分。

2. 总价，是指进出口货物实际成交的商品总价的金额部分。

3. 币制，是指进出口货物实际成交价格的计价货币的名称。

（二）填报要求

1.“单价”栏

（1）填报同一项号下实际成交的商品单位价格的数字部分。

（2）无实际成交价格的，填报单位货值（如，来料加工进口料件等）。

2.“总价”栏

（1）填报同一项号下实际成交的商品总价的数字部分。录入成交数量、成交计量单位、单价后，总价会自动生成。例如：某进口商品，录入成交数量1 000，成交计量单位为千克（代码035），单价10，总价则会自动生成10 000，如图5-76所示。

特别提醒5-44

成交数量	1 000	成交计量单位	千克	单价	10	总价	10 000	币制	美元

图5-76“单一窗口”中“单价/总价/币制”栏目

（2）无实际成交价格的，填报货值。

3.“币制”栏

（1）按海关规定的《货币代码表》（见表5-39）选择相应的货币名称及代码填报（如图5-76所示）。如《货币代码表》中无实际成交币种，需将实际成交货币按申报日外汇折算率折算成《货币代码表》列明的货币填报。录入时可在本栏下拉菜单中选择币制或按《货币代码表》录入相应的币制代码后回车。

（2）每一项商品都要对应填写一个币制，有几项商品就对应几次币制的填报。

九、最终目的国（地区）

（一）含义

最终目的国（地区），是指进出口货物最终实际消费、使用或作进一步加工制造的国家（地区）。

（二）填报要求

1.按海关规定的《国别（地区）代码表》（见表5-25）选择填报相应的国家（地区）名称及代码（见图5-77），或在其下拉菜单中选择。

加工成品单耗版本号		货号		最终目的国（地区）	美国

图5-77 "单一窗口"中"最终目的国（地区）"栏目

2.不经过第三国（地区）转运的直接运输货物，以运抵国（地区）为最终目的国（地区）；经过第三国（地区）转运的货物，以最后运往国（地区）为最终目的国（地区）。

3.同一批进出口货物的最终目的国（地区）不同的，分别填报最终目的国（地区）。

4.进出口货物不能确定最终目的国（地区）时，以尽可能预知的最后运往国（地区）为最终目的国（地区）。

十、原产国（地区）

（一）含义

原产国（地区），是指进出口货物的生产、开采或加工制造的国家（地区）。

（二）填报要求

特别提醒5-45

原产国（地区）应当依据《中华人民共和国进出口货物原产地条例》《关于非优惠原产地规则中实质性改变标准的规定》以及海关总署关于各项优惠贸易协定原产地管理规章规定的原产地确定标准填报。

1.按海关规定的《国别（地区）代码表》（见表5-25）选择填报相应的国家（地区）名称及代码（见图5-78），或在其下拉菜单中选择。

原产国（地区）	美国	协定享	原产地区	

图5-78 "单一窗口"中"原产国（地区）"栏目

2.其他填报要求：

（1）同一批进出口货物的原产地不同的，分别填报原产国（地区）。

（2）进出口货物原产国（地区）无法确定的，填报"国别（地）不详"。

十一、境内目的/境内货源地

（一）含义

境内目的地，是指已知的进口货物在境内的消费、使用地或最终运抵地，其中最终运抵地为最终使用单位所在的地区。

境内货源地，是指出口货物在境内的产地或原始发货地。

（二）填报要求

1.境内目的地填报要求：

（1）同时在“境内目的地代码”和“目的地代码”两个栏目录入相应的境内地区和县级行政区名称及代码。无下属区县级行政区的，可选择填报地市级行政区。例如：某批进口货物的境内目的地是广州市花都区。在“境内目的地”栏中填报“广州其他”（见图5-79）；或按海关规定的《国内地区代码表》录入“44019”，栏目自动生成“44019-广州其他”，然后回车（见图5-80）。同时在“目的地”栏下拉菜单中选择“440100-广东省广州市”，如图5-81所示；或根据《中华人民共和国行政区划代码表》录入“440114”，栏目自动生成“广州市花都区”，然后回车。

图5-79　“单一窗口”中“境内目的地”栏目

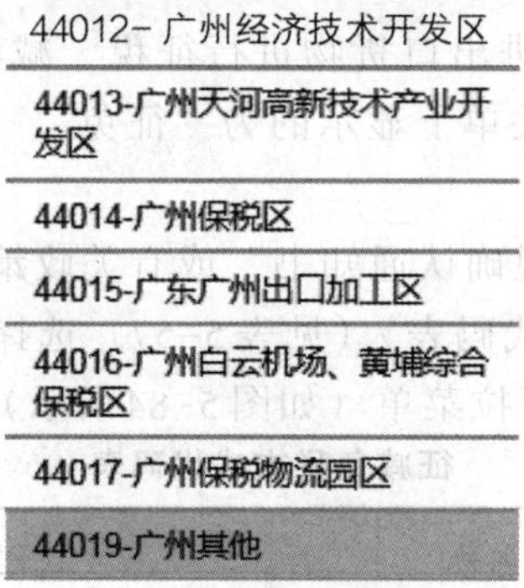

图5-80　“单一窗口”中“境内目的地”栏下拉菜单

图5-81　“单一窗口”中“目的地”栏下拉菜单

（2）最终使用单位难以确定的，填报货物进口时预知的最终收货单位所在地。

2.境内货源地填报要求：

（1）同时在“境内货源地代码”和“产地代码”两个栏目录入相应的境内地区和县级行政区名称及代码。无下属区县级行政区的，可选择填报地市级行政区。例如：某批出口货物的境内货源地是广州市番禺区。在“境内货源地”栏中填报“广州其他”，如图5-82所示，或按海关规定的《国内地区代码表》录入“44019”，栏目自动生成“44019-广州其他”，然后回车。同时在“产地”栏下拉菜单中选择“440100-广东省广州市”，或根据《中华人民共和国行政区划代码表》录入“440113”，栏目自动生成“广州市番禺区”，然后回车。

	境内货源地	广州其他	广东省广州市	征免方式

图5-82 “单一窗口”中“境内货源地”栏目

（2）出口货物产地难以确定的，填报最早发运该出口货物的单位所在地。

3.海关特殊监管区域、保税物流中心（B型）与境外之间的进出境货物，境内目的地/境内货源地填报本海关特殊监管区域、保税物流中心（B型）所对应的国内地区名称及代码。

十二、征免方式/征免

（一）含义

征免方式，是海关依法对进出口货物进行征税、减税、免税或特案处理的实际操作方式。在纸质报关单上显示的为“征免”。

特别提醒5-46

（二）填报要求

1.按照海关核发的“征免税确认通知书”或有关政策规定，对报关单所列每项商品按海关规定的《征减免税方式代码表》（见表5-57）选择填报相应的征免方式代码、名称（如图5-83所示），或在其下拉菜单（如图5-84所示）中选择。

表5-57 征减免税方式代码表

代码	名称	代码	名称
1	照章征税	6	保证金
2	折半征税	7	保函
3	全免	8	折半补税
4	特案	9	全额退税
5	征免性质		

	境内目的地	境内目的地代码	目的地代码	征免方式	照章征税

图5-83 “单一窗口”中“征免方式”栏目

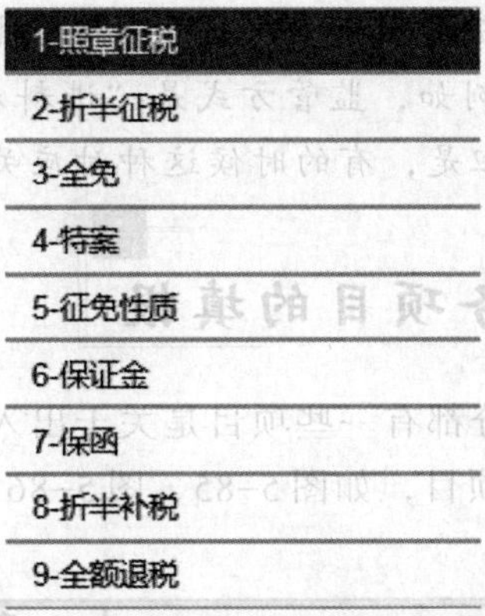

图5-84　“单一窗口”中“征免方式”栏下拉菜单

2.加工贸易货物报关单根据《加工贸易手册》中备案的征免规定填报；《加工贸易手册》中备案的征免规定为“保金”或“保函”的，填报“全免”。

知识链接5-4　“征免方式”与“监管方式”等之间的对应关系

“征免方式”与“监管方式”“备案号”“征免性质”之间的对应关系，见表5-58。

表5-58　“征免方式”与“监管方式”等之间的对应关系

监管方式	备案号	征免性质	征免方式	适用范围
一般贸易	无	一般征税	照章征税 保函 保证金	一般进出口货物
				外商投资企业为加工内销产品而进口料件
	有（Z）	科教用品	全免等（一些不常使用的情况没有列出）	科教单位凭“征免税确认通知书”进口的直接用于科研或教学的货物
		自有资金		外商投资企业在投资总额外利用自有资金凭“征免税确认通知书”进口的设备、配件等
		鼓励项目		国有企业投资总额内进口（如贷款援助的进出口货物），报关时提交“征免税确认通知书”编号
合资合作设备		鼓励项目等		中外合资、合作企业投资总额内进口，报关时提交“征免税确认通知书”编号，则征免性质为“鼓励项目”
外资设备物品		鼓励项目等		外资企业投资总额内进口，报关时提交“征免税确认通知书”编号，则征免性质为“鼓励项目”
不作价设备	有（D）	加工设备		外商免费提供的加工生产所需设备
来料加工	有（B）	来料加工	全免	凭《加工贸易手册》进口料件
进料对口	有（C）	进料加工		
无代价抵偿	无	其他法定		补偿货物出口（无须征税）
				补偿货物进口（无须征税）
		一般征税	照章征税 保函 保证金	补偿货物进出口（对超过原进出口货物价值部分需依法征税）

从表中可以看出，有的对应关系是一对一的，只要能确定监管方式或备案号其中之一，就可以得知其征免性质。例如，监管方式是“进料对口”，则对应的征免性质就一定是“进料加工”或“503”。但是，有的时候这种对应关系不是一对一的。

第四节　报关单检务项目的填报

在报关单的表头和表体部分都有一些项目是关于出入境检验检疫的申报内容，需要点开下拉菜单才能显示申报的项目，如图5-85、图5-86、图5-87、图5-88所示。不涉检的，不需要录入涉检项目。

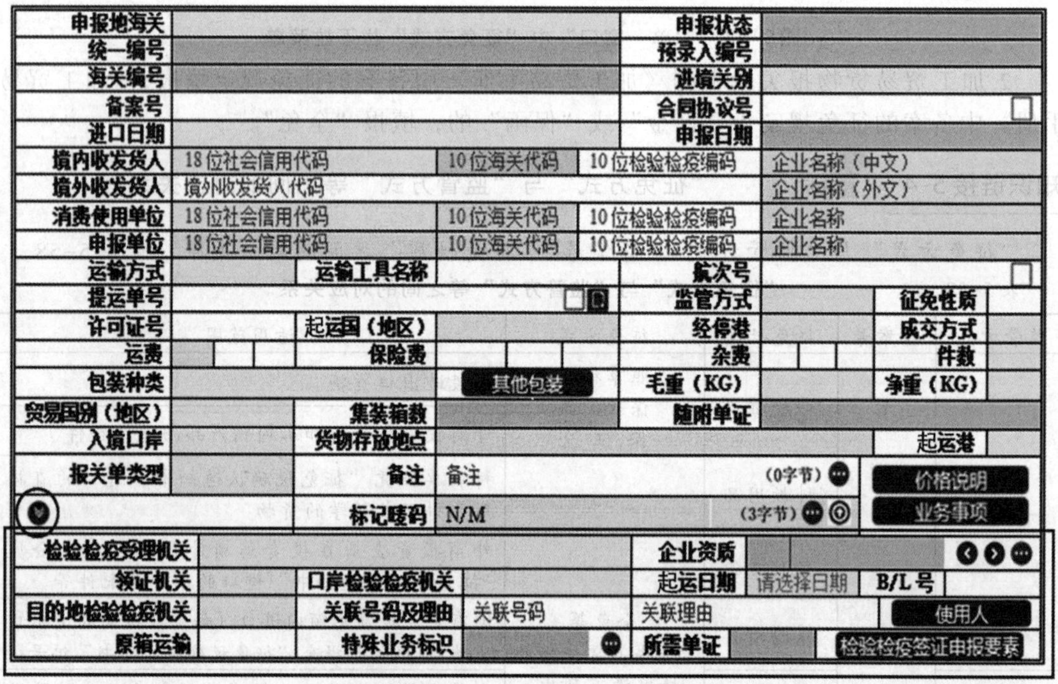

图5-85　进口报关单表头中检务项目

图5-86　进口报关单表体中检务项目

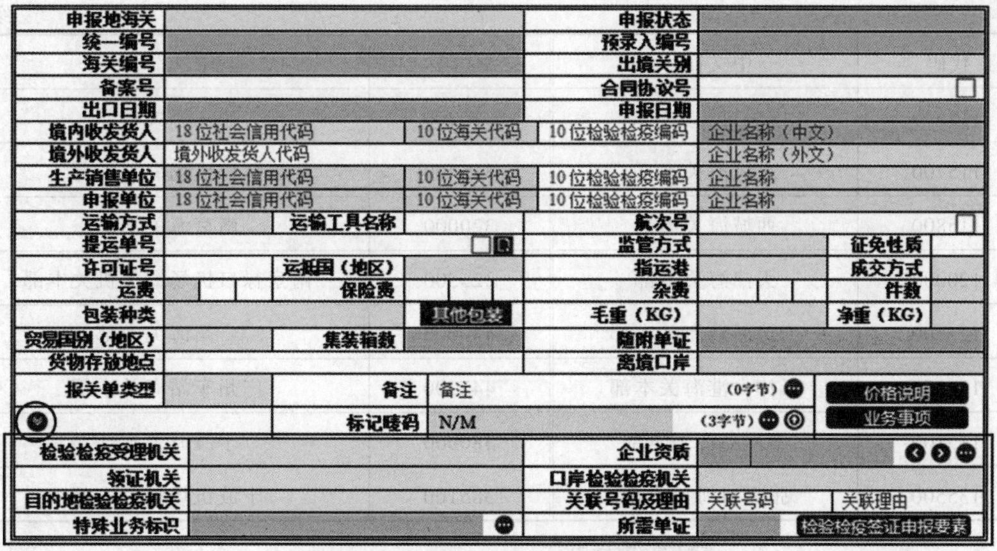

图5-87　出口报关单表头中检务项目

图5-88　出口报关单表体中检务项目

一、报关单表头检务项目的填报

（一）相关的检验检疫机关

1.检验检疫受理机关

根据《检验检疫机构代码表》（见表5-59）填报受理报关单和随附单据的检验检疫机关的代码及中文简称，或在其下拉菜单（如图5-89所示）中选择，例如“315100-浦东机场海关本部”，也可以录入相关的代码、名称，如图5-90所示。

表5-59　　检验检疫机构代码表（部分）

代码	中文简称	代码	中文简称
000000	海关总署	135900	保定海关本部
110000	北京海关本部	136800	雄安海关本部
115100	首都机场海关本部	210000	大连海关本部
115101	首都机场海关快件处	310000	上海海关本部
115300	大兴机场海关本部	315100	浦东机场海关本部

续表

代码	中文简称	代码	中文简称
115600	中关村海关本部	315200	浦东海关本部
115700	东城海关本部	315400	虹桥机场海关本部
115800	西城海关本部	320000	南京海关本部
120000	天津海关本部	325500	南京禄口机场海关机关本部
127100	天津新港海关本部	440000	广州海关本部
126900	天津大港海关本部	447200	广州车站海关本部
135100	秦皇岛海关本部	380000	宁波海关本部
135500	张家口海关本部	385100	宁波机场海关本部

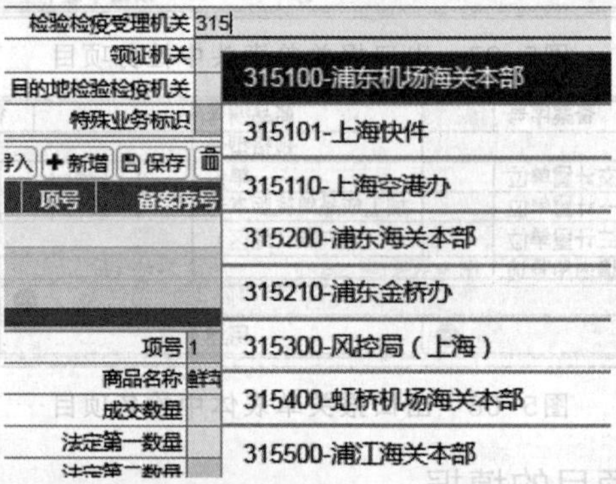

图5-89　“单一窗口”中“检验检疫受理机关”栏下拉菜单

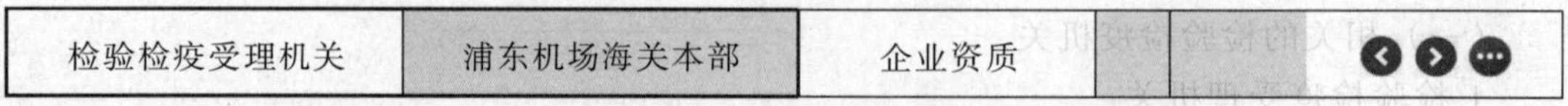

图5-90　“单一窗口”中“检验检疫受理机关”栏目

2. 领证机关

填报向其领取证单的检验检疫机关的代码及中文简称，或在其下拉菜单中选择。同“检验检疫受理机关”栏。

3. 口岸检验检疫机关

填报对入境货物实施检验检疫的检验检疫机关的代码及中文简称，或在其下拉菜单中选择。同“检验检疫受理机关”栏。

4. 目的地检验检疫机关

需要在目的地检验检疫机关实施检验检疫的，在本栏填写对应的检验检疫机关的代码及中文简称。可以在下拉菜单中选择检验检疫机关的代码及名称，或在其下拉菜单中选择。不需目的地机构实施检验检疫的无须填写。

（二）企业资质

1. 按进出口货物种类及相关要求，须在本栏选择填报货物的生产商/进出口商/代理商必须取得的资质类别。

“企业资质”界面中显示的字段为灰色，即不允许编辑，需要点击界面中的蓝色圆形按钮（“⋯”，如图5-91所示），在弹出的“编辑企业资质信息”界面（如图5-92所示）中进行编辑。“企业资质类别”信息在参数下拉表中选择，也可录入相应的代码、名称。“企业资质编号”信息手工录入。录入企业资质类别和对应的企业资质编号后，点击【保存】或直接按回车键，下方列表会显示已录入的数据。勾选表格序号前的复选框，点击【删除】，可以对已录入数据进行删除。

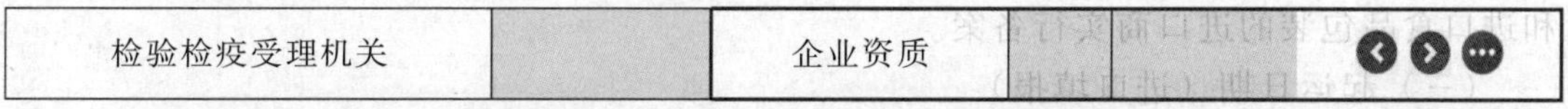

图5-91 “单一窗口”中“企业资质”栏目

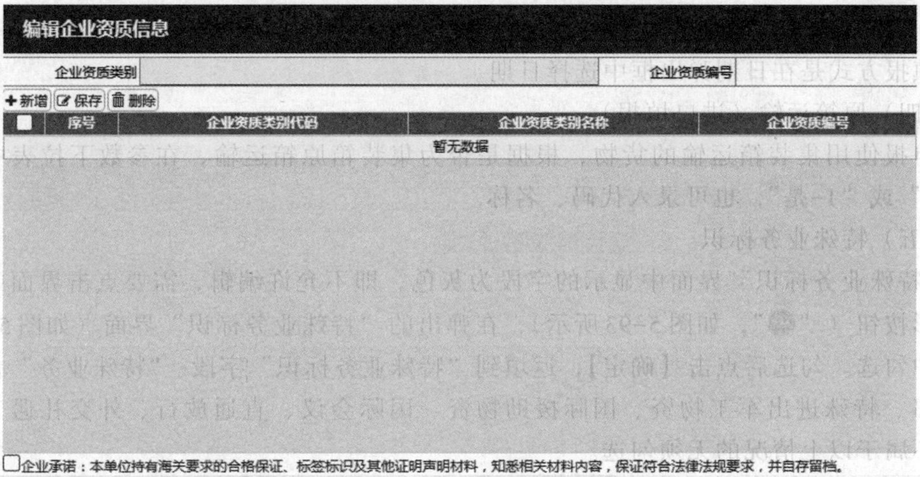

图5-92 “单一窗口”中“编辑企业资质信息”界面

特别提醒5-47

录入多条数据时，主界面中默认显示第一条企业资质信息，可以通过点击蓝色圆形方向按钮“‹ ›”，依次查看所录入的企业资质信息。

2. 多个资质的须全部填写。包括：

（1）进口食品、食品原料类填写：进口食品境外出口商代理商备案、进口食品进口商备案。

（2）进口水产品填写：进口食品境外出口商代理商备案、进口食品进口商备案、进口水产品储存冷库备案。

（3）进口肉类填写：进口肉类储存冷库备案、进口食品境外出口商代理商备案、进口食品进口商备案、进口肉类收货人备案。

（4）进口化妆品填写：进口化妆品收货人备案。

（5）进口水果填写：进境水果境外果园/包装厂注册登记。

（6）进口非食用动物产品填写：进境非食用动物产品生产、加工、存放企业注册登记。

（7）饲料及饲料添加剂：饲料进口企业备案、进口饲料和饲料添加剂生产企业注册登记。

（8）进口可用作原料的固体废物：进口可用作原料的固体废物境内收货人注册登记号、境外供货商注册登记号及名称，两者须对应准确。

（9）其他：进境植物繁殖材料隔离检疫圃申请、进出境动物指定隔离场使用申请、进境栽培介质使用单位注册、进境动物遗传物质进口代理及使用单位备案、进境动物及动物产品国外生产单位注册、进境粮食加工储存单位注册、境外医疗器械捐赠机构登记、进出境集装箱场站登记、进口棉花境外供货商登记注册、对出口食品包装生产企业和进口食品包装的进口商实行备案。

（三）起运日期（进口填报）

填报装载入境货物的运输工具离开起运口岸的日期。本栏目为8位数字，顺序为年（4位）、月（2位）、日（2位）。这在录入进口报关单时为必填项。

填报方式是在日期弹出框中选择日期。

（四）原箱运输（进口填报）

申报使用集装箱运输的货物，根据是否为集装箱原箱运输，在参数下拉表中勾选“0–否”或“1–是”，也可录入代码、名称。

（五）特殊业务标识

“特殊业务标识”界面中显示的字段为灰色，即不允许编辑，需要点击界面中的蓝色圆形按钮（“●”，如图5–93所示），在弹出的“特殊业务标识”界面（如图5–94所示）中勾选。勾选后点击【确定】，返填到“特殊业务标识”字段。“特殊业务”包括国际赛事、特殊进出军工物资、国际援助物资、国际会议、直通放行、外交礼遇、转关等。不属于以上情况的无须勾选。

图5–93 “单一窗口”中“特殊业务标识”栏目

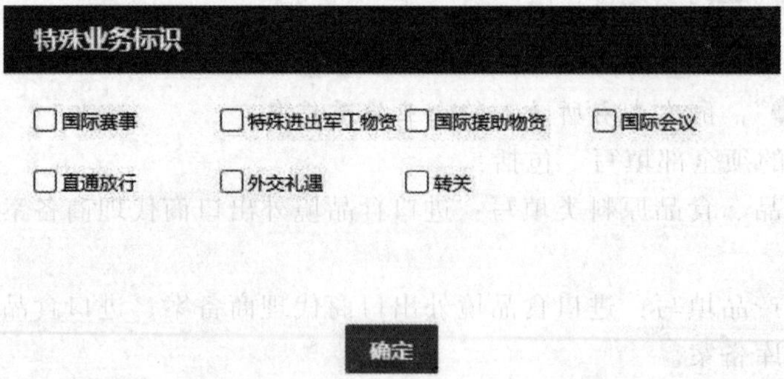

图5–94 “单一窗口”中“特殊业务标识”界面

（六）关联号码及理由

进出口货物报关单有关联报关单时，在本栏中填报关联报关单号码（如图5–95所示），并在下拉菜单（如图5-96所示）中选择关联报关单的关联理由。

图5-95　“单一窗口”中“关联号码及理由”栏目

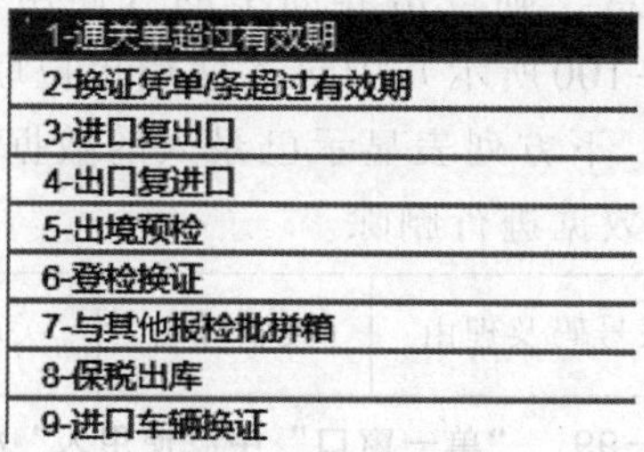

图5-96　“单一窗口”中“关联理由”栏下拉菜单

（七）所需单证

如果进出口企业申请出具检验检疫单证，应根据相关要求，在“所需单证”项下“检验检疫签证申报要素”中，勾选申请出具的检验检疫单证类型。

特别提醒5-48

“所需单证”界面中显示的字段为灰色，即不允许编辑，由录入的“检验检疫签证申报要素”返填。首先，点击界面中的【检验检疫签证申报要素】蓝色按钮（如图5-97所示），在弹出的界面（如图5-98所示）中勾选并填写相关信息。录入完成后，点击【保存】，系统会返填到主界面“所需单证”字段内。

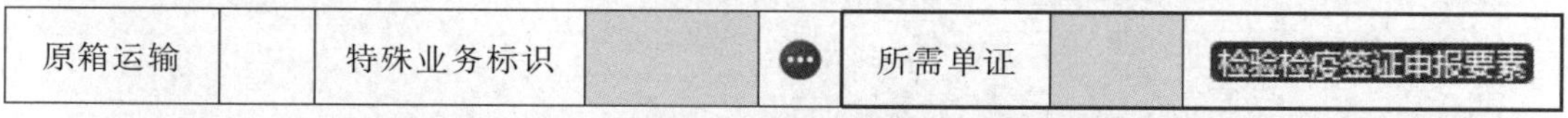

图5-97　“单一窗口”中“所需单证”栏目

检验检疫签证申报要素

■	序号	证书代码	证书名称	正本数量	副本数量
□	1	11	品质证书	1	2
□	2	12	重量证书	1	2
□	3	13	数量证书	1	2
□	4	14	兽医卫生证书	1	2
□	5	15	健康证书	1	2
□	6	16	卫生证书	1	2
□	7	17	动物卫生证书	1	2
□	8	18	植物检疫证书	1	2
□	9	19	熏蒸/消毒证书	1	2
□	10	20	出境货物换证凭单	1	2
□	11	21	入境货物检验检疫证明（申请出具）	1	2
□	12	22	出境货物不合格通知单	1	2
□	13	23	集装箱检验检疫结果单	1	2
□	14	24	入境货物检验检疫证明（申请不出具）	1	2
□	15	25	随车检验单	1	2
□	16	94	电子底账	1	2

境内收发货人名称(外文)

境外收发货人名称(中文)

商品英文名称

保存

图5-98　“单一窗口”中“检验检疫签证申报要素”界面

（八）B/L号（进口填报）

填报入境货物的提货单或出库单号码。当运输方式为“航空运输”时无须填写。

（九）使用人（进口填报）

如果需要填写使用人信息，则点击界面中的【使用人】蓝色按钮（如图5-99所示），在弹出的界面（如图5-100所示）中录入使用单位联系人和对应的联系电话，点击【保存】或直接按回车键，下方列表显示已录入的数据。勾选表格序号前的复选框，点击【删除】，可以对已录入数据进行删除。

目的地检验检疫机关	关联号码及理由	关联号码	关联理由	使用人

图5-99　“单一窗口”中“使用人”栏目

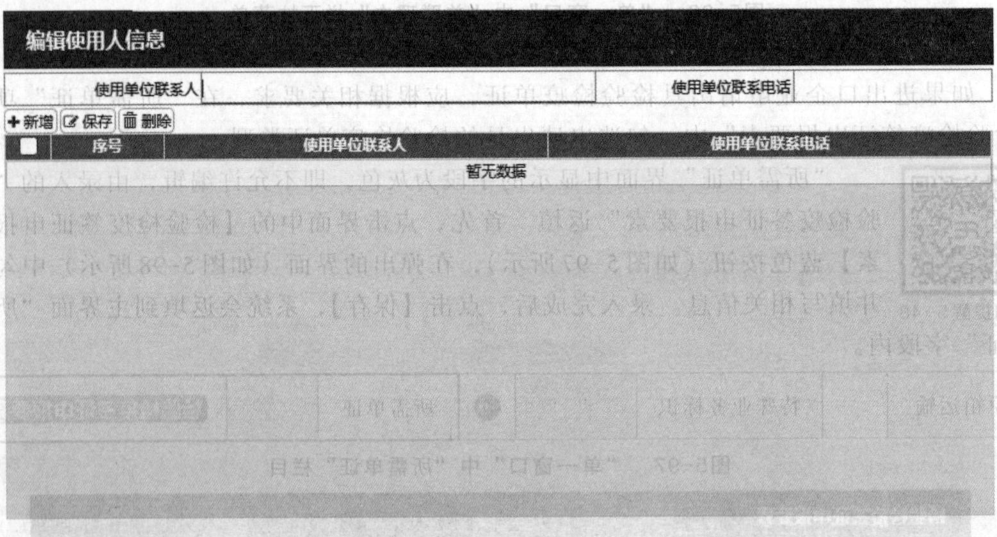

图5-100　“单一窗口”中“编辑使用人信息”界面

二、报关单表体检务项目的填报

进出口报关单表体部分的检务项目包括“检验检疫货物规格”“货物属性”“用途”“产品资质”“危险货物信息”等，如图5-101所示。

检验检疫货物规格		•••			产品资质
货物属性	3C目录内	•••	用途		危险货物信息

图5-101　“单一窗口”表体中的检务项目

（一）检验检疫货物规格

“检验检疫货物规格”界面中显示的字段为灰色，即不允许编辑，需要点击界面中的蓝色圆形按钮（“•••”，如图5-101所示），在弹出的“编辑检验检疫货物规格”界面（如图5-102所示）中录入相关信息。录入后，点击【确定】按钮，系统自动将内容返填到该字段中，展示数据置灰不允许直接修改，如修改可点击录入字段右侧的蓝色圆形按钮，再次打开“编辑检验检疫货物规格”界面，重新录入。

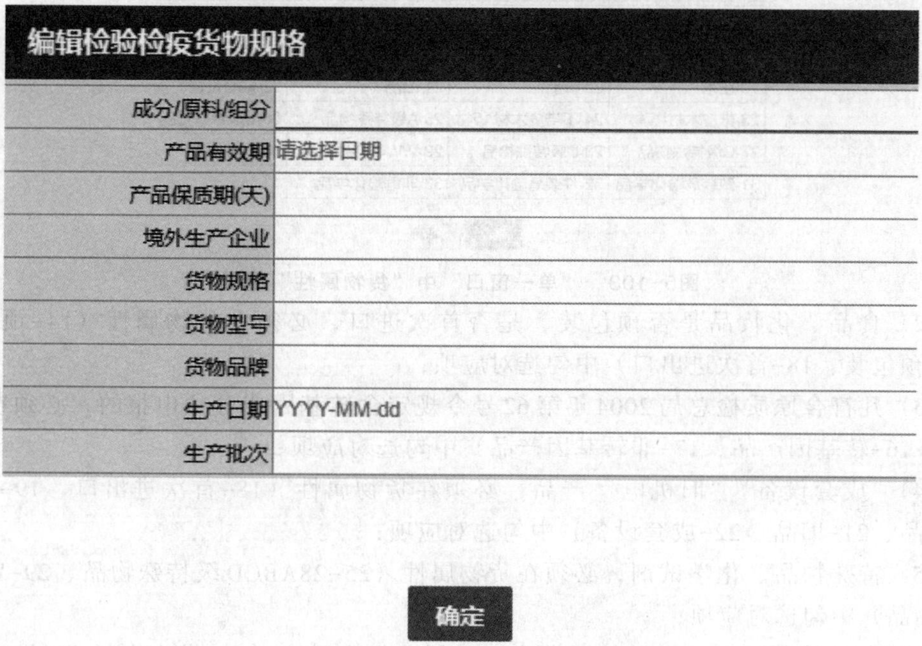

图5-102　“单一窗口”中“编辑检验检疫货物规格”界面

特别提醒 5-49

在“检验检疫货物规格”项下，需要填报的栏目有“成分/原料/组分”“产品有效期”“产品保质期”“境外生产企业”“货物规格”“货物型号”“货物品牌”“生产日期”“生产批次”等。提醒注意：

（1）品牌以合同或装箱单为准，需要录入中英文品牌的，录入方式为“中文品牌/英文品牌”。

（2）境外生产企业名称默认为境外发货人。

（3）特殊物品、化妆品、其他检疫物等所含的关注成分或者其他检疫物的具体成分、食品农产品的原料等，在“成分/原料/组分”栏填报。

（二）货物属性

“货物属性”界面中显示的字段为灰色，即不允许编辑，需要点击界面中的蓝色圆形按钮（“⋯”，如图5-101所示），在弹出的“货物属性”界面（如图5-103所示）中，选择并点击【确定】按钮后，系统自动将内容返填到该字段中。有多种属性的要同时选择。

在“货物属性”界面中勾选有关项目时要注意以下几点：

（1）入境强制性认证产品：必须在货物属性（11-3C目录内、12-3C目录外、13-无须办理3C认证）中勾选对应项；

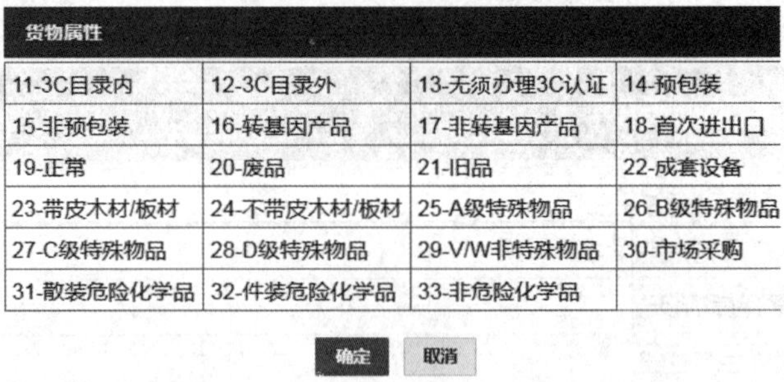

图5-103 “单一窗口”中“货物属性”界面

(2) 食品、化妆品是否预包装、是否首次进口，必须在货物属性（14-预包装、15-非预包装、18-首次进出口）中勾选对应项；

(3) 凡符合原质检总局2004年第62号令规定含转基因成分须申报的，必须在货物属性（16-转基因产品、17-非转基因产品）中勾选对应项；

(4) “成套设备”“旧机电”产品，必须在货物属性（18-首次进出口、19-正常、20-废品、21-旧品、22-成套设备）中勾选对应项；

(5) 特殊物品、化学试剂，必须在货物属性（25-28ABCD级特殊物品、29-V/W非特殊物品）中勾选对应项；

(6) 木材（含原木）板材是否带皮，必须在货物属性（23-带皮木材/板材、24-不带皮木材/板材）中勾选对应项。

（三）产品资质

进出口货物已取得许可、审批或备案等资质时，应在“产品资质”项下的“编辑产品许可证/审批/备案信息”界面中填报对应的许可、审批或备案证件编号。同一商品有多个许可、审批或备案证件号码时，须全部录入。

首先，选中一条已录入商品信息的表体记录，然后，点击【产品资质】蓝色按钮，弹出“编辑产品许可证/审批/备案信息”录入界面（如图5-104所示）。灰色字段由系统自动从商品信息中读取，不允许修改。在参数下拉表中选择许可证类别（如图5-105所示）、录入许可证编号等信息后，点击【保存】白色按钮，将许可证信息保存在下方列表中。点击【新增】按钮，清空上方所有字段中录入的内容，重新录入。选中下方列表中的记录，点击【删除】白色按钮可以进行删除。

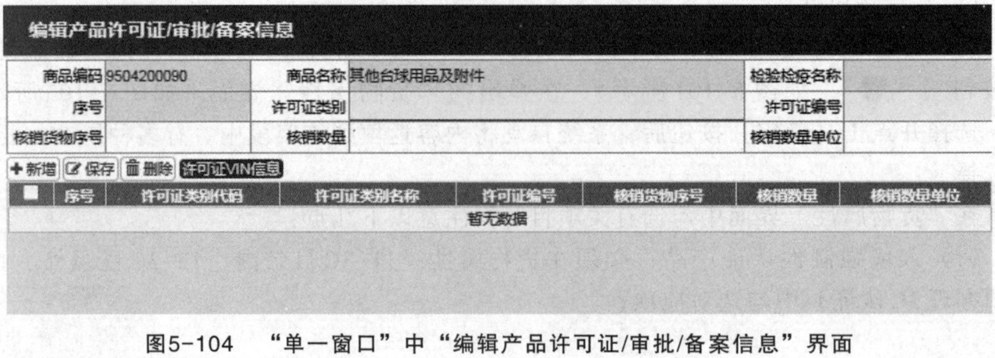

图5-104 “单一窗口”中“编辑产品许可证/审批/备案信息”界面

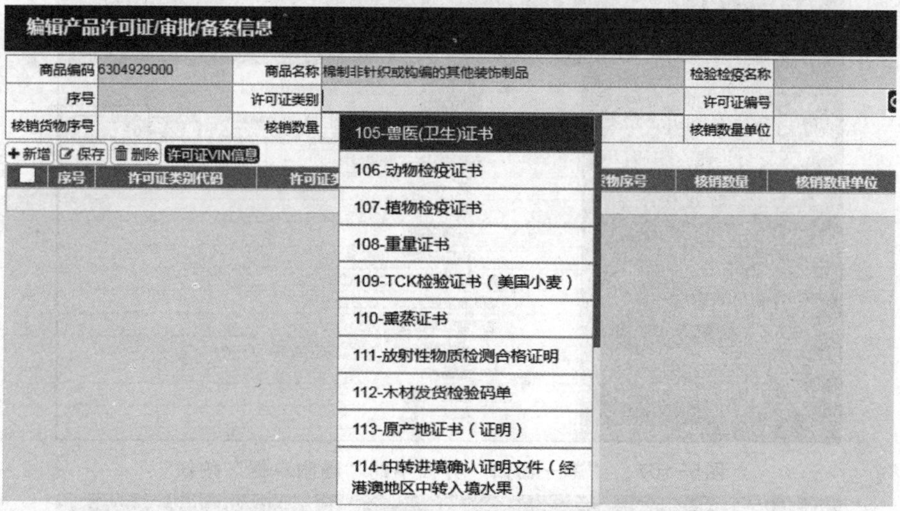

图5-105　“单一窗口”中“许可证类别”界面

根据实际业务，对于需要填写VIN信息的许可证，需选择列表中已保存的许可证信息，点击【许可证VIN信息】蓝色按钮，弹出录入界面（如图5-106所示）。录入、保存与删除等操作，与上文相同。

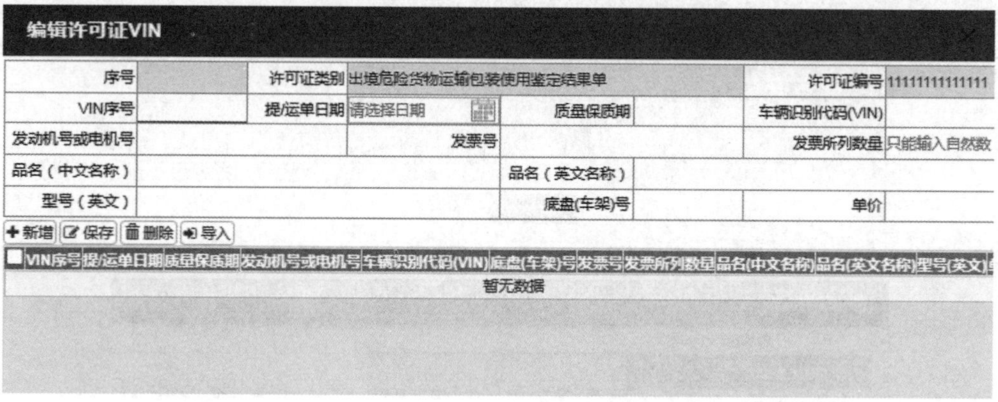

图5-106　“单一窗口”中“编辑许可证 VIN”界面

知识链接 5-5　“随附单据”栏填报

在“单一窗口”界面的上方有一排蓝色按钮，其中有个【随附单据】按钮（如图5-107所示），它是根据海关监管需要上传电子单证文件（PDF格式）的通道。上传随附单据时，首先点击界面上方的这个【随附单据】蓝色按钮，在弹出的编辑界面（见图5-108）中，按海关规定的《随附单据表》（见表5-60）在“随附单据文件类别”栏录入相应的8位随附单据代码或在下拉菜单（如图5-109所示）中选择相应的随附单据类别，在“随附单据编号”栏录入相关单据上的编号，然后上传相关文件的电子单证。报关单点击申报后，在打印的纸质报关单上的“随附单证及编号”栏会体现上传的相关随附单据信息。

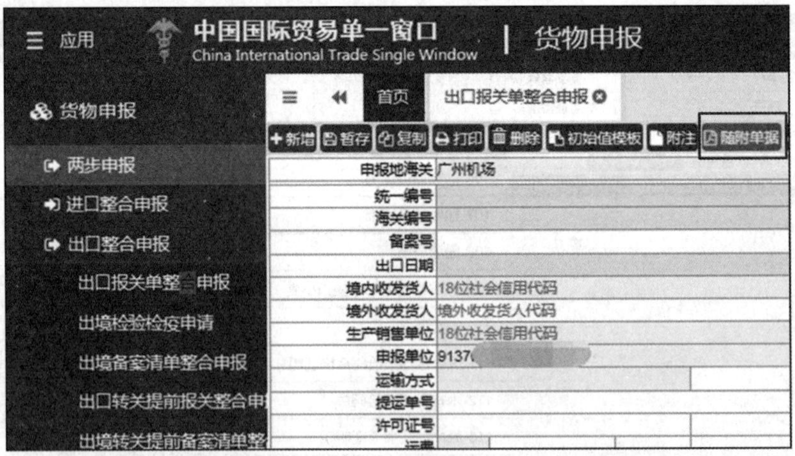

图5-107　“单一窗口”界面中的“随附单据”按钮

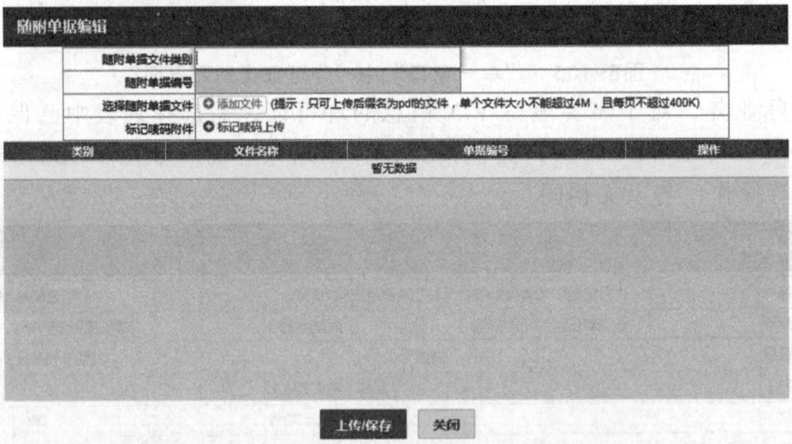

图5-108　“单一窗口”中“随附单据编辑”界面

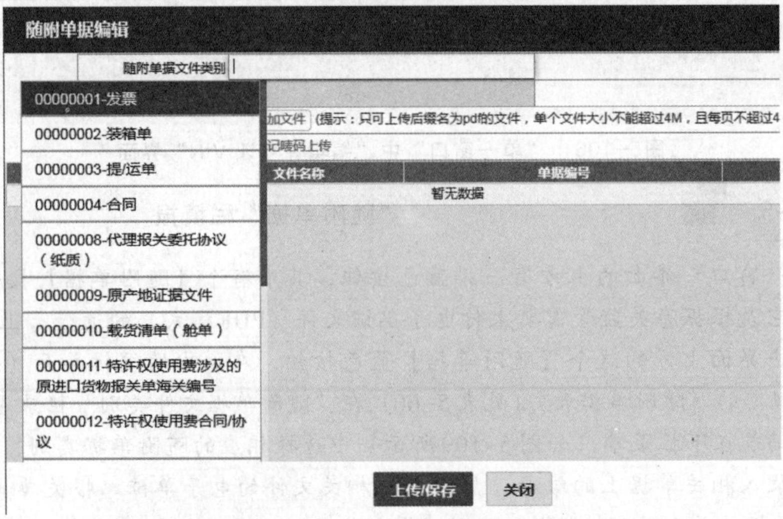

图5-109　“单一窗口”中“随附单据文件类别”下拉菜单

表 5-60 随附单据表（部分）

随附单据类别	随附单据代码	随附单据类别	随附单据代码
发票	00000001	兽医（卫生）证书	20000011
装箱单	00000002	动物检疫证书	20000012
提/运单	00000003	植物检疫证书	20000013
合同	00000004	装运前检疫证书	20000014
代理报关委托协议（纸质）	00000008	重量证书	20000015
原产地证据文件	00000009	TCK检验证书（美国小麦）	20000016
载货清单（舱单）	00000010	熏蒸证书	20000017
特许权使用费涉及的原进口货物报关单海关编号	00000011	放射性物质检测合格证明	20000018
特许权使用费合同/协议	00000012	木材发货检验码单	20000019
特许权使用费发票	00000013	水果预检验证书	20000020
特许权使用费支付凭证	00000014	中转进境确认证明文件（经港澳地区中转入境水果）	20000021
代扣代缴税款纳税凭证	00000015	检测报告	20000022
特许权使用费其他材料	00000016	危险特性分类鉴别报告	20000023
代理报关委托协议（电子）	10000001	型式试验报告	20000024
减免税货物税款担保证明	10000002	动物检疫合格证明（国产原料）；进境货物检疫证明、原产国检验证书（进口原料）	20000025
减免税货物税款担保延期证明	10000003	微生物检测报告（沙门氏菌、产志贺毒素大肠杆菌、金黄色葡萄球菌、单增李斯特菌）	20000026
跨境B2B出口单证	10000004	出口水产品成品检验报告	20000027
特种设备制造许可证	50000008	捕捞船舶登记证和捕捞许可证（野生捕捞水生动物）	50000012
民用爆炸品出口审批单	60000002	化妆品生产许可证（仅限首次出口时提供）	50000013
军品出口许可证	60000003	原产地证据文件	0000009
密码出口许可证	60000006	企业提供的其他	50000004

知识链接5-6 "随附单据"栏与"产品资质"栏许可证类别代码间的关系

"随附单据"窗口填报的单证有的是涉检单证，有的是非涉检单证。涉检单证的"随附单据文件类别"代码与"产品资质"栏中的"许可证类别"代码存在一一对应关系（见表5-61）。例如，随附单据"兽医(卫生)证书"的文件类别代码是"20000011"，其在"产品资质"栏的"许可证类别"代码则为"105"（如图5-105所示）。

在整合申报时，先在"产品资质"栏目中选择填报涉检单证代码，对需要上传单证电子文件的，再在"随附单据编辑"界面选择填报对应单证类别、录入其编号，然后上传其电子文本。

表5-61 "随附单据"与"许可证类别"代码的对应关系表

序号	随附单据名称	随附单据代码	许可证类别代码
1	兽医（卫生）证书	20000011	105
2	动物检疫证书	20000012	106
3	植物检疫证书	20000013	107
4	装运前检疫证书	20000014	422
5	重量证书	20000015	108
6	TCK检验证书（美国小麦）	20000016	109
7	熏蒸证书	20000017	110
8	放射性物质检测合格证明	20000018	111
9	木材发货检验码单	20000019	112
10	水果预检验证书	20000020	522
11	中转进境确认证明文件（经港澳地区中转入境水果）	20000021	114
12	检测报告	20000022	115（进口）/621（出口）
13	危险特性分类鉴别报告	20000023	618
14	型式试验报告	20000024	619
15	动物检疫合格证明（国产原料）；进境货物检疫证明、原产国检验证书（进口原料）	20000025	620
16	微生物检测报告（沙门氏菌、产志贺毒素大肠杆菌、金黄色葡萄球菌、单增李斯特菌）	20000026	622
17	出口水产品成品检验报告	20000027	623
18	捕捞船舶登记证和捕捞许可证（野生捕捞水生动物）	50000012	615
19	化妆品生产许可证（仅限首次出口时提供）	50000013	616
20	特殊用途销售包装化妆品成品应当提供相应的卫生许可批件或者具有相关资质的机构出具的是否存在安全性风险物质的有关安全性评估资料（仅限首次出口时提供）	50000014	617
21	原产地证据文件	0000009	113
22	企业提供的其他	50000004	601（进口）/602（出口）

第五节　报关单其他栏目的填报

一、集装箱

在单一窗口的右上方是关于集装箱方面的申报栏目，如图5-110所示。集装箱信息属于非必填部分，根据实际业务选择填写。在任意字段内回车，光标自动跳转到下一字段。完成录入操作后，在最后一个字段内点击回车，系统将录入的内容自动保存到上方列表中。

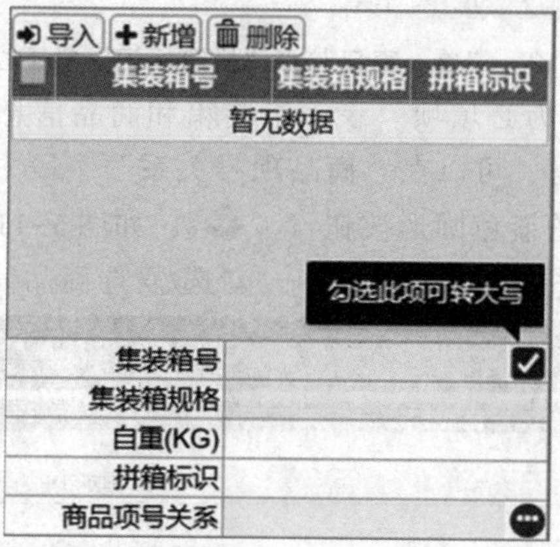

图5-110　“单一窗口”中“集装箱”申报界面

（1）“集装箱号”为必填项。使用集装箱装载进出口商品的，根据集装箱箱体上标示的全球唯一编号填报集装箱号。一份报关单有多个集装箱的，则在本栏分别录入集装箱号。集装箱号一般都是大写字母，录入时不论字母是大写还是小写，勾选字段右侧的复选框（如图5-110所示），系统自动将录入的字母转换为大写。

（2）“集装箱规格”为必填项。使用集装箱装载进出口商品的，在填报集装箱号后，在本栏参数下拉菜单（如图5-111所示）中选择集装箱规格，也可录入代码、名称。

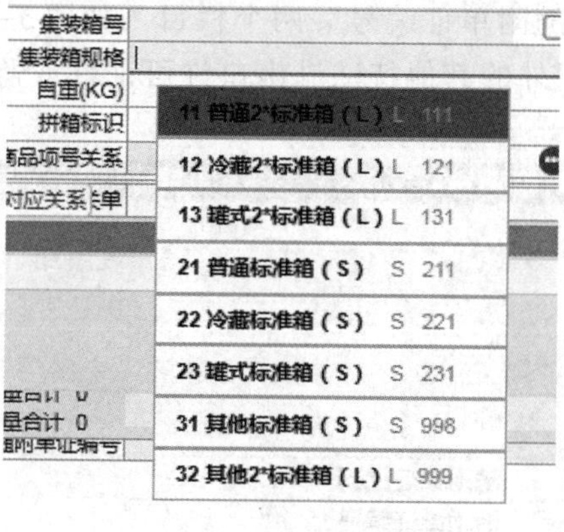

图5-111　“单一窗口”中“集装箱规格”栏下拉菜单

（3）“自重”。按实际情况填写。本栏填报以“千克”为单位的重量数字，其他计量单位应该转换为“千克”后填报。

（4）“拼箱标识”。在本栏参数下拉菜单（如图5-112所示）中选择填报，也可录入代码、名称。

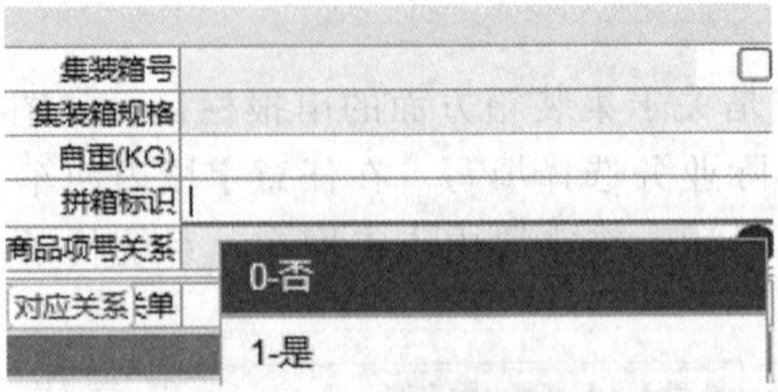

图5-112 “单一窗口”中“拼箱标识”栏下拉菜单

（5）“商品项号关系”为必填项。录入集装箱和商品信息之间的关系，箱货关系以每个集装箱为单元进行填写。可以在“商品项号关系”字段中，直接输入商品信息的项号；也可以点击字段右侧的蓝色圆形按钮（“⋯”，如图5-110所示），在弹出的“编辑商品项号关系”界面（如图5-113所示）中，勾选/复选商品信息，保存即可。

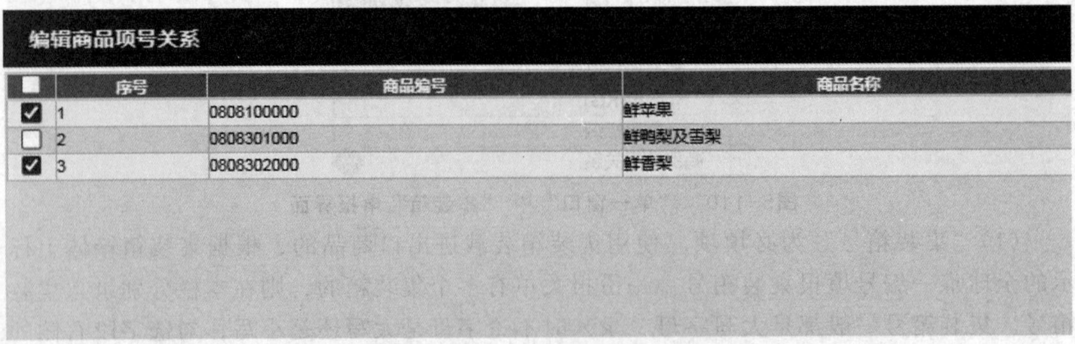

图5-113 “单一窗口”中“编辑商品项号关系”界面

二、随附单证

“随附单证代码”及“随附单证编号”两个栏目（如图5-114所示），填报除“许可证号”栏填报的许可证件以外的其他特殊进出口许可证件或监管证件的代码和编号。

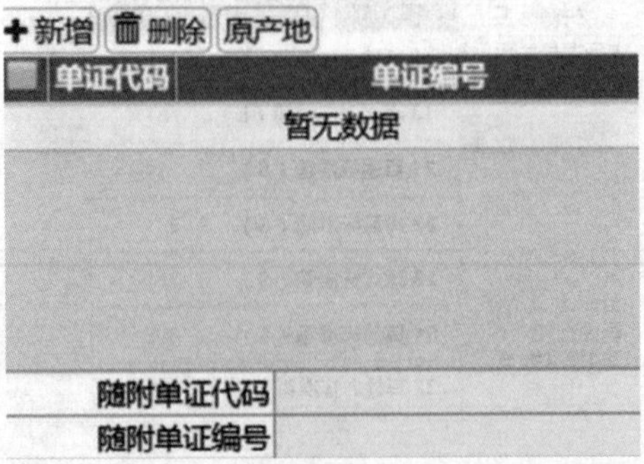

图5-114 “单一窗口”中“随附单证代码”和“随附单证编号”栏目

1.按海关规定的《监管证件代码表》（见表5-62），在“随附单证代码”栏选择填报相应证件代码，或在其下拉菜单（如图5-115所示）中选择，并将其证件上的编号填报在“随附单证编号”栏。假设“随附单证”为某“电子底账”（编号为375800220059692000），完成录入操作后，在最后一个字段内，点击回车，系统将录入的内容自动保存到上方列表中，如图5-116所示。

表5-62　**监管证件代码表（部分）**

监管证件代码	监管证件名称	监管证件代码	监管证件名称
6	旧机电产品禁止进口	R	进口兽药通关单
7	自动进口许可证	S	进出口农药登记证明
8	禁止出口商品	U	合法捕捞产品通关证明
9	禁止进口商品	V	人类遗传资源材料出口、出境证明
A	检验检疫	X	有毒化学品环境管理放行通知单
B	电子底账	Z	赴境外加工光盘进口备案证明
D	出/入境货物通关单（毛坯钻石用）	b	进口广播电影电视节目带（片）提取单
E	濒危物种允许出口证明书	d	援外项目任务通知函
F	濒危物种允许进口证明书	f	音像制品（成品）进口批准单
I	麻醉精神药品进出口准许证	g	技术出口合同登记证
J	黄金及黄金制品进出口准许证	i	技术出口许可证
L	药品进出口准许证	k	民用爆炸物品进出口审批单
M	密码产品和设备进口许可证	m	银行调运人民币现钞进出境证明
O	自动进口许可证（新旧机电产品）	n	音像制品（版权引进）批准单
P	固体废物进口许可证	u	钟乳石出口批件
Q	进口药品通关单	z	古生物化石出境批件

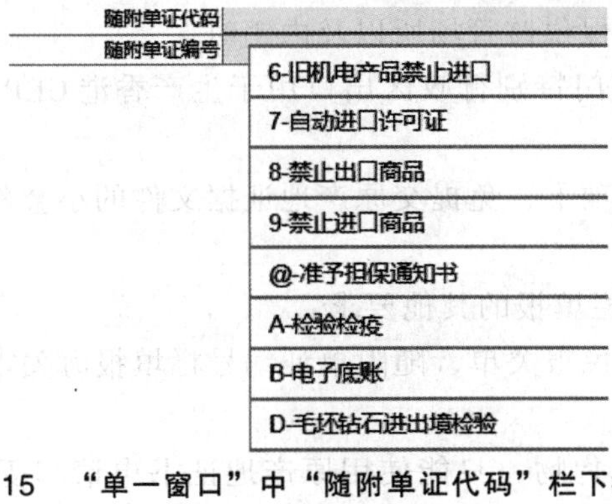

图5-115　“单一窗口”中“随附单证代码”栏下拉菜单

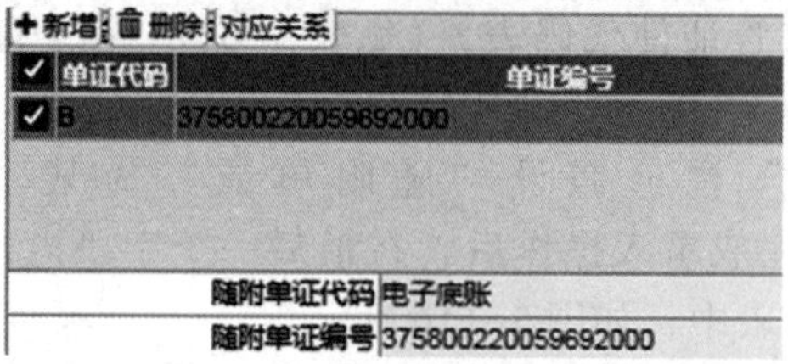

图5-116 “单一窗口”中“随附单证代码”和“随附单证编号”栏目

特别提醒 5-50

填报在“许可证号”栏中的监管证件的代码及其编号不在“随附单证代码”栏和“随附单证编号”栏中填报。

在完成录入操作后，在最后一个字段内，点击回车，系统将录入的内容自动保存到上方列表中。此时，系统会自动将所填报的监管证件代码返填到“随附单证”栏（如图5-117所示）。

图5-117 “单一窗口”中“随附单证”栏目

2.“随附单证代码”栏填报的其他要求：

（1）加工贸易内销征税报关单，“随附单证代码”栏填报“c”。

（2）一般贸易进出口货物“随附单证代码”栏填报“Y”。以下两种情形“随附单证代码”栏按照一般贸易要求填报：

第一，海关特殊监管区域和保税监管场所内销货物申请适用优惠税率的，有关货物进出海关特殊监管区域和保税监管场所以及内销时。

第二，向香港或者澳门特别行政区出口用于生产香港CEPA或者澳门CEPA项下货物的原材料时。

（3）各优惠贸易协定项下，免提交原产地证据文件的小金额进口货物“随附单证代码”栏填报“Y”。

3.“随附单证编号”栏填报的其他要求：

（1）加工贸易内销征税报关单，随附单证编号栏填报海关审核通过的内销征税联系单号。

（2）一般贸易进出口货物，只能使用原产地证书申请享受协定税率或者特惠税率

（以下统称优惠税率）的（无原产地声明模式），在“随附单证编号”栏填报“<优惠贸易协定代码>”和“原产地证书编号”。可以使用原产地证书或者原产地声明申请享受优惠税率的（有原产地声明模式），“随附单证编号”栏填报“<优惠贸易协定代码>”“C”（凭原产地证书申报）或“D”（凭原产地声明申报），以及“原产地证书编号（或者原产地声明序列号）”。一份报关单对应一份原产地证书或原产地声明。

各优惠贸易协定代码见表5-63。

表5-63 优惠贸易协定代码表

优惠贸易协定代码	优惠贸易协定名称	优惠贸易协定代码	优惠贸易协定名称
01	《亚太贸易协定》	12	《中国-秘鲁自由贸易协定》
02	《中国-东盟自由贸易协定》	13	对最不发达国家特别关税优惠待遇
03	《内地与香港关于建立更紧密经贸关系的安排》（香港CEPA）	14	《海峡两岸经济合作框架协议》（ECFA）
04	《内地与澳门关于建立更紧密经贸关系的安排》（澳门CEPA）	15	《中国-哥斯达黎加自由贸易协定》
06	对台湾农产品零关税措施	16	《中国-冰岛自由贸易协定》
07	《中国-巴基斯坦自由贸易协定》	17	《中国-瑞士自由贸易协定》
08	《中国-智利自由贸易协定》	18	《中国-澳大利亚自由贸易协定》
10	《中国-新西兰自由贸易协定》	19	《中国-韩国自由贸易协定》
11	《中国-新加坡自由贸易协定》	20	《中国-格鲁吉亚自由贸易协定》

海关特殊监管区域和保税监管场所内销货物申请适用优惠税率的，有关货物进出海关特殊监管区域和保税监管场所以及内销时，已通过原产地电子信息交换系统实现电子联网的优惠贸易协定项下货物报关单，按照上述一般贸易要求填报；未实现电子联网的优惠贸易协定项下货物报关单，“随附单证编号”栏填报“<优惠贸易协定代码>”和“原产地证据文件备案号”。“原产地证据文件备案号”为进出口货物的收发货人或者其代理人填报原产地证据文件电子信息后，系统自动生成的号码。

向香港或者澳门特别行政区出口用于生产香港CEPA或者澳门CEPA项下货物的原材料时，按照上述一般贸易填报要求填制报关单。

（3）各优惠贸易协定项下，免提交原产地证据文件的小金额进口货物“随附单证编号”栏填报“<协定编号>XJE00000”。

三、其他

在单一窗口的右侧下方是报关单其他栏目的申报界面，如图5-118所示。

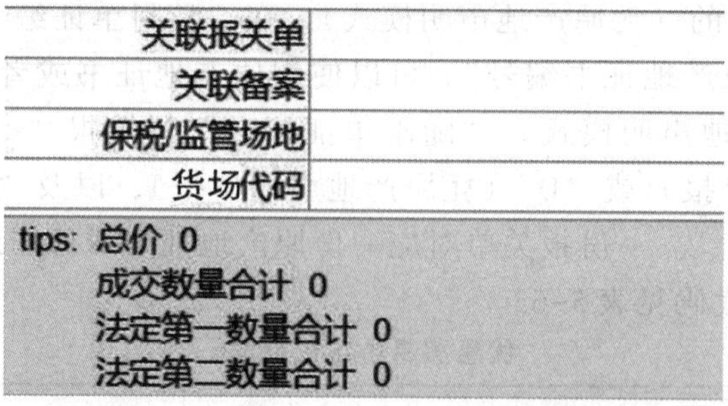

图5-118 “单一窗口”中的报关单其他栏目

（一）关联报关单

与本报关单有关联关系的，同时在业务管理规范方面又要求填报的报关单号，手工填写。与“备注”栏的关联报关单号类似，但互相没有返填关系。

特别提醒 5-51

保税间流转、加工贸易结转类的报关单，应先办理进口报关，并将进口报关单号填入出口报关单的“关联报关单”栏。

减免税货物结转出口（转出），应先办理进口报关，并将进口（转入）报关单号填入出口（转出）报关单的“关联报关单”栏。

办理进口货物直接退运手续的，除另有规定外，应先填制出口报关单，再填制进口报关单，并将出口报关单号填报在进口报关单的“关联报关单”栏。

（二）关联备案

与本报关单有关联关系的，同时在业务管理规范方面又要求填报的备案号，手工填写。与“备注”栏的关联备案号类似，但互相没有返填关系。

特别提醒 5-52

（三）保税/监管场地

保税监管场所进出货物，在“保税/监管场地”栏填报本保税监管场所编码（保税物流中心（B型）填报本中心的国内地区代码），其中涉及货物在保税监管场所间流转的，在本栏填报对方保税监管场所代码。

（四）货场代码

按照进出口货物海关实际监管点，根据海关规定的《海关货场代码表》准确填报本栏目。

特别提醒 5-53

（1）一般进出口货物报关单，按照进出口货物海关实际监管场所如实填写。

（2）通关一体化报关单，如企业在某直属海关（黄埔海关）申报、在外关区（非黄埔海关）实际监管验放的报关单，填报“5298”。

（3）加工贸易形式报关单，参照原报关单填写。

（4）除上述类型报关单，填写“5299”。

拓展阅读5-1

苦练报关基本技能，走好技能报国之路

阅读资料5-1

发扬“工匠精神”打开“技术之窗”

为了培养和造就更多劳动模范、大国工匠，厚植海关工匠精神，海关通过“新闻发布”“专题专栏”等方式和途径，在关区内广泛开展“苦练报关基本技能，走好技能报国之路”宣传活动。本章“拓展阅读”内容包括：

（1）逆境不屈的“海关玫瑰”——记2020年全国先进工作者南昌海关关员张彦敏（参见“海关总署首页 > 专题专栏 > 热点专题 > 重大事件 > 国门风采 > 国门风景线”）。

（2）一枝独秀文明花 象山半岛绽芳华（参见“海关总署首页 > 新闻发布 > 今日海关”）。

（3）发扬“工匠精神”打开“技术之窗”——拉萨海关技术中心助力脱贫攻坚纪实（参见“海关总署首页 > 新闻发布 > 媒体聚焦”）。

参考文献

[1] 刘笑诵，冯燕芳. 报检与报关实务［M］. 北京：中国人民大学出版社，2020.
[2] 韩斌. 报关与报检实务［M］. 2版. 北京：中国人民大学出版社，2019.
[3] 张援越，邢丽. 报关与报检实务［M］. 3版. 北京：机械工业出版社，2021.
[4] 农晓丹. 报关与报检实务［M］. 2版. 北京：北京大学出版社，2018.
[5] 张帆. 报关与报检实务［M］. 北京：电子工业出版社，2019.
[6] 李贺，马慧莲. 报检与报关实务［M］. 4版. 上海：上海财经大学出版社，2020.